管理咨询赋能企业未来

深圳市管理咨询行业协会　编著

广东经济出版社
·广州·

图书在版编目（CIP）数据

管理咨询赋能企业未来 / 深圳市管理咨询行业协会编著. —广州：广东经济出版社，2025.2
ISBN 978-7-5454-9109-8

Ⅰ.①管… Ⅱ.①深… Ⅲ.①企业管理—咨询 Ⅳ.①F272

中国国家版本馆 CIP 数据核字（2024）第 016778 号

责任编辑：刘亚平　李泽琳　曾常熠　姚 琳
责任校对：李玉娴　黄思健
责任技编：陆俊帆
封面设计：朱晓艳

管理咨询赋能企业未来
GUANLI ZIXUN FUNENG QIYE WEILAI

出 版 人	刘卫平
出版发行	广东经济出版社（广州市水荫路 11 号 11～12 楼）
印　　刷	广东鹏腾宇文化创新有限公司
	（珠海市高新区唐家湾镇科技九路 88 号 10 栋）
开　　本	787 毫米 ×1092 毫米　1/16
印　　张	29.5　8 插页
版　　次	2025 年 2 月第 1 版
印　　次	2025 年 2 月第 1 次
书　　号	ISBN 978-7-5454-9109-8
字　　数	516 千字
定　　价	128.00 元

发行电话：（020）87393830　　　编辑邮箱：gdjjcbstg@163.com
广东经济出版社常年法律顾问：胡志海律师　　法务电话：（020）37603025
如发现印装质量问题，请与本社联系，本社负责调换。

·版权所有·侵权必究·

编委会

顾　问：唐　杰　郭万达　郑尊信
主　任：单海洋
副主任：杜建君　佟景国　徐春明　李志明　周　林　郭德利
委　员：马瑞光　周文皓　岳华新　陈志强　胡红卫　张正华
　　　　李武盛　王笑菲　祝波善　王明夫　郑文生　凌　华
　　　　胡向阳　刘　卫

主　编：李志明
副主编：佟景国　杜建君　徐春明
主　笔：杜建君　佟景国　徐春明
执　笔：李金海　姚　军　张　欣
校　对：马瑜彬　张嘉宜

序言一

管理咨询行业是社会主义市场经济的重要组成部分。借助粤港澳大湾区的区位优势、产业优势、人才优势和企业特色，深圳管理咨询行业正在成长为优秀人才辈出、咨询业务活跃、咨询理念先进、咨询业绩突出的新兴行业。在深圳管理咨询行业中，有十几家机构的成立时间超过了20年，40多家机构有10年以上的市场咨询经验，深圳管理咨询行业在全国管理咨询行业中处于先行引领的地位。

深圳是一座开放的城市，随着全球知名咨询公司纷纷在此设立分支机构，深圳在为外资企业提供咨询服务的同时，也为国内企业提供多样化的咨询服务。因此，深圳管理咨询行业要不断向国际先进水平靠拢。建设具有全球影响力的国际科技创新中心是粤港澳大湾区发展的重要目标，目前，粤港澳大湾区的企业都想成为实现高质量创新增长的引领者，对此，深圳管理咨询行业就一定要抓住机遇服务于粤港澳大湾区的创新发展，不断总结出有助于企业创新的经验，助力粤港澳大湾区企业实现高质量发展。

本书以翔实的数据与开阔的视野剖析了全国管理咨询行业的现状与发展趋势。深圳市管理咨询行业协会秘书处汇集全行业专家的力量，借鉴全球管理咨询行业的发展经验，编制了具有指导意义的《管理咨询赋能企业未来》一书。

本书讲述了深圳管理咨询公司在面对世界强势企业时，勇于面对竞争，在细微之处求创新的事迹。本书提供了诸多极富启示意义的优秀案例，称得上是汇集与展示深圳管理咨询行业发展成果的里程碑之作，也是不断规范和优化整个管理咨询行业服务流程的参考指南。

《深圳管理咨询行业公约》倡导"做时代企业，塑造深圳智慧服务品牌""遵纪守法，做形象良好的企业公民""遵守行业规则，维护行业声誉""砥砺专业能力，满足客户价值需求""遵循契约原则，保障客户利益与自身利益""创新服务，实现合作共赢""尊重知识，人才为本""互鉴协作，建立健康向上的行业生态""开放交流，提升深圳咨询国际声誉""做良知责任组织，热心行业发展和公益事业"，这是深圳管理咨询行业砥砺前行、走向成熟的标志。

　　本书有助于深圳管理咨询机构相互学习、携手共进，进一步拓宽发展思路，同时有助于企业了解管理咨询机构提供的咨询服务，认识到管理咨询机构提供的咨询服务可能使企业产生价值倍增的效果。

　　我们和本书作者同样期待深圳管理咨询行业有能力更好地助力粤港澳大湾区的可持续发展，更好地协助企业提升创新发展的能力，更好地服务粤港澳大湾区的高质量发展，为粤港澳大湾区的发展增添管理咨询行业的力量。

　　是为序！

深圳市人民政府原副市长

哈尔滨工业大学（深圳）经济管理学院教授

深圳市决策咨询委员会副主任

南开大学兼职教授、博士研究生导师

香港中文大学（深圳）兼职教授

2023年7月17日

序言二

建设粤港澳大湾区是国家重大的发展战略，推进市场一体化是粤港澳大湾区建设的一个重要目标。在坚持"一国两制"方针的基础上，推进规则衔接、要素流动，促进制度型开放，是粤港澳大湾区建设的重要突破口。新时代，粤港澳大湾区要率先通过规则标准对接、资质与资历互认、市场互联互通等制度创新，实施更大范围、更宽领域、更深层次的全面开放，畅通国内大循环，促进国内国际双循环，在我国推动形成全面开放新格局中发挥重要作用。

在推进粤港澳大湾区市场一体化的过程中，标准一体化是一个重要的内容，涉及各行各业的标准，如工程标准、食品标准、医疗标准以及各类专业人士的执业标准等。管理咨询也有标准，它是服务业标准的一个类别，是一个综合标准，涉及企业战略、行业发展、会计准则、人力资源、IT（信息技术）流程等方面。粤港澳大湾区的一个重要发展目标是成为国际科技创新中心，这就需要科技人才、科技设备、科技成果等各种科技要素的汇聚。管理咨询行业同样存在需要通过科技咨询标准促进科技市场一体化的问题，因此，科技咨询也是管理咨询的一个重要发展方向。

从这个角度来说，管理咨询行业也是粤港澳大湾区规则、标准、服务一体化的一个重要载体。据我了解，深圳市管理咨询行业协会秘书处一直把标准放在工作的前面，在新冠疫情期间，修订了管理咨询行业六项团体标准，计划2023年完成深圳市市场监督管理局下达的两项地方标准的制定任务，这些都是深圳市管理咨询行业协会研发的"公共品"，有利于推动粤港澳大湾区管理咨询标准一体化的建设。

2023年是深圳市管理咨询行业协会成立20周年。深圳市管理咨询行业协会有许多会员单位，有些会员有自己的出版物，但以行业协会名义的出版发行物，属于行业公共产品，需要整合各方资源并汇聚各方力量才有可能做成。从这个意义上来说，深圳市管理咨询行业协会编著的《管理咨询赋能企业未来》一书，比较了世界级湾区的发展趋势，通过各种案例分析管理咨询行业在粤港澳大湾区建设中发挥的作用，同时描绘了深圳管理咨询行业的发展愿景，为行业发展做了一件有意义的事情，因此该书的出版有较好的参考价值。

综合开发研究院（中国·深圳）常务副院长

全国港澳研究会副会长

深圳市社会科学联合会副主席

博士、研究员

深圳市管理咨询行业协会高级顾问

2023年7月25日

前　言

《管理咨询赋能企业未来》一书主要分上篇、中篇、下篇及附录4个部分。其中，上篇讲述全球管理咨询行业的走势（第一章至第四章），中篇讲述深圳管理咨询行业赋能粤港澳大湾区（第五章至第六章），下篇讲述服务案例（第七章），附录有4个。

上篇：全球管理咨询行业的走势
第一章　全球管理咨询行业结构与发展借鉴

第一节主要讲述美国、日本、韩国、法国、德国、英国的管理咨询行业特色，即着力点、载体、价值定位、模式等。其中，美国管理咨询行业的价值定位是通过管理体系推动企业适应未来环境，如"人才旋转门制度"；日本、韩国是通过人才成长来推动工厂管理技能转移，如"阿米巴模式"；法国、德国是通过项目设计推动产业升级；英国是通过解决客户问题为其提供商业技术和管理技术的支持。

第二节、第三节主要讲述欧美发达地区管理咨询行业的结构转型及发展趋势。2008年前后爆发的美国次贷危机和随后引发的欧洲债务危机，成为美国管理咨询行业转型的分水岭。一个时代的商业主题的出现，重塑了管理咨询公司，而管理咨询公司的转型发展，又重新定义了管理咨询行业，这是市场环境下管理咨询行业发展的基本规律。过去5年，以美国管理咨询公司为首的国际管理咨询公司，转变了过去以全球化管理、本土化运营为主导的管理咨询服务思想，纷纷把咨询业务锁定在数字化、科技创新驱动、可持续发展的新型商业组织建设和新消费等领域。

发展趋势之一：管理咨询行业的头部效应越来越显著。美国跨国企业的全球化布局，带动了美国管理咨询公司的全球化布局。美国管理咨询公司建立了"全球总部级服务—国家级服务—业务板块级服务"三级服务体系，这种服务体系甚至成为全球总部驻在美国企业的一种隐性治理力量，在服务于各个国家业务的同时，为全球总部提供各国市场机会和风险识别工作。

发展趋势之二：管理咨询公司并购增多。管理咨询公司发挥着"高管黄埔军校"的社会价值，其招聘的顶尖人才将会成为新能力的领导者，利用这种新能力，可以加速公司对新商业环境的认知与理解。

发展趋势之三：金融公司加速整合管理咨询公司或者进入管理咨询服务领域，形成了"资本+智慧"组合，提高了服务的专业化水平，提升了咨询知识的商业价值。

第四节、第五节主要讲述欧美发达地区管理咨询行业在要素市场的影响力和持续的科技创新，即在资本、技术、人才、数据、创新、品牌等要素市场不断进行科技创新。管理咨询行业是人才密集、知识密集、技术密集的行业，是新兴科技率先应用者，更是新兴商业技术的孵化器。北美一家著名的管理咨询机构在保持知识库优势的基础上，全部建立基于AI（人工智能）技术的客户服务体系，以适应数字化技术的浪潮。

第六节、第七节主要讲述欧美发达地区管理咨询行业的服务区域及生态组成。一个经济体的管理咨询行业的区域覆盖广度，与这个经济体的企业的全球影响力呈现高度的正相关。因为美国具有众多极具全球影响力的企业，所以美国管理咨询公司的覆盖范围较广。

生态组成对管理咨询行业非常重要。欧美发达地区生态圈的特点主要表现在五个方面：一是全球影响力大的教育研究机构赋予管理咨询行业新知识与影响力。二是广泛覆盖的数据调查与统计机构为管理咨询行业提供精准的数据，如社会调查机构和专业调查公司。三是分工精细的商业研究机构赋予管理咨询行业深刻的洞察力，如《财富》《福布斯》《商业周刊》等知名财经媒体。四是充分流动的高级人才服务机构为管理咨询行业提供人才适配通道，如猎头公司。五是专业细致的商业技术研发机构为管理咨询行业提供技术支持，商业咨询服务质量越高，分工就越精细，于是商业技术研发机构等应运而生。

第二章　世界四大湾区管理咨询行业未来趋势分析

前四节主要讲述了湾区经济是创新经济，是新型管理咨询行业的"圣地"；通过对美国纽约湾区、美国旧金山湾区、日本东京湾区三大国际化区域的描述，表明湾区经济是一个国家沿海经济的主要表现形式之一，也是全球经济的关键组成部分和评判世界级临海城市群的重要指标。它们皆以聚集性、开放性、创新性、宜居性和国际化为重要特征，是拉动全球创新型经济发展的核心增长点和驱动技术革新的领头羊。

作为全球湾区经济中的新军，我国粤港澳大湾区开始成为全球经济版图中被关注的一个亮点，还被视为除上述三大湾区以外，未来全球经济的第四个增长极。2019年2月18日，中共中央、国务院印发《粤港澳大湾区发展规划纲要》，标志着粤港澳大湾区建设全面启动。这个由"9+2"个城市组成，用中国不到1%的土地创造出全国10% GDP（国内生产总值）的城市群，即将把梦想照进现实。研究纽约湾区、旧金山湾区、东京湾区的发展历程，有助于我们理解粤港澳大湾区的建设意义和未来发展路径。

第五节主要讲述了粤港澳大湾区不但拥有世界上最大的海港群和空港群，更拥有华为、腾讯、比亚迪、中兴、万科、美的、步步高、格力、广汽、大疆、TCL、创维等各行各业的领军企业。粤港澳大湾区不仅具备自贸试验区的功能，还是具有世界级影响力的制造中心、投资中心、企业孵化中心和新经济策源地。

粤港澳大湾区管理咨询行业的顾问机构，如同我国制造业实现由"中国仿制"到"中国制造"，再到"中国创造"，乃至"中国智造"的质变一样，早已完成从"洋咨询"到中西合璧的历史蜕变与华丽转身。在高质量发展的新征程中，管理咨询从业者始终坚持"四个自信"，砥砺前行，奋发有为，努力使粤港澳大湾区管理咨询行业成为世界四大湾区管理咨询力量的新增长极。

第三章　中国管理咨询行业未来的发展趋势分析

第一节主要讲述地处粤港澳大湾区的深圳管理咨询行业发展迅速，有别于京津冀、长三角等地区的管理咨询行业，同时讲述粤港澳大湾区的管理咨询行业与其他地方的管理咨询行业面临的六个挑战。

挑战之一——与互联网技术融合；挑战之二——信息安全；挑战之三——缺少知名管理咨询机构；挑战之四——管理咨询行业缺乏政府扶持；挑战之五——社会中介组织发展不平衡；挑战之六——缺乏行业数据与统计分析。

第二节、第三节主要讲述区域标杆的发展现状及主要特点。重点介绍了上海市咨询行业和香港管理咨询行业的地位、特点、历史沿革及道德建设等。

第四节主要以深圳为主体，对管理咨询行业中的典型企业进行研究。本节优选了15家典型企业，分别从价值主张、核心产品、服务对象、核心优势、服务模式五个方面进行了概述。这里所介绍的典型企业，并不是什么全能冠军，而是在不同服务板块或领域，某一个方面比较突出、相对专业的管理咨询公司。在行业健康发展中，这样具有特色的咨询和培训公司能够发挥一定的专精特新的带头作用。

第四章　深圳管理咨询行业的现状分析

本章主要讲述地处粤港澳大湾区的深圳管理咨询行业所具有的市场发达、专业齐全、业态完整、服务广泛特征，以及面临的挑战和机遇。

第一节讲述深圳管理咨询行业从诞生、成长到壮大的发展历程。深圳管理咨询行业是在顺应中国改革开放的大势，在敢想、敢干、敢试、敢为天下先的创业创新的热土上逐步发展起来的，其借助粤港澳大湾区的区位优势、产业优势、企业特色及专业人才优势等，已经发展成为全国管理咨询行业中专业分工最细、商业业态最丰富、服务辐射区域最广的区域性现代服务业。

第一节还讲述"大企业顶天立地，小企业铺天盖地"是深圳市场生机勃勃的真实写照。为加快建设一批产品卓越、品牌卓著、创新领先、治理先进的世界一流企业，让各企业在新时代、新征程中实现更好的发展，发挥更大的作用，为大企业提供更有温度的服务，实施更有力度的政策，以及打造更有热度的市场，为中小企业培育提供最好的土壤、环境、氛围及提供最好、最贴心的服务，为支持"顶天立地"和加快"铺天盖地"，深圳管理咨询行业担负着重要的历史使命，任重而道远。粤港澳大湾区的经济发展离不开管理咨询行业的发展，我们要在新征程上不断挑战、抓住机遇，赋能粤港澳大湾区的经济发展。

第二节讲述深圳管理咨询行业面临市场观念和价值认知不够成熟、政策法规不健全、缺乏高素质人才致使服务质量升级困难、资本积累不足制约经营规模、知名品牌企业不多难以形成集约化发展等挑战。

第二节还讲述了深圳管理咨询行业拥有的一些机遇，比如，经济转型所带来的机遇，优秀企业为管理咨询行业输送紧缺人才的机遇，制定行业团标、规范行业发展的机遇，整个行业地位逐步提升的机遇，数字化转型升级所带来的时代机遇，等等。

中篇：深圳管理咨询行业赋能粤港澳大湾区

第五章　深圳管理咨询行业2023—2027年发展规划

本章主要讲述了深圳管理咨询行业的发展定位、发展目标、发展模式、重点发展方向、发展步骤及举措、重点项目。

深圳管理咨询行业的发展要高度聚焦先行示范区建设的核心要义：市场化、法治化、国际化以及人的现代化；重点从开放兼容、内生创新、标准引领、发展壮大、生态共荣五个方向建设好深圳管理咨询机构组织，着力在全国起到引领示范的作用。深圳要成为中国管理咨询行业的样板。

通过做高质量发展企业智库的先锋和做标准的制定者与践行者，深圳市管理咨询行业协会将成为有思想性、前瞻性、引领性和指导性的创新性管理咨询行业协会以及合法、合规、合标运营的行业社团。

第六章　深圳管理咨询行业的远景展望

本章主要讲述了深圳管理咨询行业必须树立创新发展的事业观，不断推动管理咨询行业的各项建设迈上新台阶，需要针对发展中的问题不断推出新举措，以勇于实践的精神，推动2035年管理咨询行业远景目标的实现。

第一节讲述粤港澳大湾区发展对深圳管理咨询行业的要求。主要从两个方面论述：一是主动融入国家2035年远景目标；二是全面介入粤港澳大湾区建设的时代任务。突出三个方面的创新：一是多种语言带来管理体系的创新；二是多种货币带来企业资源与业务流程的创新；三是深圳管理咨询行业在科技创新（工匠）中发挥积极作用。

第二节讲述深圳管理咨询行业的远景目标。从八个方面论述：管理咨询行业的文化及价值体系成熟，中国式的管理咨询理论得到创新发展，中国管理咨询行业评估和评价体系，管理咨询的服务模式将跨界，数字化管理咨询业务将大幅增长，管理咨询行业人才结构发生巨变，管理咨询行业进入细分生态圈竞争阶段，管理咨询服务周期延长及复购率提高。

第三节讲述深圳管理咨询行业的远期举措。从十个方面表述：创新管理咨询行业的发展模式，提升行业价值与影响力，加速培养和吸引高端管理人才及数字化人才，提升管理咨询服务质量，提升管理咨询机构的专业能力，加强管理咨询行业内外部的交流与沟通，管理咨询理论创新及管理咨询知识库的建设，进一步推动管理咨询行业标准体系建设，发挥深圳市管理咨询行业协会的价值和作用，建设管理咨询行业的文化、价值体系。

第四节、第五节主要讲述建设强有力的深圳市管理咨询行业协会和培育具有引领示范作用的行业头部企业的重要性和必要性。

下篇：服务案例

第七章　十八个服务案例

本章共收录18个服务案例，主要讲述管理咨询公司服务过的客户的项目背景、核心问题、解决方案、实施过程以及总结建议等内容。

附录

4个附录主要选取15家典型管理咨询企业介绍、深圳市管理咨询行业六项团体标准以及修订版《深圳管理咨询行业公约》，全力倡导合规企业的快速发展。

附录一：展示了13家深圳管理咨询公司、1家北京管理咨询公司、1家上海管理咨询公司，合计15家典型管理咨询公司。

附录二：展示了深圳市管理咨询行业协会于2022年6月在全国团体标准信息平台公开发布的六个行业团体标准，这些标准已在推广实施中。

附录三：展示了修订版《深圳管理咨询行业公约》。

深圳市管理咨询行业协会从2022年就开始着手《管理咨询赋能企业未来》一书的策划和调研，由理事会召开专题会议讨论出本书大纲，并组织有情怀、有理想且热爱管理咨询行业的专业人士全力以赴撰写。

附录四：展示了管理咨询行业重要活动记录。

出版本书的目的是让更多客户和企业可以了解和认识管理咨询行业，给管理咨询行业多设一个窗口，向社会各界发出赋能的声音。在这里，我们要感谢杜建君先生起草第五章"深圳管理咨询行业2023—2027年发展规划"和附录三《深圳管理咨询行业公约》；感谢佟景国先生撰写第一章"全球管理咨询行业结构与发展借鉴"、第三章"中国管理咨询行业未来的发展趋势分析"；感谢郑磊博士起草第四章"深圳管理咨询行业的现状分析"；感谢佟景国先生、姚军先生起草第二章"世界四大湾区管理咨询行业未来趋势分析"；感谢徐春明先生撰写第六章"深圳管理咨询行业的远景展望"。在全书撰写修改过程中，感谢徐春明先生等人的辛勤付出；还要感谢李金海先生、郑磊博士为该书作出的努力，以及15家管理咨询公司的通力配合。

最后，特别感谢深圳市人民政府原副市长唐杰为本书作序，感谢综合开发研究院（中国·深圳）常务副院长郭万达博士为本书作序。

深圳市商务服务类行业协会联合党委书记
深圳市管理咨询行业协会执行会长
李志坚
2023年7月

目 录

上篇 全球管理咨询行业的走势

第一章 全球管理咨询行业结构与发展借鉴 … 2
第一节 国外管理咨询行业特色 … 2
第二节 全球管理咨询行业结构转型 … 5
第三节 全球管理咨询行业发展趋势 … 7
第四节 全球管理咨询行业与要素市场的融合 … 9
第五节 国外管理咨询行业的科技创新 … 11
第六节 全球管理咨询行业的服务区域 … 12
第七节 全球管理咨询行业的生态组成 … 13

第二章 世界四大湾区管理咨询行业未来趋势分析 … 15
第一节 湾区经济是创新经济，是新型管理咨询行业的"圣地" … 15
第二节 美国纽约湾区与全球传统管理咨询 … 17
第三节 美国旧金山湾区与创新型管理咨询公司的崛起 … 18
第四节 日本东京湾区与全球管理咨询公司的国际化 … 19
第五节 粤港澳大湾区的自身实力与发展建议 … 20

第三章 中国管理咨询行业未来的发展趋势分析 … 31
第一节 中国管理咨询行业基本特点与面临的挑战 … 31
第二节 区域标杆一：上海咨询行业 … 35
第三节 区域标杆二：香港管理咨询行业 … 45
第四节 深圳管理咨询行业典型企业研究 … 48

第四章 深圳管理咨询行业的现状分析 … 56
第一节 深圳管理咨询行业现状 … 56
第二节 深圳管理咨询行业发展面临的挑战和机遇 … 60

中篇　深圳管理咨询行业赋能粤港澳大湾区

第五章　深圳管理咨询行业2023—2027年发展规划·············66
- 第一节　发展定位·············66
- 第二节　发展目标·············69
- 第三节　发展模式与重点发展方向·············70
- 第四节　发展步骤及举措·············71
- 第五节　重点项目·············76

第六章　深圳管理咨询行业的远景展望·············80
- 第一节　粤港澳大湾区发展对深圳管理咨询行业的要求·············80
- 第二节　深圳管理咨询行业的远景目标·············84
- 第三节　深圳管理咨询行业的远期举措·············87
- 第四节　建设强有力的深圳市管理咨询行业协会·············91
- 第五节　培育具有引领示范作用的头部企业·············98

下篇　服务案例

第七章　十八个服务案例·············106
- 第一节　振华重工国际化创新营销之路——高可靠、高品质与全面服务解决方案·············106
- 第二节　北京城建国际化全体系能力构建变革项目·············119
- 第三节　水发能源流程再造和管控体系建设咨询项目·············126
- 第四节　金洲精工CTPM精益管理咨询项目·············134
- 第五节　神木电化六力班组建设咨询案例·············149
- 第六节　烽火通信EPROS流程管理平台应用实例·············163
- 第七节　科瑞技术IPD研发与DSTE战略咨询案例·············171
- 第八节　鑫同吸塑（深圳）有限公司管理咨询案例·············180
- 第九节　雅祺玩具有限公司管理咨询案例·············190
- 第十节　深圳市福田区皇岗社区创建国家基本公共服务标准化综合试点项目·············200
- 第十一节　鑫地顶层股权布局与股权激励项目案例·············208
- 第十二节　青啤TSINGTAO 1903酒吧管理咨询案例·············215
- 第十三节　木屋烧烤管理咨询案例·············229
- 第十四节　锅圈案例·············240
- 第十五节　日照亿鑫经营增长突围实操案例·············246
- 第十六节　广西旅发桂林投资有限公司聚焦组织绩效的HR管理体系优化咨询案例·············251

第十七节　广东省建筑设计研究院改制实施与战略规划整体咨询服务案例……254
第十八节　福建博思软件股份有限公司战略解码与陪伴落地项目案例……259

附　录

附录一　典型管理咨询企业介绍……266

附录二　深圳市管理咨询行业六项团体标准……347

附录三　《深圳管理咨询行业公约》……451

附录四　深圳管理咨询行业重要活动记录……455

参考资料……470

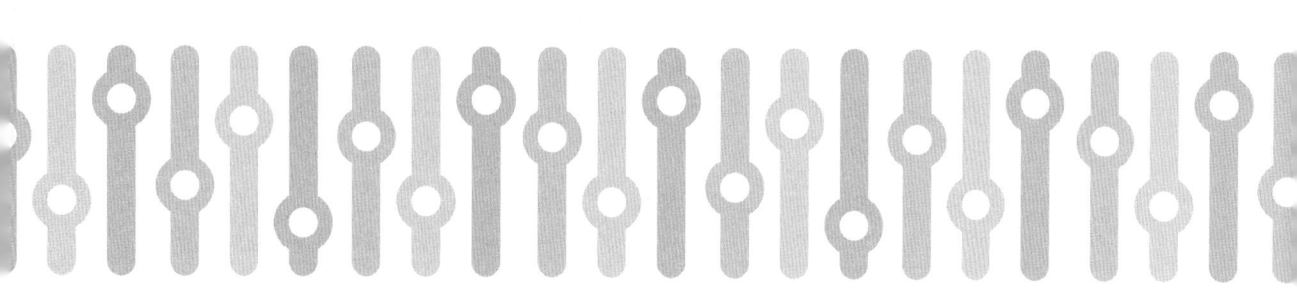

上篇

全球管理咨询行业的走势

第一章 全球管理咨询行业结构与发展借鉴

第一节 国外管理咨询行业特色

改革开放以来,深圳不仅因为毗邻香港,还因为市场化程度高、开放程度大、经济发展速度快,进而在创业创新的市场环境中,用市场化方式培育和聚集了9家世界500强企业(华为、比亚迪、腾讯、中国平安、中国电子、招商银行、正威集团、顺丰速运、万科集团),同时培育了一个独立自主、走在全国前列的深圳管理咨询行业。作为我国改革开放经济特区,深圳的企业营商环境优良,为外来的创业者和企业提供了很好的平台。在"十四五"时期,深圳管理咨询行业立足本土、眼光向外,对标美国、日本、英国、德国、法国、韩国等国外管理咨询行业(见表1-1),尤其以美国管理咨询行业为主。

表1-1 国外管理咨询行业对比

序号	国家	着力点	载体	价值定位	模式
1	美国	战略设计、制度设计	管理体系	推动企业适应未来环境	打造、输出能够整合资本、人才、技术和商品等要素的组织制度管理体系,并向客户"贩卖"适应未来的管理模式
2	日本、韩国	技能转移	人才成长	工厂管理技能转移	"师傅带徒弟"模式
3	法国、德国	产业服务	项目设计	推动产业升级	把管理咨询各个专业服务领域全面植入一个产业项目中,通过该项目的推广、建设、运营、退出等产业服务活动,实现管理咨询的价值
4	英国	新兴商业技术服务	解决客户问题	为客户提供商业技术与管理技术支持	培养掌握新兴商业科技与管理科学工具的年轻人,面对客户难以解决的问题,采用新兴科技去调查研究,并为问题解决方案的制定提供相关商业技术的支撑

一、美国

美国的管理咨询行业特色是以战略设计、制度设计为着力点，以管理体系为载体，以推动企业适应未来环境为价值定位。自20世纪20年代起，美国管理咨询公司开始大量出现，迄今为止，美国已经培育出众多引领全球管理咨询行业发展的著名管理咨询公司。经过近百年的发展，美国管理咨询公司不仅善于打造能够整合资本、人才、技术和商品等要素的组织制度体系，为客户输出支撑组织全局的专业管理体系，还善于向企业等客户"贩卖"适应未来的新管理模式。美国管理咨询行业蓬勃发展，已经形成了一套被广泛认同的社会价值、成熟的独立职业体系，服务人群从初入职场的年轻人到行业资深人士，以及职业生涯各个阶段的高端人才，并与美国各种行业精英形成了"人才旋转门制度"。

二、日本、韩国

日本、韩国的管理咨询行业特色是以技能转移为着力点，以人才成长为载体，以工厂管理技能转移为价值定位。日本、韩国的管理咨询行业注重以上人员在从事管理咨询行业前的背景与专业资历，从业人员均来自企业，大部分是制造业出身的资深专业人士；主要为客户培养员工的某一类组织性技能，即需要人人掌握、共同发挥作用的技能，比如5S管理[1]、精益管理和生产管理等；服务模式以"师傅带徒弟"为主，比如，过去5年，在中国较为流行的"阿米巴模式"，也是采用了为客户提供"培训＋辅导"这一师徒模式。

三、法国、德国

法国与德国的管理咨询行业特色是以产业服务为着力点，以项目设计为载体，以推动产业升级为价值定位。通过对法国超大型企业如阿尔斯通、法国电力、达能集团、空中客车，以及德国超大型企业如西门子、大众汽车等管理咨询服务的采购活动进行调查研究，我们发现，它们均发挥了本国政府的设计优势，把管理咨询各个专业服务领域全面植入一个产业项目中，通过该项目的推广、建设、运营、退出等产业服务活动，实现管理咨询的价值。尤其是在项目前期的资源整合框架、项目建设期的工艺与管理培训、项目运营期的质量与技术管理体系督导、项目退出期的商务服务等方面，法国、德国的管理咨询行业都有着全球的影响力。

---

[1] 5S管理是一种现代企业管理模式，5S即整理（Seiri）、整顿（Seiton）、清扫（Seiso）、清洁（Seiketsu）和素质（Shitsuke）。

四、英国

英国的管理咨询行业特色是以新兴商业技术服务为着力点，以解决客户问题为载体，以为客户提供商业技术与管理技术支持为价值定位。英国管理咨询行业的从业人员，绝大部分是掌握新兴商业科技与管理科学工具的年轻人，面对客户难以解决的问题，他们能采用新兴科技去调查研究，并为问题解决方案的制定提供相关商业技术的支撑服务。英国管理咨询行业在政府服务、公共管理领域领先全球同行，其提供的管理咨询服务甚至成为社会公共事务治理的一个必备环节。

第二节　全球管理咨询行业结构转型

2008年前后爆发的美国次贷危机和随后引发的欧洲债务危机，成为美国管理咨询行业转型的分水岭。世界管理咨询行业进入商业秩序重塑、未来机会洞察和市场力量整合阶段，全球著名管理咨询公司纷纷进入后次贷危机的影响力时代。

一个时代商业主题的出现，催生和重塑了管理咨询公司，而管理咨询公司的转型发展，又重新定义了管理咨询行业，这是市场化环境下管理咨询行业发展的基本规律。例如，改革开放需引进国外先进的管理经验，促使埃森哲、波士顿咨询公司（BCG）等跨国管理咨询公司纷纷进入中国市场，并且将未来成长性的主要业务放在中国，个别公司在美国仅留有一间办公室；20世纪70年代，日本引入美国质量管理大师威廉·爱德华兹的国家质量管理思想，带动日本以质量管理为基础的管理咨询行业的发展，走出了自己的特色之路。

过去5年，以美国管理咨询公司为首的国际管理咨询公司，转变了以全球化管理、本土化运营为主导的管理咨询服务思想，纷纷把咨询业务锁定在数字化、科技创新驱动、可持续发展的新型商业组织建设和新消费等领域。国际管理咨询公司在四大领域形成了策略管理服务类、外包管理服务类、功能专家类和行业专家类这四类管理咨询公司的行业结构（见表1-2）。

一、策略管理服务类

策略管理服务类咨询公司是基础型管理咨询公司。比如，麦肯锡咨询公司（McKinsey & Company）、波士顿咨询公司和贝恩咨询公司（Bain & Company）等第一梯队的管理咨询公司，这类公司以服务企业总体战略为主；奥纬咨询公司、科尔尼管理咨询公司（Kearney）、罗兰贝格国际管理咨询公司等第二梯队的管理咨询公司，这类公司以服务某一领域的业务策略为主。

二、外包管理服务类

外包管理服务类咨询公司，也称为"解决方案公司"。比如，IBM（国际商业机器公司）、埃森哲和德勤，这3家外包管理服务公司拥有庞大的劳动力、丰富的方案支撑技术和全球案例库。

三、功能专家类

功能专家类咨询公司专注于特定功能或少数特定功能咨询。比如，专注于人力资源管理咨询的合益咨询公司、美世咨询公司，专注于研发管理和供应链管理的柏亚天管理咨询公司（PRTM）等。除此之外，还有更加细分的功能专家，像在公司诉讼中提供经济分析服务的经济咨询公司，如基石研究咨询公司（Cornerstone Research）、安诺析思国际咨询公司（Analysis Group）；提供定价管理服务的公司，如亚博德股份有限公司（Applied Predictive Technologies）。

四、行业专家类

行业专家类咨询公司会为特定行业提供策略、实施、专业功能服务。比如，医疗保健行业的美国夏蒂斯咨询公司（The Chartis Group）和生命科学咨询公司（Trinity Partners），化工行业的美国杜邦公司；钢铁行业的美国钢铁公司。教育、交通、非营利、房地产等主要行业也将拥有属于自己行业的咨询公司。

表1-2 国际管理咨询公司的行业结构

序号	咨询公司类型	主要服务模式	代表企业
1	策略管理服务类	是基础型管理咨询公司，第一梯队公司以服务企业总体战略为主，第二梯队公司以服务某一领域的业务策略为主	第一梯队——麦肯锡咨询公司、波士顿咨询公司和贝恩咨询公司等；第二梯队——奥纬咨询公司、科尔尼管理咨询公司、罗兰贝格国际管理咨询公司等
2	外包管理服务类	也称为"解决方案公司"，拥有庞大的劳动力、丰富的方案支撑技术和全球案例库	IBM、埃森哲、德勤等
3	功能专家类	专注于特定功能或少数特定功能的咨询公司，如人力资源管理、研发管理、供应链管理、经济咨询、定价管理等	合益咨询公司、美世咨询公司、柏亚天管理咨询公司、基石研究咨询公司、安诺析思国际咨询公司、亚博德股份有限公司等
4	行业专家类	为特定行业提供策略、实施、专业功能服务	医疗保健行业的美国夏蒂斯咨询公司、生命科学咨询公司，化工行业的美国杜邦公司，钢铁行业的美国钢铁公司

第三节 全球管理咨询行业发展趋势

一、管理咨询行业的头部效应越来越显著

以麦肯锡咨询公司、贝恩咨询公司、波士顿咨询公司（简称"MBB"）为代表的全球大型咨询公司，在规模领先其他咨询公司的基础上，曾经保持年营业收入每年14%的增长率。

在各功能专家类和行业专家类管理咨询公司中，排名第一的管理咨询公司的年营业收入增长速度明显领先于其跟随者。

二、管理咨询公司并购增多

管理咨询公司的并购主要是收购涉及数字类的跨界机构和中小型同类精品的咨询公司。MBB等领先管理咨询公司的收购目的，除了出于获取新能力、新区域的业务可以快速增长或短期内获取专业知识外，更重要的是利用新能力，以加速对新商业环境的认知与理解。负责收购的顶尖人才将会成为能力领导者，被授权管理内部团队和负责外部市场的扩张。同时，MBB通过管理咨询服务的运营管理模式来变现新收购的专业能力，释放其与客户交互能力的潜在价值。

麦肯锡咨询公司将收购视为其增长战略的重要组成部分，在8年内一共收购了12家公司；贝恩咨询公司在2年内收购了3家公司；波士顿咨询公司处于中间位置，在6年内一共进行了6次收购（见表1-3）。

表1-3 MBB并购情况

收购公司	收购类型	时间
麦肯锡咨询公司	数据与分析	2013年
麦肯锡咨询公司	数据与分析	2015年
麦肯锡咨询公司	数据与分析	2015年
麦肯锡咨询公司	数据与分析	2015年
麦肯锡咨询公司	设计与数字	2015年
麦肯锡咨询公司	数据与分析	2016年
麦肯锡咨询公司	数据与分析	2016年
麦肯锡咨询公司	设计与数字	2016年
麦肯锡咨询公司	精品咨询	2017年
麦肯锡咨询公司	设计与数字	2017年

续表

收购公司	收购类型	时间
麦肯锡咨询公司	精品咨询	2019年
麦肯锡咨询公司	数据与分析	2020年
贝恩咨询公司	设计与数字	2018年
贝恩咨询公司	精品咨询	2019年
贝恩咨询公司	数据与分析	2019年
波士顿咨询公司	设计与数字	2014年
波士顿咨询公司	精品咨询	2015年
波士顿咨询公司	设计与数字	2017年
波士顿咨询公司	数据与分析	2019年
波士顿咨询公司	数据与分析	2019年
波士顿咨询公司	设计与数字	2019年

三、金融公司加速整合管理咨询公司

国际上，专业保险公司韦莱保险经纪有限公司与全球著名人力资源咨询公司韬睿惠悦合并，形成了"资本+智慧"组合，不仅提高了保险服务的专业化水平，还放大了咨询知识的商业价值。

全球投资银行巨头高盛集团直接为客户提供管理咨询服务，作为投资管理后的一种价值增值方式。2016~2020年，高盛集团先后为健康医疗、农业科技、材料行业的投资对象提供产业重整和组织变革等服务。

第四节　全球管理咨询行业与要素市场的融合

以美国咨询公司为代表的国际咨询公司及其同行，已经全面融入资本市场、商品市场、技术市场、人才市场、数据市场等要素市场，并成为各自要素市场运行体系中研究、决策、建设、评估环节等不可替代的市场主体，其中领先机构的"声音"成为企业董事会的"标准配置"。

一、分析全球管理咨询行业在资本市场的影响力

战略管理首先服务于资本价值，为资本配置的行业与区域寻求进入方式、管理策略和风险建议。麦肯锡等咨询公司在资本市场中具有强有力的影响，不仅长期追踪、研究资本市场的走向，其基于早期创业的管理会计知识培育出来的战略管理方法论本身也具有"资本基因"。贝恩咨询公司原本是一家资本管理公司，致力于将自身商品市场的洞察力与资本市场的影响力关联起来，频频发布面向资本市场的研究报告，推动资本市场各类从业人员引用其报告或思考其洞察的方向。

德勤、普华永道、毕马威、安永四大会计师事务所本身就是资本市场不可或缺的一类市场公司，2016～2020年，它们在管理咨询服务领域的布局明显加快。但值得注意的是，作为原国际五大会计师事务所之一的"带头大哥"安达信，2002年因"安然事件"而倒闭。以四大会计师事务所为首的咨询公司应引以为戒，不做假账，不利用自身审计服务在资本市场的公信力和专业优势进行利益交易，守住职业立身底线，而这些都是这类咨询公司所面临的持久挑战。

二、分析国外管理咨询行业在人才市场的影响力

管理的背后是价值观的体现。管理咨询服务是为具有相同价值观的高级管理人员提供的服务。以美国管理咨询行业为首的管理咨询行业正是因为与企业高级经理人市场的"深度绑定"而确定了自身的价值定位。

管理咨询公司发挥着"高管黄埔军校"的社会价值，其推动离职员工步入著名企业高级管理者的行列，并通过持续跟踪与服务"校友"的职业生涯而实现共赢。MBB等全球管理咨询公司与光辉国际等全球猎头公司共同组成了一个"生态圈"，共同服务战略客户的"战略时刻"，为其提供跨国并购、产业整合和新市场进入等服务。

三、分析国外管理咨询行业在创业创新市场的影响力

创业创新是新兴商业模式的来源,不仅代表着未来商业新势力,还是颠覆企业家的主阵地。因此,国外著名管理咨询公司都十分重视创业创新市场的影响力建设。以美国管理咨询公司为首的国外管理咨询公司高度关注创业创新市场的项目,以提供战略管理咨询服务、搭建与大中型企业并购重组的桥梁为主要经营方式。

同时,一些全球代表性管理咨询公司纷纷设立科技市场研究部门或内部项目组,抓住科技创新的源头,并利用自身的预测能力与洞察能力滚动预测创业创新的进展,将科技市场研究作为传统管理咨询服务的重要板块之一。

四、国外管理咨询行业的社会认可度

管理咨询公司是以品牌为核心盈利模式的商业机构,社会认可度建设是成熟管理咨询公司的主要发力领域。除了继续保持出版物出版、论坛曝光率、学术合作、客户闭门研讨会等传统方式外,过去5年,全球著名管理咨询公司都以半公益服务方式介入社会热点领域。比如,麦肯锡咨询公司积极参与中国医疗体制改革,为中国政府提供跨国标杆案例;贝恩咨询公司积极推动粤港澳大湾区智库建设,并设立数字研究中心,以推动粤港澳大湾区的数字经济发展;等等。

第五节　国外管理咨询行业的科技创新

管理咨询行业是人才密集、知识密集、技术密集的行业,是新兴科技率先应用者,更是新兴商业技术的孵化器。

一、全球管理咨询行业的科技应用分析

过去5年,全球著名管理咨询机构在拥有知识库优势的基础上,建立基于人工智能技术的客户服务体系,以适应数字化技术的浪潮。尤其以麦肯锡咨询公司、德勤为代表,代替传统管理咨询服务过程的低端劳动力,为客户、决策者和高级专家提供技术支撑。

二、全球管理咨询行业的商业技术培育

全球TOP50的管理咨询公司纷纷设立商业技术研究部,推动自身管理模型与信息技术的融合,并把管理工具转化为在线服务技术。管理模型与信息技术融合的典范当数IBM咨询公司,其商业咨询与服务业务板块的营业收入已经成为全球管理咨询行业营业收入的"珠穆朗玛峰",其过去5年年收入保持在300亿~500亿美元之间。

高度依赖中国市场的信息技术服务巨头埃森哲,本身是曾处于世界领先地位的安达信的全球知识交易所平台,因"安然事件"从安达信独立出来,成为独立的信息技术外包与商业研究咨询公司。

第六节　全球管理咨询行业的服务区域

一个经济体的管理咨询行业的区域覆盖广度,与这个经济体的企业的全球影响力呈高度正相关,与这个经济体的富豪数量呈负相关。美国管理咨询公司的覆盖范围广,全球影响力大的企业多;与此相反,沙特阿拉伯等经济体的全球富豪多,但其管理咨询行业非常薄弱,管理咨询公司极少。

美国跨国企业的全球化布局,带动了美国管理咨询公司的全球化布局。美国管理咨询公司建立了"全球总部级服务—国家级服务—业务板块级服务"三级服务体系,这种服务体系甚至成为全球总部驻在美国企业的一种隐性治理力量,在服务各个国家业务的同时,为全球总部提供各国的市场机会和风险识别工作。

一家管理咨询公司在全球各个地区的布局与自身核心咨询能力有很大的关系。贝恩咨询公司擅长研究消费品市场,在日本等国具有专业影响力,日本成为其除美国本土之外最大的业务区域。近年来,随着中国消费行业的崛起,贝恩咨询公司在中国的影响力也迅速提升。麦肯锡咨询公司以擅长管理会计服务与公司价值而闻名,在日本开展全球并购的高峰时期,一度成为日本管理咨询行业的代名词;在中国企业"走出去"的高速发展时期,也一度成为引领中国管理咨询行业的学习模板。

第七节　全球管理咨询行业的生态组成

管理咨询行业是集成度较高的行业之一，与全球影响力大的教育研究机构、广泛覆盖的数据调查与统计机构、分工精细的商业研究机构、充分流动的高级人才服务机构、专业细致的商业技术研发机构具有较强的生态关系。

美国这些行业在过去5年均在各自领域发展良好，同时为美国管理咨询行业提升专业深度和促进服务创新提供了良好的生态环境，这是市场高度成熟的标志，为丰富多彩的商业主体提供了多样性和专业性。

一、全球影响力大的教育研究机构赋予管理咨询行业新知识与影响力

哈佛商学院、麻省理工学院斯隆管理学院、斯坦福大学商学院等全球影响力大的教育研究机构，为美国管理咨询行业提供新视角和大量的专业化人才，这些学术声誉卓著的商学院都是美国管理咨询行业领先全球的知识动力源。

同时，美国教育研究机构培养了一批批具有全球领导力的商业精英人才，此类人才与美国管理咨询公司的语言相同、价值观相似、商业认知相近，更能成为美国管理咨询公司的潜在客户群。

二、广泛覆盖的数据调查与统计机构为管理咨询行业提供精准的数据

美国的数据调查与统计行业非常发达，从为总统竞选提供意见的社会调查机构到各个商业领域的专业调查公司，均有覆盖。比如，中国市场所熟悉的盖洛普咨询公司，除此之外，企业咨询调查服务公司邓白氏、医药市场研究公司艾美仕（IMS）、信息技术研究分析公司高德纳（Gartner）等机构均在中国市场具有一定的影响力。

三、分工精细的商业研究机构赋予管理咨询行业深刻的洞察力

国际上，商业研究机构的分工非常精细和专业，都在某一细分领域深耕多年。比如，美国加州硅谷地区专门研究中国商业环境的机构就有11家，还有多年深耕于消费者和品牌研究领域的凯度（Kantar）和尼尔森；长期追踪企业群体发展趋势的《财富》《福布斯》《商业周刊》等知名财经杂志；具有全球影响力的项目管理研究和评估机构——美国项目管理协会。此类机构多年深耕于商业环境、消费者、品牌

和项目管理等领域，赋予管理咨询行业深刻的商业洞察力。

四、充分流动的高级人才服务机构为管理咨询行业提供人才适配通道

管理咨询行业培养的高级管理人才通过光辉国际、韬睿惠悦等全球化组织咨询公司推动，进入世界各地的著名企业担任高级管理者，传递管理咨询行业的价值观和管理思想，在帮助企业实现可持续发展的同时，也推动管理咨询行业的发展。

五、专业细致的商业技术研发机构为管理咨询行业提供技术支持

美国的商业咨询服务发达而且分工精细，因此产生了许多专业细致的商业技术研发机构，在创办各类商业企业、寻找商业机会方面，都有专业机构提供从创立到获得盈利所需要的全过程的咨询服务。

第二章　世界四大湾区管理咨询行业未来趋势分析

第一节　湾区经济是创新经济，是新型管理咨询行业的"圣地"

湾区经济是一个国家沿海经济的主要表现形式之一，也是全球经济的关键组成部分和评判世界级临海城市群的重要指标。目前，国际上颇负盛名的三大湾区当数美国的纽约湾区、旧金山湾区和日本的东京湾区，聚集性、开放性、创新性、宜居性和国际化是它们的重要特征，它们具有开放的经济结构、高效的资源配置能力、强大的集聚外溢功能和发达的国际交往网络，发挥着引领创新、聚集辐射的核心功能，已经成为拉动全球创新型经济发展的核心增长点和驱动技术革新的领头羊。

作为世界湾区经济中的新军，我国粤港澳大湾区开始成为全球经济版图中被关注的一个亮点，还被视为除上述三大湾区以外，未来全球经济的第四个增长极。实际上，从2008年开始，有关粤港澳地区合作发展的政策就陆续出台，直到2015年，"粤港澳大湾区"的概念首次被提出。此后，在多份规划文件中，均提出要共同打造粤港澳大湾区。2017年，粤港澳大湾区建设迎来标志性的进展，此概念被正式写入政府工作报告。此后，粤港澳三地签署《深化粤港澳合作　推进大湾区建设框架协议》，一批重大基础设施项目加快推进。2019年2月18日，中共中央、国务院印发《粤港澳大湾区发展规划纲要》，标志着粤港澳大湾区建设全面启动。这个由"9 + 2"个城市组成，用中国不到1%的土地创造出全国10%GDP的城市群，即将把梦想照进现实。

实际上，粤港澳大湾区在多个经济指标上已经接近甚至超过世界其他三个湾区，其2016年的经济增速更是其他三个湾区的2～3倍。尽管如此，粤港澳大湾区仍需借鉴纽约湾区、旧金山湾区和东京湾区这世界三大湾区的成功要素并吸取教训，这对于粤港澳大湾区的建设具有不可或缺的参考作用和借鉴价值。经济界普遍认为，湾区经济的成功离不开发达的国际交往网络、开放的经济结构、高效的资源配置能力、庞大的经济体量和强大的产业集群效应。

从世界经济版图分布来看，全球六成的经济总量集中在入海口，在距离海岸100千米的沿海地区，集中了全球超七成的大城市、人口和资本，湾区经济已被视为全球经济发展的重要增长极，即一个国家或地区经济的发达，离不开湾区经济发展的支撑。

而研究纽约湾区、旧金山湾区、东京湾区世界三大湾区的发展历程，有助于我们理解粤港澳大湾区的意义和未来发展路径。

湾区经济能够发展成为创新经济，缘于一个国家经济社会转型升级发展的瓶颈期，而管理咨询行业的发展依托创新经济而快速崛起。因为原有的经济模式与社会动力无法催生新企业、培育新型产业，所以不同的国家就会基于国情和全球竞争格局来推出不同的湾区经济模式。因为没有经验可循，管理咨询行业以市场方式、货币"选票"来筛选出新企业、新制度、新产业、新结构、新经济和新方式，以催动商业智慧与经济实践的发酵。

第二节　美国纽约湾区与全球传统管理咨询

麦肯锡咨询公司、波士顿咨询公司、科尔尼管理咨询公司等传统管理咨询公司均诞生于纽约湾区。正是由于纽约湾区的股东与经营者、多种客户选择、跨界供应链协同的矛盾、高校对传统机构不感兴趣，以及经理人没有多视角整合知识与方法论的能力等，这些咨询公司才得以诞生。

纽约湾区是金融湾区。纽约湾区是世界的金融中心，其金融行业、奢侈品行业和都市文化都具有世界级的影响力。比如，华尔街是世界金融的心脏，拥有纽交所和纳斯达克交易所，美国七大银行中的6家，以及世界上的金融、证券、期货、保险和外贸等行业近3000家机构总部均设于此。全美国最大的500家公司中，1/3以上的公司将总部设在纽约湾区。

纽约湾区的经济社会特色，培育了麦肯锡咨询公司以管理会计学为核心的战略管理咨询体系、波士顿咨询公司以客户选择模型为核心的战略管理咨询体系以及科尔尼管理咨询公司以跨界供应链为核心的战略管理咨询体系。

第三节　美国旧金山湾区与创新型管理咨询公司的崛起

美国旧金山湾区是高科技湾区，以环境优美、科技发达而著称。这里拥有世界著名高科技产业区硅谷以及以斯坦福大学、加州大学伯克利分校为代表的20多所著名科技研究型大学。这里也是谷歌、苹果、英特尔、特斯拉、英伟达、优步等科技巨头企业总部的所在地。旧金山湾区人口超过700万，其中高科技人员200多万，是世界各地科技精英的聚集地，其中华人70多万。

在世界范围内，旧金山湾区已经发展成为最重要的高新技术研发中心，对全球的经济发展有着广泛而深远的影响。

以信息技术为主导的高科技企业的经营模式是麦肯锡咨询公司等传统管理咨询公司所不熟悉的业务，人才价值大于资本价值的企业文化与传统管理咨询公司的价值观、方法论相冲突，因此创新型管理咨询公司及时诞生于硅谷。

高科技企业的证券化率高，但是评估公司价值、频繁并购成为时代难题。贝恩咨询公司成功地解决了该难题，其方法论也得到了企业验证，贝恩咨询公司因此迅速崛起。

人才价值与企业发展的新型关系，是以传统经济为基础的纽约湾区所没有遇到过的。美世咨询公司的总部位于纽约湾区，它成功地解决人才与企业的体制机制难题，迅速成为当代全球知名管理咨询公司。

与纽约湾区的经济结构不同，旧金山湾区企业主体的生命周期短，企业内部资源无法满足企业发展的需求。因此，旧金山湾区诞生了多如牛毛的管理咨询公司，但业务类型与服务方式完全不同于传统管理咨询公司。比如，项目管理咨询与产品数据服务公司广泛分布于旧金山湾区，公司员工平均为30~50人，年度营业收入为3亿~5亿美元。

旧金山湾区的管理咨询行业以开发引领企业发展方向的模型为主业务，有数千家具有全球影响力的机构，成为投资银行、企业发展、创业创新的"智库"。比如，企业生命周期模型、企业第二曲线模型等著名商业模型，均诞生于旧金山湾区的管理咨询机构。

第四节　日本东京湾区与全球管理咨询公司的国际化

日本东京湾区是产业湾区。东京湾区聚集了日本1/3的人口、2/3的经济总量、3/4的工业产值，成为日本最大的工业城市群和国际金融中心、交通中心、商贸中心以及消费中心。

东京湾区的崛起是因为全球的梯度产业转移。朝鲜战争后的20世纪六七十年代，日本接收美国等国家转移出来的电子、机电、金融服务等产业，麦肯锡咨询公司、波士顿咨询公司等咨询公司跟随产业转移的大潮来到东京，东京湾区成为全球管理咨询公司国际化的桥头堡。麦肯锡咨询公司、波士顿咨询公司也成为日本现代管理咨询行业的引领者，它们将当时日本企业自发成立的松下政经塾、盛和塾等传统内部培训机构逐渐演变成现代化管理咨询公司。

东京湾沿岸有6个港口首尾相连，每年货物吞吐量超5亿吨。在庞大港口群的带动下，东京湾区逐步形成了京滨、京叶两大工业地带，钢铁、石油化工、现代物流、装备制造和游戏动漫、高新技术等产业十分发达。同时该区域也是三菱、丰田、索尼等一大批世界500强企业的总部所在地。

以日本野村综合研究所为代表，它弥补了美国管理咨询公司不擅长服务的领域，比如，新品市场实验室、厂址选择、股权管理服务、区域综合环境长期跟踪研究等。诞生于东京湾区的管理咨询公司，跟随东京湾区的企业走向全球，成为全球具有影响力的管理咨询公司，以长期服务、忠诚信任、紧密沟通为特色，与日本企业咨询、跨国咨询形成互补模式。

第五节　粤港澳大湾区的自身实力与发展建议

粤港澳大湾区是全球最新的经济崛起的湾区城市群，它拥有广东省九个城市和香港、澳门两个特别行政区，因此与国际对接更为便利。历史上，中国与东南亚、南亚、中东、非洲的经济联系广泛，作为"一带一路"的重要起点之一，粤港澳大湾区的发展潜力优势明显。同时，粤港澳大湾区拥有世界上最大的海港群和空港群，有华为、腾讯、比亚迪、中兴、万科、美的、步步高、格力、广汽、大疆、TCL、创维等领军企业。粤港澳大湾区还具备自贸试验区的功能，同时是具有世界级影响力的制造中心、投资中心、企业孵化中心和新经济策源地。

综合开发研究院（中国·深圳）发布的报告提出，粤港澳大湾区是我国制造业门类最全、产业链最完整、市场最活跃的地区，初步具备引领全球科技革命的产业资源、科技资源、市场空间及企业主体，有望成为第四次工业革命的全球领跑地之一。但也有人认为，目前粤港澳大湾区面临制造业成本过高的问题，建议以粤港澳大湾区为试点，逐步降低企业的生产成本。

粤港澳大湾区将来会进一步聚集全球先进制造业，继续大力培育、壮大战略性新兴产业，推动新一代信息技术、生物技术、高端装备制造、新材料、文化创意等新兴产业发展，打造具有重要国际影响力的科技和产业创新中心，成为带动中国南部经济增长的强劲增长极。与世界其他三大湾区相比，粤港澳大湾区也有很多独特之处——两种制度、三个关税区等，体现出其"一国两制"的治理特色。

对于粤港澳大湾区今后的发展，国内外管理咨询行业的顾问们经过多年的研究，凭借自己深厚的专业功底和丰富的咨询经验，公开发表过不少非对标性见解和建议。为了顾及相关意见的全面性与完整性，特用列表的方式收录，以作为相关意见的佐证和补充，但其并不纳入路径节点因素的归纳中（见表2-1）。

表2-1 非对标性见解和建议

序号	见解和建议的内容概括	价值意义	来源
1	粤港澳大湾区建设的机制安排和主要难点： （1）粤港澳大湾区建设机制安排。 （2）掘金粤港澳大湾区：聚焦四大产业	（1）预计未来粤港澳大湾区建设将在原有的粤港联席会议制度基础上，建立粤港澳大湾区联席会议制度。但是粤港澳大湾区协同发展的前提是消除影响要素便利流动的因素，打破人口流动及分工的制度性障碍。 （2）①2017年深圳市人民政府工作报告提出围绕陆海资源统筹，高标准加快前海深港现代服务业合作区、深圳湾总部基地、大鹏湾国际生态旅游区、国际生物谷等建设，不断强化福田区、罗湖区、南山区商务中心功能，着力打造盐田区、宝安区、坪山区和大空港、北站商务区、光明门户区、大运新城等新的区域经济增长极，形成片区协调互动的湾区经济发展形态。②粤港澳大湾区的物流枢纽应该依托深圳这一亚洲最大的陆路口岸和海港、空港、信息港三港联动优势，着力增强航运、贸易、金融集聚辐射功能。加强与东盟国家基础设施互联互通，吸引国际合作机构落户。完善国际集装箱班轮航线网络，进一步提高国际中转比例，培育发展邮轮经济、游艇产业等高端航运服务业，提高港口的经济附加值。提升新航站楼综合服务功能，推动空港经济发展。积极发展国际会展业和供应链管理、跨境电子商务等新型业态。③粤港澳大湾区的发展要求转变外贸发展方式，在输出产品的同时，更加注重输出资本、技术、管理、服务和品牌。深圳市人民政府工作报告提出：2017年服务贸易出口目标为490亿美元。提高利用外资质量，实现使用外资58亿美元。④面向亚太地区，立足全国，加强与周边地区协作。加快广深港客运专线、莲塘、香园围口岸、深圳河治理四期等跨界基础设施建设，推进落马洲河套等边境地区合作开发。深入落实《内地与香港关于建立更紧密经贸关系的安排》《海峡两岸经济合作框架协议》和粤港澳服务贸易自由化政策，加强深圳、东莞、惠州合作，推动深茂铁路、深中通道、穗莞深城际轨道、赣深高铁等项目的规划建设，打通区域战略通道，形成湾区经济发展联动效应	李慧勇：《中国改革与开放的杠杆：世界级大湾区之粤港澳》，2017-06-02

续表

序号	见解和建议的内容概括	价值意义	来源
2	粤港澳大湾区如何成为世界第一大湾区： （1）世界上最大的湾区经济带。 （2）以开放、自由作为基础。 （3）强大的辐射动力器。 （4）完善大湾区的司法制度。 （5）推进大湾区社会协同治理	（1）粤港澳大湾区包括了中国发展潜力最好的城市，可以肯定，粤港澳大湾区一旦建立，其地位或许会超过世界上公认的三大湾区。 ①一个经济高速发展的大湾区，若没有金融作为支撑，要想持续发展是不可能的。金融中心可以为粤港澳大湾区经济提供巨量资金支撑，且使用资金的成本低。粤港澳大湾区和三大湾区相比，其金融优势非常明显。 ②粤港澳大湾区的建立，让香港、深圳、广州连成一片，以香港为中心，以粤港澳大湾区为基地，为全国金融提供服务，同时作为人民币离岸中心，为境外人民币提供结算服务。 ③粤港澳大湾区的建立，一方面有利于深圳、广州为珠江三角洲地区提供更多的金融服务，另一方面为香港、境外金融机构投资内地提供中转站。 （2）由于"拥海抱湾"的独特地理条件，粤港澳大湾区具有更优越的生态环境、地理位置，同时其港口具有避风、水深、防冻等优点。由于粤港澳大湾区共享，且由不同主体共有，湾区经济的不同主体可以依托湾区建设港口群。这就是湾区经济与沿海经济最不同的地方。 （3）粤港澳大湾区作为中国最重要的经济湾区，是一个强大的辐射动力器。它产生的经济效益，绝不可能是"一加一等于二"，而是"一加一等于三、等于四"的放大效益。 （4）粤港澳大湾区乃是国家在新形势下的策略，香港作为世界排名第三的国际金融中心，势必要与广东协作，共同推进提高粤港澳大湾区的软实力，完善粤港澳大湾区的司法制度。 （5）近年来，广东省积极推进政府转型，探讨政府如何更好地提供公共服务的问题。这方面，香港的多元，比如社会治理经验，或许对广东省有着重要的借鉴意义：加强社会治理经验交流、推进社会中介服务、加强院校交流	鲁晓芙：《粤港澳大湾区，如何成为世界第一大湾区（深度分析）》，2017-10-13
3	跨境金融产业在粤港澳大湾区的发展机遇和趋势： （1）香港的金融中心地位愈加突出。 （2）澳门的特色金融别具优势	（1）粤港澳大湾区拥有广州、深圳和香港三大金融重镇，以及港交所和深交所两大证券交易所，汇聚全球众多的银行、保险、证券、风投基金等跨国金融巨头，打造金融核心圈层的优势明显。其中，香港金融业促成粤港澳产业分工体系，在全国、湾区经济发展大局中的角色和定位进一步明确，其重要性愈突出；香港的金融中心地位对粤港澳大湾区的影响已经根深蒂固。 （2）初步显示了澳门金融业平衡经济结构的发展潜力；发展特色金融业，是澳门未来经济多元化发展的重要路径之一	朱茜：《粤港澳大湾区产业前瞻之跨境金融：香港金融中心地位愈加突出，澳门特色金融别具优势》，2018-08-07

续表

序号	见解和建议的内容概括	价值意义	来源
4	粤港澳大湾区的优势：（1）粤港澳大湾区具备影响世界的能力。（2）粤港澳大湾区是最具活力和创新能力的地区之一。粤港澳大湾区未来创新面临的重大挑战：（1）国际竞争目标下区域协同创新。（2）区域空间内部平衡发展的共享创新。（3）合理利用自然资源共建大湾区优质生活圈的绿色创新	（1）未来粤港澳大湾区的愿景是在"一国两制"框架和核心城市带动下实现区域融合与协作，在国际竞争中恢复在全球经济体系和产业体系里的引领力，形成具有世界能级的区域竞争力、平衡发展的区域空间布局和共建优质生活圈的示范。港、澳、广、深作为区域龙头城市可以发挥各自的功能优势，形成区域的核心和先导。（2）未来15年，粤港澳大湾区要在全球区域竞争中实现贯通内外、引领世界的科技创新能力和产业体系，不仅需要本地的智慧，而且需要世界的智慧做支撑，更需要稳定的开放制度和多元化的创新生态建设做保障。（3）在粤港澳大湾区新型战略目标下，实现中华民族伟大复兴和祖国统一，必然需要通过不断深化协同实现融合，湾区城市迫切需要在过去以经济增长和城市竞争为主的逻辑上重新认识发展目的、构建新型竞合关系	吕传廷：《粤港澳大湾区面临的重大创新挑战》，2019-06-10
5	粤港澳大湾区的定位和作用可以概括为：国际金融中心、国际物流中心、国际航运中心，具有领先的高等教育，也是中国对外开放全球化的重要窗口	香港未来的发展方向：一方面，要重视香港内部的规划，只有提升香港在金融产业、财富管理、贸易和高等教育、文化产业、旅游业领域的竞争力，才能支撑粤港澳大湾区，甚至是中国将来的社会经济发展；另一方面，要推动香港与珠三角城市外在的联系。香港是世界级城市、高度国际化的城市、经济自由度最高的城市；香港拥有世界领先的专才与世界领先的大学	沈建法：《粤港澳大湾区中香港的特色与作用》，2019-06-10
6	在2019年发布的《粤港澳大湾区发展规划纲要》框架下，《关于金融支持粤港澳大湾区建设的意见》对相关金融内容进行了细化，给出了粤港澳大湾区金融开放的推进方向，同时结合粤港澳大湾区建设进程和实际诉求，提出了金融支持的创新举措，具有多方面亮点：（1）促进跨境贸易和投融资便利化。（2）深化内地与港澳金融合作。（3）促进金融基础设施建设和金融服务创新。（4）广州、深圳办公楼金融行业租赁需求或迎增长	（1）将进一步推动资本项目的开放提速，以及推动金融服务范围和水平的扩大提升。（2）将实质性地扩大银行业、证券业、保险业这三大细分行业的对外开放，并带来更多的业务机会。（3）在金融和科技双轮驱动下，依托于粤港澳大湾区自身的产业与技术优势，为金融科技产业的发展创造了良好的环境，也为粤港澳大湾区内地金融科技企业的成长成熟提供了更多的机会。（4）这一系列的创新举措将利于境内外金融机构在粤港澳大湾区内地业务的快速发展，给深圳和广州的办公楼市场需求带来新的增长点	曾丽：《粤港澳大湾区"26条"金融政策将提振广深办公楼需求》，2020-05-26

续表

序号	见解和建议的内容概括	价值意义	来源
7	粤港澳大湾区两岸经济发展存在差异，港澳与内地并无实现真正的经济协同。为解决这个现实瓶颈问题，粤港澳大湾区规划成为我国的重点发展战略计划： （1）粤港澳大湾区的价值有哪些。 （2）粤港澳大湾区是"一带一路"发展的重点区域	（1）粤港澳大湾区内部有着足够的发展推动力，外部有着国家助力的优势，是当前世界湾中面积最大、人口最多的湾区。粤港澳大湾区目前已实现2小时交通圈，不管是高速公路密度还是铁路网密度，都居全国城市群第一位。 （2）粤港澳大湾区有着我国最好的经济发展环境，是中国经济增长的超核，是"一带一路"的重点区域，是对接"一带一路"建设的重要平台和门户枢纽。粤港澳大湾区的意义在于区域内的城市协作，每个城市的功能特色都不一样，这是产业合作的基础。香港可以提供资金，深圳进行研发，东莞、中山负责生产，广州提供贸易平台，等等	壳公思：《一文分析大湾区的价值所在》
8	以高技术要素密集度、高附加值和产业关联性强为特点的生产性服务贸易对产业结构调整和经济发展方式转型的拉动作用日益凸显	本文对增强香港生产性服务贸易国际竞争力提出政策建议：在政策层面，借鉴世界级大湾区经验，加快要素流动，提升香港服务贸易开放质量；在行业层面，扩大香港货物贸易规模，建立粤港澳国际金融合作平台；在微观层面，加大香港技术研发投入，实施品牌战略，构建良性有序的人才制度	蔡思嘉：《粤港澳大湾区背景下香港生产性服务贸易的国际竞争力研究》，2020-09-27

注：因篇幅所限，只选取观点的结论部分，论证过程请读者自行查阅引用的原文。

现将2018—2021年管理咨询行业的中外顾问公开发表的有关粤港澳大湾区对标世界其他湾区可借鉴的成功建设路径（路径节点因素）的文章，按发文时间的先后顺序列表归纳（见表2-2）。

表2-2 路径节点因素归纳

序号	主要内容	价值意义	来源
1	关于东京湾区、纽约湾区和旧金山湾区这世界三大湾区的成功要素，经济界普遍认为其离不开发达的国际交往网络、开放的经济结构、高效的资源配置能力、庞大的经济体量和强大的产业集群效应	从世界经济版图来看，全球六成的经济总量集中在入海口，在距离海岸100千米的沿海地区，集中了全球超七成的大城市、人口和资本，湾区经济已被视为全球经济发展的重要增长极	卓泳：《对标世界三大湾区，粤港澳大湾区能否成全球新的经济增长极？》，2018-03-28
2	东京湾区的金融发展历程，给粤港澳金融发展带来的启示： （1）强大的自身经济实力是根本保障。 （2）提升国际化水平和开放性是内生动力。 （3）营造优越的营商环境是重要举措	粤港澳大湾区本身是我国经济最强的区域之一，加之有我国腹地的强劲经济发展和"一带一路"倡议支持，具备未来建设金融中心的核心优势。同时，粤港澳大湾区是我国国际化水平较高和开放性较强的地区之一，在外向型经济持续发展的背景下，可通过继续深度开放的方式吸引外国（机构）投资	郭家轩、陈颖：《大湾区观察｜东京湾区将如何破解产业变化带来的金融挑战？》，2018-08-02

续表

序号	主要内容	价值意义	来源
3	粤港澳需共同打造促进粤港澳大湾区向世界级湾区蓬勃发展的"中国模式"	德勤中国首席经济学家许思涛认为:"粤港澳地区横跨'一国两制三关税区',其政策制定要以中央和粤港澳三地协商的方式推进。这种由上至下与多方协商的特点,决定了粤港澳需要共同探索湾区经济的'中国模式'。""大湾区的发展无疑需要政府自上而下的政策鼓励和制度创新,也离不开市场自下而上的推动,二者的融合将在顶层设计、城市集群发展、产业协同和创新驱动四个层面上推动粤港澳大湾区完成从愿景到现实的转化。"	德勤:《从"世界工厂"到"世界级湾区"——粤港澳大湾区发展前景分析》,2018-08-30
4	关于生态环境保护	纽约湾区、旧金山湾区和东京湾区三大湾区很早就开展了符合各自实际情况的区域生态环境保护工作,大幅提高了区域生态环境保护建设和管理的效率: (1)建立有效的湾区生态环境协调管理机制。 (2)注重湾区发展中长期规划。 (3)制定湾区环境相关政策及标准。 (4)推动公众、企业、智库等多主体参与湾区环境管理	李丽平等:《全球三大湾区的环境保护经验!》,2019-05-21
5	新加坡自由港发展的经验与启示: (1)与国际规则相对接的高效、完备的法律体系,是新加坡自由港保持可持续创新发展的"定海神针"。 (2)倡导商事纠纷解决机制多元化、便利化,是优化营商环境的不二选择。 (3)无处不在的亲商理念和人无我有的周到服务,是新加坡持续集聚流量的过人之处。 (4)以人才为本、唯人才是用,是新加坡保持国际一流竞争力的奥秘所在	(1)坚持立法先行,让完善、透明的法治环境和多元、便利的商事纠纷解决机制成为海南自贸区(港)建设的金字招牌。 (2)依托市场吸引人才,依靠政策呵护人才,依赖平台留住人才。 (3)以产业园区为载体,以培育新产业、新业态为目标,加快形成以高新技术产业、旅游业和现代服务业为主的新型经济结构。 (4)从建立专门性揽才机构和选拔专门人才入手,革新招商理念,创新招商方式	中国南海研究院课题组:《迪拜、新加坡成功经验的宝贵启示——其"流量"和"腹地"是怎样创造出来的?》,2019-08-28
6	学习新加坡裕廊工业区的成功经验	(1)制定科学规划,坚持贯彻实施。 (2)园区实行企业化运营管理。 (3)精准化产业定位,抓住时机助推升级。 (4)优化软硬件基础,打造良好的投资环境。 (5)重视自主创新能力	GGII:《全球典型园区案例分析——新加坡裕廊工业区》,2019-10-05

续表

序号	主要内容	价值意义	来源
7	对于粤港澳大湾区邮轮经济发展的建议： （1）进一步丰富邮轮产品，建立多样化、差异化的邮轮旅游产品矩阵。 （2）全面提升周边旅游服务配套水平，进一步延长邮轮旅游产业链。 （3）实施税收优惠，培育邮轮产业和消费市场。 （4）注重粤港澳大湾区母港协同合作发展及腹地联动	（1）打造"高铁+邮轮""飞机+邮轮"高端境外邮轮旅游路线，形成航线丰富、长短期游俱全、高中低端价格皆有的多样化邮轮产品矩阵，激发潜在旅客，提升旅客黏性。 （2）重点发力扶持邮轮母港周边餐饮、住宿、景点建设，以优质的周边旅游配套资源吸引旅客在邮轮旅游后继续在周边游玩，而非单纯地把邮轮母港作为交通中转站，延长邮轮经济产业链。 （3）各部门协调联动出台有针对性的邮轮产业发展政策。比如，大力支持港口城市向全球船供配送重要中心方向发展，积极制定税收优惠政策吸引邮轮制造公司和邮轮运营公司；以港口城市为邮轮母港，并开展邮轮维修和邮轮供油等活动，进一步推动我国邮轮经济上中游产业的发展，延长并完善我国邮轮产业链；积极简化出入境手续，制定关税优惠政策，将过境免签政策与退税政策联动，把邮轮码头打造成为境外旅客购物离境退税政策的离境口岸。 （4）粤港澳大湾区将拥有香港启德邮轮码头、深圳太子湾邮轮母港、广州南沙国际邮轮母港三大邮轮母港。粤港澳大湾区邮轮母港群具有得天独厚的区位优势，潜在市场广阔，腹地客源丰富，半小时交通圈呼之欲出	广州日报数据和数字化研究院：《邮轮经济发展报告（2019）》，2019-11-14
8	罗兰贝格国际管理咨询公司全球合伙人于占福表示："通过对东京湾区的地缘优势、发展历程、产业发展经验教训等方面进行全面梳理，对比东京湾区与粤港澳大湾区的特色，提炼出湾区实践的十大启示，为粤港澳大湾区发展提供可借鉴的建议。"	（1）持续提升港口经济能量，长期发挥动力引擎作用。 （2）积极打造立体交通网络，全面实现内外便捷联通。 （3）合理搭建产业梯度体系，坚定追求核心技术地位。 （4）全面搭建创新主体生态，畅通创新要素流通渠道。 （5）大力打造金融赋能体系，立体调用多种金融工具。 （6）不断提升人才吸聚能力，持久获得演进根本源泉。 （7）关注完善城市综合功能，打造功能各异核心节点。 （8）共建城市之间合作机制，集合多点塑造复合集群。 （9）坚定守护环境生态本底，维护升级绿色生态优势。 （10）及早建立顶层规划机制，实现整体效率利益最优	罗兰贝格国际管理咨询公司、广东粤港澳大湾区研究院、《21世纪经济报道》：《东京湾得失录——湾区实践十大启示》，2020-01-07

续表

序号	主要内容	价值意义	来源
9	东京湾区制造业的展开与升级，是一个明显的以点（东京市中心）连线（京滨和京叶沿海）带面（向内陆延伸）的过程，这也是一个区域制造业升级的标准过程	东京湾区成功的主要因素在于，在制造业升级、铺开的进程中，把握住各区域所承担的角色，以及升级过程中对制造业发展势能的传递：用生产性服务业支撑东京成为"大脑"，并带动周边沿海制造业上位——通过将研发贴近制造业，实现沿海地区从生产向研发的角色升级——通过企业的科研机构跟进，推进内陆制造业的铺开。这种制造业升级的传递关系，是东京湾区制造业强大至今的基础逻辑	华高莱斯：《东京湾区主题系列（三）——产业格局的重塑》，2020-01-19
10	日本首都圈和东京湾区出现的诸多问题，也是我们在推进区域一体化和湾区建设时必须注意的	（1）政府的政策导向非常重要，国家必须制定强有力的政策法规来推动区域一体化和湾区建设。 （2）区域一体化和湾区建设必须是开放型的，区域不能封闭发展，必须依靠地区间合作和国际合作。 （3）中心城市的一部分城市职能，包括产业功能、住宅功能、机场和大型游乐场等基础设施功能，应该更多地由周边城市来分担，并在此过程中努力实现产业转移。 （4）区域一体化不是一味地寻求聚集效应，而是要通过有机整合提升城市群的综合竞争力。 （5）交通的发展可以促进区域一体化，但也会带来虹吸效应，弱化地方城市，因而必须依靠政策干预来防止扩大中心城市与周边城市的差距	谢志海：《日本首都圈和东京湾区的发展历程与动因及其启示》，《上海城市管理》，2020年第4期
11	全球知名湾区因疫情的肆虐而出现新变化、新特征、新趋势。湾区在转型，供应链空间在压缩，新技术、新商业模式在孕育、在诞生。 变化一：全球三大湾区纷纷转型。 变化二：全球供应链空间压缩。 变化三：高端产业争夺日趋激烈。 变化四：国际大都市迈向综合创新中心	火热的粤港澳大湾区，当下势必冷静思考：我们从中可以吸取什么？ （1）以最大力度打造国际科技创新中心。 （2）推进产业链供应链区域化、本地化。 （3）关键核心技术坚持以我为主。 （4）瞄准"科学发现新城"，厚植产业技术基础	深圳发布：《世界三大湾区悄然发生四大变化，对深圳有何启示？》，2021-04-06

注：因篇幅所限，相应观点只选取结论部分，论证过程请读者自行查阅引用的原文。

现进一步将表2-2中提及的咨询模块关键词及其出现次数（权重）统计于表2-3中。

表2-3 路径节点因素及其权重统计

序号	关键词	提及次数/次
1	国际交往网络	1
2	开放的经济结构/提升国际化水平和开放性	2
3	高效的资源配置能力	1
4	庞大的经济体量/持续提升港口经济能量	2
5	强大的产业集群效应/纵向整合产业链/东京湾区制造业的展开与升级/推进产业链供应链区域化、本地化	4
6	强大的自身经济实力	1
7	营商环境/商事纠纷解决机制多元化、便利化/无处不在的亲商理念和人无我有的周到服务/发挥市场主体作用，政府配合服务	4
8	唯人才是用/人才吸聚能力/科学教育提供人才与技术保障	3
9	创新/东京湾区创新的关键/创新主体生态/创新驱动与包容	4
10	生态环境保护/环境生态本底	2
11	法律体系	1
12	工业园成功运营经验	1
13	邮轮经济	3
14	金融赋能体系	1
15	城市综合功能/产业转移/城市群的综合竞争力	3
16	城市间合作机制/合理划分城市功能，产业协同发展	2
17	顶层规划机制/"中国模式"	2
18	政策导向/政策干预	2
19	地区间合作和国际合作	1
20	产业梯度体系（核心技术地位）/以最大力度打造国际科技创新中心/关键核心技术坚持以我为主/瞄准"科学发现新城"，厚植产业技术基础	4

根据表2-2和表2-3，以及自身的管理咨询经验，我们试图绘制出可供国家和湾区各级政府职能部门及其相关企业和研究机构，以及业界同行参考使用的粤港澳大湾区发展路径图，因这些对标因素之间的关系十分复杂且难以量化，故仅依权重和内在逻辑关联，绘制定性的粤港澳大湾区发展路径，如图2-1所示。

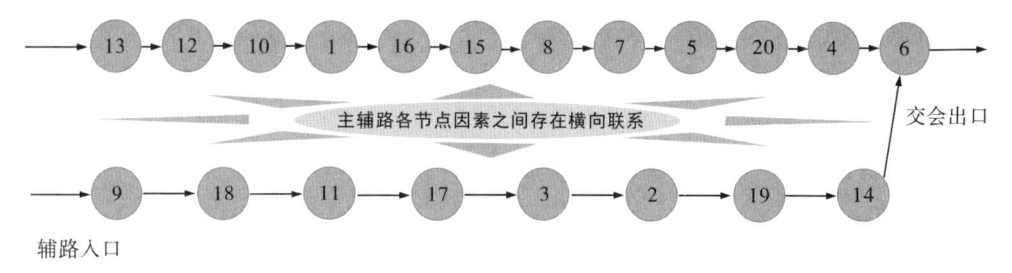

```
主路入口
  → 13 → 12 → 10 → 1 → 16 → 15 → 8 → 7 → 5 → 20 → 4 → 6 →
                    ◆ 主辅路各节点因素之间存在横向联系 ◆        交会出口
  → 9 → 18 → 11 → 17 → 3 → 2 → 19 → 14
辅路入口
```

图2-1　粤港澳大湾区发展路径

图解

（1）辅路上推进的辅助节点因素，实际上与主路上推进的主干因素极有可能存在多种横向逻辑的关联，并起到辅助作用，并非孤立存在，直达交会出口。

（2）主辅路上推进的因素，实际上因人力、财力和物力等资源的掌握程度不同，极有可能交替或同时发生，而本图所表达的只是一种基于单独主辅因素发生的时间先后顺序而假定的情形，具体实践中仍需实事求是。

粤港澳大湾区要成为世界著名的湾区、建成具有全球影响力的国际科技创新中心，形成以创新为主要动力和支撑的经济体系任重而道远。

2016年，粤港澳大湾区的经济增速虽然是其他三个湾区的2～3倍，但是全面综合衡量下来，粤港澳大湾区的科技创新能力和大规模的制造能力大而不强，特别是科学技术较其他三大湾区还有很大差距，关键核心技术更是遭遇"卡脖子"；粤港澳大湾区虽然在人口总量和土地面积上远大于纽约湾区、旧金山湾区，但是人均GDP却与旧金山湾区、纽约湾区乃至东京湾区都相差甚远，尤其是作为世界科技创新中心的旧金山湾区，人均GDP已超过10万美元，远远领先于其他湾区。这说明中国两大湾区（包括渤海湾）有较大发展空间，仍与世界三大知名湾区的经济水平存在非常大的差距；在知识产权专利技术数量上虽然已远远超过硅谷，但在施引专利上仍处于落后状态；等等。现在，世界三大湾区在优势尽显的情况下，又加大了科技创新力度，留给我们追赶乃至超越的时间越发紧迫、任务越发艰巨。

在政府的统筹和支持下,深圳管理咨询行业的机构要共同营造良好的行业健康生态,提升自身在理论创新和咨询工具创新方面的能力,同时促进和服务粤港澳大湾区向世界级湾区蓬勃发展,让深圳管理咨询行业成为世界四大湾区管理咨询力量的新增长极。

第三章　中国管理咨询行业未来的发展趋势分析

第一节　中国管理咨询行业基本特点与面临的挑战

一、粤港澳大湾区管理咨询行业发展的基本特点

一家公司的经济管理问题的解决活动，是一项基本的经济活动。市场化程度高、经济规模大、经济影响力强的经济体中，逐渐独立分化出一个管理咨询行业，而全球管理咨询行业就是一种经济活动分工的结果。

但中国的管理咨询行业并不是这种经济活动分工的结果。1978年之后，尤其是1992年，中国的市场化公司纷纷创立，急需从外部引进其他企业的管理制度体系。因此，中国的市场化公司通过引进外包的企业管理制度体系培育出具有中国特色的管理咨询行业。自1981年国内第一家管理咨询公司成立以来，经过40多年的发展，逐步成长起一批规模较大、资信较好的管理咨询机构。作为跨国公司治理的重要工具之一，各类具有国外背景的管理咨询机构跟随本国各类公司已经全面进入中国市场，并成为中国管理咨询行业的主导力量，共同促进中国管理咨询行业的发展。中研网公开披露的数据显示，截至2022年，中国的管理咨询企业有4.35万家。但企查猫的查询结果显示，截至2022年第四季度末，我国名称带有"管理咨询"字眼的企业（注册资本1000万元以上）共有58856家。

长期以来，以北京管理咨询企业为代表的管理咨询企业被称为"学院派"，主要是拥有各类高校背景的管理咨询企业在北京的居多，利用企业制度理论知识专家与学者来协助客户建设管理制度体系。以上海管理咨询企业为代表的管理咨询企业被称为"洋务派"，主要是国外的管理咨询公司及其配套的管理服务机构在上海的居多，方便引进国外的制度体系。以深圳管理咨询企业为代表的管理咨询企业被称为"实战派"，造就和培养了大量实操型的专业人才。这些专业人才主要来源于深圳大型民营企业、大型外资企业以及具有港澳台咨询背景的管理咨询企业。这三类人才不仅熟悉全球管理智慧"中国化"的场景，还精通解决典型企业经营管理的问题。这三类人才曾参与各类管理咨询公司的项目，决定了深圳管理咨询机构的风格、定位、价值与发展路径。

深圳管理咨询公司的创始人具有极强的企业家精神，他们不仅有与知名企业家共事的经历，还看到过不同的管理模式、管理水平对企业绩效的影响，善于整合不同管理工具为企业系统设计一套合适的管理体系，这有别于中国其他地方的管理咨询机构只擅长某一管理工具的情形。

深圳管理咨询公司为设立在粤港澳大湾区的世界500强企业培养了大量的经营管理人才。深圳管理咨询机构的从业人员来自不同的管理岗位，通过管理咨询服务，熟悉企业家思维与全局管理体系的运作规律，精通各类管理体系的设计及特点，因此，设立在粤港澳大湾区的世界500强企业的综合职能部门聚集了大量具有深圳管理咨询公司背景的人才。

二、深圳管理咨询公司快速崛起

在中国管理咨询机构50强榜单上，每年都有深圳管理咨询机构上榜。近几年，中国管理咨询机构50强榜单上总会有金蝶软件（中国）有限公司（简称"金蝶"）、深圳市华一世纪企业管理顾问有限公司（简称"华一世纪"）、华谋咨询技术（深圳）有限公司（简称"华谋咨询"）、深圳市逸马品牌连锁教育集团有限公司（简称"逸马"）、百思特管理咨询有限公司（简称"百思特"）、深圳市康达信管理顾问有限公司（简称"康达信"）、深圳市深远企业顾问有限公司、深圳市锦绣前程人才服务集团有限公司、华景咨询（深圳）有限公司、深圳市张弛管理咨询有限公司和深圳市远界管理咨询有限公司等深圳管理咨询公司。

深圳管理咨询行业的从业机构与人员，已经成为赋能产业、创新区域的高端知识服务群体，且全部聚焦在资产价值管理最难的领域，比如战略管理、市场营销、精益管理、研发管理、人力资源、财务咨询、投融资咨询等领域。同时以增长和创新为价值焦点，即一方面通过企业管理变革释放企业的存量价值，另一方面协助企业寻找新的增量价值。比如，中国连锁节由逸马创办，自2017年至2021年连续举办了五届，成为全国消费产业中具有较强影响力的年度活动。

目前，深圳管理咨询行业已经有多家企业成为国家高新技术企业；部分管理咨询企业在新三板挂牌后，正积极转向主板证券市场。深圳管理咨询行业以"实效强、服务好、国际化"三大评价而享誉全国管理咨询行业。

三、中国管理咨询行业面临的挑战

1.与互联网技术融合的挑战

市场竞争中,一部分较为传统的中小型管理咨询企业在面对经济技术的飞速发展时,它们的不适应性已经体现。互联网技术呼唤管理咨询企业必须快速加强自身能力的建设,积极与互联网技术相结合,以应对新技术革命和大数据时代对传统管理咨询行业发展的挑战。相当多的案例表明,凡是跨界进入互联网技术领域,将互联网技术融入管理咨询企业工作中的管理咨询企业都有较大的发展。另外,一部分互联网企业利用技术优势做管理咨询行业的"野蛮人",跨界进入传统管理咨询行业,形成了一种新的知识服务业态,并有着令人瞩目的业绩增长。面对当前管理咨询行业的巨大变化,管理咨询机构只有大力吸引人才,积极推动管理咨询企业与互联网技术企业的深度融合,才能迎接与互联网技术融合的挑战。

将传统管理咨询行业与互联网技术结合起来。中国当代传统产业面临经济转型与结构调整的大趋势,对管理咨询行业提出了新要求:专精特新产业的发展要求管理咨询行业变换服务模式和服务手段来适应当前急剧变化的市场形势。在充分了解市场的情况下,管理咨询企业掌握互联网技术,将互联网技术与管理咨询理论结合起来,充分发挥管理咨询的服务能力,更好地服务广大中小型企业,同时促进管理咨询行业的发展。

开发远程在线咨询服务能力。通过远程在线咨询服务,调整管理咨询交付的成果与节奏。针对客户的履约风险和客户关系风险,制定解决方案。积极拓展在线培训、在线诊断与辅导的线上管理咨询服务,智力支持与赋能企业,并在新冠疫情后积累潜在客户。

2.信息安全的挑战

管理咨询活动往往会涉及客户的核心机密和关键数据。一旦出现泄露,会给客户的发展带来巨大的风险。

在世界百年未有之大变局背景下,国际经济格局由非全球化向全球化的方向发展,全球经济领域的竞争将更加激烈,一些涉及国家经济科技信息安全领域的咨询业务将面临较大的挑战。

3.缺少知名管理咨询机构的挑战

中国管理咨询公司仍然以中小型企业为主,特别是民营小微管理咨询公司众多。由于行业的特征和市场价值实现的局限性,民营小微管理咨询公司缺少市场资源与资金去打造知名度。面对众多外资管理咨询公司的非对称竞争,中小型管理咨询公司很难做大做强。

4.管理咨询行业缺乏政府扶持的挑战

任何行业的发展，都离不开行业的规范引导。综观中国管理咨询行业，找不到一部完整的管理咨询行业法规，整个行业几乎处于自发、无序的状态。对于从业资格审核、道德规范、市场运作规则等问题，仅仅依赖一些局部的部门规章和地方性法规去解决。如果没有系统的运营管理规则，企业的责任道德约束感就会减少，同时，企业的利益也无法得到保障。管理咨询市场离不开整个经济建设和社会发展的大环境，只有制定完善的政策法规，才能保证行业的健康发展。然而，我国在这方面的工作做得还不够，导致管理咨询企业及从业人员数量盲目增长，部分人员的专业素质低，使得行业的整体效率下降。目前，国内对管理咨询行业的政策配置远远跟不上发展的需要，这种政策的滞后性已经成为行业发展的瓶颈，我们要重视并认真思考这个问题。

5.社会中介组织发展不平衡的挑战

在现行体制下，社会中介组织的发展不平衡。除了一部分发展较好的中介组织（协会）以外，大部分中介组织（协会）处于一般或较弱的状态，不能形成行业健康发展的良好模式。

国内市场经济发达地区如北京、上海、粤港澳大湾区、福建等，或部分经济欠发达地区如江西、广西、云南等地，政府通过购买服务的办法，加大对行业协会的扶持力度，由此加大对管理咨询企业的扶持力度，使得管理咨询机构在地区经济发展、咨询服务开拓中发展较为迅速，业务范围正在迅速扩大。特别是互联网经济较为发达的地区，管理咨询行业同步发展迅速。各地方政府通过购买服务的方式扶持管理咨询行业的发展，促使部分地区的管理咨询企业扩大服务范围，积极地参与到当地的经济建设中并取得一定的效果，获得了政府和其他企业的好评。

6.缺乏行业数据与统计分析的挑战

管理咨询行业作为中介服务业，按计划经济的行业分类，涉及很多行业和部门，因此其狭义的行业属性是不清楚的，导致政府部门对中介服务业的认识不足，政策指导不够，缺少一个牵头部门来统筹中介服务业的规划发展和进行有效的行业统计与数据统计。建议政府的统计部门联合相关中介组织（协会），根据我国现代服务业、管理咨询行业的实际情况，制定出科学有效的分类方法，对管理咨询公司进行分类研究，建立有效的统计系统，与国际科学有效的统计系统接轨，强化知识创新价值链。

第二节　区域标杆一：上海咨询行业[1]

2022年，面对国内外复杂严峻的经济环境和新冠疫情冲击，上海市坚持以习近平新时代中国特色社会主义思想为指导，深入学习贯彻习近平总书记考察上海重要讲话和对上海工作重要指示精神，贯彻落实党中央、国务院和上海市委、市政府的决策部署，加大力度落实稳经济的各项政策和举措，让经济新动能持续发力，创新驱动深入推进，城市核心功能稳定运行。

2022年，上海市咨询业受新冠疫情影响，增长势头受到了影响，经济效益也有部分下降。

一、综合

截至2022年末，上海市咨询业企业（规模以上）为2743家。其中，工程咨询企业有647家，管理咨询企业有1519家，技术咨询企业有577家。

截至2022年末，上海市咨询业企业（规模以上）按经济类型分，内资企业有1846家，占咨询业比重为67.30%；外商投资企业有478家，占咨询业比重为17.43%；港澳台商投资企业有419家，占咨询业比重为15.28%（见表3-1）。

表3-1　2022年上海市咨询业企业（规模以上）数量情况

项目	合计	按经济类型分		
		内资	外商投资	港澳台商投资
企业数量/家	2743	1846	478	419
比重/%		67.30	17.43	15.28

2022年，上海市咨询业内资企业、港澳台商投资企业、外商投资企业（均规模以上）的营业收入占咨询业企业营业总收入的比重分别为57%、25%、18%（见图3-1）。

---

[1] 本节内容引用了《上海现代服务业发展报告》的数据。

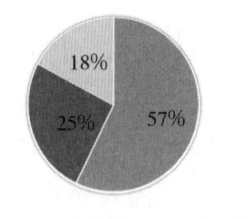

■内资企业　■港澳台商投资企业　□外商投资企业

图3-1　2022年上海市各类咨询业企业（规模以上）营业收入占咨询业企业营业总收入的比重

2022年，上海市咨询业企业（规模以上）营业收入为5225.07亿元，同比增长0.91%。其中，工程咨询企业的营业收入为1408.00亿元，同比下降1.74%；管理咨询企业的营业收入为2240.97亿元，同比下降8.80%；技术咨询企业的营业收入为1576.10亿元，同比增长22.40%（见图3-2）。

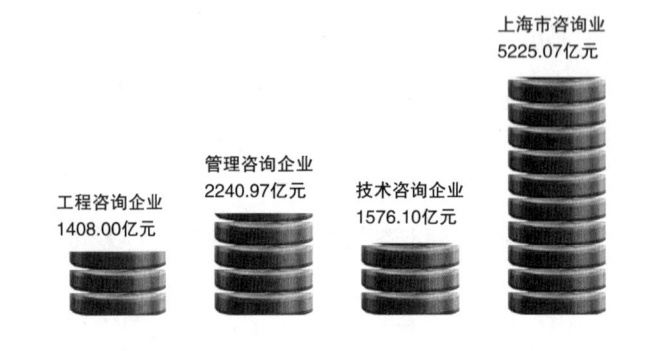

图3-2　2022年上海市咨询业企业（规模以上）营业收入

2022年上海市咨询业企业（规模以上）营业收入与2014年相比，平均增长速度为14.76%，比2022年上海市工业总产值的平均增长速度多12.21个百分点，比2022年上海市社会消费品零售总额的平均增长速度多11.8个百分点（见图3-3）。

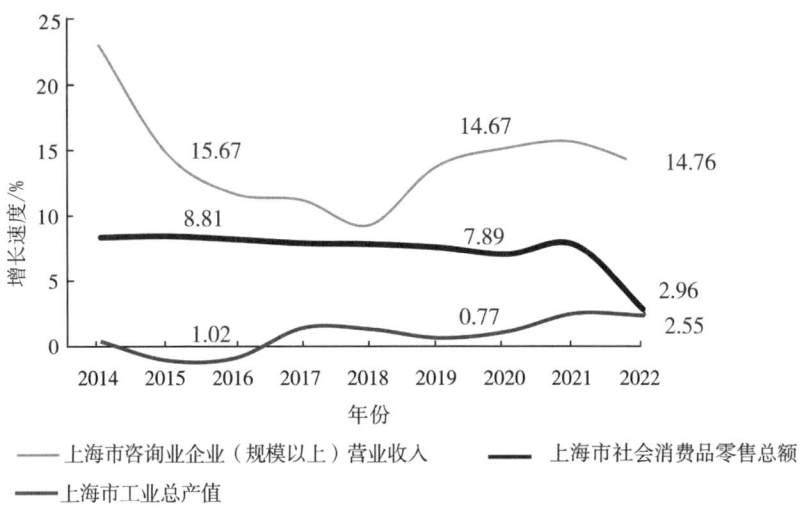

图3-3 2014—2022年上海市咨询业企业（规模以上）营业收入的平均增长速度对比

2022年，上海市咨询业企业（规模以上）按行业小类区分，工程设计活动和社会经济咨询的营业收入排名均在前列，分别为1201.30亿元和1153.09亿元，远大于其他咨询小类（见图3-4）。

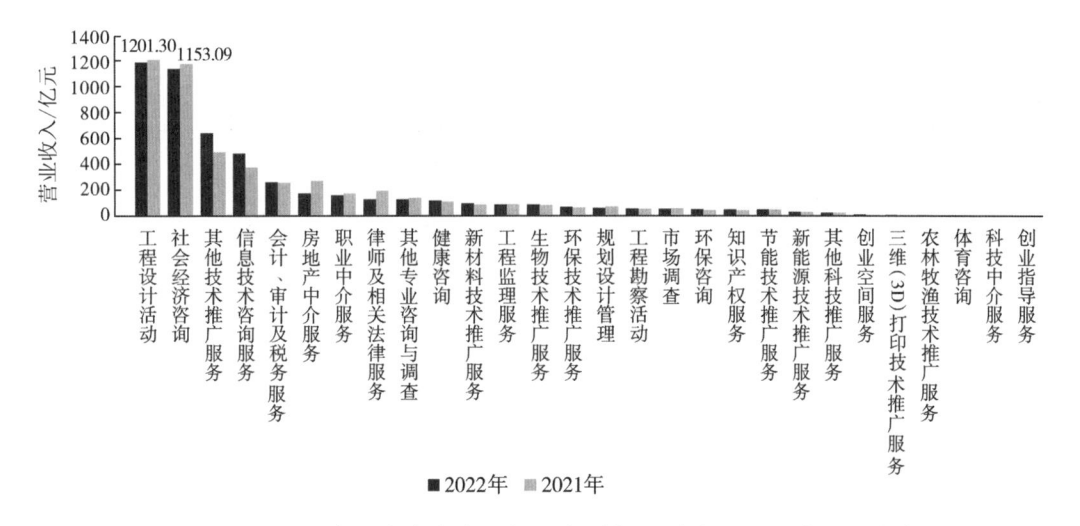

图3-4 2021—2022年上海市咨询业企业（规模以上）按行业小类区分的营业收入

2022年，上海市咨询业的经济效益受新冠疫情影响，税费与营业利润出现了负增长。

2022年，上海市咨询业企业（规模以上）应交税费159.78亿元，同比下降

2.86%。其中，工程咨询应交税费38.30亿元，同比下降2.96%；管理咨询应交税费81.99亿元，同比下降8.67%；技术咨询应交税费39.49亿元，同比增长12.03%。

2022年，上海市咨询业企业（规模以上）营业利润为430.96亿元，同比下降33.16%。其中，工程咨询营业利润为60.33亿元，同比下降34.77%；管理咨询营业利润为236.39亿元，同比下降41.04%；技术咨询营业利润为134.24亿元，同比下降11.26%（见表3-2）。

表3-2　2021—2022年上海市咨询业企业（规模以上）营业收入、税费、营业利润情况

咨询分类	营业收入 2022年/亿元	营业收入 2021年/亿元	同比/%	税费 2022年/亿元	税费 2021年/亿元	同比/%	营业利润 2022年/亿元	营业利润 2021年/亿元	同比/%
总计	5225.07	5177.81	0.91	159.78	164.49	-2.86	430.96	644.72	-33.16
工程咨询	1408.00	1433.00	-1.74	38.30	39.47	-2.96	60.33	92.49	-34.77
管理咨询	2240.97	2457.17	-8.80	81.99	89.77	-8.67	236.39	400.95	-41.04
技术咨询	1576.10	1287.64	22.40	39.49	35.25	12.03	134.24	151.28	-11.26

2022年，上海市咨询业企业（规模以上）实现利税率11.31%。其中，工程咨询7.00%、管理咨询14.21%、技术咨询11.02%（见图3-5）。

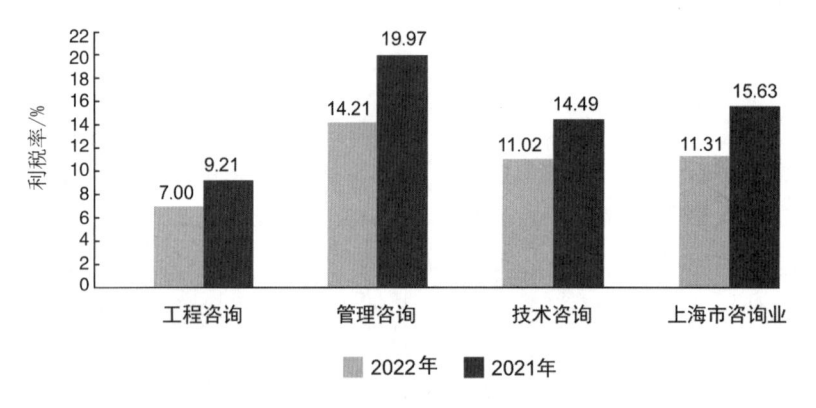

图3-5　2021—2022年上海市咨询业企业（规模以上）按行业小类区分的利税率

二、主要咨询业

1.工程咨询

2022年,上海市工程咨询企业(规模以上)有647家(见表3-3)。

上海市工程咨询企业(规模以上)营业收入为1408.00亿元,同比下降1.74%,占上海市咨询业企业(规模以上)营业收入的26.95%。

上海市工程咨询企业(规模以上)实现营业利润60.33亿元,同比下降34.77%,占上海市咨询业企业(规模以上)营业利润的14%;应交税费38.30亿元,同比下降2.96%,占上海市咨询业企业(规模以上)应交税费的23.97%。

上海市工程咨询企业(规模以上)利税率为7.00%。

上海市工程咨询企业(规模以上)按行业小类分为工程监理服务、工程勘察活动、工程设计活动和规划设计管理。

2022年,上海市工程监理服务企业(规模以上)有100家,营业收入为88.67亿元,实现利税12.81亿元,利税率为14.45%。

上海市工程勘察活动企业(规模以上)有27家,营业收入为57.52亿元,实现利税5.37亿元,利税率为9.34%。

上海市工程设计活动企业(规模以上)有479家,营业收入为1201.30亿元,实现利税74.47亿元,利税率为6.20%。

表3-3　2021—2022年上海市工程咨询企业(规模以上)主要指标

咨询业	工程咨询 2022年	工程咨询 2021年	同比/%	工程监理服务 2022年	工程监理服务 2021年	同比/%	工程勘察活动 2022年	工程勘察活动 2021年	同比/%	工程设计活动 2022年	工程设计活动 2021年	同比/%	规划设计管理 2022年	规划设计管理 2021年	同比/%
企业数量/家	647	676	-4.29	100	98	2.04	27	26	3.85	479	507	-5.52	41	45	-8.89
营业收入/亿元	1408.00	1433.00	-1.74	88.67	89.51	-0.94	57.52	54.05	6.42	1201.30	1223.20	-1.79	60.51	66.19	-8.58
营业利润/亿元	60.33	92.49	-34.77	8.11	8.16	-0.61	3.92	6.44	-39.13	44.76	70.87	-36.84	3.54	7.02	-49.57
税费/亿元	38.30	39.47	-2.96	4.70	4.65	1.08	1.45	1.64	-11.59	29.71	30.47	-2.49	2.45	2.71	-9.59
利税率/%	7.00	9.21	-2.21	14.45	14.31	0.14	9.34	14.95	-5.61	6.20	8.28	-2.08	9.90	14.70	-4.80

2.管理咨询

2022年,上海市管理咨询企业(规模以上)有1519家(见表3-4)。

上海市管理咨询企业（规模以上）营业收入为2240.97亿元，同比下降8.80%，占上海市咨询业企业（规模以上）营业收入的42.89%。

上海市管理咨询企业（规模以上）实现营业利润236.39亿元，同比下降41.04%，占上海市咨询业企业（规模以上）营业利润的54.85%；应交税费81.99亿元，同比下降8.67%，占上海市咨询业企业（规模以上）应交税费的51.31%。

上海市管理咨询企业（规模以上）利税率为14.21%，比去年减少了5.76%。

上海市管理咨询企业（规模以上）按行业小类分为房地产中介服务，律师及相关法律服务，会计、审计及税务服务，市场调查，社会经济咨询，健康咨询，环保咨询，体育咨询，其他专业咨询与调查，职业中介服务和创业指导服务。

上海市律师及相关法律服务企业（规模以上）有106家，营业收入为129.05亿元，实现利税46.76亿元，利税率为36.23%。

上海市会计、审计及税务服务企业（规模以上）有110家，营业收入为263.44亿元，实现利税38.32亿元，利税率为14.55%。

2022年，上海市社会经济咨询企业（规模以上）有841家，营业收入为1153.09亿元，实现利税187.33亿元，利税率为16.25%。

表3-4　2021—2022年上海市管理咨询企业（规模以上）主要指标

咨询业	企业数量/家	营业收入 2022年/亿元	营业收入 2021年/亿元	同比/%	营业利润 2022年/亿元	营业利润 2021年/亿元	同比/%	税费 2022年/亿元	税费 2021年/亿元	同比/%	利税率 2022年/%	利税率 2021年/%	同比/%
管理咨询	1519	2240.97	2457.17	-8.80	236.39	400.95	-41.04	81.99	89.77	-8.67	14.21	19.97	-5.76
房地产中介服务	106	175.47	274.21	-36.01	4.88	17.88	-72.73	6.10	10.59	-42.39	6.26	10.38	-4.12
律师及相关法律服务	106	129.05	194.11	-33.52	39.46	113.35	-65.19	7.30	11.98	-39.10	36.23	64.57	-28.34
会计、审计及税务服务	110	263.44	259.85	1.38	26.71	35.57	-24.90	11.61	11.14	4.26	14.55	17.98	-3.43
市场调查	41	54.96	57.57	-4.53	0.50	4.41	-88.61	2.45	2.80	-12.56	5.37	12.53	-7.16
社会经济咨询	841	1153.09	1190.20	-3.12	149.22	213.16	-30.00	38.11	38.04	0.19	16.25	21.11	-4.86
健康咨询	65	119.06	111.50	6.78	-1.94	-3.10	-37.42	4.49	3.79	18.35	2.14	0.61	1.53
环保咨询	17	51.38	45.18	13.72	1.70	1.29	31.76	2.52	2.05	23.12	8.22	7.39	0.83
体育咨询	6	5.69	8.13	-30.04	-0.45	-0.06	647.83	0.09	0.13	-30.46	-6.30	0.87	-7.17
其他专业咨询与调查	139	128.06	141.01	-9.18	16.36	14.07	16.27	4.47	4.56	-1.97	16.26	13.21	3.05
职业中介服务	87	160.59	175.17	-8.32	0.21	4.39	-95.28	4.84	4.65	4.06	3.14	5.16	-2.02
创业指导服务	1	0.18	0.24	-26.04	-0.26	-0.01	2494.00	0.01	0.03	-58.67	-139.15	9.33	-148.48

3.技术咨询

2022年，上海市技术咨询企业（规模以上）有577家（见表3-5）。

上海市技术咨询企业（规模以上）营业收入为1576.10亿元，同比增长22.41%，占上海市咨询业企业（规模以上）营业收入的30.16%。

上海市技术咨询企业（规模以上）实现营业利润134.24亿元，同比下降11.26%，占上海市咨询业企业（规模以上）营业利润的31.15%；应交税费39.49亿元，同比增长12.03%，占上海市咨询业企业（规模以上）应交税费的24.72%。

上海市技术咨询企业（规模以上）利税率为11.02%，比去年减少了3.47%。

上海市技术咨询企业（规模以上）按行业小类分为信息技术咨询服务、农林牧渔技术推广服务、生物技术推广服务、新材料技术推广服务、节能技术推广服务、新能源技术推广服务、环保技术推广服务、三维（3D）打印技术推广服务、其他技术推广服务、知识产权服务、科技中介服务、创业指导服务、其他科技推广服务。

2022年，上海市信息技术咨询服务企业（规模以上）有180家，营业收入为485.84亿元，实现利税71.1亿元，利税率为14.63%。

上海市生物技术推广服务企业（规模以上）有36家，营业收入为88.65亿元，实现利税22.3亿元，利税率为25.16%。

上海市知识产权服务企业（规模以上）有35家，营业收入为49.64亿元，实现利税11.4亿元，利税率为22.97%。

上海市其他技术推广服务企业（规模以上）有132家，营业收入为650.64亿元，实现利税32.4亿元，利税率为4.98%。

表3-5　2021—2022年上海市技术咨询企业（规模以上）主要指标

咨询业	企业数量/家	营业收入 2022年/亿元	营业收入 2021年/亿元	同比/%	营业利润 2022年/亿元	营业利润 2021年/亿元	同比/%	税费 2022年/亿元	税费 2021年/亿元	同比/%	利税率 2022年/%	利税率 2021年/%	同比/%
技术咨询	577	1576.10	1288.00	22.41	134.24	151.28	-11.10	39.49	35.25	12.03	11.02	14.49	-3.47
信息技术咨询服务	180	485.84	379.90	27.90	56.80	57.80	-1.73	14.30	11.90	20.73	14.65	18.35	-3.70
农林牧渔技术推广服务	6	5.71	4.49	27.13	0.50	0.40	20.81	0.10	0	155.00	10.89	10.43	0.46
生物技术推广服务	36	88.65	85.23	4.01	20.70	16.80	23.30	1.60	1.50	6.21	25.15	21.46	3.69
新材料技术推广服务	32	96.69	87.21	10.87	13.40	16.10	-16.60	3.70	3.30	10.59	17.68	22.25	-4.57
节能技术推广服务	46	49.52	48.99	1.08	4.30	6.20	-31.00	0.80	0.90	-10.60	10.24	14.49	-4.25
新能源技术推广服务	22	31.07	30.89	0.57	2.10	1.50	34.33	1.00	0.90	10.61	9.79	7.84	1.95
环保技术推广服务	43	69.53	65.96	5.41	5.40	6.70	-18.10	2.10	2.00	8.24	10.82	13.07	-2.25
三维（3D）打印技术推广服务	5	9.63	5.83	65.12	0.30	-1.00	—	0.10	0.10	90.71	4.19	-15.37	19.56
其他技术推广服务	132	650.64	496.70	30.98	19.10	36.90	-48.40	13.30	12.20	9.15	4.97	9.88	-4.91
知识产权服务	35	49.64	41.83	18.66	9.90	7.70	29.77	1.50	1.50	-1.94	22.99	21.91	1.08
科技中介服务	11	4.35	4.31	0.95	-0.90	-0.70	—	0.10	0.20	-37.40	-16.24	-9.95	-6.29
创业指导服务	19	10.39	11.03	-5.77	-1.50	0.10	—	0.40	0.30	16.13	-10.53	3.87	-14.40
其他科技推广服务	10	24.50	25.27	-3.05	4.10	2.70	51.85	0.50	0.50	1.31	18.78	12.66	6.12

三、当前咨询业发展的新特点

1.数字化转型带来的巨大变化

建筑信息模型（BIM）、函数（Open）、AI、ChatGPT的出现引发传统咨询业的巨大变革。新型数字化技术的出现，一方面推动咨询业进入快速发展的新轨道，另一方面又给传统咨询业带来了巨大的挑战。只有适应变革，才能在技术发展的大潮中立于不败之地。

2.行业间的跨界成为常态，边界将逐渐模糊

数字技术正在快速进入传统咨询业，并且发挥了重要的作用。这充分体现了快速、高效、创新的发展态势；传统咨询业凭借先进的数字技术的应用，快速增强服务功能，并向其他行业拓展原有的服务领域。

3.培养全能型咨询人才迫在眉睫

数字技术的出现、行业间的跨界均表明培养全能型咨询人才迫在眉睫。可以通

过加强培养引进及嫁接的方法来快速提升咨询人员的业务能力，特别是数字化技术的应用能力，以保障咨询业的健康发展。

4.咨询业在经济发展中的地位日益显现

从上海市咨询业的发展历程来看，它随着上海整个经济的发展而快速发展起来，咨询业在上海地区经济发展中的占比有了显著的提升。这与国外咨询业的发展轨迹是相吻合的，即经济发展速度越快，咨询业发展速度也越快；地区经济发展越集中，咨询企业的发展也越集中。

随着当前国际政治经济形势的变化，我国咨询业面临的信息安全问题逐渐浮现出来。没有网络安全就没有国家安全，就没有经济社会稳定运行，广大人民群众的利益也难以得到保障。因此，咨询业的信息安全工作要引起足够的重视，并加强规范管理。

四、上海市咨询业存在的问题

1.对管理咨询行业的认识不足，内资咨询公司不够强大

对照北京、深圳等发达地区的管理咨询机构，同时在上海地区外资咨询公司强大的情况下，上海内资咨询公司普遍弱小，尤其是管理咨询领域。

咨询业涉及的方面既包含自然科学也包含社会科学，是一种综合性的、提供智力服务的行业，然而内资咨询公司在这一领域并不占优势。

2.缺乏有效的政策支持

在外商投资咨询公司强大、内资咨询公司普遍弱小的情况下，上海市缺少有效的政策支持来发展内资咨询公司。

3.咨询企业的信息安全工作有待加强

要加强相关信息安全法规的制定与宣传工作，增强从业人员的信息安全意识，避免员工因违规造成信息泄露，确保客户的信息安全。

五、解决问题的措施

（1）紧紧抓住数字化技术的发展浪潮，与传统咨询业紧密结合起来，提升上海市内资咨询公司服务经济建设的能力，提升咨询服务的等级，实现华丽转身。

（2）积极争取政策支持，研究有效可行的方法。

针对上海市大型国有企业体量大、外商投资咨询公司市场占有率高的经济结构特点，研究、制定促进上海市中小型咨询企业快速发展的政策方针，加大对其的扶持

力度。

（3）发挥行业协会服务、政府服务、企业服务社会。

从政策上重视和保障社会中介组织的作用，共同促进上海市咨询企业的发展。

六、对上海市咨询业的展望

咨询业要在传统咨询服务模式上开拓创新，可以引入数据驱动、个性化解决方案、行业深度洞察等多种创新元素，致力于为企业提供更加精准、高效的咨询服务。通过运用大数据分析、人工智能等技术手段，咨询企业可以快速了解市场、竞争对手和消费者需求，基于此制定符合企业实际情况的发展战略规划并提供可操作的实施方案。

第三节　区域标杆二：香港管理咨询行业

一、香港是亚太地区主要的管理咨询服务中心之一

香港作为全球主要商业枢纽之一，凭借丰富的本地专业人才资源和庞大的客户基础，为管理咨询从业者提供了有利条件，同时为香港、内地以至亚洲其他地区的跨国企业及其他公司提供了服务。截至2021年12月，香港共有10330家管理咨询机构、43420名管理咨询从业者，因此香港已成为亚太地区管理咨询行业名列前茅的城市之一。

香港有许多经验丰富、精通多种语言的顾问，其中大部分人通晓广东话、普通话及英语，能与客户进行有效的沟通，提供优质的咨询服务，吸引着全球管理咨询机构前来设立亚太地区总部。这些管理咨询机构主要从事商业战略与企业变革等综合管理咨询，资本投资建议与预算评估等财务管理咨询，市场推广与客户服务等市场管理咨询，物流与供应链等生产管理咨询，薪酬与绩效管理培训等人力资源管理咨询，信息科技策略与数字化转型咨询，环境、社会和公司治理（ESG）等领域咨询。

香港管理咨询公司大多是中小型机构，主要由跨国管理咨询公司的高级管理人员和其他跨国公司的高级行政人员共同创办，主要从事海外商业发展服务、人力资源咨询、行政管理咨询和市场营销咨询等。

香港在《内地与香港关于建立更紧密经贸关系的安排》的框架下，以向内地输出为主，成为内地管理咨询行业市场的重要组成部分。香港特别行政区政府向符合管理咨询从业经验满3年条件的机构签发了59份香港服务提供者证明书，向全社会推荐93家综合管理类的管理咨询公司。

2021年，香港管理咨询行业总产值达48.13亿美元，占香港服务行业总产值的7.2%。

二、香港管理顾问协会成为管理咨询行业的重要角色

香港管理顾问协会（MCAHK）代表香港管理咨询行业的集体利益，发展管理咨询的观念，提高公众对管理顾问所提供服务的认识；同时，香港管理顾问协会协助个人会员拓展技能以适应渐进的职业发展，提供与香港、内地和海外同行网上沟通的机会，以适应以人为本的事业发展要求，指导并协助香港及海外的管理事宜。

香港管理顾问协会成立于20世纪90年代末，当时是香港服务业联盟（HKCSI）和香港总商会（HKGCC）的服务政策智囊团，委托香港大学经济及工商管理学院对管理咨询行业在香港的竞争力和未来的地位进行研究，并分析如何促进该行业的发展。1997年10月，这项研究由香港特别行政区政府服务支持基金资助，于1999年初完成。学术团队由迈克尔·恩赖特教授和埃德蒙·汤普森博士领导，他们得出了一个非常明确的结论："香港经济的下一次革命不是技术革命，而是管理革命。"管理咨询行业通过自身的销售和支出为香港增加价值，给香港带来收入和利润的"出口"；通过将全球最佳的实践管理工具和技术转移到香港商业环境，提高香港客户群的竞争力。

三、香港管理咨询行业历史悠久

英国最早的管理咨询公司，如英国博安咨询集团、英国阿特金斯集团，都是在20世纪30年代初开始营业的。这一时期的管理咨询公司，从20世纪50年代开始在国际上运营。1956年，英国管理咨询协会成立。

20世纪60年代和70年代初，管理咨询业务尤其活跃，所有公司都在创纪录地扩张。美国的著名管理咨询公司如麦肯锡咨询公司、贝恩咨询公司、波士顿咨询公司等开始崭露头角。1973年和1978年的经济衰退迫使许多管理咨询公司缩减开支，并将其服务从多方面管理咨询转向专业团队咨询。

20世纪70年代初，大型会计和审计机构才开始从事管理咨询行业，但由于它们在私营企业和公共部门积累了丰富的经验，很快就超过了传统的管理咨询专家。会计师事务所在20世纪90年代主导了管理咨询市场。自香港管理顾问协会成立以来，香港的管理咨询公司（其中许多是过去60年知名品牌的衍生产品）随时准备为客户提供专业和公正的建议，以改善和发展业务。

四、香港管理咨询行业注重顾问职业道德的建设

香港管理顾问协会为管理咨询顾问提供专业的顾问指导，并与相关机构统一"准则"，形成了香港管理咨询顾问的职业操守。示例如下。

（1）保密性。

顾问应将客户信息视为机密，不得利用从事专业工作的特权收集信息。

（2）专业能力。

顾问只能从事自己具备专业资格的工作。

（3）工作分配清晰度。

顾问应确保在接受任务之前，在目标、范围、可交付成果、工作场所和费用安排等方面与客户达成一致。

（4）独立性。

顾问必须能够客观地完成每项任务，不应被利益诱惑而偏袒客户，这可能会影响建议的公正性。

（5）利益冲突。

在客户未知情和未同意的情况下，顾问不得以独立评估人的身份向客户推荐服务或产品，同时接受他人的佣金或其他利益。

（6）专有材料。

顾问与同事分享服务客户时所使用的方法和技术，未经许可，不得使用其他顾问开发但未公开使用的专有数据、程序、材料或技术。

（7）客户关系。

未经事先协商，顾问不得向客户的员工提供就业机会。如果客户的员工就顾问公司或其他客户的雇佣关系与顾问接洽，顾问应确保在与员工进行谈判前获得客户的同意。

（8）专业声誉。

顾问应尊重其他顾问的专业声誉，但这并不能免除其道德义务，即向有关部门揭露同行的不道德行为。

第四节　深圳管理咨询行业典型企业研究

管理咨询所涉及的专业服务范围广泛。按照管理咨询的服务方式及以咨询实践得出的客户需求惯例，可以划分为调研诊断类咨询、方案交付类咨询、实施辅导类咨询、长期顾问类咨询和计时服务类咨询等；按照市场主体的经营管理功能，可以划分为发展战略、商业模式、组织管理、股权设计、人力资源、品牌管理、市场营销、研发与创新管理、采购与供应链、生产运营、流程管理、项目管理、财务管理、风险管理、组织文化、环境社会和公司治理、知识产权、标准化管理、信息化管理和数字化咨询等；按照管理咨询服务对象的性质，可以划分为企业管理咨询、事业单位管理咨询、社会团体管理咨询、政府机构管理咨询等。

以深圳管理咨询企业为代表的粤港澳大湾区管理咨询企业基本涵盖了上述管理咨询服务的范围，为充分展示粤港澳大湾区管理咨询企业的面貌，我们根据管理咨询企业不同的服务产品、服务对象、服务模式以及企业的规模、历史、核心竞争力等因素，筛选出13家典型企业，同时加上具有代表性的典型管理咨询企业——上海天强管理咨询有限公司以及和君集团有限公司，对它们的业务范围与专业能力等概况进行介绍。

本书所指的典型企业是指知名度较高、创办时间长、商业信誉好、有发展潜力和综合实力强的企业，要求企业在管理咨询理论中具有独创性与特色性，在管理咨询市场实践中具有影响力，自身信息化、数据化建设探索取得成效并具有行业先进性、示范性和代表性。我们在这里所介绍的典型企业，并不是什么全能冠军，也没有什么全能冠军，而是在不同服务板块或领域，某一个方面相对比较突出、比较专业的管理咨询企业。这样具有特色的管理咨询企业在行业健康发展中发挥着一定的专精特新的带头作用。我们分别从价值主张、核心产品、服务对象、核心优势、服务模式五个方面对这15家典型管理咨询企业进行简要描述（见表3-6）。如需进一步了解每一家典型管理咨询企业，可以参见本书的附录一。

表3-6 管理咨询行业典型企业简要描述

序号	公司名称	价值主张	核心产品	服务对象	核心优势	服务模式
1	深圳市深远企业顾问有限公司	坚持以"精深致远，合作共赢"专业服务理念为宗旨，始终以"助力中国企业综合竞争力提升和基业长青"为使命，并以"成为中国备受信赖和尊崇、健康长久的智慧型知识服务提供商"为愿景	（1）战略管理咨询：为企业洞察商机，确定正确的企业发展战略、市场竞争战略、品牌战略和规范的公司治理结构。（2）营销管理咨询：专注营销运营、服务支持、渠道、组织与人力资源等领域的深度咨询服务	（1）汽车、物流、新能源领域的大中型央企、民营企业和国际企业的咨询与培训。（2）成长型民营企业和高科技创新型企业的咨询与培训	（1）理论优势。致力于中国特色咨询理论体系建设，长期重视战略理论素养的学习与培育，在企业商业文明建构、优势战略理论、精品营销战略理论、渠道变革理论和产品创新（工业设计）理论等领域的创新探索。（2）专业优势。企业实践与实战经验积累深厚，更懂本土企业需求，输出成果质量高、实效性强。（3）行业优势。既持之以恒地进行行业深耕，又因常年咨询跨界领域多，咨询经验丰富，成果落地性强。（4）团队优势。强大的系统咨询实力和稳定的高端服务团队。（5）客户优势。长期服务的共赢文化和良好的行业口碑，既保持独立性、洞见性和敏锐性，又踏实高效，让客户无后顾之忧	践行长期主义，以客户需求为导向，专业提供行业研究、环境研究、市场研究、行为研究等方面的评估诊断设计解决方案设计，对咨询成果实施辅导落地，专注战略目标达成、管理能力提升和业绩提升等咨询服务

续表

序号	公司名称	价值主张	核心产品	服务对象	核心优势	服务模式
2	百思特管理咨询有限公司	百思特始终坚持以客户为中心，坚持一体化运作模式，不断自我变革、自我重塑，不断创新产品与服务，始终与众多优秀的企业和企业家一起，携手走在中国管理咨询的前沿	八大咨询类别： （1）战略咨询。 （2）市场营销咨询。 （3）研发咨询。 （4）供应链咨询。 （5）流程与数字化咨询。 （6）财经咨询。 （7）领导力&HR咨询。 （8）卓越运营咨询	（1）咨询服务：面向大中型企业。 （2）培训服务：面向企业家及企业高管	（1）一体化平台运作：以客户为中心的服务理念，为客户打造定制化解决方案并配置最佳资源；以客户成功为企业目标，以一体化的运作模式来确保每个项目的有效落地，对每位客户负责。 （2）沉浸式赋能服务：顾问沉浸式驻场的服务模式，躬身入局，零距离贴近客户，深入企业内部，展开全面调研，直击业务痛点，帮助企业真正解决核心、关键问题，有效保障项目质量并赋能企业。 （3）国际化视野人才：百思特顾问团队成员来自IBM咨询公司、华为、埃森哲、腾讯等国内外标杆企业中高管理层，具有广泛的国际视野，并深度掌握科学的、适用于中国企业管理的方法论、工具与技术。 （4）全球标杆企业的实战背景：百思特核心成员中有IBM咨询公司驻华为首批外籍顾问，有深度主导或参与华为不同阶段、不同领域持续变革的负责人和专业精英，对中国标杆企业变革发展路径有深度理解，并全面打通变革底层逻辑	咨询+培训+数字化

续表

序号	公司名称	价值主张	核心产品	服务对象	核心优势	服务模式
3	华谋咨询技术（深圳）有限公司	（1）振兴民族产业，助推中国创造。（2）为客户创造价值，提升核心竞争力。（3）客户的合作伴侣，陪伴式高品质成长，陪跑式高质量发展	（1）生产管理。（2）精益生产。（3）设备管理。（4）软件信息化。（5）品牌策划。（6）医疗行业规范化管理	（1）制造业。（2）服务业。（3）行政机构	（1）咨询模块颗粒化、标准化。（2）咨询产品数字化、信息化。（3）手把手辅导，确保方案落地。（4）为客户提供咨询培训一体化解决方案。3年36个月长效咨询。（5）高性价比	（1）线上/线下集中培训。（2）现场阶段式集中辅导。（3）线上远程辅导。（4）峰会研讨，行业对接。（5）打造标杆企业咨询模式
4	华景咨询（深圳）有限公司	坚持"真诚、信任、激情"三项基本原则，以最佳实践技术、卓越人才能力、绩优指标数据和重大决策为场景积累，成为跨政产研金的决策链服务中心、企业家的战略修炼中心、政府的战略赋能中心和商业思想精英的协同交互创新中心	（1）面向决策者个人的研究领域提供华景书院服务。（2）面向组织变革提供变革工程服务。（3）面向绩优企业的要素交易服务提供创新孵化器服务	能源与公共事业、物联网与数字业、生命科学与健康业三大产业的企业、资本投资运营机构、政府产业管理部门	（1）华景咨询协同交互创新战略变革方法论CIESTM。（2）发展战略、组织架构、管理绩效、薪酬激励四个基础管理模块融为一体。（3）基于现代公司制的独立智库治理体制。（4）组织价值创造循环体系知识地图。（5）ISO 9001工业级的华景咨询流程制度体系	提供问题研究、规划咨询、加速创新三个阶段的端到端战略变革的研究、咨询、要素交易等服务
5	深圳市杰成合力科技有限公司	致力于为中国企业提供流程管理一体化的解决方案，结合自主研发的软件，利用咨询实施促进流程管理成果的高效落地，实现企业流程资产化、用数据驱动企业变革	（1）流程与组织变革领域的培训。（2）咨询和软件	中大型企业	创始人陈志强博士，曾任华为首任流程管理部总监，主要合伙人来自华为、IBM咨询公司等管理标杆企业，具备丰富的实战经验。流程管理软件已超10年，获得过行业大奖	（1）培训。（2）咨询。（3）软件
6	深圳市汉捷管理咨询有限公司	（1）帮助企业实现卓越经营，成就伟大事业。（2）帮助企业大幅提升产品创新能力。（3）帮助企业大幅提升战略开发与运营能力。（4）加速企业数字化转型	（1）DSTE咨询与培训。（2）iDSTE战略软件。（3）IPD咨询与培训。（4）AIPD软件。（5）业务流程与数字化转型服务	（1）规模民营企业。（2）成长民营企业。（3）国有科技企业。（4）军工企业	（1）业界领先、适配行业的IPD咨询方法论。（2）落地性超强的DSTE咨询方法论。（3）核心顾问20年左右的咨询实践。（4）数据驱动与数字化落地	（1）管理咨询+IT数字化解决方案。（2）顶层架构设计+落地流程IT及数字化。（3）"课前预习、课中演练、课后应用"的赋能实战培训

续表

序号	公司名称	价值主张	核心产品	服务对象	核心优势	服务模式
7	深圳市七鼎管理咨询有限公司	通过战略与商业模式创新，系统性辅导及赋能具有成长潜力的企业实现显著、持续的经营业绩改善	（1）战略与商业模式创新咨询。（2）组织能力提升和人力资源咨询。（3）品牌与营销咨询。（4）数字化转型规划。（5）企鼎私董会	（1）战略性新兴产业企业。（2）专精特新企业。（3）具有成长潜力的企业	（1）20多年创办和经营实体企业的经验；咨询项目可实施性、可落地性强。（2）以战略与商业模式创新设计为核心，辅以营销、品牌、股权、人力资源、数字化转型等咨询服务板块，系统性、关联性、协同性强，能够将创新商业模式辅导实施落地。（3）打造"信仰、信用、资本、数据、人力、学习、生态"七大落地环境系统，保证项目落地更具持久性。（4）整合智慧、资金、资源对咨询项目进行赋能。（5）综合短期、中期、长期收益的双方共赢盈利模式。（6）咨询及辅导服务周期可达3年以上	（1）咨询+辅导服务。（2）咨询+赋能+软件+资本服务。（3）长期顾问服务。（4）长期陪跑服务
8	深圳市康达信管理顾问有限公司	愿景：成为受客户和员工信赖和尊重的公司。使命：提高客户绩效，为客户和员工创造价值。核心价值观：专业、责任、诚信、创新、价值	（1）管理咨询。（2）标准化咨询。（3）专项咨询。（4）IT信息化咨询。（5）低碳技术服务。（6）培训服务。（7）标准化良好的企业评价	政府部门、制造与服务型企业、金融、烟草、新兴战略新兴产业、房地产等行业	涉及行业多、领域广，标杆客户多。聚焦管理技术研究，拥有自主原创知识。客户体验好，有效助力客户价值创造。注重探索创新，解决现实问题	（1）专项驻场咨询。（2）预约定期上门。（3）线上+线下培训

续表

序号	公司名称	价值主张	核心产品	服务对象	核心优势	服务模式
9	深圳市华一世纪企业管理顾问有限公司	企业全生命周期股权激励整体解决方案专业服务机构	（1）管理培训：①股权激励培训，包含股权激励整体解决方案精华落地班和股权激励整体解决方案顶层战略班。②精品班课程，包括跨界商业模式；商学体系课程如常青商学院等。（2）管理咨询：股权激励专项落地咨询，包括企业诊断调研、企业战略目标制定、年度绩效评估方案设计、股权激励方案设计与落地等	制造、建筑、教育、批发、零售、酒店、餐饮、租赁、金融、商业服务等众多行业	（1）平台的示范性与创新性：已帮助5万家企业导入股权激励，为超1000家企业提供深度服务定制咨询。自主研发规股在线系统，免费服务学员，助力股权方案一键生成。（2）股权研习社21天陪跑服务。采用"学、练、考、赛、奖"等方式，使学习不再枯燥、单调，提高学习的积极性、互动性和趣味性。（3）规股在线：股权激励整体解决方案的线上学习系统。（4）海洋商学：专为企业家和管理者打造的在线学习服务平台，致力于发展成为实战型互联网商业大学	（1）管理培训经营模式。自主培训和平台培训相结合，同时采用线下为主、线上辅助的形成。（2）管理咨询经营模式。采取单一服务方式或多种服务方式相结合的方式为企业提供服务
10	深圳市逸马品牌连锁教育集团有限公司	集研究、教育、咨询、培训、投资于一体的全球领先的连锁产业服务平台，帮助连锁企业打造细分市场领导品牌	（1）连锁标准化复制密码。（2）连锁定位与模式设计密码。（3）连锁门店合伙人密码。（4）连锁特许招商密码。（5）连锁系统建设全案。（6）抖音电商落地班。（7）卓越联盟落地班	涉及餐饮、酒店、教育培训、医疗医药、美容美体、服装鞋帽、汽车服务、文化体育、家居建材、生活服务、食品饮料等行业的连锁企业	通过对数万家连锁门店进行分析，研究数万家连锁企业的成长路径，提取连锁企业的成功经验，形成为连锁企业提供咨询服务的方法论与实操经验数据库，帮助连锁经营的企业打造成功系统	采用"培训服务、咨询服务、战略陪跑、产教融合"综合化服务模式为连锁企业提供全生命周期服务
11	深圳市中旭教育科技有限公司	可持续增长专家	增长商学、人才委培、企业内训、管理咨询、户外体验	企业、企业家、中高层管理者	17年经验沉淀，企业实力强大，成为行业资深专家；产品覆盖多方面，帮助企业全方位提升竞争力；拥有专业师资专家团队，研发能力有目共睹，为企业成长不断赋能	入企培训、公开课、集训营、线上培训

续表

序号	公司名称	价值主张	核心产品	服务对象	核心优势	服务模式
12	深圳市锦绣前程人才服务集团有限公司	致力于打造以数据驱动的"全生态链人力资源提供商",以完善的服务体系、覆盖全国的人才信息服务系统和稳定的人力资源管理系统为基础,提供基于行业生态的综合服务,与客户的美好前程同行	为客户提供人力资源外包（HRO）、猎头、灵活用工、培训、HR管理咨询、IT软件服务、家政康养、文化传播八大类综合服务,并根据客户需求及时调研、更新服务产品	（1）大型国企。（2）中大型民营企业。（3）需要HR定制化服务的各类企业	（1）科学化,通过"咨询+数据""专业+个性",为客户提供咨询服务。（2）专业化,锦绣智库50+资深人力资源专家智力支持。（3）一体化,提供"咨询+培训""咨询+招聘""咨询+福利"等一体化人力资源解决方案	（1）培训。（2）方案定制与辅导。（3）猎头服务。（4）人力资源外包服务。（5）全国各地分公司贴身服务
13	上海天强管理咨询有限公司	秉持"专注、专业、价值"的企业理念,专注工程勘察设计行业综合性服务、国资国企改革与管理,推动企业对不确定环境的动态适应,致力于提升企业可持续发展能力	以"国资改革管理和工程勘察设计行业"企业管理咨询为特色。（1）管理咨询:战略发展、组织管理、人力资源、国企改革、股权激励。（2）创新服务:数字化转型、产业策划与研究、技术创新服务、兼并收购服务、商学培训	工程咨询设计产业链企业、科研院所、科技公司和其他多元领域,以及相关行业主管部门和行业组织	深耕工程咨询设计领域20余年,与业内2000余家企业建立长期或专项服务合作关系,业务、知识、服务体系、服务模式得以不断创新;以每年40余场活动构建了工程勘察设计行业的生态合作圈,促进企业间的创新突破、合作对接	实行全国一体化,前中后台协同运作的管理模式,聚焦工程勘察设计行业发展,秉持价值服务理念,为客户提供专业管理咨询服务、创新服务、集成整合服务
14	和君集团有限公司	为客户创造实实在在的价值;态度决定命运,气度决定格局,底蕴的厚度决定事业的高度;通过精湛的专业水准和高尚的职业道德赢得职业尊严和职业荣誉	（1）战略规划。（2）组织、流程与管控。（3）企业文化。（4）数字化转型。（5）区域经济与产业规划。（6）风险与内控咨询。（7）股权激励。（8）精益管理。（9）风险基金。（10）产业基金。（11）私募股权基金。（12）企业管理培训	党政及事业单位国企民营企业,外资及跨国企业	（1）综合服务:"咨询+资本+商学"的价值倍增服务模式。（2）服务经验:20多年服务了8000多家企业,在主要行业领域积累了丰富的案例和实战经验	（1）专业化服务。（2）行业化服务。（3）驻场式服务。（4）本地化服务（各地均有分支机构或常驻合伙人）。（5）常年顾问服务。（6）远程、在线服务

续表

序号	公司名称	价值主张	核心产品	服务对象	核心优势	服务模式
15	领航咨询集团（中国）有限公司	专注于IPO垂直领域，为上市企业提供全生命周期的陪跑顾问服务，将战略、组织和数智化与资本进行闭环，以实现客户的业绩、利润、人效与市值为目标，为客户提供战略和数字化整体解决方案，携手券商、会所和律所，将内控融入业务过程进行技术和模式升级，以多维组织能力发展和赋能为手段	（1）上市企业的高质量经营战略咨询。（2）战略解码与陪伴落地系统咨询。（3）组织、流程和数字化系统实现咨询。（4）业财一体化与IT实现系统咨询。（5）三会治理与模拟董事会顾问服务。（6）产业规划与资本加速咨询	企业规模在2亿元以上、准备上市和已上市的企业及国企，希望实现产业加速的区域政府	（1）以战略为导向的系统拆解和资源赋能。（2）500强背景实战咨询顾问团队。（3）全国营销覆盖，区域本地化服务能力。（4）数字与算法赋能管理，用管理中台和数据中台实现战略闭环	（1）三年战略陪跑，以结果为导向的咨询模式。（2）以共创和共识为导向的组织赋能独特模式。（3）以组织模块化治理为导向的系统战略拆解和资源赋能。（4）以投行模式和客户共生，共建IPO生态圈

注：典型企业详细介绍见附录一。

第四章　深圳管理咨询行业的现状分析

第一节　深圳管理咨询行业现状

深圳管理咨询行业从诞生、成长到壮大，是紧跟着中国改革开放政策的脚步发展起来的，也是在深圳这片改革开放的沃土上成长起来的，尤其是2001年，在中国加入世界贸易组织（WTO）之后，自身也迎来了迅速发展壮大的机遇。深圳管理咨询行业是基于社会主义市场经济在改革开放和不断完善的环境下，借助深圳在粤港澳大湾区的区位优势、产业优势、企业特色和专业人才优势等优越条件，发展成为全国管理咨询行业中专业分工最细、商业业态最丰富、服务辐射区域最广的区域性高端商务服务业。尤其在中国经济转向高质量发展以来，深圳管理咨询行业更是走过了一段极不平凡的转型发展之路。

一、深圳管理咨询行业市场发达

深圳管理咨询行业市场十分活跃，已经培育出了10多家成立20多年的管理咨询机构，有40余家具有10年以上市场运作时间的管理咨询机构。截至2022年12月，根据深圳市市场监督管理局的数据，名称中含有"管理咨询"的公司有11.2万家；深圳市管理咨询行业协会注册的会员单位有300余家，会员营业收入总额约25亿元，前100名会员企业平均年营业收入达到上千万元。2022年，根据招投标专业监测机构数据，深圳市管理咨询行业协会会员单位合同单价超过1000万元的占合同总数量的1%以上，超过300万元的占合同总数量的8%以上，超过100万元的占合同总数量的30%以上。

基于对粤港澳大湾区的枢纽城市——深圳重要性的认识，麦肯锡、波士顿、贝恩、IBM、德勤、美世、合益、埃森哲等全球知名咨询公司均先后在深圳设立了分支机构。

近20年来，深圳的华为、腾讯、比亚迪等行业头部企业在快速发展壮大的过程中，以战略眼光、开发思维和国内外优秀的管理咨询公司进行合作，有力地促进了企业规范化建设、竞争力提升及国际化对接。以华为为例，仅在管理咨询领域的投资就达到了40亿元以上。以深圳为中心的代表性企业，如格力、美的、TCL、广汽、步步高、大疆、碧桂园、万科、华侨城、平安、招商银行等，已将管理咨询业务纳入年度经常性管理预算中。

二、深圳管理咨询服务专业齐全

按照国际惯例划分的战略管理、营销管理、生产管理、研发管理、质量管理、设备管理、人力资源管理、物流运营管理八大专业门类领域，在深圳均具有较强的影响力，专业化的深圳管理咨询机构时常出现在各地招投标机构的名单里。其中，战略管理专业在新能源、汽车、IT、通信、新制造、互联网、城市发展等领域行业化程度高，在营销管理、生产管理、研发管理、物流运营管理四大管理领域的专业化影响力强。2021—2022年，深圳市管理咨询行业协会会员单位在国内的国际管理咨询招投标中，在与麦肯锡咨询公司、波士顿咨询公司、贝恩咨询公司三大机构比选的30多个项目中，中标10多个项目，在与德勤、毕马威、IBM、埃森哲、美世比选的180多个项目中，中标80多个项目，深圳管理咨询行业在国内市场中已逐步进入国际化竞争阶段。

中国产业转型升级的着力点，主要是在传统制造企业的基础上，加强企业总部建设、研发体系与营销价值链建设，并在数字化、证券化和生产运营体系国际化等领域赋予新能力。深圳管理咨询行业在前期转型升级过程中，诞生了一批具有全国影响力的战略管理咨询公司、研发管理咨询公司、营销管理咨询公司、数字化规划与服务咨询公司、资本管理咨询公司、生产与供应链管理咨询公司等专业咨询公司。

深圳管理咨询行业在全国重点产业都拥有一批居引领地位的管理咨询机构。比如，代表制造与服务业的华谋咨询，创立了中国连锁全程运营系统标准及连锁数字化系统的逸马，代表消费电子、汽车与新能源、现代物流行业等领域战略与营销管理的深圳市深远企业顾问有限公司，代表能源与公共事业、物联网与数字业、生命科学与健康业的华景咨询（深圳）有限公司，代表企业产品管理与IPD研发的深圳市汉捷管理咨询有限公司，从事流程数字化服务的深圳市杰成合力科技有限公司，以评价卓越绩效为主业并将深圳市市长质量奖向全国输出和推广的深圳市金品质企业效益开发有限公司，在烟草行业创新及标准化管理方面做出突出贡献的康达信，在商业模式设计与实施和数字化转型方面不断创新的深圳市七鼎管理咨询有限公司，在股权激励培训与咨询领域独树一帜的深圳市华一世纪企业管理顾问有限公司，为企业上市提供辅导的专业户深圳大禾投资咨询有限公司，在人力资源咨询行业深耕并在猎头、家政服务领域不断探索的深圳市锦绣前程人才服务集团有限公司，擅长政府管理咨询和规划的深圳市乐天成控股集团有限公司，常年在文化旅游行业深耕细作的深圳市华堂古村古镇产业投资管理有限公司，在企业科技创新、创新规划及产业科技咨询方面颇有建树的深圳市前景科技创新系统研究院，曾多次获得全国品牌奖——擅长城市景观设计和建筑设计的艾特莱廸设计顾问（深圳）有限公司，在组织能力管控方面致力于知行合一的深圳市中旭教育科技有限公司，一直在交通与物流业、园区与产业规划方面努力创新的深圳市安必行物流顾问有限公司，擅长薪酬激励与绩效提升的深圳市中和正道管理顾问有限公司等等。

随着中国社会与经济高质量发展的需求深化，深圳管理咨询行业为政府、金融业提供的研究咨询服务项目逐步增多。比如，华景咨询（深圳）有限公司等为北京市区级人民政府、重庆市区级人民政府、湖南省等地市人民政府、国务院国资委轻工业服务局等行政事业单位提供过产业与改制等研究咨询服务。

深圳市管理咨询行业协会业务主管部门——综合开发研究院（中国·深圳）（国家第一批25家高端智库之一）成立30多年来，紧紧围绕国家重大发展战略和经济社会发展问题，开展对策性、前瞻性、战略性研究，为中央和地方各级政府提供政策建议，为国内外大型企业提供咨询服务。

三、深圳管理咨询行业业态完整

依据综合研究、管理咨询、管理培训及其衍生的管理软件服务、商业服务、投资管理服务等管理咨询行业全部的服务业态，总部位于粤港澳大湾区、以深圳为中心的管理咨询公司及机构，与深圳金融优势产业融合，在行业规划、财务顾问、行业对标、企业上市辅导、股权激励、园区开发管理与招商服务等投资管理服务领域具有较为成熟的服务案例与服务模式；与深圳总部经济特色相结合，助推深圳企业走向全国并助力国际市场的开发，在营销诊断、品牌策划、集团管控、互联网营销等市场营销创新领域具有完善的服务队伍；结合深圳企业国际化程度高、与国际接轨全面的特点，深圳管理咨询从业机构与人员在业务流程再造、会展经济、薪酬绩效、研发管理、数字化转型等领域具有较强优势。

在以深圳为中心的粤港澳大湾区与珠三角地区的经济发展中，各大知名企业的发展都接受了深圳市管理咨询行业协会会员的专业服务。

四、深圳管理咨询机构服务广泛

随着经济发展的不断成熟和观念的转变，以深圳为代表的珠三角地区的各行各业均重视管理体系与专业化能力建设。比如，深圳的行政机关、事业单位、国企、民企、园区、外资企业和上市的公众公司，大多数法人实体均有经常性管理咨询及培训采购的预算。深圳市管理咨询行业协会的众多会员单位已经形成了规模以上企业，将咨询业务辐射到上市企业、行政事业单位、大型服务运营商和金融等行业。

同时，全国大型企业500强，尤其是60%以上的民营500强企业在战略规划、组织架构、薪酬激励、市场营销、流通管理和文化建设等企业核心管理领域，均聘请过深圳管理咨询机构实施项目服务。据深圳市管理咨询行业协会统计，近3年来，深圳有15家管理咨询公司为世界500强企业榜单中的30家企业提供过管理咨询服务。

深圳管理咨询机构为全国各地政府、金融行业提供各类咨询服务。比如，百思特管理咨询有限公司为行政事业单位提供过流程管理咨询服务；深圳市乐天成控股集团有限公司为山东省、河南省等地市提供过规划和政策咨询服务；作为管理软件提供商的深圳市杰成合力科技有限公司为国内大型国有企业提供集团管控、业务流程再造的咨询服务；逸马为内蒙古及西北五省区的企业提供产品、产业链的连锁咨询服务，并通过职教联盟将人才培养与企业发展有机结合；深圳大禾投资咨询有限公司为国内多地企业提供企业上市前的辅导咨询与培训服务。

第二节　深圳管理咨询行业发展面临的挑战和机遇

一、深圳管理咨询行业面临的挑战

1. 市场观念和价值认知不够成熟

我国在40多年的改革开放进程中，从以传统农业经济和重工业为基础的经济模式，加速向开放性的现代工业体系和信息化产业体系建设转变，知识服务经济的发展也从无到有、从小到大、从弱到强。管理咨询行业作为知识服务经济不可或缺的组成部分，非常需要尊重知识服务价值、尊重知识产权的良好社会氛围，需要健康良好的市场环境，需要有关职能部门和市场主体转变观念，树立"四个自信"的自觉意识，提升对本土管理咨询行业的价值性认知和战略性认知。在当下的社会市场环境中，个别职能部门和大型的企事业单位还存在明显的崇洋媚外、贵远贱近的错误认知。在招投标过程中，存在歧视本土管理咨询机构的行为，在价格、资质等方面不公平的市场竞争现象时有发生。在当下的国际市场竞争环境下，迫切需要增强总体国家安全观的大局意识，支持维护本土管理咨询行业的健康发展。

2. 政策法规不健全，缺乏政策支持

2017年由国家统计局出版的《国民经济行业分类注释》，把管理咨询列入商务服务业类的下一级子目录——社会经济咨询（代码：7243）。至此，我国管理咨询行业开始逐步建立起部分统计指标。但是，在国家和地方各类法律规则中，尚未对管理咨询行业出台具有针对性的正式法规。比如，在国家工商管理法规中，没有对管理咨询行业进行评估、注册登记的系统规则及条款；在国家税务法律中，没有对管理咨询行业制定单独的评估和征税办法，也没有对管理咨询行业制定减免税的优惠扶持政策或条例。政策法规的不健全导致深圳管理咨询机构的发展利益和经营利益缺乏有效的保障，同时缺乏在国家法律和国家政策基础上的责任约束和职业道德约束。

3. 缺乏高素质人才，服务质量升级困难

人才是提高管理咨询服务质量的关键要素。当下，全国范围内高素质的管理咨询人才缺口呈扩大趋势，全行业的健康可持续发展面临严峻的考验。作为超大城市和国家经济枢纽城市之一，深圳仍缺乏本地管理咨询人才，人才结构不合理的现象更为突出。由于深圳管理咨询行业从业人员的构成特点，相当一部分年轻的咨询师缺乏企业经营管理理论或实际的管理实践经验，中青年咨询师从业经历不足，老一辈咨询师已步入半百之年，管理咨询人才出现较为明显的断档，导致管理咨询机构开拓市场乏力，以及一些管理咨询机构提供与实际能力不相匹配的不合格的咨询服务或产品。

4.经营规模偏小，资本积累不足

由于新冠疫情的持续影响，截至2021年，深圳管理咨询机构中，年营业收入在1亿元以上的机构不足15家，年营业收入在5000万元以上的不超过50家，大多数管理咨询机构的年营业收入在500万～1000万元之间，而2022年度的经营收入更是明显下滑。同时，由于管理咨询行业资本积累不足、融资渠道缺乏，行业数据库的建设投入不足。在现代产业环境复杂多变的情况下，拥有各行业基础数据库是管理咨询工作的重要支撑条件之一，管理咨询服务如果没有对行业进行数据分析和研究，将不会让客户满意，建立行业数据库有助于形成共商、共建、共享的资源平台，但资本积累的问题无法解决，将导致深圳管理咨询机构与国外管理咨询机构差距加大。行业收入的不稳定性、人才的不稳定性和事业发展的不确定性等，造成绝大多数管理咨询机构积累资金不足与有心无力，这是整个粤港澳大湾区管理咨询行业发展的重要瓶颈之一。

5.知名品牌企业不多，难以形成集约化发展

站在时代的高度，在国际化视野下，深圳管理咨询行业一直缺乏知名品牌机构。虽然国内品牌机构不断涌现，但在国外知名品牌机构不断进入市场的压力下，深圳管理咨询品牌机构的培育和打造迫在眉睫。由于深圳管理咨询机构的成立时间短，淘汰速度快，大多数管理咨询机构还处在生存期，尤其是新冠疫情让成立不久的管理咨询机构无法继续发展。一部分成立10年以上的管理咨询机构度过了生存期，正处在快速成长阶段，这部分机构已经具备相当丰富的知识产品和技术经验积累，是深圳管理咨询行业中最具发展潜力和培育知名品牌的机构，比如本书第三章第四节"深圳管理咨询行业典型企业研究"所介绍的企业机构。

二、深圳管理咨询行业的发展机遇

1.我国经济由高速增长阶段转向高质量发展阶段

随着我国经济转型的逐步深入，市场上新技术、新业态、新模式不断涌现，管理咨询行业从形式到内容都发生了深刻的变革，我国管理咨询行业正迎来一个新的发展机遇期。同时，市场对管理咨询人员的能力要求也越来越高，咨询师更要与时俱进，兼具复合型人才的特点，不仅要知识更新快、学习能力强，社会活动能力和

组织协调能力也要强。因为现在已经进入资源整合的跨界联动时代，咨询师不仅要能够提出针对性强的系统解决方案，还要具备整合和调动资源的能力，能够有效帮助客户导入价值资源、融入行业圈子，打通营销渠道。

管理咨询行业本身是个专业性极强的行业，管理咨询机构的专业服务团队要应用科学的方法对客户（企业）进行现场与市场调研、诊断，并找出经营问题的症结所在，然后深度、系统地分析产生问题的原因，提出适合客户现实与发展需要的最佳解决方案，并指导方案的落地实施，以达到解决问题，进一步推动企业健康稳健发展的目的。这些管理咨询服务环节包括但不限于发展战略、商业模式、产品定位、市场营销、渠道拓展、人力资源、股权架构和融资规划等方面。

2.优秀企业为管理咨询行业输送了大批人才

MBB等国外著名管理咨询机构进驻中国市场多年，由于其具有历史和国际化的优势，垄断了许多国内超大型与大型企业的管理咨询业务。它们在咨询过程中所运用的现代手段和科学方法，早期为粤港澳大湾区的管理咨询机构提供了参照和对标，在竞争中借鉴、创新，促使其加强自身建设，提高专业化服务水平。同时，外资管理咨询机构不断进入中国市场，也刺激了市场对国内管理咨询机构的咨询需求，国内管理咨询机构借助管理咨询服务来提升企业的整体战略、组织、研发、营销和人力资源等综合管理水平。

入驻深圳的外资企业和本土企业也为管理咨询行业培养和输送了大批经验丰富、懂经营国际企业的人才，他们自己创业，开办管理咨询公司，或者加入本土管理咨询机构，这对提升管理咨询机构人才的专业素质起到了很大作用。同时，深圳管理咨询机构在开拓全国咨询市场时，比当地同行具有更大优势，外地市场业务的经营收入占深圳管理咨询机构总收入的比例在不断地上升。

3.制定行业团体标准，规范行业发展

从2021年至2022年，深圳市管理咨询行业协会在深圳市政府相关部门的指导下，一次性推出了《管理咨询师能力评价准则》《管理培训师能力评价准则》《管理咨询服务机构能力评价准则》《管理培训服务机构能力评价准则》《管理咨询服务规范》《管理培训服务规范》共六项行业团体标准，这项重要工作在全国同行业中尚属首次。管理咨询业务范围覆盖了企业发展的全生命周期和全业务流程，涉及面广、供应链长，这六项行业团体标准的出台，将对国内管理咨询公司的高质量发展起到积极的推动作用。

随着管理咨询行业不断规范发展，许多深圳管理咨询机构开始依托专业化分工、行业深耕、专家型人才培养和咨询产品深化加工，全力打造管理咨询行业的知名品牌，在"十四五"期间，深圳管理咨询行业将培育出更多优秀的管理咨询品牌。

4.管理咨询行业地位将不断提升

在数字化经济和创新型知识经济大转型的新时代，管理咨询行业作为知识服务型赋能产业，必将成为高质量发展中的热门行业。当前，全球政治经济格局已出现重大调整，在百年未有之大变局与新冠疫情的双重冲击、叠加影响下，产业相互作用、相互依存、相互融合的新时代特征日益明显。构建人类命运共同体，要求以更高站位、发展眼光、纵深角度和国际视野来审视我国当代管理咨询行业所担负起的新使命。特别是国企等，在关系国家安全和国民经济命脉的重要行业和关键领域，迫切需要本土管理咨询行业以科学的防控模式，构建风险预测体系，制定有效的处置方案，增强国企在政治、经济、法律、军事、外交等方面的风险防控能力。

国际形势催生的新需求，要求我国管理咨询行业持续向思想性、理论性、工具性、实效性，以及品牌化、数字化、科技化与高质量化等内涵性转型，利用跨行业的整合服务能力，以数据为支撑，以科技为驱动，推动企业在研发、生产、流通、消费等各环节，通过"线上＋线下"场景应用与融合，打通政府与企业、企业与企业甚至企业内部的资源链配置、商业链整合和价值链创造。

管理咨询行业的创新服务，在很大程度上是由客户的市场需求驱动的。在创新投入方面，主要体现在聚合一批骨干型管理咨询人才，对专业服务需求进行研究，因为只有有效的创新服务才能带来客户的更高满意度和业务机会。比如，深圳一些从事流程再造的管理咨询机构通过引进、改造或者自行开发与咨询领域相关的配套管理软件，人力资源管理咨询机构为客户提供猎头服务等，都是有益的探索。

5.数字化转型升级的时代机遇

"十四五"规划和2035年远景目标纲要中，将"加快数字化发展 建设数字中国"作为独立篇章，并提出"迎接数字时代，激活数据要素潜能，推进网络强国建设，加快建设数字经济、数字社会、数字政府，以数字化转型整体驱动生产方式、生活方式和治理方式变革"。目前，全国几乎每个省都推出了自己的"十四五"数字化转型战略规划。这将会创造出大量企业数字化转型和智能化升级的新需求，数字化转型升级的新机遇变得无处不在；无论是产业数字化升级还是企业数字化转型，都需要以正确的价值需求进行定位，以及咨询规划和全新思路的指引，如此才能抓住新机遇、打开新局面。

当前数字化转型趋势正在不断加快，在越来越多的行业和企业中，由数字化转型带来的变革机遇和挑战逐渐增多，这也让管理咨询业务在数字化时代变得前所未有的重要与迫切。在过去国内的管理咨询行业中，以美国管理咨询公司为主体的国际知名管理咨询公司为主导。进入数字化转型时代之后，中国庞大的传统产业将加速推进数字化进程，这需要大量的新探索和新实践的结合，而且对咨询落地的要求会更高，传统的管理咨询公司并不一定能适应本土化市场的需求，本土与国际将处在同一全新的起跑线上，这给立足本土并能够深入洞察和理解客户需求的咨询服务机构带来了"弯道超车"的机会。与此同时，未来太多的机遇与不可预测性是并存的，需要我们审时度势、不断创新，以适应时代的趋势与变化。

在这股数字化浪潮的倒逼中，数字化时代的管理咨询公司本身也是要走数字化转型之路的。通过结合数字化技术，加强自身数字化能力建设，更好地为客户提升绩效，提升服务质量、服务体验，这对每家管理咨询公司而言都是重要机遇。

6.实现中国式现代化要求各行各业高质量发展

党的二十大做出了"全面建设社会主义现代化国家"的伟大决策。国务院发展研究中心指出："要按照习近平总书记关于建设中国特色新型智库的重要指示精神，探索和创新适应新时代新征程需要的决策咨询机构组织形式和管理方式，不断增强综合研判和战略谋划能力，不断提升为中央决策咨询服务水平，为推进国家治理体系和治理能力现代化作贡献。各研究部所要科学运用习近平新时代中国特色社会主义思想的世界观和方法论来开展咨询研究工作，对照各自研究领域、研究方向，找准全局性、综合性、前瞻性、战略性问题深入研究。要结合党的二十大精神，梳理各自领域需要关注研究的重点问题，把二十大精神落实到咨询研究工作的具体实践。"这间接为深圳管理咨询行业指出了努力的方向和自身能力建设的要求。

同样，作为粤港澳大湾区管理咨询行业主要组成部分的深圳管理咨询机构也是在社会主义市场经济中成长起来的民间智库集群，深圳管理咨询行业正在从"跟跑美欧"阶段进入"并跑美欧"阶段，未来向"领跑世界"阶段努力。中国式现代化事业是前无古人、后无来者的人类社会新事业，从传统的欧美发展历程中无法找到一成不变的标准答案。深圳管理咨询行业面临着管理咨询机构自身现代化和企业现代化的课题研究的挑战，要担负起为企业及其他社会组织研究、探索、创新中国式现代化进程中的前景蓝图、战略路径、实施策略、运营流程、行为标准和变革方法论的历史重任。

中 篇

深圳管理咨询行业赋能粤港澳大湾区

第五章　深圳管理咨询行业2023—2027年发展规划

第一节　发展定位

"十四五"时期（2021—2025年），是世界百年未有之大变局深刻演变的关键期，是我国开启全面建设社会主义现代化国家新征程的起步期，也是深圳建设粤港澳大湾区和中国特色社会主义先行示范区的攻坚期；而2023年更是全面贯彻党的二十大精神的开局之年。在"两个一百年"奋斗目标历史交汇点上，深圳发展正处于前所未有的重大战略机遇期和重大风险叠加期的交汇节点，深圳管理咨询行业要深刻认识到自身发展所处阶段，准确把握未来的发展走势和其中隐藏的风险与挑战。

新形势下，深圳管理咨询行业要抓住建设粤港澳大湾区、先行示范区的重大历史机遇，紧紧抓住深圳"'双区'驱动+'双区'联动"所带来的黄金发展期。未来5年（2023—2027年），深圳管理咨询行业要用行动诠释先行示范区建设中承载的使命与担当，拓展发展空间，保持深圳市管理咨询行业协会组织的长久活力，作为市场服务主体的管理咨询机构经营业绩要持续增长，就要积极参与服务粤港澳大湾区"双循环"新发展格局的高效推进，努力创建中国管理咨询行业的城市范例。

一、深圳管理咨询行业要成为中国管理咨询行业的样板

根据深圳市市场监督管理局统计，截至2022年底，深圳市共有商事主体3937751户，同比增长3.52%。其中，企业2457740户，同比增长1.96%，占深圳市商事主体总量的62.41%；个体户1480011户，同比增长6.22%，占深圳市商事主体总量的37.59%。其中，中资企业239万家，外资企业7万家，而本土企业有助于管理咨询行业的成长。截至2022年底，深圳以"管理咨询"为名称注册的机构多达11万家，从业人员近30万人；深圳市管理咨询行业协会注册会员近300家，服务范围涉及国企、民企及其他机构等45个板块。深圳每年至少有10家管理咨询机构进入中国管理咨询机构50强榜单。40多年来，深圳从一个边陲小镇发展成一个国际大都市，在企业经营和管理咨询实践方面有着丰富的经验和理论探索。

深圳作为改革开放的排头兵和创新发展的先行者，2023—2027年发展规划期间要

继续坚持改革创新，打造中国管理咨询行业高质量、高标准建设的"深圳样板"，成为中国管理咨询行业发展创新的典范。深圳市管理咨询行业协会的任务，就是用严谨的工作方法论，把深圳管理咨询丰富的实践经验标准化、系统化和理论化，用以指导粤港澳大湾区乃至全国其他城市管理咨询行业的发展实践。以长期发展的眼光来看，深圳市管理咨询行业协会的建设要对标世界大湾区国际前沿城市，积极参与建设国际管理咨询行业的城市范例。

二、深圳要成为中国管理咨询行业服务标准和专业能力规范的制定者

1.做高质量发展企业智库的先锋

深圳管理咨询行业的发展要精益求精、注重科学、讲求质量，切实提高为企业提供专业化服务的水平。上海社会科学院智库研究中心首席专家杨亚琴表示："要拥有国际化发展视野，即要有前沿性、前瞻性、战略性的课题设置，新技术、高标准的研究手段和方法，信息网络化表达和传播方式，国际化的话语权和影响力；要扎根本土化企业客户的研究导向，即立足于新时代高质量发展的要求、依托中国市场实际，充分考虑研究的对象、问题、领域和地方特色，要具有指导性、实践性、策略性。"

2.做标准的制定者和践行者

据不完全统计，深圳具有一定规模和活跃度的管理咨询公司和智库组织数量超过1万家，全国超过10万家，包含高校管理咨询机构、社会管理咨询机构以及企业管理咨询机构等。当前，除了管理咨询机构规模、能力参差不齐和市场进一步精准细分的特点外，中国管理咨询行业还呈现出咨询师职业自由化、大型企业内设咨询部门（战略管理）的特点，这些企业对内进行成功模式的提炼、总结，对外（自身价值链体系内）赋能输出。但由于各类管理咨询机构的业务规模小且市场经营分散，中国管理咨询行业缺乏具有较大影响力和国际知名度的高质量管理咨询公司。长期以来，中国管理咨询行业缺乏统一的服务标准和专业能力的规范指引。面对行业不规范、不统一的发展瓶颈，深圳管理咨询行业要勇于担当，先行先试，积极成为中国管理咨询行业服务标准和专业能力规范的制定者和践行者。

三、勇担使命，相互提携，构建咨询服务组织统一价值体系

首先，深圳管理咨询行业的管理咨询机构要做好自身专业咨询服务的定位，根据自身擅长的咨询服务领域，建立能够独立进行思想输出和核心领域专业能力强的咨询服务机构。要改变以往大多数管理咨询机构的做法：什么都想做，什么都做得

不专业，管理咨询机构、咨询师之间不能严守商业伦理底线，相互拆台、相互攻击，并造成无序竞争。为了维护行业的健康发展，深圳管理咨询行业各管理咨询机构和咨询师应严守行业规则，彼此尊重，相互学习，协同支持，尊重同行的思想性、原创性和专业性，并突出自身咨询服务的专业核心优势。在深圳市管理咨询行业协会的统筹领导下，深圳管理咨询行业的管理咨询机构已逐步形成自身在协会平台上的专业分工和专业特色。

其次，深圳市管理咨询行业协会要发挥行业凝聚力，进一步发展壮大深圳市管理咨询行业协会。在行业内整合各家管理咨询机构的服务特色和专业能力，取长补短，通过业务互助，把深圳市管理咨询行业协会组织平台做成具有责任感、使命感、严要求的咨询价值共同体和规范、守法、共赢的咨询商业联盟。深圳市管理咨询行业协会要通过理事会、专项会议、学习论坛、案例分享会等多种形式，把深圳市管理咨询行业协会的会员机构、俱乐部成员凝聚起来，形成咨询服务的合力，使服务客户的价值最大化，实现深圳管理咨询行业长久发展。

四、打造学习型、服务型、创新型的新型社团，做创新性管理咨询行业组织

深圳市管理咨询行业协会成立于2003年12月，主要由从事管理咨询业务的机构、实体企业以及管理咨询界的专家、学者、咨询人员自愿组成，是具有法人资格的社团。深圳市管理咨询行业协会的使命是"全心全意为会员、企业服务，打造学习型、服务型、创新型的新型社团"。2023—2027年发展规划期间，深圳市管理咨询行业协会要进一步聚集行业群体性思想精英和智者精英，发展成有思想性、前瞻性、引领性、指导性和创新性的管理咨询行业协会。

深圳管理咨询行业在深圳市管理咨询行业协会的统筹领导下，主要有两大层面的行动。在社团组织建设层面，深圳要形成群体性思想精英和智者精英共赢共荣的新局面，深圳管理咨询行业要继续保持充沛的精力，大力培育有特色的咨询顾问机构和有特色的咨询师联盟；在业务层面，深圳管理咨询行业的建设要加强理论创新、实践创新、制度和文化创新，要进一步注重前瞻性、原创性和思想性，要坚持在专业领域深耕细作，走特色服务之路。

深圳管理咨询行业的广大咨询师，要有智慧、有情怀、有荣誉感和自豪感，才能把深圳管理咨询行业打造成具有国际湾区特色的专精特新咨询服务智库行业。

第二节　发展目标

2023—2027年发展规划期间，深圳市管理咨询行业协会要继续加强完善管理咨询企业会员管理机制，建立常态化咨询产品的创新制度，完善行业咨询的服务标准和会员能力评价系统，推动专业化、品牌化、创新性管理咨询行业建设。

2023—2027年深圳管理咨询行业发展目标如下。

一、预期性目标

（1）深圳管理咨询行业经营规模达到100亿元。

（2）培育15～20家重点管理咨询机构。

（3）亿元级以上经营规模管理咨询机构达到10家，1000万元级以上经营规模管理咨询机构达到50家，500万～1000万元级经营规模管理咨询机构达到100家。

（4）深圳市管理咨询行业协会企业会员达到300家。

二、约束性目标

（1）新增企业会员100家。

（2）建立6项以上团体标准，2项以上国家标准或行业标准，2项以上地方标准。

（3）每年征集评选优秀咨询案例10个。

（4）平均每年评选出5家规范诚信机构。

（5）平均每年对不少于5家咨询（培训）机构进行能力评价（5A、4A、3A）。

（6）每2年举办不少于1次管理咨询创新高峰论坛。

（7）每2年举办不少于1次中国民营经济发展高峰论坛。

（8）每2年举办不少于1次中国连锁节。

（9）每年举办不少于1次国际咨询采购节。

第三节　发展模式与重点发展方向

深圳市管理咨询行业协会的最高权力机构是会员大会，通过会员大会选举出会长、执行会长、常务副会长、副会长、理事、监事长、监事、秘书长，会员大会每4年换届一次。理事会是会员大会的执行机构，在闭会期间领导本协会开展日常工作，对会员大会负责，理事会每半年至少召开一次会议。深圳市管理咨询行业协会设立常务理事会，常务理事会由理事会选举产生，至少3个月召开一次会议。下设秘书处、专业委员会和产业咨询学社，采用金字塔模式发展协会会员，按照国家有关规定收取会员会费，并在发展过程中逐步优化会员结构，促进企业会员、大学理事（关键力量）和专业委员会会员协同发展。

在运营层面，深圳市管理咨询行业协会致力打造中国管理咨询行业"深圳样板"，编制特色服务的范例，再以滚雪球模式将"深圳样板"优势向粤港澳大湾区和全国其他地方扩展。

深圳市管理咨询行业协会每年还会重点举办深圳商业基因研究工程、深圳市级管理咨询案例评选、深圳管理专家学院、商业连锁企业及管理咨询高峰论坛与研讨会等重点项目的活动。深圳管理咨询行业逐步构建起具有洞见、专业特色的管理咨询行业服务标准，推动政企联动，做好政府与企业之间的桥梁。

深圳管理咨询行业的发展要高度聚焦先行示范区建设的核心要义：市场化、法治化、国际化以及人的现代化；重点从开放兼容、内生创新、标准引领、发展壮大、生态共荣五个方向建设好深圳管理咨询机构组织，着力在全国起到引领示范的作用。不做仅停留在抓热点、跟形势研究层面的管理咨询，不做简单复制照搬的管理咨询。

第四节　发展步骤及举措

总体把控好发展步骤、举措及保障措施。

一、发展步骤

2023—2027年发展规划的实施路径计划以季度为节点，半年复盘一次，全年优化调整，具体实施根据实际情况进行完善和调整（见表5-1）。

表5-1　2023—2027年发展规划的实施路径计划

序号	组织	规划事项	子项	2023年上半年	2023年下半年	2024年上半年	2024年下半年	2025年上半年	2025年下半年	2026年上半年	2026年下半年	2027年上半年	2027年下半年
1	深圳市管理咨询行业协会	会员发展	新增企业会员100家，每年新增25家会员										
2			俱乐部成员达500名，每年新增50家会员										
3		标准起草、发布	输出2项以上地方标准，未来计划跨行业制定标准										
			输出6项以上团体标准										
4			输出2项以上国家标准或行业标准										
5	会员机构联盟、院校、政府主管单位	举办行业峰会、论坛、采购节	国际咨询采购节，每2年举办不少于1次										
6			中国民营经济发展高峰论坛，每2年举办不少于1次										
7			中国连锁节，每2年举办不少于1次										
8			管理咨询创新高峰论坛，每2年举办不少于1次										
9		专业著作出版发行	每年根据工作目标确定，每年出版5本										

续表

序号	组织	规划事项	子项	2023年上半年	2023年下半年	2024年上半年	2024年下半年	2025年上半年	2025年下半年	2026年上半年	2026年下半年	2027年上半年	2027年下半年
10	深圳市管理咨询行业协会	评选优秀咨询案例	每年评选、推广并授牌						■	■	■	■	■
11		评选规范诚信机构（5A、4A、3A）	每年评选并授牌				■		■		■		■

注：■年度战略执行项目，■年度重点执行项目，■跨年度计划性项目，■年度常规执行项目。

二、发展举措

1.开放兼容

深圳市管理咨询行业协会与粤港澳大湾区其他管理咨询行业协会共同打造粤港澳大湾区城市管理咨询行业联盟，更好地研究全国甚至全球企业发展中的共性问题，找出共同的应对方案，更好地促进区域合作和发展。

在构筑合作平台方面，要发挥深圳市市场监督管理局的政企枢纽功能，打造全国一流的深圳市管理咨询行业协会与企业对接互动平台，提高企业咨询服务实效；发挥政府主管单位的作用，搭建深圳市管理咨询行业协会与政府互动平台，增强管理咨询行业的社会功能；发挥媒体创新发展作用，搭建深圳市管理咨询行业协会与媒体对接互动平台，增强管理咨询行业的舆论引导功能；在国内外管理咨询机构与社会第三方之间形成合作交流的对话平台。

（1）发展服务机构：面向未来，面向大湾区。

（2）面向全国跨省交流联动：进行专业沟通交流，提高开放性，面向国际（"一带一路"国家）。

（3）与高校开放联动，加大管理咨询理论的创新研究力度。

2.内生创新

在组织创新方面，深圳管理咨询行业要加快向科技型管理咨询领域转型升级，跟上时代的步伐，推动跨区域管理咨询行业联盟、深圳市管理咨询行业协会和各种形式共同体的发展，提升深圳市管理咨询行业协会组织管理的能力。深圳市管理咨询行业协会要积极打造粤港澳大湾区跨区域合作平台，推动粤港澳大湾区管理咨询机构联盟、深圳市管理咨询行业协会和各种形式共同体的发展，提升组织管理的能力水平。同时，要提升管理咨询行业的人才地位，与政府相关部门共同研究完善管理咨询的人才引进、流动配置、职称评定等政策，提升管理咨询人才尤其是科技创新类管理咨询人才在深圳市人才体系中的地位。为了保障深圳管理咨询行业跨越式发展，还要与相关部门共同推动设立深圳管理咨询领军机构发展专项资金、深圳管理咨询优秀成果奖，同时要推动供需对接常态化，建立行业政府相关部门、深圳市管理咨询行业协会和管理咨询机构三方的常态化沟通对接机制。

在专业创新方面，深圳要加强管理咨询机构规范管理和结合企业创新管理理论实践的创新突破，促进管理咨询机构加快转型升级；建立科学的管理咨询服务成果评价标准体系，促进管理咨询服务市场的正向激励。

在科技创新方面，科技创新的思维方式要与传统管理咨询理论相结合，行业内开展跨界联动交流，行业组织多引入华为、腾讯等企业的信息技术和互联网元素，每年组织深圳市管理咨询行业协会会员协同参与科技创新论坛。

深圳市管理咨询行业协会积极搭建粤港澳大湾区管理咨询行业的数据平台，平台包括数据标准、数据共享、数据安全、数据合作、数据服务等；同时联合香港、澳门打造粤港澳管理咨询行业联盟，达到管理咨询行业数据资产全面汇聚、企业运行智能研判、粤港澳大湾区重大咨询项目协同统筹的目的，并通过专家库、企业库、案例库以及数据模板化、研究模型化、问题模块化、输出智能化，更好地推动管理咨询行业智能化转型和跨越式发展。

在高校创新方面，深圳高校联动是管理咨询行业一个很重要的创新窗口。

深圳在2023—2027年发展规划新型管理咨询行业协会建设中，要发挥好本地高校的学术作用，并利用优势来拓展高校管理理论研究和创新的作为。高校具有教研咨相结合的特点，可以从"学校出题目、科研做文章、成果进课堂进决策"转化为"企业出题目、科研做文章、成果进课堂进决策"。

在内部赋能创新方面，深圳市管理咨询行业协会要引导会员在行业内部不断创新，引入自媒体传播，举办创新学习班，提高会员自我赋能的能力。

3.标准引领

2023—2027年发展规划期间，深圳要建立一套管理咨询行业的管理标准和从业规范，通过实践和总结萃取，输出管理咨询行业管理标准和从业规范，做到"两标准、两参照"：对外服务有标准、有参照（服务定价、工作成效）；对内管理有标准、有参照（专业认证、服务流程）。

在机制方面，深圳要打造全国城市管理咨询行业建设的"深圳样板"，成为中国特色城市管理咨询行业发展的典范；要体现新时代特征、中国特色、深圳特点，要有高水平、高能量；要明确战略定位，构建合作平台以及创新体制机制。

在专业方面，深圳作为全国的先行示范区，深圳管理咨询行业也要在全国行业内有先行示范的意识和格局，要增强深圳管理咨询行业的全局意识、担当意识，专业上要提升"五力"：一是脚力，提升调研能力；二是眼力，拓展国际视野；三是脑力，增加思想深度；四是笔力，提升讲好中国故事的能力；五是提升管理咨询机构的能力。

另外，关于行业自律问题，深圳管理咨询行业尝试做先行示范，在行业内建立咨询白名单，把不良的管理咨询机构列入黑名单，提升管理咨询行业的产出质量。

4.发展壮大

2023—2027年发展规划期间，深圳管理咨询行业以专家委员会建设为抓手，进一步吸纳行业内外的优秀人才入会。在会员运营上，发展组织会员和专家委员会委员不拘一格，采用滚雪球模式，凝聚行业有识之士，注重夯实行业核心成员的价值。

会长、副会长所在的单位有义务邀请行业内外的优秀人员加入深圳市管理咨询行业协会，促进该协会的良好发展。

5.生态共荣

目前，行业内管理咨询机构之间的交流合作还不够，深圳市管理咨询行业协会要为管理咨询机构提供更多的帮助和支持，尤其是在机构之间进行资源配置、信息共享，推动联合研究和协同管理，提升管理咨询机构产出的质量和数量。管理咨询机构在行业内要敢于发声、善于发声、掷地有声。管理咨询机构要强强联合，提供更多全局性、战略性、创新性的研究，为企业、为深圳发展贡献才智。

深圳市管理咨询行业协会要引导管理咨询机构加强政府资源联动、高校专业联动、企业（科技企业）创新联动、管理咨询行业上下游联动、跨地区联动、国内外同行联动等，构建共赢生态圈。

6.党建工作

2023—2027年发展规划期间，深圳管理咨询行业要按照上级党组织的要求开展党建工作，坚持以习近平新时代中国特色社会主义思想为指导，牢牢把握新时代党的建设总要求，切实增强抓党建的思想自觉、政治自觉、行动自觉，推动党的建设迈上新台阶。

深圳市管理咨询行业协会要以"党建促会建，会建助党建"的思路，加强党务工作者队伍建设，强化党建工作基础保障，不断提高社会组织党建工作整体水平，以增强党组织的组织功能和组织力为重点，突出党建引领，推动全行业党建提质增效、全面进步。

三、保障措施

1.强化责任落实

实行目标责任制管理,各项目标任务按照职能分工由深圳市管理咨询行业协会负责落实,涉及多机构配合联动的,由指定的主要机构负责人牵头组织落实。各责任机构根据目标任务要求,制定具体实施方案,细化量化到具体岗位和人员,确保任务落实到位。

2.严格考核通报

深圳市管理咨询行业协会加强计划执行情况的考核工作,定期检查、通报计划的执行情况。各责任单位加强自查自评,定期向理事会报送计划执行进度。对执行不力、落实不到位的单位,予以通报批评。

第五节　重点项目

一、深圳商业基因研究工程

深圳市管理咨询行业协会副会长所在的单位，分别是华景咨询（深圳）有限公司与深圳市深远企业顾问有限公司、深圳市商业联合会、深圳报业集团旗下媒体、南方科技大学商学院，它们共同研究了深圳企业群的管理案例，首次将深圳企业研究从报告上升为管理案例，并出版了《深商你学不会》一书。每年固定举办"深商基因"宣讲会和交流会，以华景咨询（深圳）有限公司为首，先后为中国人民大学商学院等管理学院讲述过深圳企业的增长基因，为30多个地方政府组织的企业家培训班开过讲座，开启了"深商精神"、深圳发展模式的系统化宣传之路。

深圳管理咨询行业是深圳企业的重要建设者。深圳企业在创业、成长和培育全国乃至全球竞争力的过程中，体验过深圳各类管理咨询公司的服务，中高层人才队伍中有不少深圳管理咨询行业从业人员。深圳管理咨询行业与深圳企业、深圳发展环境共同思考、共同探索、共同升级、共同转型。因此，深圳管理咨询行业本身就是深圳发展模式的一个组成部分，更是深圳发展模式的"活字典"和"案例库"。

深圳管理咨询行业以深圳企业为标准，推广"深商基因"，成为全国乃至全球的商业实践范例之一。

深圳管理咨询行业从业人员绝大部分来自深圳各大知名企业，都曾是深圳各大企业和管理咨询服务客户企业的管理体系建设者、世界级卓越流程的优化者。深圳管理咨询行业的各类机构，与万科、华为、招商银行、华润、中兴、腾讯、比亚迪、富士康等多家知名企业合作。也就是说，每一家被市场验证成功的企业，都会为深圳管理咨询行业输入一批优秀人才。

二、深圳市级管理咨询案例评选

根据深圳管理咨询行业2023—2027年发展规划，深圳市管理咨询行业协会将联合有关机构组织举办1～2次粤港澳大湾区优秀管理咨询案例的征集和评选活动，借鉴管理咨询案例的优秀成果，促使粤港澳大湾区中小型企业提升管理水平和数字化转型，加强管理咨询机构服务能力建设，推动服务对接，为中国特色社会主义先行示范区高质量发展做出管理咨询行业的智慧贡献。

有关征集条件、案例撰写要求和评选标准及办法，参见深圳市管理咨询行业协会相关管理办法。

三、深圳管理专家学院

深圳管理咨询企业主要在深圳设立总部，拥有大量专业化的战略管理、营销管理、研发管理、供应链管理、人力资源管理、财务管理、行政管理等管理专家人才。未来深圳管理咨询行业从业人员仍需要3万～5万名上述专业化人才。这几类人才的培养不能只依靠商学院、企业培养和自我学习，还需要进行持续的在职教育。在管理专家专门教育机构缺乏的情况下，深圳诞生了大量的"××虚拟学院"，管理人才在专业化成长道路上泛滥为"国学大师""交际大师"等，让深圳企业与管理咨询机构非常头痛。

深圳管理咨询行业要整合现有管理咨询机构、深圳知名高校的商学院等创办理事会领导下的独立管理专家学院，形成以"企业家＋教授＋高级职业经理人＋动态变化的各类相关学科带头人"为主体的教师团队，以深圳管理咨询机构与企业为实践基地，为深圳管理咨询机构与企业总部职能部门提供继续教育服务。

四、深圳咨询产业基金会

深圳管理咨询机构大多已经发展了20多年，通过"劳动"积累了一定的资金基础，急需通过稳健投资获得资本收益，实现收入结构化和管理咨询人才的"共同富裕"。深圳管理咨询机构大多具有优秀投资标的储备、专业判断能力和高端人才。深圳管理咨询行业成立深圳咨询产业基金会，有助于实现"智慧＋资本"的跨界融合，成为深圳经济领域独特的"IC"。

深圳管理咨询机构均有一定的项目建设需求，筹建深圳咨询产业基金会就是为管理咨询机构提供这类共性项目建设与运营服务，推动深圳管理咨询行业从"公司群"向"咨询产业链"延伸，形成类似于深圳电子行业的生态竞争力。

五、管理咨询高峰论坛与研讨会

1.筹办中国管理咨询与管理科学创新发展高峰论坛

中国管理咨询与管理科学创新发展高峰论坛由深圳市管理咨询行业协会主办，旨在为管理咨询行业人员提供互相交流学习、与时俱进、创新发展、资源整合的平台，并推动管理咨询行业创新发展。

论坛将邀请不同行业、不同领域的管理咨询专家、经济学家、技术专家以及政府机构、企业单位、高等院校等共同探讨中国管理咨询行业的发展趋势及发展规律，研讨和发布管理咨询行业的最新理论、工具、方法，分享交流企业的发展经验、案例等，协同共振，互为支撑，整合资源，推动中国管理咨询行业和企业单位共同发展。

中国管理咨询行业已经发展40多年，市场潜力巨大，急需大家共同努力，为更多的企事业单位提供服务。论坛针对中国经济新常态，把握中国企业发展脉搏，推动中国管理咨询行业和企业发展在科学继承的基础上，实现鲜明的创新性，兼顾针对性和高度的统筹性。以企业的数字化转型为重点，依托最新的数字化转型实践，服务于企业发展。将最新的数字化管理实践、管理理论和方案引入行业企业内部，为管理咨询行业的创新和企业发展面临的实践问题提供相互切磋、研讨的机会，推动管理咨询行业不断进行理论创新，实施新举措。

2023—2027年发展规划根据我国目前的经济社会发展情况做出了全面部署，论坛将探索管理咨询行业的发展战略与国家战略相契合的新发展方式，在积极落实国家战略的同时扩展管理咨询行业的服务模式，探索增强管理咨询行业自身实力，实现高质量发展的新道路。

2.支持举办中国连锁节、中国民营经济发展高峰论坛、国际咨询采购节

（1）中国连锁节。

中国连锁节起始于2010年连锁CEO峰会，2017年更名为中国连锁节，每年以"总论坛＋分论坛"形式举办，是连锁行业的交流峰会。自创办以来，中国连锁节致力于构建全球连锁产业资讯服务、品牌资源、高端人才及国际洽商交流平台。作为连锁行业风向标，中国连锁节以持续引领推动实体企业创新发展为己任，帮助连锁企业解决经营瓶颈问题，探讨业绩倍增方法，推动中国连锁产业走向世界。

中国连锁节由逸马承办，每届中国连锁节的主题围绕中国民营连锁企业经济、民营连锁企业的发展之道，与时俱进地解读国家政策精神，探讨国内外经济背景下民营连锁企业决胜未来的力量、民营连锁企业产业转型与产业整合、投资新风口和变革新机遇等热点内容。

中国连锁节积极向海外拓展，汇聚了政府机构、专家学者、行业领袖、主流媒体，聚焦高端视角，开拓前瞻思维，推动变革创新等，以风向标与对策为核心，从国家政策、经济趋势、行业大环境、市场变革等方面深入剖析连锁行业的机遇与挑战，探索连锁行业的发展新趋势和战略生态模式，揭秘行业内标杆企业的成功之道，引领行业走向高质量发展。

（2）中国民营经济发展高峰论坛。

华一世纪从2014年开始，在中国中小企业协会的领导下，已连续成功举办了七届中国民营经济发展高峰论坛。每届论坛的主题围绕中国民营经济、民营企业发展之道，与时俱进地解读国家政策精神，探讨民营经济在国民经济中的地位、作用，以及未来面对的挑战和机遇。

深圳是民营经济的沃土，民营企业家擅于在学习中创新，他们对技术人才的渴望、对管理知识的重视、对创新突围的关注尤为明显。

中国民营经济发展高峰论坛每届会期2天，参会人员规模超过1000人，历届论坛嘉宾有李子彬、龙永图、樊纲、冯仑、吕廷杰、金灿荣等。

（3）国际咨询采购节。

国际咨询采购节由中国设备管理协会国际合作交流中心、深圳市管理咨询行业协会、产业咨询学社主办，华谋咨询、学府信息技术咨询（广州）有限公司承办。

国际咨询采购节从2021年开始，到2022年，已成功举办两届，共进行了两场咨询产品标准发布活动、两场咨询产品拍卖活动、一场咨询产品公益拍卖活动，吸引了几十家企业积极参与，签约金额近亿元。

国际咨询采购节将按照每年一届的方式持续举办下去。我们有理由相信，随着中国经济高质量发展的不断深入，国际管理咨询公司和管理咨询产品与中国管理咨询公司和管理咨询产品将加强交流互鉴，更加精准地对接客户、服务客户，更好地服务中国企业的转型升级。

第六章　深圳管理咨询行业的远景展望

第一节　粤港澳大湾区发展对深圳管理咨询行业的要求

深圳管理咨询行业必须树立创新发展的新事业观，不断推动管理咨询行业的各项建设迈上新台阶；必须针对发展过程中出现的问题不断推出新举措，坚持勇于实践的精神，推动2035年深圳管理咨询行业远景目标的实现。

一、主动融入国家2035年远景目标

《中共中央关于制定国民经济和社会发展第十四个五年规划和二〇三五年远景目标的建议》（简称《建议》）明确提出，"到二〇三五年基本实现社会主义现代化远景目标"，这是我国政治、经济、社会等领域的任务，更是管理科学与管理实践的使命。作为先行示范区的深圳，其管理咨询行业及市场主体，应该先行总结、积极探索，示范推广现代化社会产业特色、企业特征，总结现代化社会管理特点，研究管理变革的特殊性。

《建议》提到，"到本世纪中叶把我国建成富强民主文明和谐美丽的社会主义现代化强国。展望二〇三五年，我国经济实力、科技实力、综合国力将大幅跃升，经济总量和城乡居民人均收入将再迈上新的大台阶，关键核心技术实现重大突破，进入创新型国家前列"。要实现这个远景目标，需要深圳管理咨询行业与市场主体在充分了解十亿级、百亿级企业基础上主动研究符合中国综合环境的千亿级大型企业、万亿级巨型企业的战略管理、市场营销管理、生产管理、人力资源管理、研发管理等优势专业学科的理念、方法论与标准，主动创新高生产率和高人均收入时代的商业模式、管理模式、资本模式、组织结构、人力资源、流程运营及关键技术等。

《建议》提到，2035年"国民素质和社会文明程度达到新高度，国家文化软实力显著增强；广泛形成绿色生产生活方式，碳排放达峰后稳中有降，生态环境根本好转，美丽中国建设目标基本实现"。这需要深圳管理咨询行业及其市场主体大胆探索新型商业文明以适应"国家文化软实力显著增强"的特点；需要深圳管理咨询行

业通过"破坏性创新"平滑变革到"绿色生产生活模式",推动"双碳"目标在企业落地实施。

《建议》还提到,2035年"形成对外开放新格局,参与国际经济合作和竞争新优势明显增强""人的全面发展、全体人民共同富裕取得更为明显的实质性进展",这本身就是管理咨询行业的要求。

深圳管理咨询行业在产业国际化竞争中应该发挥积极的作用。深圳产业国际化程度高,深度融入国际大循环体系,面对中美贸易摩擦、欧洲一体化进程等国际挑战,深圳管理咨询公司与从业人员在为公司提供战略规划与管理变革的服务中积累了丰富的经验,培养了应对国际环境的智慧,造就了国际思维。深圳管理咨询行业在中国经济内循环体系中具有举足轻重的作用。深圳管理咨询公司与从业人员都非常熟悉中国各省区市的市场环境和区域实际,在推动深圳企业的全国化进程中发挥了历史性作用。提升产业的国际一流竞争力和供应链安全水平,成为深圳乃至中国各产业的重要任务。深圳管理咨询公司与从业人员熟悉产业的国际竞争实际与标准,在国家2035年远景目标的实践中将会发挥应有的作用。

二、全面介入粤港澳大湾区建设的时代任务

2019年2月18日,中共中央、国务院印发《粤港澳大湾区发展规划纲要》,将香港特别行政区、澳门特别行政区和广州市、深圳市、珠海市、佛山市、惠州市、东莞市、中山市、江门市、肇庆市,总面积5.6万平方千米的范围纳入粤港澳大湾区,这是继美国纽约湾区、旧金山湾区,日本东京湾区后的世界第四大湾区。粤港澳大湾区是中国开放程度最高、经济活力最强的区域之一,是世界级城市群、国际科技创新中心、"一带一路"的重要支撑点、宜居宜业宜游的高质量发展典范。

粤港澳大湾区涉及英语、汉语、葡萄牙语三大语系,注定成为全球开放的新高地;涉及一个中国、两种制度、三种货币,注定成为商业开放创新的试验场。深圳作为粤港澳大湾区四大中心城市之一,其管理咨询行业作为唯一以商业知识与企业服务为主的专业性行业,绝不缺席这场"多语系、多制度、多货币、多产业"的商业创新与企业实践。

1.多种语言带来管理体系的创新

当前全球企业管理与商业知识的语言体系以英语为主导,其他语言都在学习或遵从,这让全球商业社会充满矛盾、困惑甚至冲突。全球企业管理理论与技术领域仍有许多空白,但单一语言文化下的管理与商业知识注定不能影响全球企业。全球

企业管理与商业知识，应融会汉语和葡萄牙语文化的营养，全面升华全球企业管理的新理念、新实践、新标准，带给人类新的生产力。

深圳管理咨询行业与相关机构、从业人员离企业实践"最近"，管理真正问题"最深"，受商业知识冲突"最多"，商业与管理矛盾跨度"最大"。管理咨询行业把经验总结出来，与商学院、全球企业共同研究，成为人类管理创新与商业知识大融合的"第一公里"。管理咨询行业把多元文化下的管理创新与商业知识重塑的成果率先应用到领先企业实践中，并根据商业与管理实践的结果去优化、升华而成为多元化管理创新与新商业伦理大融合的"最后一公里"。

2.多种货币带来企业资源与业务流程的创新

多元化语言环境产生多元化文化，多元化文化决定全球化服务的广度；粤港澳大湾区的三种货币，决定了企业的供应链与业务流程运营的复杂度；粤港澳大湾区涉及的两种政治制度，决定了企业的战略与综合管理体系的复杂度；粤港澳大湾区涉及全球使用英语、汉语、葡萄牙语的员工与客户，决定了企业管理实践的复杂度。

与只使用英语的管理思想不同，粤港澳大湾区通过跨文化、跨货币、跨制度的协同管理让全球化企业被塑造，这也是真正的全球化运营。

但是，当今全球化企业及其战略与管理，缺乏思想积累、实践积累和科学技术的支撑。深圳管理咨询行业绝大部分从业企业与人员是引进、消化、吸收英语管理科学与企业实践的先行者，在跨文化、跨币种、跨制度时代，每家管理咨询公司及从业人员都面临着自身管理认知与方法论的变革，这使得管理咨询行业更要为全球化的管理体系与业务流程体系提供新服务、形成新方法论、构建新标准。

3.深圳管理咨询行业在科技创新中发挥积极作用

人类进入工业化时代后，其发展与以往大不相同，前三次工业革命以蒸汽机、电力、信息技术为代表，世界格局因之而变，人类文明进程因此而改变，可以说，工业革命对人类的影响是本质的、彻底的和长远的。第四次工业革命的大门正在开启，这次工业革命以各行业的人工智能应用为典型特征，而人工智能的成熟应用包含大量的支撑技术，比如新材料、新能源、工业设计软件、芯片设计与制造、操作系统、数据库、传感器、通信网络、云平台、云服务、计算能力、行业算法、建模学习、网络信息安全等，实际上，如今就是"万物感知、万物互联、万物智能"的数字时代，其本质就是数据的资产化。前三次工业革命，中国失之交臂，这一次却处在迎风坡上，而深圳更是处在革命的中心。所谓的工业革命，本质上是创新的产物，而深圳恰恰是以创新立身的新兴城市，科技企业、科技人才、知识产权是其优势和主要特点，创新是深圳的生命线。深圳管理咨询行业具有极高的辨识度，不仅在管理领域对广大企业进行卓有成效的赋能，在科技创新方面也将发挥不可替代的作用。深圳市管理咨询行业协会吸纳大量各领域高新企业、院校、研究所及科技专家，实际上是前沿技术、人才、企业、院校和研究机构的汇集地和共享平台。

第二节　深圳管理咨询行业的远景目标

深圳管理咨询行业的远景目标为在满足《粤港澳大湾区发展规划纲要》一般性要求的基础上，兼顾绿色化、可持续发展、数字化、智能化等更加多元化的要求，使管理咨询行业得到更加充分的发展，做到与2035年深圳市社会经济发展总体目标相适应。

2035年深圳市管理咨询服务质量将跻身全球前列，管理研发加大投入力度，管理创新能力达到世界一流水平，管理咨询知识和专业能力达到国际领先水平，即管理咨询行业将实现千倍增长，管理咨询服务领域与服务方式将实现前所未有的转型，管理咨询人才与机构将实现飞一般的升级。

一、管理咨询行业的文化及价值体系成熟

文化是一个行业的思想和灵魂，是行业生存发展的动力和源泉。管理咨询行业的健康发展离不开行业文化的建设。2035年，管理咨询行业将会形成一套符合新时代历史使命的价值体系，每个管理咨询公司都会有一套清晰且需要遵守的价值观。这些价值观是管理咨询公司成功的基石。

管理咨询企业将会以更加专业、开放、创新的态度与更多的行业进行深度合作，形成一套生态系统；管理咨询行业将会承担更多的公众责任、行业责任和社会责任；咨询师这个群体将具有令人敬佩的敬业精神和专业能力、更强的团队意识与共赢精神，并会得到社会的普遍认可和尊重。

二、中国式的管理咨询理论得到创新发展

2035年，中国管理咨询行业将会发生颠覆性的变化，管理基础理论研究与企业管理咨询新实践取得较大成果；管理咨询体系更加系统化、智能化和标准化；基于中国企业管理实践，管理咨询理论研究与方法论的创新得到充分发展，中国管理咨询企业的精神面貌焕然一新；基于中国独特的管理实践的创新性管理理念得到了充分体现，形成了独特有效的管理咨询知识、工具体系和知识库。

三、中国管理咨询行业评估和评价体系

管理咨询行业评价体系的质和量更加科学、完善，这将为深圳管理咨询行业的

高质量发展发挥主导作用。2035年，依据西方管理咨询范式建立起来的传统管理咨询评估和评价体系已经不能满足深圳社会经济发展的需求，而且逐渐式微。基于中国企业新实践的、科学的、系统的管理咨询评估和评价体系已经建立起来，并对深圳管理咨询行业的发展起到积极的、重要的引导作用。

四、管理咨询的服务模式将跨界

管理咨询的服务模式将发生变化，新的管理咨询服务模式已经建立起来，并不断得到发展和完善。新的管理咨询服务模式将充分利用数据，跨行业连接数字化工具、方法、系统和平台等，推动咨询数据分析与咨询服务实施一体化机制；经济数字化使企业内部和外部数据实现充分流动，数据的打通使行业之间的充分融合成为必然，管理咨询数字化、平台化、一体化模式成为主流，各种新业态发展壮大；"咨询+赋能+资源+资本+数字+结果输出"将成为管理咨询行业最常见的服务模式。

2035年，管理咨询流程化、工具化、专业化等传统核心优势将会被大数据算法的分析能力、系统性方案的输出能力取代。以数字化、大数据处理为核心的大型管理咨询公司会吸引众多咨询师及中小型企业进入，为更多的中小型企业服务。

五、数字化管理咨询业务将大幅增长

以传统咨询方式提供服务的管理咨询公司的市场份额越来越小，适应新技术、新模式和新业态发展趋势的新管理咨询公司成为管理咨询行业的主导性力量。2035年，中国经济迅速发展，在世界经济中的地位将得到大幅提升，企业经营环境将发生巨大改变，中国管理咨询行业必然发生深刻变革，跨界融合的管理咨询业务将占咨询业务较大比例；中国本土成长起来的跨界咨询公司将逐渐成为中国管理咨询行业的主导性力量；在管理咨询业务中，数据价值将逐渐凸显，社交、内容、电商、娱乐和广告互联网平台公司，产业互联网公司，数据挖掘公司，数据分析公司等掌握大量数据的公司将与传统的管理咨询公司相互融合，共同开拓市场，协同开展咨询业务；数据企业通过并购、整合一部分管理咨询公司，成为第一批数字化管理咨询公司，为企业提供综合性咨询服务。2035年，深圳作为社会主义现代化国家的城市范例和重要的全球创新城市，将会产生多家百亿级数字化管理咨询公司集团。

管理咨询服务更加趋于专业化、细分化，并将具备更强的落地性。管理咨询行业将在数据分析、云计算、区块链、人工智能、元宇宙等前沿技术的支撑下，真正渗透到各行业企业客户的各项核心业务环节，输出全面、精准、符合客户个性化需

求、具有较强操作性的咨询服务方案,并在方案实施环节提供更全面、更周到的服务,帮助客户解决方案落地执行的问题。

六、管理咨询行业人才结构发生巨变

2035年,随着数字经济的发展,管理咨询行业的人才来源更加多样化,大量从事数字化工作的技术开发人才和企业管理人才将会进入管理咨询行业;管理咨询机构需要大量互联网、数字化和管理经验丰富的复合型人才;管理咨询行业从业人员更加专业,服务更加高效,服务方式更加多样,能够满足政府、企业及社会机构不断增长的多样化管理咨询需求。

七、管理咨询行业进入细分生态圈竞争阶段

2035年,数字经济使客户与管理咨询企业建立起更加紧密的联系,管理咨询服务与数字经济不断融合,管理咨询企业和第三方数据算法服务提供商不断形成新的合作联盟。大数据公司、互联网公司和软件公司成为管理咨询企业必不可少的伙伴。管理咨询企业的传统型服务能力的竞争演变为管理咨询企业多元技术融合能力的竞争。数字化经济与数字化治理的发展,让数据智能化处理能力、技术方案整合能力成为管理咨询企业竞争的重要内容。具有数据应用和数字化技术整合能力的管理咨询企业将成为咨询市场竞争的生力军。

管理咨询企业的个体竞争逐渐演变为"咨询服务 + 数字服务"提供商的生态化竞争模式。市场上取得竞争优势的管理咨询企业往往是具有丰富的实践经验和良好的生态圈,并快速提供咨询服务的咨询企业集群。

八、管理咨询服务周期延长及复购率提高

数字化时代,以客户为中心的思想将深入人心。到2035年,管理咨询服务方式更加科学、有效,短周期服务向中长周期服务转变,与客户伴随式成长的顾问式咨询将更受欢迎。长期顾问式咨询可以实现对客户持久的服务,支持咨询服务高质量发展,客户选择知名度高、服务质量好的管理咨询企业长期进行复购将会成为行业常态。

典型的项目制服务时间一般为3个月到半年,少数咨询项目的周期更长一些,例如1年甚至更长,但是,未来的咨询需求要求更长的服务周期,例如3年、5年甚至更长。管理咨询行业的业态将从短周期的项目制服务向中长周期的顾问式咨询服务转变。

第三节　深圳管理咨询行业的远期举措

根据深圳管理咨询2035年远景规划，我们需要实施以下远期举措。

一、创新管理咨询行业的发展模式

推动管理咨询企业与大数据公司、互联网公司、软件公司、政府数据机构的加速融合；管理咨询企业要积极参与到央企、国企及众多大中小型民企的数字化转型浪潮中；鼓励有实力的管理咨询企业通过并购一些大数据算法分析公司、互联网公司、软件公司来不断拓展服务广度和深度，延伸服务链，实现管理咨询企业的转型升级。

加强管理咨询行业中不同企业之间的互联互通，积极寻求行业内部的合作，以客户为中心，通过管理咨询行业内部协同或合作，提供管理咨询数字化、一体化的咨询服务。

鼓励管理咨询行业积极地与不同行业的大数据公司或政府数据机构进行深度合作，建设管理咨询行业服务平台，吸引行业优秀人才，鼓励人才跨行业流动，打造"行业咨询服务数据平台+知识库+优秀咨询服务人才"的协同服务模式。

二、提升行业价值与影响力

通过大量的实践活动、案例和经验总结，梳理咨询业务成长链，不断发现和挖掘咨询业务新的价值点，打造咨询活动新的价值链，进一步提炼和塑造新时代管理咨询行业的价值，充分体现管理咨询行业在经济发展中的重要性。

打造管理咨询行业自身品牌。通过咨询行业峰会、行业优秀案例评选、跨行业交流、重点客户交流，扩大行业影响力。

积极与政府进行深度沟通，为管理咨询行业在人才政策、行业发展政策、企业激励政策方面争取专项政策的支持。

鼓励和推动管理咨询行业进行智慧赋能服务，延伸服务深度，扩大服务范围。通过干中学、学中干来提升管理咨询行业从业人员的自信心，建立健全管理咨询行业持续学习的机制，开展管理咨询行业从业人员诚实守信的职业教育，把管理咨询行业的高素质、高品质、高标准、高要求呈现给客户。

三、加速培养和吸引高端管理人才及数字化人才

加速推行《管理咨询师能力评价准则》（T/SZGL 1-2022）、《管理培训师能力评价准则》（T/SZGL 2-2022），对行业人才进行评级，形成人才梯队，提升行业人员整体素质，同时吸引高端优秀管理人才进入管理咨询行业。

建立行业完善的管理人才和数字化人才培训体系，为管理咨询行业输送人才。

与知名高校形成战略合作联盟，通过产学研合作开展相关课题研究，同时吸引优秀毕业生进入管理咨询行业。

与专业机构合作，在政府的指导下科学制定管理咨询行业人才的培养和发展规划。

四、提升管理咨询服务质量

加速推行《管理咨询服务规范》《管理培训服务规范》，进一步建立各个细分领域管理咨询服务标准化体系，充分发挥管理咨询的综合赋能功能，对管理咨询行业普遍性问题及时响应、及时解决，不断提高客户满意度。

改变项目制服务模式，顺应市场需求鼓励和推广以结果为导向的顾问式咨询服务模式。

对行业服务质量好的公司及个人进行表彰和奖励，扩大优质中小型企业的市场影响力，打造以客户为中心的企业文化。

推动管理咨询行业的数字化转型，量化咨询服务结果，淘汰劣质的管理咨询企业，做大做强优质企业，优化管理咨询行业的结构，提高管理咨询行业整体的业务能力。

五、提升管理咨询机构的专业能力

加强管理咨询行业的数字化创新，充分应用新技术、新算法、新平台，让管理思想有效落地；创新管理机制、方法和流程，科学梳理、打磨、应用，形成创新咨询产品；研究技术、产品的合理配置和节奏咨询，协助企业建设合格的创新团队；汇集各领域技术，形成技术高地，对科技人才实施有效赋能；跟踪、分析、评估业界新技术，在研究方向、知识产权布局、技术积累及产品应用方面对相关企业进行辅导。

基于前沿技术分析、企业创新辅导、科研专家赋能的实践，向政府部门提供产业、园区的创新规划咨询，为城市注入活力。

适应管理数字化、数字产业化、产业数字化的发展趋势，推进管理咨询工具软件化、云端化、数字化、产权化、商品化，促进管理咨询行业的数字化转型发展。

六、加强管理咨询行业内外部的交流与沟通

鼓励管理咨询行业开展内部的专业交流、经验交流和项目合作；开展不同行业的跨界交流与合作，鼓励和推动数据、互联网、区块链、云计算的合作交流，推动管理咨询行业发挥更大的作用。

加强管理咨询行业的国际交流，适时引进国际先进的理念、工具方法、人才等，兼容并蓄，提升管理咨询行业解决跨国企业管理问题的能力，推动管理咨询行业国际化。

七、开展管理咨询理论创新及管理咨询知识库的建设

组织开展管理基础理论的研究与方法论创新，鼓励企业管理进行实践创新，建设和完善管理咨询数据库和专家智库；推动不同类型的管理咨询机构之间的合作，共建共享管理咨询行业的知识库系统。

以数字化体系和方式，探索建立独具中国特色的管理咨询方法论工具库、标准化模块库、成功案例库、专业领域数据库等，构建管理咨询知识图谱，推广微咨询服务，为常见的企业经营管理问题提供简单易行、高效实用的解决方案。

八、进一步推动管理咨询行业标准体系建设

组织行业优秀专家进行管理咨询细分领域的标准体系建设，为数字化时代管理咨询企业的经营和发展提供指引。

与其他行业专家进行合作，将咨询的服务功能嵌入相关行业的服务流程标准中。

积极推动政府参与管理咨询国家标准、行业标准的建设，实现管理咨询行业有序发展，加速行业的规范化，实现行业的高质量发展。

九、发挥深圳市管理咨询行业协会的价值和作用

充分发挥深圳市管理咨询行业协会在政府与企业之间穿针引线的桥梁作用，向政府传达管理咨询行业的价值及企业的共同要求，推动和协助政府制定和实施管理咨询行业的发展规划、产业政策等。

深圳市管理咨询行业协会推动行业各类标准的制定和发布，监督和协调管理咨询企业的经营行为；对管理咨询行业的产品和服务质量、竞争手段、经营作风进行督查，维护行业信誉，维护市场秩序，实现行业内部的有序、公平竞争。

深圳市管理咨询行业协会开展国内外管理咨询行业发展情况的基础调查，研究本行业面临的问题和风险，积极建言献策，组织专家研讨会，出版刊物供企业和政府参考。

深圳市管理咨询行业协会开展相关信息服务、教育与培训服务，举办展览、峰会、论坛等活动。

十、建设管理咨询行业的文化、价值体系

管理咨询行业需要塑造专业、创新、尊重、效率、责任、诚信、共赢等核心价值观。

深圳市管理咨询行业协会及头部管理咨询企业需要通过沙龙、峰会、培训、出版物、展会、自媒体、标志物等多种渠道进行管理咨询行业价值观的传播。管理咨询企业的领导者最重要的工作之一就是将这些价值观在行业之间、公司内部和客户之间不断地传播和推广，并身体力行。

深圳市管理咨询行业协会通过评选优秀案例、优秀咨询企业、优秀咨询师，不断弘扬管理咨询行业的文化。

深圳市管理咨询行业协会通过标准建设及评估体系，设置管理咨询行业准入资格体系，培育管理咨询机构及咨询师的专业能力、服务能力及价值体系，建设健康有序的市场竞争机制，改善咨询市场的环境。

第四节　建设强有力的深圳市管理咨询行业协会

深圳市管理咨询行业协会一直致力于全心全意为会员、企业服务，打造学习型、服务型、创新型社团，为行业发展做出重要贡献。深圳市管理咨询行业协会成立20多年以来，不忘初心，一直在行业里开展大量工作。

一、2007年以来深圳市管理咨询行业协会主要开展16个方面的工作

1.定期开展评优工作

深圳市管理咨询行业协会定期开展评优工作，向社会推荐和展示行业内的优秀管理咨询机构，帮助广大客户和企业了解管理咨询行业的服务标准和水平。

比如，2007年1月1日，深圳市人民政府出台了《深圳市人民政府关于加快我市高端服务业发展的若干意见》，深圳管理咨询行业乘势而上，首次向社会推出影响深圳咨询业发展的十大标志性咨询机构和影响深圳咨询业发展的十大代表性人物。

2.让社会各界更多地了解管理咨询行业的发展状况

深圳市管理咨询行业协会定期组织专人或委托其他机构做深圳管理咨询行业年度分析报告，向社会各界介绍本行业发展的基本情况。

比如，2006—2008年，深圳市管理咨询行业协会连续3年向深圳市民间组织管理局（2015年更名为"深圳市社会组织管理局"）提交了《管理咨询行业年度分析报告》，并将其分别汇总编入人民日报社《深圳行业状况及行业协会》（2006—2007年）专刊。

3.讲好深圳故事，输出深圳模式

深圳市管理咨询行业协会不断对做过的事情进行提炼总结，还与政府相关部门进行深度沟通与合作，讲好深圳故事，输出深圳模式。

比如，注重研究和探讨管理咨询行业的市场环境、发展方向、内部管理等理论和实际问题。深圳市管理咨询行业协会借力政府向社会各界介绍本行业的优秀企业和典型案例。2010年，深圳市管理咨询行业协会为落实深圳市人民政府提出的"深圳速度"向"深圳质量"跨越的基本思路，经过1年的征集、筛选、评审，最终优选出25个管理咨询优秀案例，并由时任副市长陈彪挂帅，中小企业服务中心指导，华南理工大学出版社公开发行《深圳市优秀企业管理咨询案例集（2009—2011）》。

4.行业发展同城市乃至国家经济转型升级联系起来

深圳以创新作为引领城市发展的第一动力，管理咨询行业作为智慧赋能产业，更应该紧紧围绕城市乃至国家经济转型升级进行深度创新，深圳市管理咨询行业协会支持更多有创新意识的管理咨询机构来深圳发展。

比如，深圳管理咨询行业于2007年在招商银行大厦的管理创新论坛上首次提出要把深圳打造成"咨询之都"，又于2015年再次提出，并以书面报告形式由深圳市决策咨询委员会提交给时任深圳市市长许勤签署意见批办至各相关副市长。2022年9月，深圳市管理咨询行业协会与其他几家机构应市政策研究室的邀请出席调研汇报会，获悉市里正考虑设计打造"专业服务之都"，以增强城市发展竞争的软实力。

5.注重加强行业内外交流

深圳是一个开放包容的城市。深圳市管理咨询行业协会成立20多年来，经常以"走出去、引进来"的方式与外界交流，一方面通过相互走动学习各地的经验和做法，另一方面为管理咨询机构开拓更大的内地市场。

比如，2010年10月，在人民政协报社举办的第二届中国管理咨询与培训业振兴论坛上，深圳市管理咨询行业协会作为唯一的地方机构代表，介绍了深圳政府购买管理咨询培训服务的相关情况和具体做法，在论坛上引起热烈的反响。之后，其他省份陆续出现了同样的做法。

6.走出深圳与外地企业家对话

深圳市管理咨询行业协会经常与外地行业协会及企业家进行深度交流与相互学习。

比如，广东、广西相邻相亲，彼此交流比较多。2010年12月22日，深圳市管理咨询行业协会前往南宁，与南宁市社会科学界联合会及南宁市企业和企业家联合会共同组织了2010年邕深企业家座谈会，来自邕深两地的40多位企业家和咨询专家一起对话交流，引起较好的反响。

7.根据相关重要决策和部署及时组织各种研讨会

深圳市管理咨询行业协会根据国家经济形势及国家当前相关重要决策和部署，适时组织相关专家、学者、政商界人士召开研讨会、座谈会等，把握时代方向，为社会各界献计献策。

比如，2011年1月，深圳市管理咨询行业协会在深圳大中华主办了"后危机时代，低碳经济与企业竞争力研讨会"。

8. 联合其他组织或机构举办跨界交流活动

深圳市管理咨询行业协会经常联合市内外的一些机构，针对当前企业的热点问题共同举办交流会和论坛。

比如，综合开发研究院（中国·深圳）、上海市咨询业行业协会、深圳市电子行业协会、深圳市企业并购促进会联合主办2014年中小企业发展论坛——移动互联网革命与企业管理创新，来自北京、上海、天津、广州、广西、河南和深圳的25位专家及500多位会议代表出席了该论坛。

9. 带头和引导会员企业积极响应"一带一路"倡议

"一带一路"是国家大倡议，对探寻经济增长之道、实现全球化再平衡、开创地区新型合作模式具有决定性作用。深圳市管理咨询行业协会敏锐地看到"一带一路"倡议给管理咨询行业带来的商机，优先考察了"一带一路"沿线的国内西部段。

比如，2015年10月，深圳市管理咨询行业协会组织深圳企业和会员单位一行15人，沿着"一带一路"途经兰州、乌鲁木齐、库尔勒市、喀什等地进行历时12天的考察学习，并与当地政府相关部门和企业进行对话交流。

10. 举办有关业务研讨交流活动，探讨新经济、新模式

管理咨询行业对国家的经济发展问题，要及时开展对策性、前瞻性、战略性研究。

比如，2017年9月，在综合开发研究院（中国·深圳）的指导下，深圳市管理咨询行业协会与中国科学院老专家技术中心深圳中心在CDI大厦共同主办了"在新经济和旧体制下，商务服务业如何转型升级高级研讨会"。

11. 主办有影响力的高峰会

深圳市管理咨询行业协会每年都会与会员单位共同主办1～2次全国性的高峰论坛或论坛。

比如，2019—2022年，深圳市管理咨询行业协会与会员单位连续主办了3届"咨询＋中国创造100年"高峰会。

12. 党建引领做公益，增强会员的社会责任感

党建促会建，会建促党建。2019年，深圳市管理咨询行业协会通过理事会修改章程，把党建工作的内容和要求作为一个章节加入《深圳市管理咨询行业协会章程》，为党建引领协会的各项工作从制度上做了安排和规定。

比如，2022年7月7～9日，深圳市商务服务类行业协会联合党委、深圳市管理咨询行业协会、深圳市广西商会、华谋咨询共同主办了首届"党建 + 咨询 + 公益"交流会（广西对口智慧帮扶公益专场）；为了更好地贯彻实施国家"双循环"战略，9月17～18日，深圳市管理咨询行业协会与会员单位通过线上和线下方式召开了以粤港澳大湾区与广西产业融合为主题的2022第二十届国际产业互助大会，开启了跨省、跨区合作共赢的新模式。

13.加强行业自律，规范行业发展

深圳市管理咨询行业协会的主要功能之一，就是做会员单位无法单独完成的事情。深圳市管理咨询行业协会重视行业规范和标准建设、行业评价等内容。

比如，深圳市管理咨询行业协会根据行业发展需要及时制定并颁布《深圳管理咨询行业公约》；从2020年底开始，经过各方1年多的努力，深圳市管理咨询行业协会在2022年完成了《管理咨询师能力评价准则》等6项团体标准的制修订工作并及时向社会各界和媒体公开发布；在2024年底前，深圳市管理咨询行业协会协同组织完成《管理咨询机构等级评定规范》《管理咨询服务操作指南》2项深圳市地方标准的制修订工作。

14.定期开展各种培训

创新是第一动力，人才是第一资源，科技是第一生产力。多年来，深圳市管理咨询行业协会一直关注本行业的人才培养和引进。

比如，积极主动联系各方，多渠道开展人才培训工作。每年都在中国工程咨询协会的指导下举办国际注册管理咨询师（CMC）考核认证班。截至2022年6月30日，经深圳市管理咨询行业协会培训，在中国工程咨询协会的指导下，考核通过的国际注册管理咨询师约300人。另外，深圳市管理咨询行业协会每年都积极响应深圳市紧缺人才培训计划，较好地完成了深圳市中小企业服务局下达的培训任务。

15.加强协会组织建设

深圳市管理咨询行业协会为更好地发挥各管理咨询公司的专业特长，成立了各专业委员会，以便更好地服务客户。

比如，深圳市管理咨询行业协会自2019年至今已成立了25个专业委员会和科创中心，目的是让各个业务板块的领衔企业可以更好地发挥自己的专业特长，将精准服务赋能客户。

16.传递协会爱心，彰显企业社会责任

在各届深圳市管理咨询行业协会会长和常务副会长的大力支持下，近年来，深圳市管理咨询行业协会组织会员做了一些公益事业，用行动奉献爱心，传递关爱。

比如，2022年7月，由各届深圳市管理咨询行业协会会长、常务副会长共同出资，成立了深圳市管理咨询行业协会公益基金，从此深圳市管理咨询行业协会的爱心捐款可以按照自己的方式传递到更远的地方。

以上工作的开展在各届深圳市管理咨询行业协会会长、常务副会长的领导下，在各位理事的指导参与下，每年一小步、三年一大步，取得了不俗的成绩。

二、深圳市管理咨询行业协会发挥桥梁纽带作用

深圳市管理咨询行业协会要发挥出它的桥梁纽带作用，需要从多方面为行业及管理咨询机构的发展提供方向指引和技术支持。

1.找到领军人物和领军企业

深圳管理咨询行业经过几十年的发展壮大，已经产生了亿元以上规模的管理咨询企业，这些企业就是深圳管理咨询行业的准头部企业，深圳市管理咨询行业协会需要从这些企业中找到真正的领军人物和领军企业。一个真正想把企业做大做强的企业家，必然是一个偏执的"疯子"，深圳市管理咨询行业协会应从多维度寻找这样的"疯子企业"和"疯子企业家"。

2.为企业间的交流与合作提供支持

（1）深圳市管理咨询行业协会应定期组织行业内部人员进行培训交流，参观学习，打破"文人相轻"的怪圈，实现知识共享。

（2）组织会员企业"走出去"，与国际、国内优秀的管理咨询公司开展交流和合作。

（3）对于综合性的大型咨询项目，组织会员企业"抱团打天下"。

（4）打造信息化平台，邀请会员参与，实现信息共享、资源共享。

（5）协调社会资源，进行跨界合作。

3.促进企业间的合纵连横

深圳本土管理咨询企业不大不强是不争的事实，要在短期内打造深圳本土管理咨询行业的头部企业，必须走合纵连横的道路，通过合并和收购方式实现快速增长。深圳管理咨询企业必须摒弃"单打独斗"的传统模式，通过合纵连横，梳理成熟的方法与经验，实现"三个臭皮匠顶个诸葛亮"。

4.规范行业标准，构建行业信用体系

目前，管理咨询公司最大的问题之一就是各自运营，每家公司甚至每位咨询师都有一套自己视为珍宝的知识体系和思维逻辑，"流派"很多，很难融合，导致咨

询项目无法实现人员穿插，也无法对准确的咨询进行质量评价，从而出现企业客户购买咨询服务不是冲着管理咨询公司而来，而是冲着咨询师而来的现象。华谋咨询针对这种咨询乱象，做出了一些有益的探索，联合中国贸促会出台了《管理咨询服务产品的分类与代码》及《管理咨询服务对象的分类与代码》等团体标准，从标准上统一了行业分类术语和服务产品术语，有助于咨询师之间实现无障碍沟通。

5.加强咨询跨界传播，提升社会认同度

（1）通过政府相关媒体和平台，向全社会传播咨询的价值。

（2）打造自媒体宣传平台，让更多企业的专业人士了解咨询、认识咨询，从而加入咨询队伍，选择深圳本土管理咨询公司的服务。

（3）举办全国性咨询比赛，比如咨询案例展示大赛、优秀咨询公司评选等。

（4）开展多样性活动，比如组织头部企业开展"送咨询进企业""扶贫赋能咨询""乡村振兴赋能咨询""慈善咨询"等多样性活动，提升深圳管理咨询企业的影响力和美誉度。

6.与时俱进，坚持创新驱动，发展数字经济

实践证明，管理咨询和经济发展具有高度正相关的关系，国家不仅要有一流的企业、一流的管理咨询行业，还要有与之匹配的管理咨询行业协会。因此，深圳市管理咨询行业协会只有不断学习、不断创新，才能更好地应对互联网、大数据、云计算、区块链、元宇宙及人工智能等科技带来的冲击。

管理咨询行业应扩大开放交流，重视跨界融合，围绕数字资源、数字经济、数字治理、数字文化、数字安全、数字合作等加强研究、加快推进，把管理咨询行业技术特长融入新的商业模式，用新的数字化方法论改造管理咨询行业的学习和应用。

7.增强管理咨询行业的辐射能力

研究各个行业标杆企业，与时俱进补齐短板，树立管理咨询行业的品牌形象，不断创新管理咨询行业的产品与管理，引导各个行业的客户需求。通过专业化、品牌化、差异化和数字化，提高管理咨询行业在整个城市经济和社会发展中的辐射能力。

8.管理咨询公司的组织结构应需而变

管理咨询公司的组织结构要应需而变。管理咨询行业是高知识密集型、高信息密集型产业，人才、信息、技术是至关重要的发展要素。管理咨询公司应适当调整规模经营，改变管理咨询公司规模小、经营分散的局面，以适应当下复杂多变的外

部环境和行业变革，同时，要引进和培养高质量复合型管理咨询人才，持续不断优化管理咨询机构，为管理咨询行业的可持续发展提供更多有用之才。

9.通过政府采购和设立专项基金助力管理咨询行业发展

通过政府采购扶持管理咨询行业，设立专项基金，引导社会资源向管理咨询行业有效流动，不断优化和壮大管理咨询行业。

10.发挥协会在行业中的带头作用

加强中外行业交流，不断缩小中外差距。管理咨询行业要以改革开放的心态，创造机会与国际知名管理咨询机构交流合作。深圳市管理咨询行业协会应不断优化知识体系，助力管理咨询公司尽快获得新的知识，发挥自身在行业中的带头作用，真正适应国家的发展战略和企业转型的需要。

11.做好政企之间的桥梁纽带

深圳市管理咨询行业协会作为政府与企业之间的社会组织，它的使命就是做好服务，起到桥梁纽带作用。不过要强调的是，深圳市管理咨询行业协会发展如何、规范与否，会直接影响到该地区、该行业的营商环境。

第五节　培育具有引领示范作用的头部企业

40多年来，中国市场经济发展的经验表明，任何一个行业的高速发展都离不开头部企业的引领示范作用。当前企业肩负加快转变经济发展方式、调整产业结构的重任，越来越激烈的市场竞争使中国各类企业产生了改进自身战略、优化自身管理、组织和改善业务结构等方面的客观需求。近年来，随着中国宏观经济体量和企业数量的快速增长，中国企业的咨询服务需求也在不断释放，这为中国管理咨询行业的稳步发展奠定了较好的基础，也为培育具有引领示范作用的头部企业创造了机会。

一、影响因素

1.尽快摒弃自杀式发展和恶化行业生态环境的做法

管理咨询机构以中小规模的企业为主，难以承接高端大额的咨询业务，也不利于自身资源的积累壮大和树立管理咨询品牌。

中国管理咨询行业的"1+9"体制，比如以提成形式从事咨询业务的假合伙制、以人数定义"头部管理咨询公司"的错误做法，使得管理咨询机构内部一盘散沙。手握核心资源的咨询师大多以"挂靠""假合伙人"的身份，通过提成形式从事咨询业务，这违背了管理咨询行业的本质属性——价值导向，不利于团队合作及通过团队智慧来进行高端大额的业务竞争。

中国管理咨询"需要多、需求少"，问题在于管理咨询行业供给侧瓶颈大，这就迫切需要我们在人才、机制、产品、服务、市场等方面进行创新。全国管理咨询行业有一半在广东，而广东管理咨询行业大部分在深圳，作为中国特色社会主义先行示范区的深圳，如何在先行先试、创新创造上起到真正的示范作用，引领中国管理咨询行业做大做强，这个课题无疑值得深圳管理咨询行业去深思。根据国家市场监督管理总局发布的数据，截至2022年12月9日，全国企业数量约4701万家。这么庞大的企业数量，为咨询服务市场需求的扩张提供了坚实保障。可以说，中国管理咨询行业已经具备了产生大规模企业的雄厚的市场基础。

2.加速发展解决实践难题的商业管理技术，叫停"管理思想梦"

管理学大师彼得·德鲁克说过，只有根植在本土文化中的管理思想才是真正有实践意义的管理思想。管理学是系统科学，以中国文化为代表的东方传统文化一直以系统观独步天下，因此，只有将全球的管理实践经验和东方传统文化相结合，建立中国式的管理思想和系统工具，才能实现差异化，才能产生具有国际竞争力的中国管理咨询公司。

麦肯锡咨询公司的7S模型、波士顿咨询公司的客户分类模型、贝恩咨询公司的资本价值模型，都是全球企业界、商学院与金融投资界常用的商业管理技术。这些商业管理技术，成为企业解决商业问题的"显微镜""放大镜""分光镜"，还极大地促进了商学理论与商业思想的践行。比如，7S模型就是企业组织结构分工思想的支撑技术，客户分类模型是客户细分思想的支撑技术，等等。本土管理咨询公司应该加速发展解决实践难题的商业管理技术，通过不断实践商业管理技术，不断总结，才能形成具有中国特色的商业管理思想。管理咨询公司要立足于实践和应用，以解决企业的实际问题为主，不要痴迷于脱离实践的"管理思想梦"。

3.培育独立于政府、企业、媒体的商业思想与市场运作能力，放弃"扶持梦"

中国管理咨询行业的社会关注度、名誉度低，不能进入主流经济圈和主流社会，咨询师也没有成为一个值得尊重的社会角色。任何一个行业的健康发展，想要取得社会关注、地位和价值，一定需要行业领袖的引领，需要行业领头企业参与到社会组织中，一起建立规则、标准和秩序。

管理咨询行业以"财富导向"的运作方式作为进攻社会主流的方法，全球管理咨询行业100年的发展历史证明这是错误的。管理咨询公司的独立性，是获得客户深度信赖的基础，更是避免管理咨询公司利用信息优势"围猎"客户的保障。与中国管理咨询公司依托"人脉""权威""炒作"等方式获得客户的认同不同，美国头部管理咨询公司通过"话题""科技报告"等方式进行品牌宣传。如麦肯锡咨询公司聘请"战地记者"制作超越美国总统的"报告"、高盛集团等各大投资银行的研究报告、麻省理工学院等全球顶尖大学的科技报告，这些内容均是基于企业实践与管理过程理论的话题。再如麦肯锡咨询公司的"复杂不确定性时代"、贝恩咨询公司的"提升资本净值"等话题，成为很多国家的官方"话语"。同时，头部企业的"话题研讨会"协助高级管理者思考未来，并获得数亿美元年营业收入和大量的潜在客户。

中国管理咨询机构应该培育独立于政府、企业、媒体的商业思想与市场运作能力，放弃"扶持梦"。

4.建立以人均咨询服务收入为核心指标的人才管理体系，叫停"大咖梦"

21世纪，最宝贵的就是人才。管理咨询行业是以提供智力和信息服务为特征的新兴产业，其立业之本就是人才。目前咨询师素质方面的主要问题是知识面窄、知识老化，缺乏现代咨询意识，缺乏战略观念、竞争观念、系统观念。培养符合职业标准的咨询师是发展管理咨询行业的一个要点。咨询师要能够顶天立地。所谓"顶天"，即咨询师必须了解和掌握最新的管理理论和管理实践；所谓"立地"，即咨询师必须深入企业实际，参与企业管理。在实践中不仅能真正帮助企业解决实际问题，还可以提升自身的咨询能力。咨询师成为相关领域、相关行业的管理咨询专业人才，是管理咨询公司的优势和主要特点之一。

中国大多数管理咨询公司往往把能力强的咨询师派驻客户现场，而忽视了知识的积累、经验的提炼，忽视对新人的"传帮带"以及后台支撑体系的建设。虽然中国管理咨询公司创始人、管理大咖与员工全天候扎根于企业——让其掌握大量的客户场景，但人均咨询服务的收入并不高，很难形成规模效应。

5.重视与律师的沟通及合同管理能力，叫停"关系梦"

与中国管理咨询公司聘请大量的商务文员管理商务、合同等不同，美国头部管理咨询公司聘请大量的律师从事管理咨询服务的商务运作和合同策划。美国头部管理咨询公司的文件制作、文字描述、会议汇报、报告评审、结论发布达到了非常专业的程度，给客户非常清晰的咨询结论。

"质量是企业的生命"，咨询师经常用这句名言告诫客户，这句名言同样适用于管理咨询企业。未来，咨询服务将更趋于专业化、细分化，并要求具备更强的落地性。管理咨询行业将在数据分析、云计算、人工智能等前沿技术的辅助下，真正深入各行业企业客户的各项核心业务环节，输出全面、精准、符合客户个性化需求、具有较强可操作性的咨询服务方案，并在方案的具体实施环节提供更全面、更周到的服务，帮助客户解决方案落地执行的问题。当越来越多的十亿元、百亿元规模以上企业不再满足于通过管理咨询公司来解决点状问题，而是希望建立一套系统的、科学的、先进的管理体系，囊括公司治理与人力资源、战略与营销、研发与供应链、数字化转型等各个领域时，需要律师通过规范的合同来保证项目实施与质量。

二、主要措施

1.以人工智能与大数据技术武装管理咨询公司

管理咨询行业要与时俱进、推陈出新，传统管理咨询机构无法行稳致远，未来的管理咨询机构一定会更加科技化、数字化、产品化，会有更智能的服务方式、更庞大的数据库支撑、更先进的理论来服务客户。

以大数据和人工智能为基础的产业互联网时代，将改变管理咨询行业的整个生态，传统的管理咨询公司正变得越来越像互联网软件公司。与此同时，大数据公司、云服务供应商等也将和管理咨询公司抢生意。彭博社旗下的科技投资基金负责人罗伊·巴哈特表示，谷歌、亚马逊和微软等公司可能会从麦肯锡咨询公司、波士顿咨询公司和贝恩咨询公司手中接管业务。在罗伊·巴哈特看来，这些科技公司在技术和数据上拥有压倒性的优势。同样地，在这场竞争中，在数据和技术方面拥有丰富专业知识的管理咨询公司，会比那些专注于一般战略的管理咨询公司更有竞争力。事实上，这些管理咨询公司也知道自己的短板，麦肯锡咨询公司一直在大力投资增强自身在数据方面的专业能力，早在2015年就以秘密价格收购了一家高级分析公司。面对来势汹汹的人工智能，德勤、普华永道、安永、毕马威四大专业服务机构纷纷推出了具有自我学习和更新功能的机器人流程自动化解决方案。

外资管理咨询企业霸占中国管理咨询行业的高端市场，与其长期以来的行业案例积累和坚持不懈的行业研究投资密不可分。当罗兰·贝格国际管理咨询公司可以短时间内拿出详尽的市场数据和统计分析结论时，不能不说这种掌握数据及分析信息的力量对企业家极具震撼效果。麦肯锡咨询公司也是循着信息先行的路数，它坐拥全球主要经济体的长期数据资源，在试图开展中国的目标行业咨询业务之前，先投资组建行业研究团队，数年如一日地坚持数据采集研究并向企业免费提供基础数据，这种高举高打的气势导致企业家没有不就范的可能。大数据时代，数据成为管理咨询行业的第一竞争要素，凸显战略性的竞争优势。管理咨询公司在传统意义上赖以生存的数据已经发展到以4V［Volume（大量）、Velocity（高速）、Variety（多样）、Value（价值）］为特点的大数据。大量企业依靠数据和业务分析取得成功的实证研究都确凿地表明，基于数据竞争力驱动的决策是企业长期立于不败之地的最可靠保障，数据已经成为企业重要的战略资源。对于管理咨询行业而言，大数据是强劲的业务价值驱动力，未来5~10年将会重塑整个行业的竞争规则和格局。大数据将成为管理咨询公司竞争的关键，数据竞争力将引领新一轮的业务增长与创新。

2.政府积极发挥管理咨询行业的产业先导性作用

2007年，深圳就提出要打造"咨询之都"的口号，如果政府能在以下方面提供相关政策支持，深圳"咨询之都"的梦想是可以实现的。

（1）政府采购咨询服务规范化。

在发达国家，政府采购咨询服务是促进管理咨询行业发展最有力的手段，还可以规范采购行为。我国的财政预算中没有明确咨询服务的科目，各级政府采购咨询服务不仅经费不足，还很难规范采购行为，因此使得咨询质量大打折扣。深圳作为先行示范区，深圳市人民政府可以在这方面为全国蹚出一条路来。

（2）设立明确的政府主管部门。

咨询业务几乎涉及所有行业和部门。例如工程建设中的各个环节都涉及咨询业务，包括投资核准、勘察、设计、监理、项目管理、安全防控、验收和交钥匙等，这些环节涉及国家发展改革委、住房和城乡建设部，以及几乎所有基础设施的分管部门，援外的工程项目主管部门是商务部。业务主管部门多，政策也不匹配，导致咨询业务比较难开展。因此，需要有明确的政府主管部门来管理。

（3）颁布相关产业政策。

每个产业发展都要尊重自身的发展规律，产业发展需要产业政策的引导，发达国家通过在税收、出口、对外援助、激励企业等方面使用管理咨询服务，对中小型企业实施补贴政策等方法鼓励本土管理咨询行业的发展。

我们可以向政府提出建议，把现代管理咨询行业纳入第三产业发展的总体规划，尽快制定扶持本土管理咨询行业发展的财政、税收、金融、价格政策，尤其是重点扶持一批有优势的本土管理咨询机构，以带动管理咨询行业的整体发展。

（4）强化人才激励措施。

管理咨询行业是人才高度集中的行业，人才就是管理咨询机构的资产，在吸引激励人才和发挥人才作用方面需要获得政策支持。比如，管理咨询行业人才的个人所得税可以类比高科技人才，做税收方面的调整。

（5）加大政府相关部门的数据开放力度。

政府应划清国家安全数据和社会共享数据的界限，促进更多社会组织有效参与到国家治理体系中。例如专利数据的开放，就形成了一批为专利服务的管理咨询机构。

（6）坚决落实新的招投标法。

咨询和科研项目一样，不能采用最低价中标的评标原则，最低价中标原则更适用于货物的招投标。采用综合性指标的中标评价体系更能够选出合适的管理咨询机构。另外，要加强对政府采购咨询服务项目行为的规范，不能忽视政府行为对社会各类组织的示范和影响作用。

政府需要把管理咨询行业上升到改善营商环境的高度来认识。专业服务本身具有丰富性、细致性与标准化等特点，公共机构只需要提供政策指引和监管要求。政府对于营商环境各要素优化的重视,对于政务服务优化的要求,也能创造出更为活跃的需求。

3.加强行业自律,信守管理咨询行业公约,建立行业品牌和文化

培育具有引领示范作用的头部企业需要管理咨询机构和从业者遵循"独立、专业、创新、服务"的咨询服务准则,以提升客户价值为己任,不断加强自身专业能力建设,不断提高战略能力、专项能力和系统化咨询能力。同时,需要重视行业的职业道德规范建设、价值观系统建设,使管理咨询行业备受客户信赖和尊重。

管理咨询行业可以通过标准建设,规范行业服务标准及行为。通过对机构及个人能力评价,加强专业能力及道德规范建设。可以参见附录二——深圳市管理咨询行业协会六项团体标准。

为加强行业自律,深圳市管理咨询行业协会可以通过建立行业公约,保证行业服务质量和品牌形象。

下篇

服务案例

第七章　十八个服务案例

第一节　振华重工国际化创新营销之路
——高可靠、高品质与全面服务解决方案[1]

现在中国人的腰板越来越硬了，提到"中国制造"，能脱口而出几个在国际上响当当的企业名字。然而，除了耳熟能详的消费品品牌，近几年更能体现"中国制造"水平与"高质量"口碑的是装备制造能力。在装备制造业领域，中国企业发展迅速，比如"复兴号"高铁、"华龙一号"核电机组、超高压智能输变电设备等大国重器，它们是代表"中国制造"响当当的名片，在走向国际市场的道路上更代表国家层面的战略意志。其中有一家知名企业，完全是通过自身多年默默无闻的奋斗拼搏，成功地在海外开疆拓土，长期保持在世界同行业中的龙头地位，它就是成立于1992年的上海振华港口机械股份有限公司（ZPMC），即今天的上海振华重工（集团）股份有限公司（简称"振华重工"）。30余年间，这家伴随国家开发、开放而成长起来的企业，从默默无闻到成为世界知名品牌，谱写了一曲慷慨激昂的中国装备制造业走向世界之歌，走出了一条敢为人先的国际市场创新营销之路。

一、初闯海外，"一生二，二生三，三生新局"

1.初出茅庐，生不逢时

振华重工创立之初，没有赶上好的"天时"，"出道"时间比同行晚了数十年，其时，世界港口集装箱起重机制造行业早已被德国克虏伯、日本三菱、德国利勃海尔和韩国现代等国外企业垄断，数十个国际一线港口根本容不下所谓的"杂牌"港机，分布在世界各大洲、各大洋的不知名港口更不会贸然使用。即使是国内港口，20世纪90年代初基本上也是被国外品牌占据，振华重工这种初出茅庐、不见经传的小品牌想要分一杯羹的难度可想而知。

---

[1]　本案例参考并引用了由上海振华重工（集团）股份有限公司编的《足迹：回眸与展望》（上编）、《足迹：媒体看振华》（下编）以及德国奥拉夫·普罗特纳所著的《突围：全球化B2B企业新蓝图》一书，同时转载了美国约翰·A.奎尔奇和凯瑟琳·E.乔克斯所著的《营销的力量：优秀营销如何推动民治进程》一书，并做了部分修改。

创业初期,振华重工面对很难见缝插针的国内市场,摒弃了"先站稳国内市场,再开拓国际市场"的传统做法而"反弹琵琶",由国外到国内,一开始便置身于全球残酷的竞争环境中去磨砺。试想,一张新面孔要在这样的国际市场环境中生存有多么艰难,没有哪一家港口会冒险相信一家没有名气的中国企业。曾经,振华重工在新加坡经历5次投标而不中,这种连续挫败的感觉使振华人至今难以忘怀。即便强敌环伺、内外交困、屡战屡败,振华人依然对自己充满信心。最终,功夫不负有心人,一份与加拿大温哥华港的订单为振华重工推开了期盼已久的大门,振华重工由此柳暗花明。

这第一笔海外订单来之不易,执行过程也是一波三折、备受折磨。本来振华重工凭借价格优势和严谨作风,已从众多竞争者中脱颖而出,但是,在温哥华港客户授标前,上海港机厂(当时振华重工尚未正式成立,以上海港机厂的名义竞标)为青岛港制造的两台岸边集装箱起重机(简称"岸桥")因自然灾害,不幸落入海中。所幸温哥华港客户委托美国船级社调查后发现岸桥的损坏确实为自然灾害所致,产品质量并无问题,可以继续授标。在这种巨大压力下,振华重工积极修复了破损机器,并将修复后的机器照片寄给温哥华港客户。振华人面对挑战时真诚踏实、诚实守信的态度获得了对方的认可与信任。

虽然这第一笔海外订单没有给振华重工带来多少利润,但带来了"金不换"的好名声,第二年温哥华港又向振华重工采购了一台港机。良好的开端给振华重工抢占国际市场增添了不少信心。

图7-1为1993年振华重工出口温哥华港的第一台岸桥与14年后的新机械同地并立。

图7-1 1993年振华重工出口温哥华港的第一台岸桥与14年后的新机械同地并立

2.花开二度，北美拓新局

1994年，美国迈阿密港见到振华重工为加拿大温哥华港建造的岸桥，不禁为其外观和质量而赞叹，经过实地考察后，向振华重工采购了4台超级巴拿马型岸桥，这是中国大型集装箱机械首次进入美国市场。"星星之火，可以燎原"，凭借不断创新的新技术、高品质和低成本优势，振华重工的产品迅速在美国东、西海岸港口"点亮"，拉开了ZPMC品牌国际化发展的序幕。

二、花开国外，享誉国内，成就事业梦想

1.打铁必须自身硬

在国际市场收获了一流港口客户的肯定和信任后，振华重工拥有更多底气来冲破国内市场长期青睐国外港机品牌的崇洋偏见。凭借自身在设计、制造、交货期和服务等各方面的优势，1993年末，振华重工终于赢得了上海港的信任。由于振华人的执着与付出，中国集装箱港口正式告别被进口港机产品占据的时代。

图7-2为振华重工为上海洋山港打造的装机设备。

图7-2　振华重工为上海洋山港打造的装机设备

2.顺应大势，建立事业根据地

振华重工立足上海，抢占了"地利"。"十一五"末期，上海提出建设国际航运中心的发展目标，这对于以集装箱机械、散货装卸机械为重要业务板块的振华重工来说具有重要意义。为了实现这一发展目标，振华重工与上海港休戚与共，共同

发展。20多年来，上海港给予振华重工不断创新的养分和发展的空间，振华重工则向上海港提供众多顺应甚至引领潮流的港机产品和技术。振华重工与世界第一大港紧密配合、协同发展，进一步助力自身的新产品、新技术走向世界。

3.市场独步，业绩骄人

发展到2005年，振华重工销售额超过120亿元。2008年7月，荷兰鹿特丹港举行了世界上最先进、规模最大的集装箱自动化码头——Euromax——的开港仪式，人们在现场看到了一处处振华重工"ZPMC"的铭牌。据英国权威杂志 *WorldCargo News*（《世界货运新闻》）统计，2015年6月至2016年6月，全球共有271份岸桥订单，其中222台岸桥来自振华重工。

三、紧盯市场变化，不断开拓新领域

成立6年后，经过潜心经营，振华重工在集装箱港机领域占据了行业市场的主导地位，并且获得了超过行业平均水平的利润。虽然成绩骄人，但是振华重工的决策者始终保持战略清醒，没有躺在"功劳本"上沾沾自喜，而是不断突破自我：对内不断完善自身的价值链；对外创新开拓高附加值产品，基于客户的全面需求，逐步从港机到配套件，从港口到海洋，展现出更加广阔的战略布局。振华重工一步一个脚印，产业统筹兼顾，业务相互响应，步伐坚实而稳健。

1.从港机到配套件，创新升级产品

对于核心产品，振华重工在保证港机市场高占有率的同时，一直尝试减少对上游供货商的依赖，以防在发展的关键时期被"卡脖子"。对于起重机的部件，如离合器、刹车、传动机构、室外电梯、控制系统，振华重工不愿长期依赖国外企业，而是自力更生、自行研发。凭借长期在现场积累的实践经验，振华重工经过自行研发创新，不仅使整个机械成本节省将近85%，还通过技术的逐步积累增强了满足客户综合需求的竞争力。

当然，振华重工具备这些配套件的生产能力并不是一蹴而就的，而是经历了模仿、吸取、创新的过程。以集装箱吊具为例，振华重工在吸取国外先进技术的同时，在技术研发上大胆投入，积极开发集装箱吊具新品，使集装箱吊具自重减轻了20%以上，客户现场的适应性大幅提高，集装箱吊具抗疲劳寿命不少于200万次。振华重工的集装箱吊具产品成为同行效仿和追随的标杆，也让"集装箱机械在中国，集装箱吊具在欧洲"的说法成为历史。

2.从港口到海洋，创造不同场景新产品

"华天龙"号为海上考古创造奇迹。近年来，随着海洋开发的步伐不断加快，海洋工程装备业呈迅猛发展态势，有着广阔的发展前景。2006年，拥有高市场敏锐度的振华重工开始进军海洋工程市场，至今已建造了多艘名扬海外的海洋工程船舶。其中，"华天龙"号打捞重4000吨的"南海Ⅰ号"的事迹，让人们第一次目睹了振华重工的强大实力。

港珠澳大桥是世界最长的跨海大桥，全长55千米，其中海底隧道全长5.6千米。而这5.6千米长的海底隧道沉管的安装相向推进，最后怎么连在一起、靠谁来做？振华重工的起重船"振华30"完成了最终接头的吊装，在水下30米深处，将一截长12米、重6000吨的沉管平稳对接，实现毫米级误差，南北误差2.5毫米，东西误差0.8毫米（见图7-3）。

图7-3　"振华30"吊装港珠澳大桥海底隧道的最终接头

在世界海洋工程领域，制造难度最大的当数海上钻井平台。没有任何平台建造经验的振华人不愿服输，秉着"设计一流、制造一流、质量一流"的理念，通过科学管理和自主创新，建造出举世瞩目的振华"振海1号"海上钻井平台，开启了振华重工发展高端海洋工程的新纪元。

逐步推进多元化发展的振华重工的眼界不再停留在海洋，凭借多年丰富的建桥经验以及众多国家钢结构资质，振华重工尝试高端钢桥制造领域，它建造的美国旧金山-奥克兰海湾大桥荣获多个行业之最——世界最大的单塔自锚抗震悬索钢结构桥梁，设计与制造难度堪称世界之最，这也是中国企业首次在北美承建大型钢结构桥

梁建筑（见图7-4）。这座历经5年铸造的大桥助力振华重工实现了跨越海洋的美丽一跃。

图7-4　振华重工为美国旧金山-奥克兰海湾大桥提供全部钢结构

四、高质量、自创新与深服务，成为全面服务解决方案提供商

20多年来，振华重工在国内外一路征战，不断突破自我、拓宽产品线、拓展市场版图，指引振华人勇往直前的不仅是"敢为人先、引领世界"的振华精神，更是他们"自主创新、打造好产品"的实干态度以及"以客户为中心"的服务品质。

1.品质优良是生命力

品质优良是客户对振华重工的一致评价。为了塑造良好形象，振华重工从第一笔订单产品开始就非常努力。当时，振华人像制作工艺品那样制造交付给温哥华港项目的岸桥，凡是自己做不好的关键配套零部件一律采用世界上最好的关键配套零部件。在港机制造行业，焊接质量决定着产品质量，振华重工苦心培养懂英语、会技术的制造队伍，仅焊工最大规模就有7500人以上。振华重工有3000名持国际证书的焊工，这在同行中可谓独一无二。

振华重工的一系列产品传承了其集装箱起重机件件是精品的传统。品质优良的保障源于振华重工对产品设计科学性、精准性、可靠性的认真评估，源于选材用料的严格把控，源于在研制、添置新型加工检测设备方面的积极投入。

客户口碑是金杯，2013年，由振华重工负责制造的美国旧金山-奥克兰海湾大桥通车时，美国加州湾区交通收费管理局执行长史蒂夫·赫明格在接受媒体采访时表示:"如果发生地震,我要躲到这座桥上去,因为加州湾区很多地方还远不如这座大桥安全。"这是对振华重工产品质量最好的评价。

2.从技术模仿到技术领先

振华重工成立之初,为了快速进入市场,采取过模仿其他公司产品的做法。但是之后,振华重工将获得的盈利不断投入技术研发中心,并与国内外知名大学,比如天津大学、上海交通大学以及伊利诺伊大学、昆士兰大学等展开合作,邀请世界知名企业专家到公司进行指导,不断提升自己的技术实力。迄今为止,振华重工拥有的一系列专业技术已经可以使其产品在保证质量的同时具有创新性。

2001年,振华重工世界首创并应用超级电容轮胎吊。

2002年,振华重工在世界首次提出场桥产品"绿色环保"理念,推出绿色环保型轮胎吊。

2003年,振华重工世界首创八绳防摇轮胎吊。

2004年,振华重工世界首创双40英尺(12米)箱岸桥,正式开启集装箱起重机的中国新纪元(见图7-5)。

图7-5 振华重工世界首创双40英尺箱岸桥

2005年,振华重工世界首创双小车双起升岸桥。

2006年,振华重工建立了世界上首个集装箱全自动化码头实验示范区。

2007年,振华重工推出自动化码头设备调度系统。

2009年,振华重工推出国内首艘独立设计、建造的海洋石油铺管船。

2010年，振华重工自主研发世界最大固定双臂架浮吊并顺利交付给三星重工业（荣成）有限公司。

2011年，振华重工自主设计、制造海上风电800吨全回转起重船，填补了当时国内大功率风电安装船的空白。

2012年，振华重工世界首创规格最大的超大鹅颈式岸桥。

2013年，振华重工研发世界最高3E-Plus岸桥。

2014年，振华重工自主研发、建造世界最大管节和沉放驳的连接装置。

2015年，振华重工世界首创第四代自动化码头。

2016年，振华重工自主研发、建造世界起重能力最大的1.2万吨自航全回转起重船。

2017年，振华重工打造全球单体规模最大、自动化程度最高的上海洋山四期自动化码头，输送能力世界第一的"天鲲号"下水。

2018年，振华重工自主研发、建造世界最大的2000吨风电施工平台"龙源振华叁号"，世界首发自主研制的自主驾驶无人集装箱跨运车。

2019年，振华重工建造的世界最大、最先进的自升式碎石铺设整平船"一航津平2"在南通下水。

截至2023年10月30日，天眼查数据显示，振华重工已拥有实用专利1430件、发明专利1274件、外观设计专利39件。

一直以来，振华重工所面对的市场环境险象环生，而技术创新成为振华重工抢占市场的制胜法宝。

3.服务好，回头客自然来

（1）客户第一是初心。

振华重工刘启中先生认为："公司可以完全按照客户的需求进行个性化设计，满足所有客户的个性化需求，这是振华重工最大的特色。"1994年，振华重工的产品首次进入美国，为了确保品质优良、按时交货，在被别人"卡脖子"的时候，振华重工做出了一个重大而又惊人的决定——打造自己的整机运输船，以便更好地为客户服务。在这之后，振华重工成为迄今为止世界重型设备制造业中唯一一家拥有自己的远洋甲板运输船队的企业。随着一些船相继退役，振华重工现拥有20余艘6万~10万吨级大型运输船，并开始塑造振华人"以客户为中心，为客户创造价值"的服务理念。

图7-6为1995年"振华4"运载4台岸桥前往美国迈阿密港。

图7-6　1995年"振华4"运载4台岸桥前往美国迈阿密港

（2）主动服务客户。

回顾振华重工的发展史，它在国际同行中率先提出终身保修的承诺。振华人以客户为中心、主动服务客户的思想表现在方方面面。例如，为客户解决吊具现场使用中出现的问题，提供24小时在线服务，并派遣售后服务人员访问码头客户，进行使用维护指导，提供强大的技术支持，确保吊具在客户码头无故障正常作业；为确保减速箱的正常运作，延长使用寿命，下属核心部件企业派出技术人员定期走访客户码头，对减速箱的维护、保养进行现场培训。

良好的服务给冰冷的机械注入了人的温情，振华人用智慧与行动铸就了属于自己的品牌。

五、新时代下，港口"总承包商"的新定位

近年来，随着全球经济的重大调整，不确定因素更加突出，港口建设与运营面临更高效率、更低成本、更优服务与更安全保障等新要求，全面自动化码头建设与精细化运营成为趋势。因此，振华重工面临更高层面的商业模式创新，自动化码头"总承包商"的新定位是振华重工的最新名片。

2017年5月，青岛港（一期）全自动化码头投入使用，这是亚洲首个正式投入运营的集装箱全自动化码头，振华重工为其提供了7台岸桥、20台自动化轨道吊、38台自动化引导（L-AGV）小车，以及码头的设备控制系统。2018年9月，振华重工与青

岛港集团再次合作,签订青岛港全自动化码头装卸系统总承包二期工程项目。

图7-7为振华重工打造的青岛港全自动化码头。

图7-7 振华重工打造的青岛港全自动化码头

2017年12月,上海洋山四期自动化码头正式投入运营,这是当时全球单体规模最大、自动化程度最高的自动化码头,被称为"无人码头"或"魔鬼码头"(见图7-8)。上海洋山四期自动化码头所有港机设备都由振华重工提供,设备控制系统由振华重工自主研发,是地道的"中国智造"。

图7-8 振华重工打造的上海洋山四期自动化码头

目前,已有15个国家的26个自动化码头应用了振华重工的相关产品。其中,荷兰鹿特丹港、美国长滩港、英国利物浦港等全球重要港口的自动化码头几乎全线使用了振华重工的单机设备。振华重工的有关领导说："我们的码头客户资源是全世界最大的，但是这块市场却只占了很小的份额。通过商业模式的创新，持续扩大并主导全球港机备件售后服务市场，振华重工还需要拓展思路，重新定位，不断创新，强化售后服务市场的专业化经营。"

图7-9为振华重工建造的阿布扎比哈里发自动化码头。

图7-9 振华重工建造的阿布扎比哈里发自动化码头

六、案例后记

振华人敢做前人没有做过的事，敢挑战人们认为不可能完成的任务，因此成就了振华重工不平凡的20多年。回看振华重工的发展历程，尤其在国际市场的开拓中，它以敢为天下先的精神，实现高起点、高标准、高质量的全产品解决方案的创新营销，形成了独有的发展模式。进入新时代，有更广阔的市场等着振华人去开拓，有更多挑战等着振华人去应对，期待振华重工能一直保持昂扬的士气和强劲的发展动力，继续在国际市场上打磨"ZPMC"这一金字招牌，携"中国制造"的大国重器走得更坚实、更远！

专家点评

杜建君（深圳市深远企业顾问有限公司创始人、首席顾问，深圳市管理咨询行业协会法定代表人，粤港澳大湾区管理智库首席专家，《销售与市场》智库新商业文明建构首席专家）

大道之行，在于立志高远

毫不夸张地说，当今真正把"中国制造"的大国重器，以"一企之力"在国际市场上打响品牌的，唯有振华重工与华为。若认真看看它们"办企业、磕产品、搞创新、化危机、求变化"与"待客户、带团队、育人才"的案例故事，你会发现，它们认的"理"、念的"经"与圣贤王阳明所主张的"知行合一"一脉相承。

《营销的力量：优秀营销如何推动民治进程》一书中说到，"终生立志立功立德于企业，更都是大胸怀、大本事、真能耐的梦想家，一股敢为天下先、永不服输的精神劲，以万夫一力、天下无敌的霸气，积小胜以求大胜，靠质量、靠服务、靠创新、靠信义等中华民族的优良品质，在国际市场上树立了一个顶天立地的'中国制造'品牌形象。"我们明白了这些行者之路的逻辑后，对它们能够做成国际化的行业头部品牌也就不足为奇。

2017年7月，无意间翻开《突围：全球化B2B企业新蓝图》一书，其首篇案例就是讲述振华重工的国际化成就和创新能力，作者虽然对"中国制造"在国际市场的崛起赞赏有加，但也感受到了危机。我曾有幸聆听振华重工新一代领导者朱连宇董事长的感言，近距离感受到振华人在新时代的雄心壮志。这篇案例就是根据振华重工提供的资料进行整理和提炼的。

本案例讲述的振华重工在国际市场营销中的精彩事例与各种大国重器的产品创新让人眼前一亮，其中让我感受最强烈的有两点。

一是企业的立志问题。这决定了企业一群人的事业梦想与奋斗目标。振华重工创始人管彤贤在公司成立伊始，就大胆喊出了自己的心愿："世界上凡是有集装箱作业的港口，都要有振华港机的产品！"事实上，他们以一己之力，将中国从最大的集装箱起重机进口国变成最大的出口国，将公司的标志"ZPMC"印在大部分港口上。当下，国内大多数企业（除了原始设备制造商）是先做国内市场，再逐步尝试向国外市场发展，如老子所教导的："天下难事，必作于易。"而振华重工出手却是"反弹琵琶"式的先难后易，先国外，后国内，这说明他们在创业之始就把面对高端客户的高质量、高标准、严要求、深服务作为企业的内在习惯和价值文化，当他们在国际上树立了行业标杆、形成了品牌口碑时，市场就会顺势而为、水到渠成。

  二是企业领导人的眼光问题。振华重工早期为了拿下国际上的高端客户，会把盈利放在第二位，一切以客户为主。当振华重工的领导人看到振华重工的运输短板时，不是知难而退，而是化危为机，建立了一支自己的运输船队，成就了振华重工在国际市场上的独有优势；为了顺应世界上国际港口集装箱与散杂货装卸运营的新要求，实现从单机销售到全面服务的解决方案提供，再到全自动化智慧港口解决方案提供，再到当下"总承包商"新定位的转变。这些行为都体现出振华重工战略专注、引领创新和全面服务的综合能力。

第二节　北京城建国际化全体系能力构建变革项目

百思特管理咨询有限公司　陈　玮

一、项目背景：奋发思变，把握战略机遇期

1.北京城建集团国际事业部背景

北京城建集团（简称"北京城建"）是一家大型综合性建筑企业集团，2022年资产总额3398亿元，市场合同额首破2400亿元，营业收入首破1400亿元，综合实力跃升至中国企业500强第183位。

美国《工程新闻记录》发布2022年度"全球最大250家国际承包商"榜单，北京城建排名由2021年的第14位上升至第13位，在中国企业中列第10位，营业额及排名均创历史最高水平。在同期发布的"国际承包商250强"榜单中，北京城建排名由2021年的第109位跃升至第98位，首次跻身国际百强，在79家上榜中国企业中列第26位。

北京城建集团国际事业部（简称"国际事业部"）于2010年3月成立，在开拓海外市场上已摸索良久，并从2016年开始响应国家"一带一路"的号召，积极进行海外业务的布局。国际事业部作为北京城建国际业务板块的牵头单位，被定位为"全球最具价值的建设综合服务商"，坚守北京城建在国际业务领域中"引领、组织、协调、创新"的职能定位。国际事业部在国际化的进程中探索出一条新路，进一步提升了北京城建的国际化水平。

2.建筑企业国际化的"老大难"

众所周知，绝大多数建筑产品属于公共产品，具有功能性强、差异化大、空间固定、露天作业多、生产周期长、人机料流动性大、成本影响因素较多等特点。另外，受建筑行业门槛低、劳动密集等因素影响，建筑市场项目规模大、毛利低、竞争激烈。这些都决定了建筑企业的管理具有很大难度，因此，北京城建必须走出一条集约化内涵式的高质量发展之路。

摆在国际事业部面前的难题是如何承接北京城建的战略发展要求，快速完成全球化布局。同时，国际事业部要快速匹配相应的组织体系能力，从过去依赖援建项目走向市场化竞争的国际投标；从同质化竞争走向特色产品解决方案提供；从机会型项目拓展到价值区域的主动布局，进行战略深耕；从项目中获取管理效益和利润空间，充分利用"一带一路"倡议空间，实现自身的转型升级。这些都是国际事业部需要突破的新难题。

3.结缘百思特

2018年7月25日，中央电视台新闻频道对中国海外工程建设领域进行了报道，并重点介绍了国际事业部负责的马尔代夫维拉纳国际机场项目。虽然这个项目承建成功，给国际事业部增添了信心，但在"走出去"的过程中，暴露出不少问题，也让国际事业部的领导倍感压力。国际事业部为加强境外资源的整合能力，打造北京城建的境外业务平台，做大做强国际业务，想通过"外脑"导师快速补齐能力短板，减少摸索试错的成本。因此，作为中国最成功的国际化企业之一，华为自然而然引起了国际事业部领导的高度关注，国际事业部的领导说："要学就学最好的，找最好的老师，走最少的弯路！"

在国际事业部下定决心引入"外脑"导师开展海外体系变革决策期间，作为为华为服务的百思特管理咨询有限公司（简称"百思特"），其管理层和国际事业部领导展开了充分的互动交流，在深度沟通之后，提出了六大变革理念以解决国际事业部在管理方面的迷茫。

（1）从随机获取市场项目到主动拓展市场项目。

（2）从快速响应客户需求到引导客户需求并创造实现客户价值。

（3）从解决生存问题的灵活作战方式到"力出一孔，利出一孔"的组织。

（4）从差异化业务模式到可复制标准组件式产品业务模式。

（5）从被动响应式业务流程模式向主动规划和计划指挥模式转型。

（6）从综合能力要求高的人才需求到专业化人才组合的作战方式。

以上六点深深地打动了国际事业部，于是国际事业部和百思特于2017年2月开启了全面深入的战略升级和营销体系的变革合作。

二、项目历程：整体规划，步步为营

1.调研诊断

百思特在实地调研过程中，经过大量的文档分析和多人组织多轮广泛而详细的访谈，总结出六个方面问题。

（1）营销策略不清晰。

百思特在制定一线市场的竞争策略中，发现国际事业部在市场开拓方面功能缺失、资源配置缺失。如果策略上不统一，就很难决定是在该城市深耕市场，不断进行资源投入，还是"打一枪换一个地方"，以短期有没有项目作为判定标准。

（2）营销模式不稳定。

由于主动拓展市场的能力欠缺，国际事业部在如何做市场分析、寻找项目机会、摸清当地客户的决策链，如何在市场化竞争的招投标项目中拿下项目等方面缺乏流程和能力的指导。同时，国际事业部缺乏拳头产品和解决方案。

（3）项目管理不细化。

建筑企业的规模和利润来自工程项目的叠加。市场本身的不确定性，导致国际事业部对市场目标、策略以及资源的统一规划不细化，使得市场活动缺乏有效支撑，造成很多市场活动和销售工作无从下手。合同质量既是工程项目风险的主要源头，也是销售和售后交付的交接关键点，但是，过去国际事业部依赖关键项目经理的经验，导致项目质量参差不齐，可能留有巨大隐患。

（4）流程制度不完善。

流程的本质即营销业务。由于国际事业部缺乏营销业务活动标准化流程，因此管理过程严重依赖个人，缺少标准规定，决策集中在领导身上。随着企业规模的不断扩大，各种挑战会越来越多。

（5）组织设计不科学。

营销组织的功能不完善、营销决策机构和机制的缺失导致大量事情细节需要向上汇报，占用了高层领导大量的精力，降低了决策效率。同时，组织分工仍然偏向管理传统项目，往往一人身兼数职，大包大揽，容易顾此失彼，难以确保项目质量。

（6）营销人员能力不足。

营销人员的专业能力不足，缺少赋能机制。受国际工程承包市场和项目类型的差异性影响，在营销过程中缺乏营销人员可以学习使用的工具包，没有形成体系化的人员培养和培训机制，对工程专业的知识积累不够，进一步加剧了营销人员专业能力的差异，导致业务结果严重依赖个人能力，公司的年度业务结果存在很大的不确定性。

2.方案设计

企业的发展过程始终是以战略为方向、营销为龙头。在百思特调研国际事业部过程中，国际事业部所暴露的问题充分说明了这一点。经过双方充分的研讨，最终制定了"战略梳理、组织调整，营销先行、流程规划，产品打造、交付集成，金融创新、资源整合，运营标准、多元经营"的分阶段实施的项目方针，同时，注重人才培养和流程优化、IT支撑，通过业务发展不断夯实组织能力（见图7-10）。

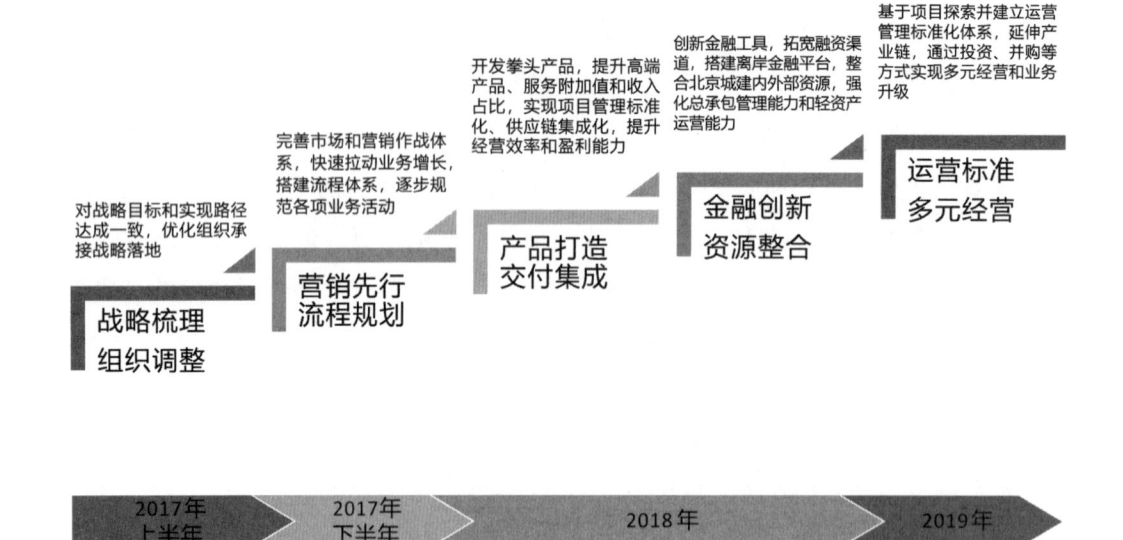

```
战略梳理          营销先行          产品打造          金融创新          运营标准
组织调整          流程规划          交付集成          资源整合          多元经营
```

对战略目标和实现路径达成一致，优化组织承接战略落地

完善市场和营销作战体系，快速拉动业务增长，搭建流程体系，逐步规范各项业务活动

开发拳头产品，提升高端产品、服务附加值和收入占比，实现项目管理标准化、供应链集成化，提升经营效率和盈利能力

创新金融工具，拓宽融资渠道，搭建离岸金融平台，整合北京城建内外部资源，强化总承包管理能力和轻资产运营能力

基于项目探索并建立运营管理标准化体系，延伸产业链，通过投资、并购等方式实现多元经营和业务升级

| 2017年上半年 | 2017年下半年 | 2018年 | 2019年 |

图7-10　2017—2019年百思特建议国际事业部的管理变革分阶段实施

百思特进一步细化了项目的整体路线，从战略梳理、组织调整延伸至市场、销售、供应链以及人力资源四大体系的构建。

3.方案实施（以战略梳理及营销体系构建为重点说明）

（1）"走出去"：从做项目上升到经营公司。

传统开拓海外市场的模式是一做完项目，人就回国了。中国大部分工程企业仍停留在依靠国家政策福利、融资渠道等方面的阶段，业务上缺乏足够的市场竞争力。当政策、融资等因素掉链子时，项目就会面临风险，整个企业在这个国家的投入就会打水漂。因此，一个项目的亏损极有可能引起连锁效应，甚至导致企业产生颠覆式亏损。

企业必须不断提升技术、盈利、管理能力，要从依赖政府的政策帮助，到凭借市场竞争力发挥出自身的优势。

国际事业部与百思特进行深度讨论后，确定了战略的总体定位：从施工总承包商转型升级为世界一流的工程总承包商；实现从经营项目向经营公司的转变、从项目利润向公司利润的转变、从区域拓展向国家发展的转变、从项目运作向产品运作的转变，推进战略性深度布局至每一个国家。

（2）学标杆：建立与国际接轨的管理运作体系。

尚未断奶的中国工程企业该如何破局成长？借助国际一流企业的管理经验和工具，学习它们的国际化战略和策略。

百思特从国际化战略梳理、区域市场策略制定和营销能力升级这三个维度，为国际事业部量身打造了一套组织变革和营销体系方案。百思特建立了一套适合国际事业部的市场管理（MM）流程，相当于出海开拓前有了一份航海图。结合行业分析报告、邓白氏信用评估报告以及一线信息，进行海外市场洞察和风险剖析，从政治、经济、文化、安全等多方面剖析，利用标杆企业的市场管理模型，"五看、三定、四配"，筛选出适合国际事业部的价值区域和价值国家（见图7-11）。

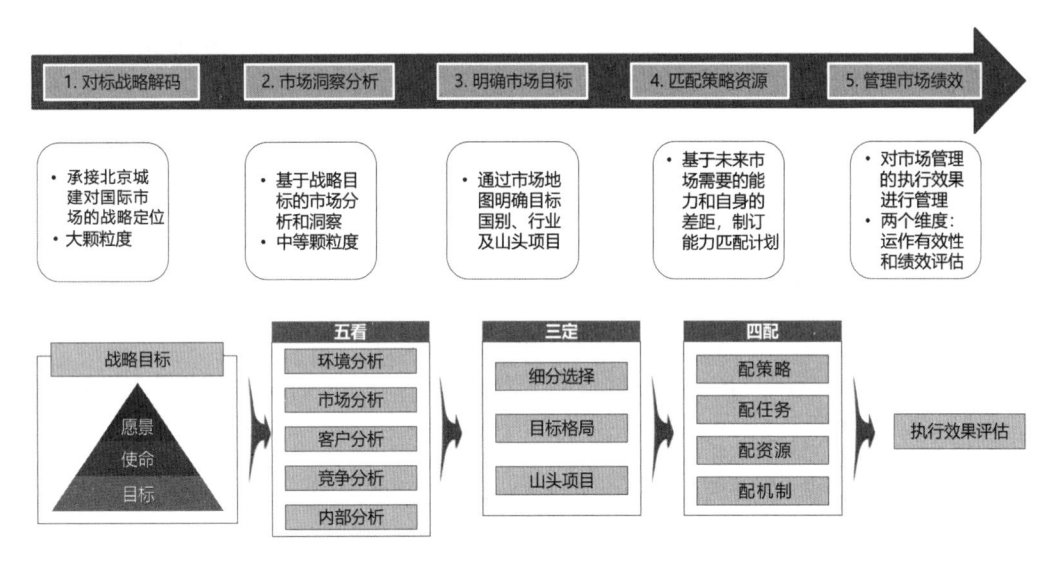

图7-11 国际事业部的市场管理（MM）流程

国际事业部出海之初，就面临众多中国工程企业在海外深耕多时的情况，想要以弱胜强，赢得生存空间，就必须进行差异化的竞争。百思特通过市场和竞品分析，指出国际事业部的核心竞争力是打造拳头产品。以国际事业部的方式推进流程，在取得初步突破之后，再不断复制其他几大产品线的思路。

以往北京城建在机场建设领域具有明显优势，在国内，承建过包括北京首都国际机场在内的一系列机场项目；在海外，应用在马尔代夫维拉纳国际机场改扩建项目上的"吹沙填海"技术更是闻名业界。

因此，双方通过洞察市场、设计整体解决方案、制定营销策略、整合产业链、拓展品牌等手段，设计出一站式机场建设方案，并进行了机场产品线的拓展规划（见图7-12）。

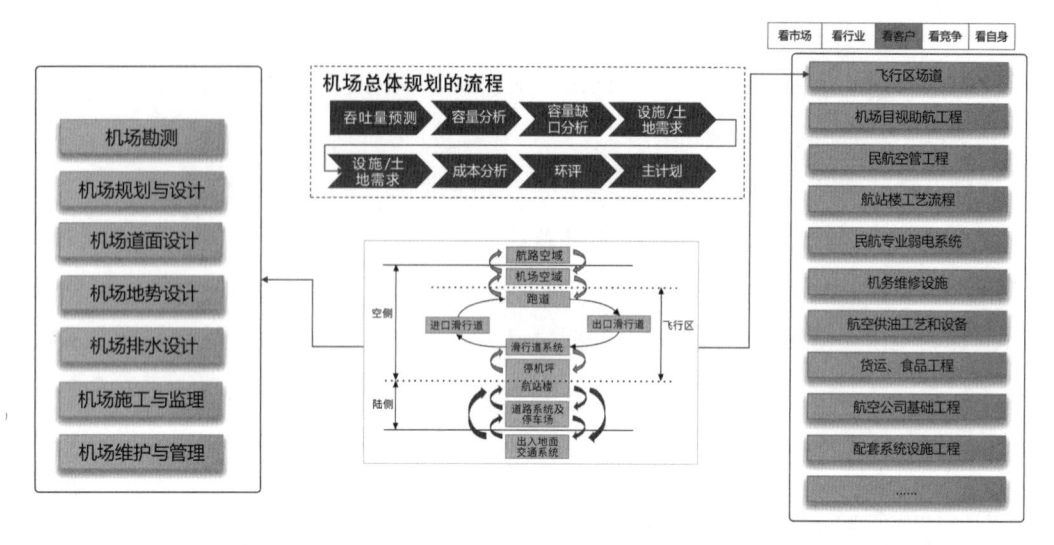

图7-12 一站式机场建设的内容分析

"工欲善其事，必先利其器。"由图7-12可以看出机场建设的链条非常复杂，如何向国际客户展现"机场建造解决方案专家"形象，补齐作为承包商的价值链短板？国际事业部从北京城建抽调员工作为机场专家，从外部引入合作伙伴，将设计机场建设的价值锚点、组织形式和资源变成以设计机场产品为重点。

在解决了"在哪里打"的战略问题和"拿什么打"的产品问题之后，把问题集中在"怎么打"上。在百思特的帮助下，国际事业部升级了整个营销体系，引入了标杆LTC（Lead to Cash）销售项目管理流程（简称"LTC流程"），实现销售对准交付，交付对准验收，验收对准回款，通过端到端的项目管理和"铁三角"（销售、技术、交付）协同，将各项目相关方很好地黏合在一起，为项目开拓和经营质量负责。通过前端提高中标率，后端遏止"跑冒滴漏"，将项目利润和周转纳入可控范围，整体提升了项目运作水平和项目质量。

三、项目收益：突飞猛进，内外兼修

1. 业绩增长

LTC流程提升了线索获取量、机会点转化量，由于营销动作提前，中标率从2016年的20%提升到2018年的33%，极大地增强了营销能力，营业收入由2016年的16亿元增长到2020年的150多亿元，支撑业务增长了近10倍。

2017—2021年，国际事业部负责机场项目的员工陆续参与了香港国际机场第三跑道客运大楼和站坪工程项目、马尔代夫维拉纳国际机场改扩建项目、巴基斯坦瓜达

尔新国际机场项目、孟加拉希莱特奥斯玛尼国际机场扩建项目等多个具有国际影响力的大型项目。

2.组织能力提升

在国际事业部的变革项目中，通过体系化、流程化组织的建设，以及大量实景化的训练，一批批人才在干中学、学中干，同时强化了战略思维、经营意识和流程化的管理思维，以及对工具的掌握，最终走向一线领导的岗位，及时填补了业务增长情况下技术骨干和干部团队的人员空缺，有力地提升了组织能力，带来了显著的管理收益。

3.品牌影响

在2017—2019年的变革中，国际事业部获得北京城建的高度肯定，百思特也被授予"优秀合作伙伴"荣誉牌匾。

厦门大学管理学院刘震宇院长曾对国际事业部的战略营销变革项目做出评价："本案例是国内管理咨询机构辅导国企深耕海外市场的成功探索。随着中国商品和劳务的国际化程度越来越高，国内优秀的管理能力也在不断向海外输出。"

四、项目总结：密切配合，共创共赢

一家集团公司的新业务、新组织的变革项目想要取得最终的成功，离不开项目组团队的高度信任和配合。国际事业部历时3年4期完成全体系能力构建变革项目，为企业客户和咨询公司提供了一个经典案例。

1.企业客户

企业客户良好的氛围及高效的执行力，很好地保障了变革项目的推进；开放的心态，可以让双方很好地融入项目组，业务上客户是老师，管理上顾问是老师，真正形成一个团队为结果负责。

2.咨询公司

咨询公司需要具备高度的战略变革理念；需要着眼未来从战略空间、实现策略方面替客户进行整体谋划；需要在各体系、组织能力上给予客户实际落地的方案以解决业务问题；需要在变革项目管理上很好地控局，牢牢地掌控变革节奏和进展。

国际事业部从最初的几个项目组逐渐成长为一个具有国际竞争力、专项竞争力、体系竞争力的知名团体。这种超高速增长，在国际化变革中取得成功的案例，对参与共建"一带一路"的中国企业，尤其对工程建筑领域、项目型解决方案的企业有着非常好的示范效应。在该项目中，百思特一体化交付的理念和实力也得到了很好的验证。

第三节　水发能源流程再造和管控体系建设咨询项目

百思特管理咨询有限公司　景　戎

一、背景与客户介绍

水发能源集团有限公司（简称"水发能源"）成立于2017年7月，是山东省国企水发集团专注清洁能源主业的一级平台公司，致力于风电、光伏等新能源产业，天然气、供热等民生能源产业，氢能、储能、节能等新兴能源产业，重卡换电、新能源组件回收再利用等再生资源产业，以及绿色建筑、新材料的投资、开发与运营管理。

近年来，水发能源重点围绕整县分布式光伏、高效生态农业光伏、盐碱地综合能源基地、塌陷地综合治理能源基地、国家清洁能源基地五大新能源领域，在中国版图和共建"一带一路"国家大手笔布局"渔光互补""农光互补""风光储一体化""风光荷储多能互补"等项目，并实现"外电入鲁"，在海上风电领域建成具有里程碑意义的大工程。水发能源居"2021中国能源（集团）500强"榜单第281位、"2021全球新能源企业500强"榜单第195位，连续10年在中国建筑装饰行业综合数据统计（幕墙类）排名前十，ITO导电膜市场占有率接近65%。

二、项目需求和目标

水发能源专门设立风光事业部，将风能、光伏平价上网项目作为重点投资方向。水发能源前期通过收购、兼并等方式迅速扩张，实现跨越式发展，成为国内甚至国外领先的清洁能源企业。水发能源把开发和持有作为双重目标，业务覆盖光伏、风电、燃气、热能、氢能、氢储、节能、绿色建筑、新材料等多个板块，并且控股了两家国企股（H股）上市公司，着力打造风电、光伏行业的领军企业。

水发能源在快速发展的同时存在三大主要矛盾。

（1）随着规模不断壮大，水发能源统一管理、规范管理与风险防控的压力越来越大，现在的管理能力与公司高速发展的形势、市场竞争要求不相匹配。

（2）水发能源大量的资产与员工通过收购、兼并而来，员工原来所在公司的管理模式以及过渡期的权力下放与水发能源管控的要求存在矛盾。

（3）继续做大增量的战略导向与盘活已有存量、形成聚集效应的需求存在矛盾。如何在控制风险的同时实现持续成功是摆在水发能源面前的一大课题。

针对水发能源的现状，百思特管理咨询有限公司（简称"百思特"）与水发能源经过商谈达成共识，于2021年6月1日启动"流程再造和管控体系建设咨询项目"（简称"项目"），为期4个月。项目着眼水发能源可持续、高质量发展这一宗旨，着力于流程再造和管控体系建设，着手解决水发能源面临的三大矛盾。

三、诊断分析

为了保证调研评估的质量，百思特多管齐下，设计了几份针对中层、高层的访谈提纲和面向全体员工的网上调研问卷；走访单位涉及山东、河南、山西、广东4个省份的6个地方、13家公司，曾一周跨越3个省份、6家公司，访谈过程并不局限于访谈本身，还会穿插相关的培训活动，让整个项目可以发挥出最佳的效果。

结合中层、高层访谈，网上调研问卷，查阅资料等各种方法，百思特对客户各种类型的管理模式进行诊断分析，并出具项目设计实施和项目成果反馈报告。

四、项目设计实施

项目约定的交付内容主要是水发能源的管控模式、流程再造两大板块。

1. 管控模式

针对水发能源的现状，百思特提出"战略管控导向"的建议（见图7-13）。

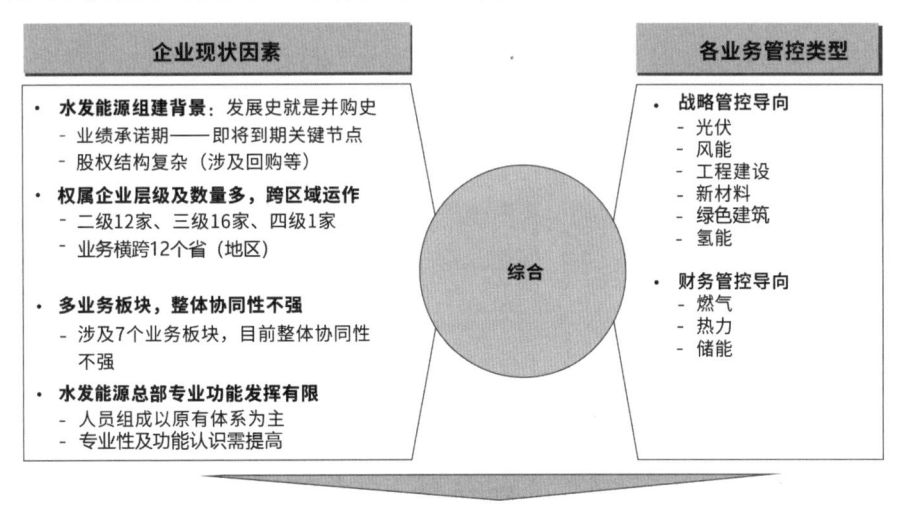

图7-13 水发能源管控模式——战略管控导向

经过双方讨论决定，水发能源的管控模式确定为战略管控导向，百思特建议水发能源的功能定位体现"抓大放小"的管理思维，将重点放在"五大功能、八大职能"上（见图7-14）。

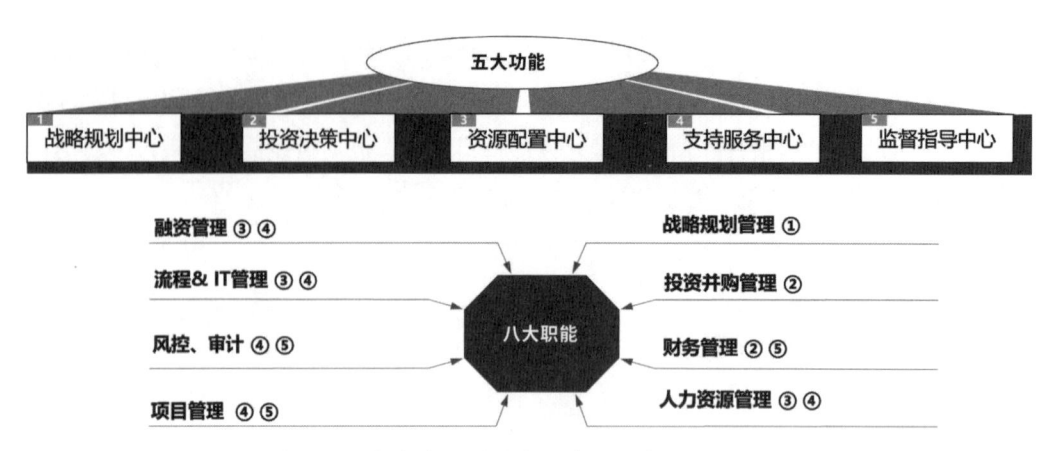

图7-14 水发能源"五大功能、八大职能"设计

2.流程再造

在确定了水发能源的功能定位之后，百思特又梳理了水发能源总部、平台公司、下属公司的组织分工与职责，形成规范化的职责描述，为流程和内控体系的建设奠定了基础。

百思特经过调研发现，水发能源的流程管理依然停留在传统职能型组织的阶段，其流程建设也大多依附制度，流程成为制度、方便部门管理的工具，而不是以客户为中心。

经过双方讨论决定，百思特将流程管理能力设为五级：不稳定级（P0）、职能级（P1）、端到端级（P2）、内部整合级（P3）、卓越级（P4），每个级别都有具体的标准与要求（见图7-15）。

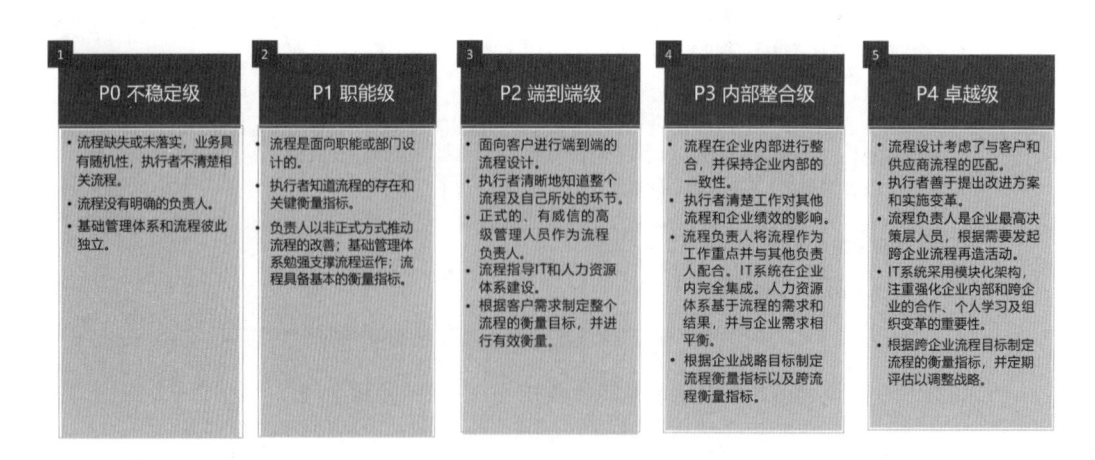

图7-15 流程管理能力评级标准

百思特不局限于项目本身，而是从更高的高度来审视和策划，把客户打造成一个流程型组织。流程型组织的核心是实现"以客户为中心"这一目标，以流程为主线——管理理念、管理要求、管理活动和业务开展都要落实到流程上，不断驱动组织资源升级和处于激活状态。

百思特总结出流程型组织建设的关键痛点：管理层无法对端到端的核心业务流程达成共识，甚至连基本的流程名称都不知道；整个流程架构没有建立，导致流程的体系化不强，不仅散乱，而且无法串联起来；效率与控制的关系飘忽不定，导致流程缺乏效率的"责任人"；"关门写流程"现象非常严重，导致客户缺失；常规业务运作问题通过PMO（项目管理办公室）模式去解决，无法通过流程固化运作方式解决；多套管理体系和工具方法无法融合，员工不知道使用哪套管理体系和工具方法；人员管理与流程管理没有有效结合，导致流程执行缺乏支撑；流程部门的地位低下且资源配置不合理，导致流程部门的价值大打折扣；管理者对流程不负责任，认为流程的建设与推行是专业部门应该做的事情；没有数据证明流程的好与坏；流程的管理机制和标准没有制定好，导致流程管理没有成为企业管理的主线。

水发能源想要规划和建设好流程，首先需要对业务有全面和深刻的理解，依据"业务决定流程"的理念，描绘出业务与流程之间的映射关系（见图7-16）。

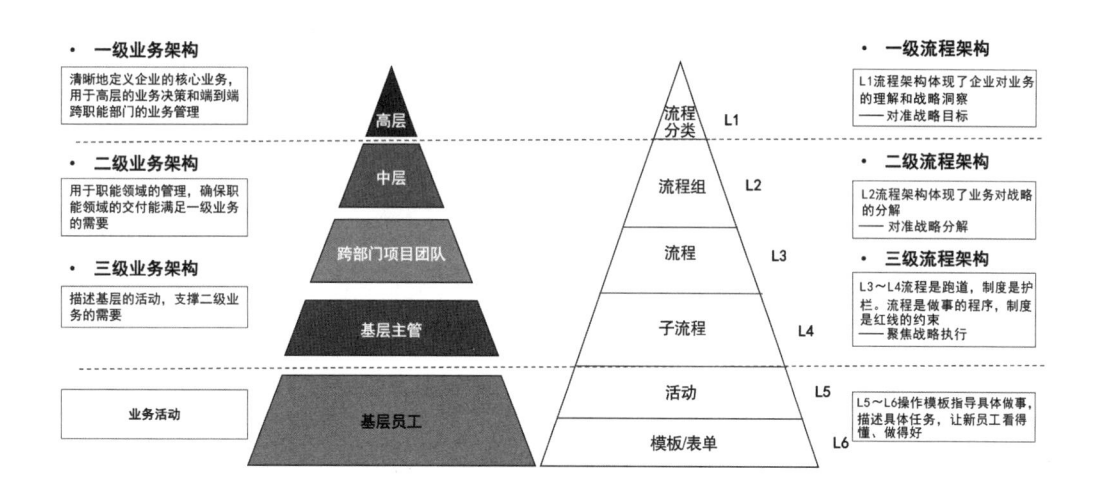

图7-16 业务与流程之间的映射关系

百思特通过设计流程架构"十五步法"，将流程建设分成三大步骤：梳理与研究价值链、规划流程架构、设计流程三件套（流程图、流程说明文件、流程模板和表单）。在价值链确定的基础上，做到业务架构清晰化，保证业务主线清晰、业务层次清晰、业务接口清晰、输入输出清晰，能够实现主动对流程优化的管理，能够结合流程建设驱动业务体系的完善（见图7-17）。

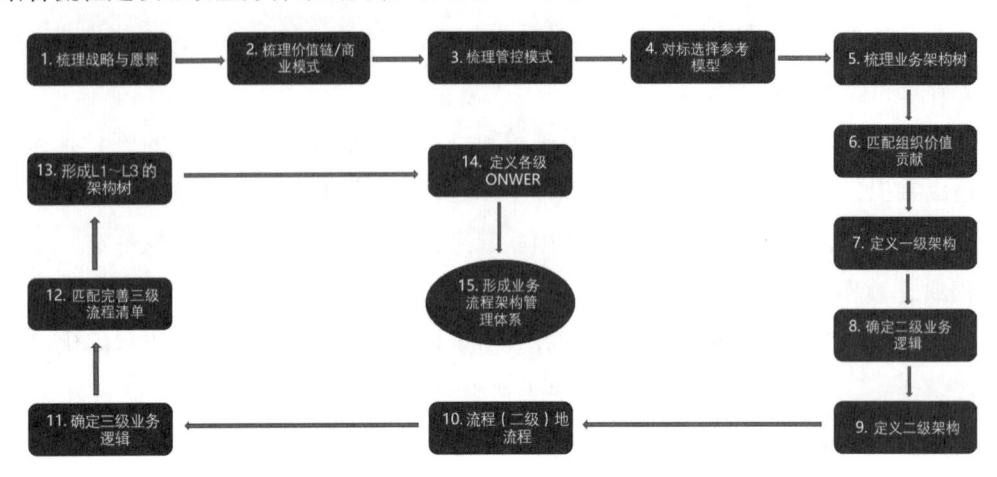

图7-17 设计流程架构"十五步法"

百思特积极推动和完成客户的流程管理机制建设，输出相应的流程技术标准，包括流程架构标准、流程视图标准、文件分类标准、流程定义技术标准、流程图绘制技术标准、流程文件技术规范等，并从流程目标、业务策略、资源配置、流程绩效、流程过程、流程层次、流程接口、流程模板、流程OWNER、日常管理十个要素考量水发能源的现状。在价值链和流程架构确定的基础上，推动业务流程的标准化，制定流程标准的模板，设计流程三件套。

在项目实践中，水发能源改善流程主要体现在五个方面。

（1）体系化。

整个公司的价值链和业务架构更加清晰，使整个公司的组织、资源配置能够形成清晰的链条；建立端到端的流程，打破各业务之间的"部门墙"，改善跨部门的流程接口。

（2）集成化。

通过业务流程的优化，改善管理效率，将授权、内控、风险管理等方面落实到流程的节点中，使整体效率最大化。

（3）数据化。

建立一套衡量公司绩效的流程标准，用量化的数据进行有效衡量。

（4）自驱力。

建立一套能够不断提升自驱力的工具和方法，以评估自我业务的发展状态，找出需要改善的领域和空间。

（5）持续性。

建立一套流程管理的可持续机制，引入跨行业的标杆，建立一套在全行业领先的流程技术、标准和方法论。

五、项目成果反馈

通过执行项目，水发能源发生了明显的转变。比如，水发能源的工作流程从审批流转向业务流；打破"部门墙"，实现端到端的流程贯通；通过对价值链的研究、对流程框架的梳理，更好地理解业务关系的层次和部门职责；标准化、统一化整个流程体系；将风险管理嵌入流程管理，为业务保驾护航；加强内部控制体系建设，防范内外各种风险，实现可持续发展。

1.问题调研、诊断与建议

通过调研问卷、一对一访谈、现场考察等方式，耗时1个多月，最终形成了一份高质量的现状评估报告，提炼出83个访谈问题、56项问卷建议，涵盖战略管理、流程与IT管理、内部控制与风险管理、领导力与组织管理、人力资源管理、运营管理等方面，提出了整体的提升方案建议以及具体的建设思路。

2.流程再造引领组织转变

导入先进的流程技术标准，设计公司的流程文件体系结构及规范，包括流程图标准、流程说明文件标准、流程设计关键要素等。

从管理和技术层面建立流程管理的架构，在流程与IT管理、内部控制等领域进行协同。

设计流程管理的组织、制度、流程核心角色的操作指导，并通过复盘、专项讨论等方式对流程的痛点和本质进行分析、梳理，最后形成一套流程方案。

3.建设水发能源管控体系，形成总体战略聚焦

百思特对水发能源各部门职责进行了重新梳理，绘制了水发能源完整的组织架构与股权结构图；参照行业标杆的先进经验，设计了水发能源的职能优化方案。面向水发能源未来发展战略的需要，在广泛征求意见和集体讨论的基础上，百思特设计出两套组织架构优化的方案，并从"管得住，管得好"的角度出发，抓住关键控制环节和当前管理漏洞，设计了一份水发能源管控体系的整体方案，建立了授权管理制度与较为完整的授权清单。

4.强化内控体系，有效控制风险

百思特在流程设计中引入内部控制和风险管理理念，开展相关培训与辅导，培育员工内部控制与风险管理的意识。同时，百思特拟定了一份内部控制手册，为公司的内部控制与风险管理提供了系统化、可执行的操作指南。

根据COSO内部控制模型和相关法规要求，百思特为水发能源设计了一套内部控制和风险管理体系，并组织水发能源及其下属总共21家公司开展流程KCP风控矩阵的编制工作。

百思特设计编写了一份《内控管理文件汇编》，提供了系统的内部制度、控制标准与管理模板，并对风险管理部门进行了专门培训与辅导，就内部控制与风险管理体系建设、机制建设提供了具体的指导。

5.采购管理体系规范化

百思特针对水发能源分散认证、分散采购，没有统一管理体系的现状，增加一套规范化的采购管理体系，并与水发能源有关领导和部门负责人逐个进行交流确认。设计的采购管理体系包括整体方案、四个流程图及配套说明书等。

6.赋能员工，培养企业自我迭代能力

百思特充分发挥自身的特长，在项目过程中，为水发能源量身定做了大量培训教材；将单独赋能与集中培训有机结合起来，使赋能培训更接地气、更有针对性。

通过项目建设和过程参与，百思特发现并培养了一批具有进取心、敬业精神与团队意识的骨干员工，并向水发能源及其有关领导提供了人员名单。

六、向流程型组织转变，打造省级标杆

通过项目建设，水发能源发生了四大明显转变。

第一，工作流程从审批流转向业务流，更好地发挥自身的规模效应、协同效应。

第二，打破"部门墙"，实现端到端的流程贯通。通过对价值链的研究、对流程框架的梳理、对业务关系的层次认知和部门职责的理解，让大家对客户服务的流程目标有了更深的理解。

第三，标准化、统一化整个流程体系。业务类流程基本做到统一。

第四，固化最佳的实践，降低对人的依赖。把风险嵌入流程，为业务保驾护航。加强内部控制体系建设，防范内外各种风险，实现可持续发展。

百思特对水发能源的管控模式和组织架构进行了调整和优化，设计的流程开始

上线运行，水发能源已经能够按照流程管理机制和技术标准开展旧流程的优化和新流程的设计，整个公司的规范化、标准化水平进入一个新的境界，抵御风险的能力也明显增强。

项目全程践行百思特"授人以鱼，不如授人以渔""沉浸式、融合式、嵌入式咨询"理念，即不以交付为目的，而是立足客户现状，着眼为客户解决痛点、难点问题，为客户全面深入赋能，着力提升客户的核心竞争力。

得益于百思特和水发能源的紧密合作，项目最终提前完成，并获得了水发集团以及山东省有关部门的高度肯定，成为山东省内的标杆项目。水发能源为表示对百思特的认可，第一时间给百思特送来感谢信和锦旗。

第四节　金洲精工CTPM精益管理咨询项目

华谋咨询技术（深圳）有限公司

一、背景介绍

1.客户基本情况

深圳市金洲精工科技股份有限公司（简称"金洲精工"）是中国最大的设计和生产硬质合金钻头、铣刀以及IT行业精密刀具和精密模具的高科技企业，是中国PCB（电路板）用硬质合金钻头行业和中国汽车空调翅片级进模制造的领先企业，也是国际PCB用硬质合金钻头行业的先进企业。金洲精工成立于1984年，通过引进微钻生产线开始生产微钻，十几年来，经过全体员工的艰苦奋斗，公司生产能力不断提高，市场不断拓展，现在已经发展壮大为可以生产几十个品种、近千种不同型号规格的硬质合金深加工产品及以空调翅片级进模为主导的精密模具产品的中型高新技术企业。金洲精工的产品不仅在我国内地占有领先的市场份额，还远销美国、加拿大、德国、英国、意大利、日本、新加坡、韩国等国家和香港地区。

2.项目背景

项目名称：CTPM（全员生产维护）精益管理咨询。

执行方：华谋咨询。

目的：形成一套符合金洲精工实际的精益管理运作模式，通过模式中的逻辑化精益模块分项实施，打造一个专业的金洲精工精益管理团队，持续提升金洲精工的竞争力。

实施时间：自2012年持续辅导至今。

二、问题诊断

1.行业形势

近年来，随着钻头行业的发展，产品市场面临库存压力，市场竞争越来越激烈，再加上市场的透明化，现场管理、设备管理、效率、质量、成本成了企业生存的内在驱动力。在经济新常态下，金洲精工如何生存与发展？金洲精工高瞻远瞩，立足科学发展，着力自主创新，加强科学管理，苦练内功，建设创新型管理企业，促进金洲精工和咨询实践领域企业的资源共享与互动，提高管理水平，增强核心竞争力，积极引导金洲精工全体职工在面对危机时，抓住机遇，从行业的高度开展和推行CTPM精益管理咨询项目，开创金洲精工发展的新局面。

2.客户对咨询项目提出的需求和目标

本项目拟通过摸索创新出一套适合金洲精工实际的精益管理运作模式，并通过模式中的逻辑化精益模块分项实施，打造一个专业的金洲精工精益管理团队。通过CTPM精益管理咨询项目去缩小差距，最终实现精益管理的目标。

为满足上述管理需求，华谋咨询必须同时强化现场管理、全员生产维护管理、标准作业管理等基础管理技术的应用，并通过适合金洲精工实际情况的精益管理手段推动这些管理技术形成合力，最终实现金洲精工的安全、文明生产，效率化、效益化生产。为了使金洲精工的环境井然有序，应促进光盘镜像文件体系制度化、规范化，进一步推动金洲精工管理的发展。

3.调研分析

结合金洲精工的需求及目标，华谋咨询深入金洲精工的生产现场，从现场管理、设备管理、效率、质量、成本等方面进行了全方位的调研，得出以下结论。

（1）优势方面。

①公司高层高度重视精细化管理。

②管理团队有强烈的变革意识。

③大部分生产设备的自主保障能力较强。

④检测、测试设备自动化良好。

⑤产品多元化及核心技术形成了企业竞争力。

⑥产品技术核心竞争力较强，行业龙头地位确立。

（2）劣势方面。

①因设备的自主保障能力较强而忽视了团队在基础精细化管理方面的不足。

②管理流程细化不足，在管理体系上不能有效地发挥精细化管理职能。

③KPI指标的分解及动态管理不足。

④生产质量管理侧重检验、检测，过程质量管理不足。

⑤生产综合效率有较大的提升空间。

⑥生产现场的各种资源浪费较大。

三、解决方案

1.分阶段合作、分年度计划，由浅入深稳步推进

华谋咨询根据编制的中长期战略规划，对每年的预期做出定性的目标说明，从

管理咨询赋能企业未来

战略层面明确指出金洲精工未来的管理战略方向（见图7-18至图7-20）。

图7-18　金洲精工JTPM革新管理体系

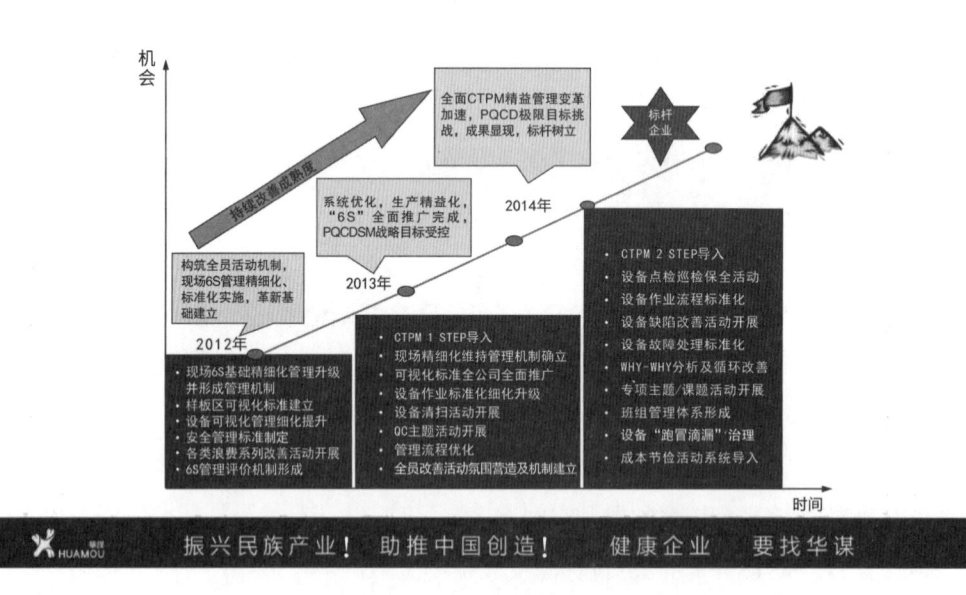

图7-19　CTPM精益管理咨询项目的3年战略规划

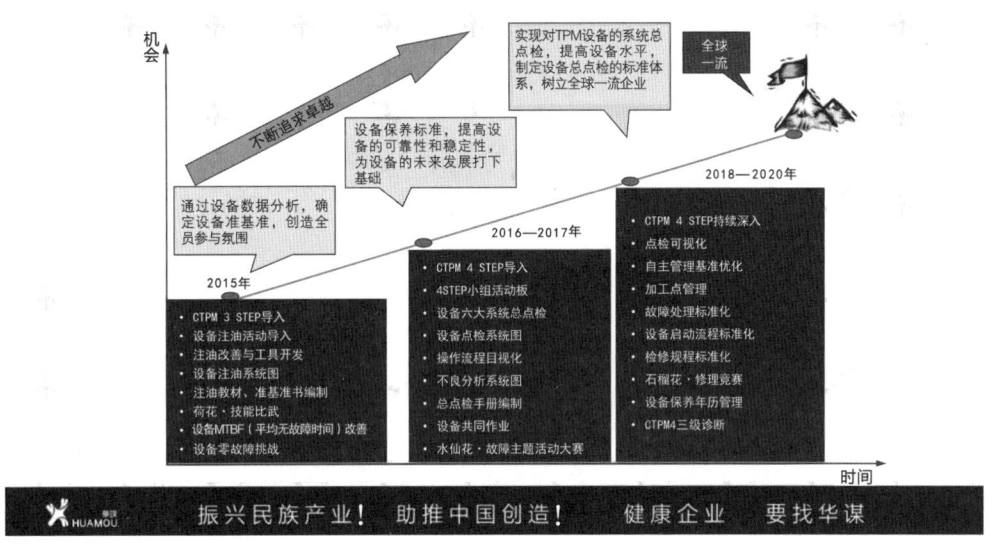

图7-20　CTPM精益管理咨询项目的5年战略规划

2."从"细部辅导"推进计划，切出每一期合同的"细部计划"

华谋咨询从导入模块、项目分解、项目目标、指标说明方面入手与金洲精工沟通每一期合同的"细部计划"并达成共识，把它作为项目合同的附件纳入合同协议中，确保每一期的合作见成效。

3."细部计划"的展开

华谋咨询设计200~300页的"细部计划"的操作方案，需要导入每一个小模块。华谋咨询从导入流程规划、培训、现场实践、改善制作、总结验收等环节进行细节化的设计，确保在操作层面可以有效落地。

四、实施过程

1.推进PDCA（计划、执行、检查、处理）循环模式

为了推进项目进度，华谋咨询采取了PDCA循环模式，首先确定样板区并且培训先行，华谋咨询的咨询师在培训过程中进行辅导，再通过制定计划、实施计划、不定期督导、检查、沟通和评价，循环改善跟踪该模式（见图7-21）。

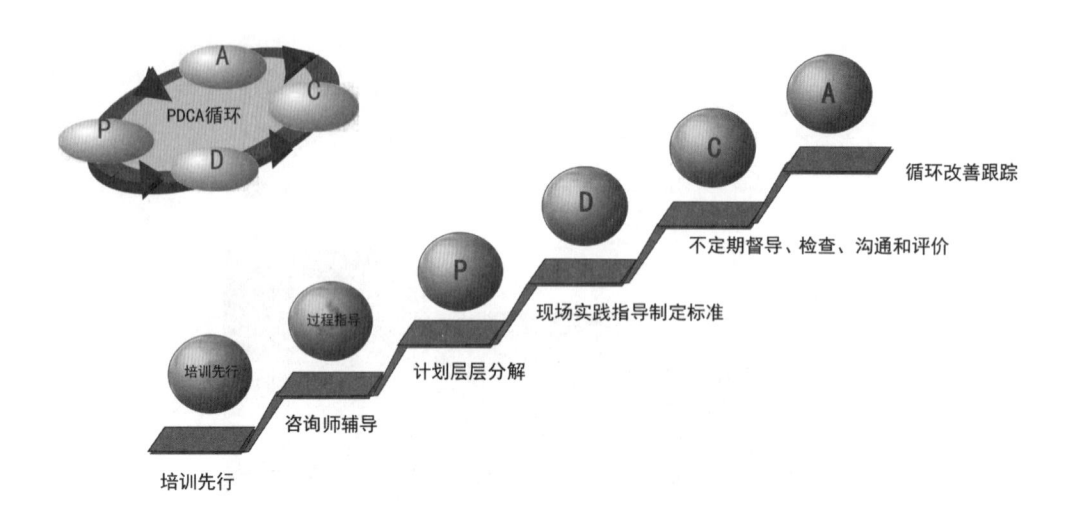

图7-21　CTPM精益管理采取PDCA循环模式推进

（1）确定样板区，培训先行。

2011年10月18日，金洲精工总经理黄巍带领公司各部门领导参与了CTPM精益管理咨询项目的正式启动会，黄巍向8个样板区第一责任人颁发了样板单位标识牌，宣布CTPM精益管理咨询项目正式开始。其间，华谋咨询总裁岳华新对于如何做好现场管理做了动员，华谋咨询的咨询师CTPM的基础及6S知识对样板区第一责任人进行了培训。之后以飞快的建设进度建好了样板区，给CTPM精益管理咨询项目开了好头，也为后续导入各项模块奠定了基础（见图7-22）。

图7-22　样板区的授牌及宣誓

华谋咨询在CTPM精益管理咨询项目推进过程中，强化组织班组内部培训，夯实企业管理基础，提高班组整体水平，把班组建设作为企业文化建设的实体单元，注重培养员工创新和积极参与管理的意识（见图7-23）。

图7-23 班组内部培训

（2）手把手辅导，确保落地效果。

在金洲精工组织的每期班组内部培训中，员工提出存在的问题并与华谋咨询进行沟通，汇报作业完成情况。华谋咨询会针对员工提出的一些专项问题，组织相关部门人员、车间主任、部门经理及生产副总进行沟通交流，有针对性地制定改善措施，及时进行现场辅导，确保效果落地（见图7-24）。

图7-24 项目沟通交流

（3）计划层层分解，确保辅导的连续性。

将年度计划分解成月度辅导计划，每期进行月度辅导前会确定月度辅导计划，在确定月度辅导计划后，安排好后3周的工作内容，确保月度辅导计划的落地性及连续性。

表7-1为部门TPI作业完成情况。

表7-1 部门TPI作业完成情况

项目	序号	内容及要求	责任部门	期限	自我评价	顾问评价
两大指标	1	按要求对设备的X轴和机械手进行清扫和注油，检查机械手拖链	推进办	持续	√	√
	2	按要求进行设备健康管理	推进办	持续	○	○
	3	记录各班组实际运行机台的运行时间	各班组	5月22日	√	√
	4	CNC24-3班按设备精度分级结果安排排产	推进办	持续	√	√
	5	修订已辅导的辅助设备点检、保全标准	各主管	6月9日	√	√
	6	修订微钻一线和铣刀线砂轮修正机清扫标准	推进办	6月9日	√	√
	7	辅助设备保全标准试运行	推进办	持续	√	√
油压系统运维管理	8	按要求推进油压装置运维事项	各班组（含油压班组）	持续	√	√
	9	设定并推进液压油计划供给改善目标	推进办	6月9日	√	√
传动系统运维	10	在辅导各小组的过程中，指出传动系统运维问题点，进行修订并完善	各班组	6月9日	√	√
	11	每个小组绘制1种类型的设备传动系统总点检图	各小组	6月9日	√	√
	12	传动系统运维手册任务分解（下期开始编写）	各主管	6月9日	√	√
设备部	13	第二届维保工具大赛方案策划	推进办	6月9日	√	√
	14	召开碰头会，各工序问题改善率平均完成75%以上——维修巡检问题已在碰头会上提出（有清单）	推进办	持续	√	√
模具制造部	15	模具的定期自主保养(6S、清扫、润滑)，要求有改善前后对比照片的PPT	推进办	6月9日	√	√
现场管理	16	完成刀具园区捆包室打造	推进办	6月9日	√	√
	17	完成刀具南区车间2F打造	推进办	6月9日	√	√
	18	其他问题点改善（老师现场提出的，详细内容见报告）	各主管	6月9日	√	√
部门TPI纠偏	19	根据报告中的"向后计划"推进	各主管	6月9日	√	√
智能装备事业部	20	做好现场验收准备，实时更新看板	推进办	6月9日	√	√
精益人才培养	21	人员确定/课程确定	各主管	6月9日	√	√

注："○"表示进行中，"√"表示已完成。

（4）手把手辅导，落实"传帮带"。

每期实施月度辅导计划时，华谋咨询都指出培训现场不合理的问题，并提供改善建议供整改部门相关人员参考。

（5）各项制度的建立促进培训现场CTPM精益管理的实施落地。

华谋咨询修订及完善了CTPM精益管理制度，金洲精工按照相关制度的内容开展了CTPM精益管理工作，促进了企业管理CTPM精益管理的实施落地。

（6）不定期督导、检查、沟通和评价，形成良性竞争的氛围。

华谋咨询导入"红牌作战"的方式对现场提出问题及整改建议，组织6S竞赛后，制定公司办公区及各单位生产区的加权系数。为了加强其他内容的管理，还加入了亮点事例、改善建议完成率及提案活动，再根据每月一次的评价内容对各区域进行奖励，不定期督导、检查、沟通和评价，形成良性竞争的氛围。

2.注重人才梯队建设

华谋咨询通过班组内部培训、"传帮带"等方式培养了一批综合型的管理人才，每个模块的导入都追求标准化，并最终形成金洲精工的制度，将CTPM精益管理融入公司文化。

3.CTPM精益管理在金洲精工开展的阶段性成果

（1）CTPM精益管理0～2阶段（2012—2013年）。

CTPM精益管理0阶段主要建立全员活动机制，实施管理标准化，建立革新基础并导入可视化标准、5S竞赛活动、"红牌作战"、提案活动、主题活动、班会制度、安全管理、看板管理等内容。

CTPM精益管理1阶段主要进行设备复原管理，针对样板设备进行彻底清扫，在清扫中进行设备点检，找到发生源、困难源及有疑问的地方，尝试使用对策解决发生源及清扫困难源，掌握初期清扫的本领，建立样板设备的清扫标准。在精益改善方面导入"快速换模"，同时继续开展班组内部培训。

CTPM精益管理2阶段全面开展所有设备的初期清扫，并在设备初期清扫中发现并改善发生源和困难源，创造舒适的作业环境，减少作业者的作业负荷，降低作业者的劳动强度，减少故障及各种损失，提高生产的稳定性。

通过系统打造、持续改善，现场制作亮点共239个，一般改善提案3739件，重点提案241件，提案有形效果金额达330万元，可视化标准86项，各生产线共改善10处主题现场的发生源和困难源，如改善CNC2000车间油雾，改善质检部掉环、掉料情况，改善A1000机床漏水情况，改善148车间油雾，改善模具车间漏油情况，改善刀具620车间油雾，较好地解决了困扰员工的现场工作环境问题（见图7-25）。除此以外，发生源和困难源改善亮点达到57个，改善点超过819个，开展主题活动20场，收益金额为100多万元。

图7-25 改善前后对比

（2）CTPM精益管理2~3阶段（2013—2014年）。

2013年继续开展CTPM精益管理2阶段，导入"WHY-WHY"分析、循环改善、看板拉动、微钻线OEE的方法（见图7-26），建立标准化作业，开展了"八大改善浪费"活动。

CTPM精益管理3阶段学习各种机器的注油教材，发现及改善设备注油不合理的情况，开发注油工具，提高注油效率；开展设备平均无故障工作时间（MTBF）、平均修复时间（MTTR）教育，班组内部培训的现场小组成员如实记录设备的故障情况，收集故障数据，提高设备综合效率。

2014年，华谋咨询共收到6213个提案，评选出重点提案253个，为金洲精工创造预期收益378万元；通过"WHY-WHY"分析、循环改善的方法，为员工提供解决问题的思路；对126个困难源、发生源进行分析及改善；通过"八大改善浪费"活动，发现及改善问题，共解决114处浪费点；通过微钻线OEE的方法取得了全部达标的优异成绩，开展主题活动19场，收益金额达179万元。

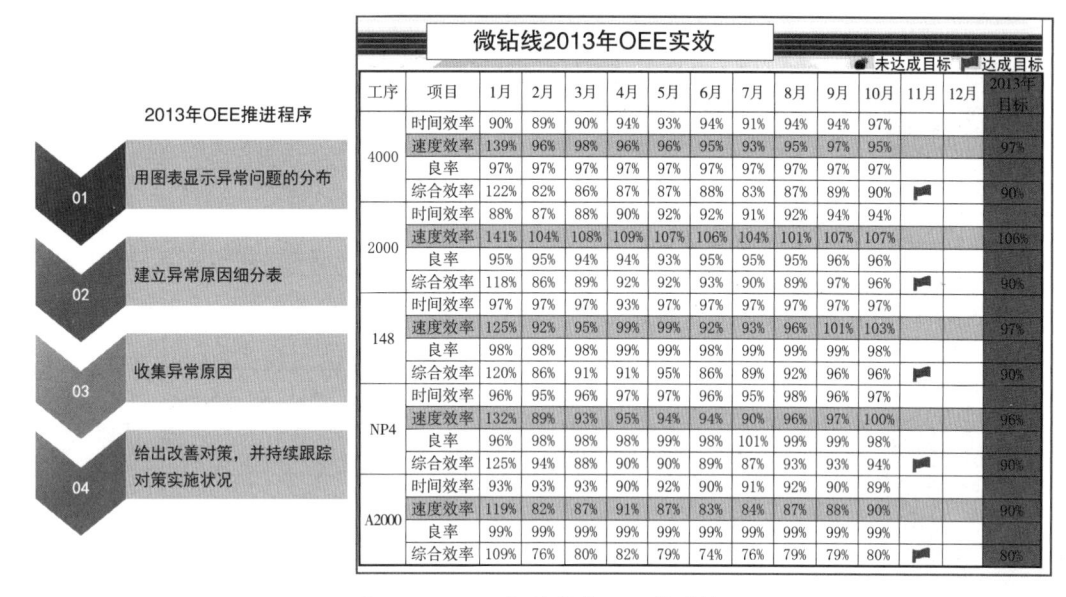

工序	项目	1月	2月	3月	4月	5月	6月	7月	8月	9月	10月	11月	12月	2013年目标
4000	时间效率	90%	89%	90%	94%	93%	94%	91%	94%	94%	97%			
	速度效率	139%	96%	98%	96%	96%	95%	93%	95%	97%	95%			97%
	良率	97%	97%	97%	97%	97%	97%	97%	97%	97%	97%			
	综合效率	122%	82%	86%	87%	87%	88%	83%	87%	89%	90%			90%
2000	时间效率	88%	87%	88%	90%	92%	92%	91%	92%	94%	94%			
	速度效率	141%	104%	108%	109%	107%	106%	104%	101%	107%	107%			106%
	良率	95%	95%	94%	94%	93%	95%	95%	95%	96%	96%			
	综合效率	118%	86%	89%	92%	92%	93%	90%	89%	97%	96%			90%
148	时间效率	97%	97%	97%	93%	97%	97%	97%	97%	97%	97%			
	速度效率	125%	92%	95%	99%	94%	92%	93%	96%	101%	103%			97%
	良率	98%	98%	98%	99%	99%	98%	99%	99%	99%	98%			
	综合效率	120%	86%	91%	91%	95%	86%	89%	92%	96%	96%			90%
NP4	时间效率	96%	95%	96%	97%	97%	96%	95%	98%	96%	97%			
	速度效率	132%	89%	93%	94%	94%	94%	90%	96%	97%	100%			96%
	良率	96%	98%	98%	98%	99%	101%	99%	99%	99%	98%			
	综合效率	125%	94%	88%	90%	90%	89%	87%	93%	93%	94%			90%
A2000	时间效率	93%	93%	93%	90%	92%	90%	91%	92%	90%	89%			
	速度效率	119%	82%	87%	91%	87%	83%	84%	87%	88%	90%			90%
	良率	99%	99%	99%	99%	99%	99%	99%	99%	99%	99%			
	综合效率	109%	76%	80%	82%	79%	74%	76%	79%	79%	80%			80%

2013年OEE推进程序：
- 01 用图表显示异常问题的分布
- 02 建立异常原因细分表
- 03 收集异常原因
- 04 给出改善对策，并持续跟踪对策实施状况

图7-26　2013年微钻线OEE推进情况

（3）CTPM精益管理4阶段（2015—2017年）。

2015年开展CTPM精益管理4阶段。在员工方面，金洲精工的员工学习设备结构、功能、正常基准，掌握点检技能，提升异常发现能力。在设备方面，金洲精工的员工发现设备复原关键部位的脆弱性，提高其稳定性；改善设备点检的困难部位及进行目视化管理，使设备点检更加容易，建立每台设备的管理履历，进一步提升设备预防保全、改良保全能力，循环改善、看板拉动、微钻线OEE等方法有明显的成效。

2015年，华谋咨询共收到6876个提案，评选出重点提案274个，为金洲精工创造预期收益356万元，开展主题活动24场，收益金额达220万元，编制完成设备点检指导书（见图7-27），梳理CTPM精益管理各类教材27份。

2016年，华谋咨询共收到4786个提案，评选出重点提案224个，为金洲精工创造预期收益501万元，开展主题活动19场，收益金额达246万元。

2017年，华谋咨询共收到6257个提案，评选出重点提案286个，为金洲精工创造预期收益774万元，开展主题活动18场，收益金额达30万元。

图示	序号	部位名称	定点小序号	项目名称	定标准	定状态	定方法	定周期	定人
					浇铸机设备点检标准				
				编制单位：基础材料事业部 编制：李*仨 审定：彭*生 文件生效日期：2020.1.5 文件编号：0010 文件版本：01 页次：总1页 第1页					
	1	电源控制系统	1	电源指示灯	指示灯绿光闪烁	运行	目视	1次/天	操作工
			2	温度显示表及热电偶	仪表显示正常，温度值显示正常	运行	目视	1次/天	操作工
			3	紧急停止	按下设备是否能停止	运行	试运行	1次/天	操作工
	2	液压系统油泵	4	油泵	油泵启动是否正常	运行	目视	1次/天	操作工
			5	下锡阀	下锡阀是否能正常运转	运行	目视	1次/天	操作工
	3	浇铸模具	6	浇铸开合是否正常	运行无异常	运行	目视	1次/天	操作工
			7	模具合模是否存在缝隙	运行无异响，无缝隙	运行	目视	1次/天	操作工
	4	电机和翻转	8	电机	运转平衡，无异常声音	运行	耳听	1次/天	操作工
			9	限位器	运行上行时收线盘停止，运行下行时收线盘转动	运行	目视	1次/天	操作工
	5	设备清洁	10	设备外观	设备生产区无杂物油污	运行	目视	1次/天	操作工

图7-27 设备点检指导书（部分）

（4）CTPM精益管理5阶段（2018—2021年）。

2019年开展CTPM精益管理5阶段。在员工方面，金洲精工的员工学习设备结构、功能、正常基准，掌握点检技能，对设备故障进行分析、预防改善，提高设备自主管理的能力。在设备方面，金洲精工的员工提升设备管理和设备专业技能，提高设备运行的稳定性；改善设备点检困难部位及目视化管理，使设备点检更加容易，建立每台设备的管理履历，进一步提升设备预防保全、改良保全的能力，继续提高CTPM精益管理方面设备效率和单机产出。

2018年，华谋咨询共收到7048个提案，评选出重点提案253个，为金洲精工创造预期收益414万元。

2019年，华谋咨询共收到7286个提案，评选出重点提案246个，为金洲精工创造预期收益426万元，开展主题活动18场，收益金额达218万元，设备故障率下降17.8%。

2020年，华谋咨询共收到7986个提案，评选出重点提案248个，为金洲精工创造预期收益446万元，开展主题活动24场，收益金额达207万元，设备故障率下降10.1%。

2021年，华谋咨询共收到8816个提案，评选出重点提案287个，为金洲精工创造预期收益487万元，开展主题活动21场，收益金额达287万元。

（5）CTPM精益管理6阶段（2022—2023年）。

2022年开展CTPM精益管理6阶段——品质工程SQM，通过升级TPM看板、完善品质控制工程图、遵守销售目标管理系统（SQM）标准、编制Q-TEST、分析品质事故、运营品质会议、挑战设备产品通道改善活动等，实现设备突发故障"0化持"、设备突发不良"0化持"，从而满足客户对高品质生产的需求。

2022年，华谋咨询共收到8216个提案，评选出重点提案269个，为金洲精工创造预期收益475万元。

2023年，华谋咨询为金洲精工开展主题活动23场，创造收益176万元，编制完成SQM标准遵守书、QC工程图，梳理CTPM精益管理各类教材32份。

五、总结与建议

通过CTPM精益管理可以看到金洲精工发生的变化，一共有6小点。

1.进一步提高敏锐捕捉问题、自主解决问题的能力

华谋咨询选派了经验丰富的顾问团队全力辅导金洲精工推进CTPM精益管理的工作。华谋咨询通过11年的辅导，不断提升金洲精工的能力，改善部分指标。

通过图7-28至图7-30，我们可以看到金洲精工在各个方面都有了明显的提升。一是华谋咨询采用了符合金洲精工特点的辅导方法，善于启蒙、引导，方法得当、有效；二是各级管理人员发现问题的能力、组织开展工作的能力得到了提高；三是通过"红牌作战"、小组活动、提案活动、主题活动等形式，不断提高岗位职工敏锐捕捉问题、自主解决问题的能力，不断增强全员的参与意识。

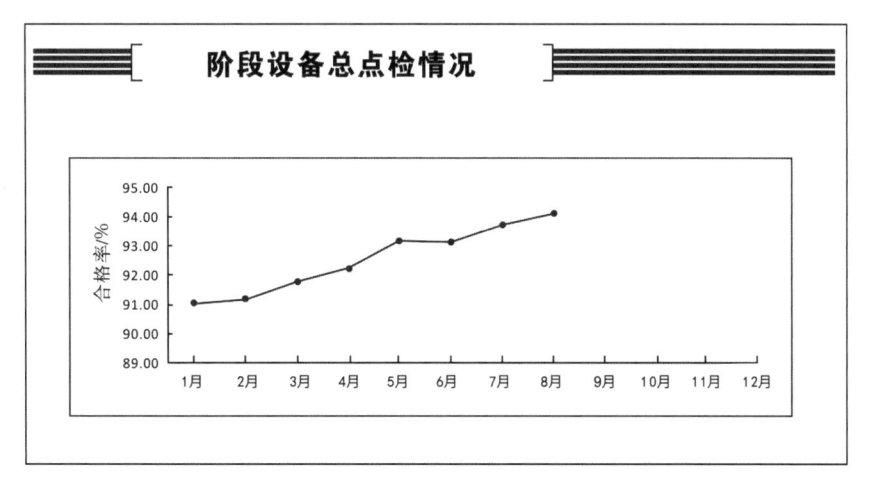

图7-28　2015年1～12月一次合格率情况

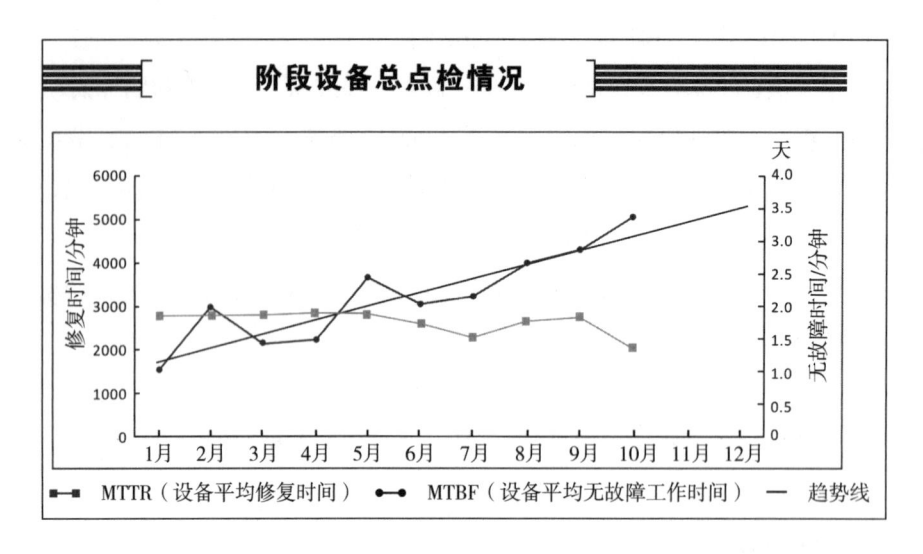

图7-31　2013年公司全部设备MTTR、MTBF点检情况

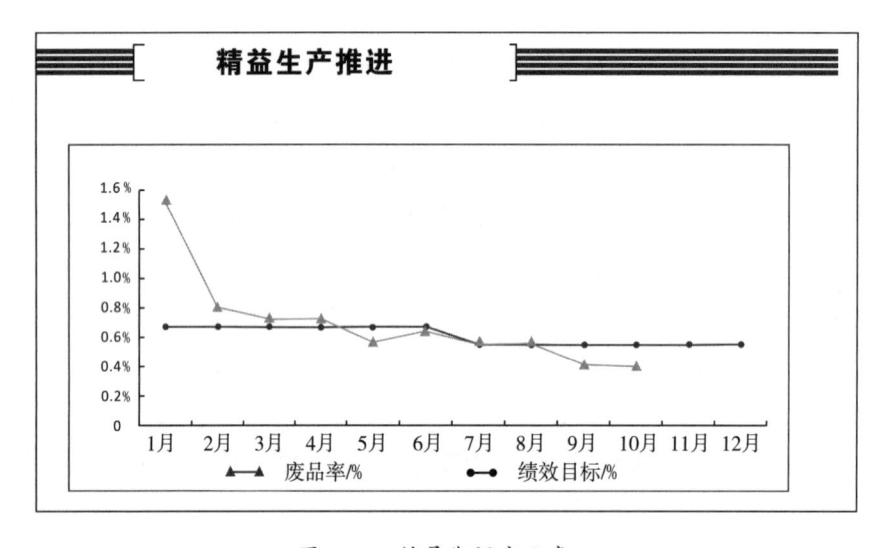

图7-30　辅导期间废品率

2.逐步培养自主改善意识

金洲精工全体员工的自主改善意识贯穿整个CTPM精益管理过程，是成功开展CTPM精益管理工作的重要标志，提案改善亮点是自主改善意识的直接体现。金洲精工通过持续的CTPM精益管理辅导，创造了一批优秀的亮点事例，实现了生产现场的设备、物料、工具等物品规范化管理，管理成果见表7-2。

表7-2 CTPM精益管理成果

序号	改善项目	改善幅度/成果	金额
1	不要物清理	3吨	
2	现场创出空间面积	110平方米	
3	CTPM精益改善亮点	1029个	
4	CTPM精益可视化标准制定	95件	
5	不合理点挖掘	7557个	
6	一般提案	78165件	
7	重点提案	2868件	5032万元
8	QC主题活动	38场	3098万元
9	生产效率提升	35%	
10	管理看板制作	27块	
11	MTBF提升229%	从1540小时提升至5064小时	
12	MTTR降低16.7%	从1.8小时降低至1.5小时	
13	废品率降低66.7%	从1.5%降低至0.5%	

3.进一步提升岗位职工的凝聚力

CTPM精益管理工作强调通过小组活动来调动员工的改善积极性，通过员工参与小组的改善活动来建立群众基础。在生产现场，小组成员涉及生产操作人员、设备维护管理人员、品质检验员等，通过CTPM精益管理小组活动鼓励小组全员积极参与、踊跃发言，利用小组活动对工艺参数、设备中存在的问题进行分析，人力资源小组组织实施整改，最后选出最优方案，为各级人员建立了沟通的渠道和协同作战的平台，进一步增强了全体员工的凝聚力和向心力。

4.CTPM精益管理与降本增效相得益彰

虽然华谋咨询提倡的降本增效工作体现在方方面面，但落脚点还是体现在"抓细节、抓精细、抓精准"。CTPM精益管理通过提案、主题活动的形式调动员工对生产现场设备、工具等物品利用率进行改善的热情，通过实施各种改善活动降低物品损耗，减少设备故障，提高物品循环利用率，增强节约意识，降低成本，增加效益。在推进CTPM精益管理工作中，华谋咨询坚持把CTPM精益管理与降本增效充分结合，不但降低了成本，而且增强了一线职工降本增效的意识。

5.有效推进全体员工建设自主创新体系的能力

CTPM精益管理涉及生产现场的材料、设备、环境、安全、管理方式等内容，通过建立改善机制和激励机制，调动全体员工参与改善的积极性；通过现场看板展示优秀的改善提案、主题，现场开展改善提案工作，宣传现场改善工作，建立全体员工自主创新平台的连接渠道，有效地提高了全体员工建设自主创新体系的能力。

6.管理水平和经济效益逐步体现

经过持续的CTPM精益管理推进，金洲精工的管理水平得到了显著提升，培养了一批综合型的生产管理人才，生产效率每年以20%以上的幅度提升。良好的激励机制使公司和员工共同受益，公司对员工多次进行月度双薪的激励，员工流动率低，形成了良性的企业文化氛围。

通过CTPM精益管理的实施，华谋咨询对金洲精工的生产管理体系进行了全面优化和改进，帮助其提高了生产效率和质量水平，减少了浪费，提升了客户满意度和市场竞争力。我们建议金洲精工在今后的生产过程中继续贯彻执行并持续改善CTPM精益管理体系，不断提高团队效能和职业水平。

六、项目寄语

通过本次CTPM精益管理咨询项目的实施，金洲精工的生产流程得到了优化，质量水平得到了显著提高，生产效率得到了提升，客户满意度得到了提高。公司的员工获得了更多的培训和发展机会，进一步提升了团队效能和可持续性。这次项目取得的成功为金洲精工提供了一个更加高效和可持续的生产管理体系，为公司的长期发展奠定了坚实的基础。

第五节 神木电化六力班组建设咨询案例

华谋咨询技术（深圳）有限公司

一、背景介绍

1.客户基本情况

陕西煤业化工集团神木电化发展有限公司（简称"神木电化"）位于陕西省榆林市神木市店塔镇草垛山村，总占地面积53万平方米，是由陕西煤业化工集团神木煤化工产业有限公司和陕西神木煤电化资产运营有限公司（原国家能源集团陕西神木发电有限责任公司）共同投资设立的，主要从事电石、水泥、建材、型煤、供热、电力的生产与销售。

2.项目背景

项目名称：六力班组建设咨询（简称"六力班组"）。

执行方：华谋咨询。

目的：神木电化在激烈的市场竞争中为了提升公司的综合实力和竞争优势，提出建立六力班组。神木电化通过六力班组的建设，全面提升公司的综合能力和管理水平，实现可持续发展。

实施时间：自2021年持续辅导至今。

二、问题诊断

1.问题描述

神木电化为了提升公司的综合实力和竞争优势，在日益激烈的市场竞争中站稳脚跟，需要建立强有力的班组管理机制，提高班组的组织力、执行力、创造力、学习力、文化力和制造力。然而，在实际过程中，神木电化发现很多班组存在工作不协调、沟通不顺畅、质量管理不严格等问题，导致公司的生产效率降低、产品质量下滑和客户满意度下降。

2.咨询需求

希望华谋咨询从组织、管理、员工培训等多个方面提出建议，自下而上打造班组文化，提升企业文化；将班组培训从管理要求转变成改善需求；提升班组自主管理的能力，公司指标持续提升；确保公司各项管理流程的执行。

3.问题分析

华谋咨询通过走访多个地方和调查不同方面的数据并对其进行分析，了解到神木电化不能迅速适应市场的变化，以及班组内部管理不到位等问题主要源于班组内部人员之间的交流不足，具体问题如下：

（1）细化了流程和规则却无法保障执行。

神木电化有一套标准作业流程，却经常出现人为失误；有6S管理标准，现场却一片狼藉；有品质管控要求，却总是执行不到位。

（2）明确了绩效指标考核却无法起到激励作用。

明确了绩效指标考核，员工却没有参与的积极性；现场6S管理标准有奖罚机制，员工却毫不在意，得过且过。

（3）培训管理制度被现场基层员工当作负担。

职能部门的培训设计与现场需求总是存在差异，无法解决现场的具体问题。

（4）企业文化建设如火如荼，基层员工却很少参与。

神木电化设计了不少宣传口号，梳理了诸多文化理念，却总是停留在上层，没有把理念传递到基层。

（5）明确了战略目标却不一定能实现。

班组生产绩效的指标提升缓慢，影响公司完成年度经营目标。

三、解决方案

1.解决思路

针对神木电化面临的问题，华谋咨询提出了一系列改进班组管理的建议。

（1）梳理组织力，建立科学的组织架构。

根据神木电化的市场定位、人力资源现状和当下的生产运行模式，建立班组组织架构，明确公司的最小管理单元和层级。

（2）强化执行力，落实各项标准与规范。

以建设班组执行力为契机，在班组内部建立检查标准与机制，将各项管理标准与规范落实到班组的日常管理工作中。

（3）提高创造力，发挥全体员工的创新能力。

在改进班组管理过程中，从发现问题到探讨问题，再到解决问题，直至形成一套完整的制度与流程。

（4）推动学习力，将学习从上级任务转变成解决问题的工具。

以问题为导向开展学习工具的培训与应用，真正帮助基层员工理解学习的目的，让基层员工主动梳理现场的知识点，丰富自己的知识库。

（5）打造文化力，营造"比学赶帮超"的氛围。

借助班组过程管理标准化，并与班组文化宣传平台相结合，自下而上提升班组的文化活力。

（6）提升制造力，建立目标管理机制。

定期梳理更新班组制造力指标群，以提升指标为导向落实班组机制运行。

（7）在公司层面建立班组建设保障机制，助推班组管理持续闭环。

在公司层面围绕班组评价、班组长选拔和班组激励等几个方面建立相应的管理标准和管理流程，实现公司班组建设标准化、规范化。

2.实施六力班组计划

华谋咨询在咨询项目过程中决定实施六力班组推进计划，对每年的预期做出定性的目标说明，从战略层面厘清神木电化未来的管理战略方向。

华谋咨询开展"细部计划"需要制作150页的细部小模块的操作方案，每一个小模块从导入流程规划、培训、现场实践、改善制作、总结验收等环节进行细节化设计，确保操作层面上可以有效落地。

四、实施过程

1.推进六力班组的主要模块

六力班组的管理模式将神木电化各层级对班组建设和管理的期望进行有效融合，总结提炼出六力要素：组织力、执行力、创造力、学习力、文化力和制造力，并将各要素紧密联系起来。

2.六力班组的推进方式

明确六力要素之间的依托关系，形成一个完整的班组建设模型并用于指导班组建设工作。

六力班组推进工作采取PDCA循环模式进行，先确定样板区再开展培训，华谋咨询在培训过程中进行指导，然后通过制定计划、实施计划、检查实施的计划、改善提高跟踪环节，循环巩固该模式。

表7-3为神木电化六力班组建设推进方案。

表7-3 神木电化六力班组建设推进方案

序号	零件区分	零件编码	项目模块分解	目标说明	目标、标准、制度、表单及输出	第一阶段 M1 M2 M3 M4 M5 M6 M7	第二阶段 M8 M9 M10 M11 M12
1	其他班组开展六力班组建设项目推进组织设计与建设	1.1	1.第一批六力班组建设的持续开展	持续按照六力班组建设的管理模式进行班组建设			
		1.2	2.确定第二批六力班组	确定两分厂的第二批六力班组			
		1.3	3.辅导内训师对第二批六力班组建设的推进工作	按照六力班组的推进步骤，内训师进行推进执行，顾问教师采取辅助的方式协助			
		1.4	4.确定第三批六力班组	确定两分厂的第三批六力班组			
		1.5	5.辅导内训师对第三批六力班组建设的推进工作	按照六力班组的推进步骤，内训师进行推进执行，顾问教师采取辅助的方式协助			
		1.6	6.里程碑活动	第二批六力班组的班会竞赛活动与总结组、第三批六力班组的班会竞赛活动与总结	班会竞赛活动与总结		
2	优秀班组长的培养与体系建设、内训师的培养与体系建设（TTT体系）	1.1	1.班组长培训开展	四个阶段优秀班组长课程的培训与实操活动的开展			
		1.2	2.班组长的评价活动	四个阶段过程中，每个阶段的优秀班组长评价活动	建立管理制度、考评表，培训出30%以上的合格内训师		
		1.3	3.班组长管理体系建设	班组长培训体系的建立（管理制度、考评表）			
		1.1	1.第一阶段（基础阶段）	管理理论+管理书籍阅读			
		1.2	2.第二阶段（提升阶段）	六力班组全套理论+实践知识			
		1.3	3.第三阶段（项目阶段）	个人报告思维+报告制作能力+发表能力	建立管理制度、考评表，培训出20%以上的合格内训师		
		1.4	4.内训师管理体系建设	革新改善能力+二级管理知识和技术知识课程开发具备项目活动+组织开展公司级项目活动的能力			
3	星级班组的建立和管理标准化	1.1	1.星级班组的建立与考评机制建立	内训师培训与管理体系的建立（管理制度、考评表）			
		1.2	2.开展星级班组的辅导培训	星级班组的选拔与星级班组开展辅导培训工作			
		1.3	3.星级班组的五型班组建设	对评选出来的星级班组的开展情况，依据星级班组的管理内容与实施情况，推进五型班组建设（各型班组至少一个班组达成评选要求）	建立管理制度、考评表，评出五型班组3~4个，五佳班组3~4个		
		1.4	4.星级班组的五佳班组评选活动	开展五佳推进五佳班组的评选活动（各星级班组至少一个班组达成评选要求）			
		1.5	5.建立星级班组的管理标准化体系	阶段化推进星级班组管理体系建设、将班组项目推进向更高管理层次（管理制度、考评表）			
4	项目验收	1.1	1.现场评比开展与总结报告评比	优秀班组长培养，内训师可独立开展培训工作，星级班组每月评选的方式产生	输出班组建设的全套制度与开展方案		

注："■"为甘特图表达时间进度的方式。

（1）认识到位是前提——培训先行。

2021年3月底，神木电化董事长及总经理带领公司各部门领导参与六力班组的正式启动会（见图7-31）。神木电化成为首家推进班组建设的入阶企业。随着六力班组建设的逐步推进，华谋咨询完成了在推进管理体系中的创新与突破，明确了工作内容指标化、工作要求标准化、工作步骤程序化、工作考核数据化、工作管理系统化的目标。

图7-31 六力班组建设启动会

（2）组建六力班组推进团队。

华谋咨询为了能够更好地推动神木电化的发展和实现战略目标，提高项目的成功率，加速项目进程，提高资源利用率，需要在神木电化内部组建六力班组推进办。因此，神木电化需要选拔一批高素质、高能力的人员来搭建六力班组推进办，他们应该具有较强的专业能力和领导力，能够协调各个部门和团队之间的合作，推动项目顺利实施（见图7-32）。

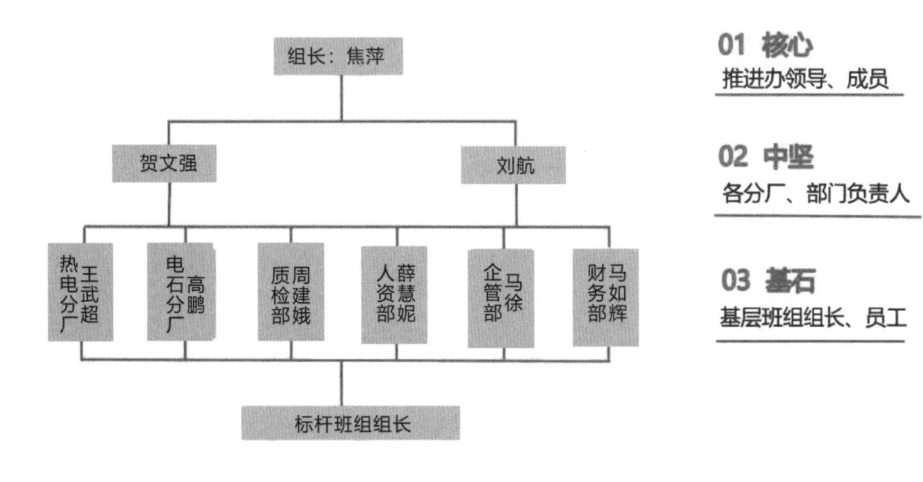

图7-32 六力班组推进办

（3）选定样板班组。

为了更好地明确标准，华谋咨询需要从业绩突出、制度健全、团队协作好、管理能力强的维度选定样板班组作为示范六力班组，在其他班组中推广和复制样板班组的优秀经验和做法，从而提高神木电化的班组建设水平，同时明确班组内部的组织分工和工作职责（见图7-33、图7-34）。

推进建设——选定标杆

部门	名称	班组	负责人
热电分厂	锅炉	烈火队	刘伟
热电分厂	汽机	旋风队	刘耀霞
热电分厂	电气	闪电队	徐高云
热电分厂	电气检修	雪豹队	刘宝山
电石分厂	一车间	飞扬队	姚勋
电石分厂	二车间	梦想队	郝云龙
电石分厂	三车间	追梦队	孟超
电石分厂	电气检修	超越队	刘斌
质检部	化验	奋进队	田瑞
企管部	企管部	梦想组	贺婧
人力资源部	人力资源部	启航队	薛慧妮
财务部	财务部	精益组	张水艳

01 树标杆 做示范 勇争先

02 求突破 攻坚克难 砥砺奋进

03 争一流 能力大提升 岗位大练兵 业务大比武

图7-33 示范六力班组标杆选定

神木电化六力班组建设标杆班组工作职责明细

小组名称	梦想组	精益组	启航队	奋进组	烈火队	旋风队	闪电队	雪豹队	飞扬队	超越队	梦想队	追梦队	工作职责
组员类别	组员姓名	组员姓名	组员姓名	组员姓名	组员姓名	组员姓名	组员姓名	组员姓名	组员姓名	组员姓名	组员姓名	组员姓名	
小组负责人（班组长）	×××	×××	×××	×××	×××	×××	×××	×××	×××	×××	×××	×××	×××
小组联络员	×××	×××	×××	×××	×××	×××	×××	×××	×××	×××	×××	×××	×××
小组文书	×××	×××	×××	×××	×××	×××	×××	×××	×××	×××	×××	×××	×××
小组组员（创造力）	×××	×××	×××	×××	×××	×××	×××	×××	×××	×××	×××	×××	×××
小组组员（创造力）	×××	×××	×××	×××	×××	×××	×××	×××	×××	×××	×××	×××	×××
小组组员（执行力）	×××	×××	×××	×××	×××	×××	×××	×××	×××	×××	×××	×××	×××
小组组员（组织力）	×××	×××	×××	×××	×××	×××	×××	×××	×××	×××	×××	×××	×××
小组组员（文化力）	×××	×××	×××	×××	×××	×××	×××	×××	×××	×××	×××	×××	×××
小组组员（学习力）	×××	×××	×××	×××	×××	×××	×××	×××	×××	×××	×××	×××	×××
小组成员	×××	×××	×××	×××	×××	×××	×××	×××	×××	×××	×××	×××	×××
小组成员人数	9	9	7	17	10	12	7	10	24	13	27	27	

1. 以小组负责人为核心； 2. 以班长、联络员、文书为指导； 3. 各力负责人分头实施、全员参与。

图7-34 团队组建

（4）健全班组制度。

在推进六力班组建设的过程中，华谋咨询根据推进工作需要，共修订完善了七项管理制度，建立了完善的制度体系，助推六力班组前期建设工作顺利进行（见图7-35）。

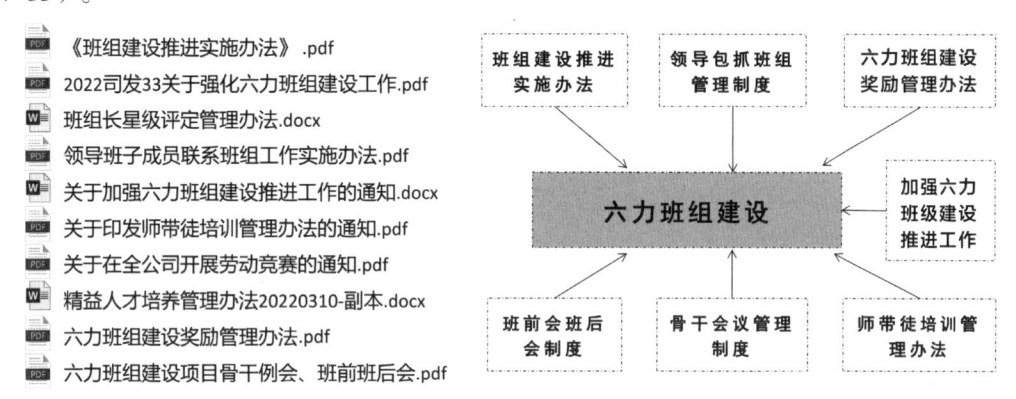

图7-35　七项管理制度

（5）每期计划分解成月度辅导计划并持续跟进实施。

将年度计划分解成月度辅导计划（见表7-4），执行每期月度辅导计划前对月度辅导计划进行确定。华谋咨询在确定月度辅导计划后，留下后3周的工作安排，确保辅导内容的落地性及连续性。

（6）手把手辅导，落实传帮带。

每一次的月度辅导计划，华谋咨询都会对六力班组按计划推进每个模块，从认识到位、全员参与，再到形成机制，最终具体落实到班组长培训、"师带徒"、改善提案、班组例会、岗位练兵、隐患排查、单点课培训、安全观察与沟通、QC主题活动、六项改善活动等每个模块，同时组织班组进行竞赛，如技能比武、班会竞赛、6S知识竞赛、安全知识竞赛、质量知识竞赛、乒乓球比赛、朗诵比赛等。

（7）建立班组建设闭环管理，制定六力班组评价标准。

华谋咨询在开始实操六力班组各个模块的同时建立了一套有效的班组评价标准，为开展班组建设工作和发展方向提供了参照和指引，通过对关键指标的统计和追踪，不断实现车间、工厂的发展目标，每月进行一次评价，再根据评价内容对各区域进行奖励，不定期督导、检查、评价，形成良性竞争的氛围。

表7-5为六力班组各个模块的工作内容。

表7-4 年度计划分解成月度辅导计划

序号	区分	项目	输出成果	责任部门 责任人	期限	推进打分
1	宣传看板	各标杆组更新4个六大力的活动信息	活动内容是3月份数据或活动展示	各标杆小组	5月20日	
2	PPT报告	按照顾问老师的PPT报告培训要求，完成4月六个大力及主题课题内容的更新	PPT报告完成，强调要结合现场神木电化开展的各项改善活动和培训活动（如盘点卡、修旧利废等），全部的改善图片和更新图片必须使用水印相机拍照	各标杆小组	5月20日	
3	组织力建设	各标杆小组落实班组骨干例会机制，每月召开1~2次组骨干例会各分厂大班组落实班组骨干例会机制，每月召开1~2次班组骨干例会	骨干例会内容纪要及照片骨干例会内容纪要及照片	各标杆小组各标杆小组	5月20日5月20日	
4	改善课题内容	各标杆小组的大班长带领小组团队完成标准化及下一步内容，将其展现在PPT报告中	改善课题项目完成	各标杆小组	5月20日	
5	班前班后会议	标杆小组每日开展班前班后会议活动	班前班后会议活动开展	各标杆小组	持续每日开展	
6	项目推进评价	每周2~3次，推进办专员任各标杆小组的班前班后会现场巡查开展情况	手机拍照片，标杆小组微信群发布	推进办	5月20日	
7	下期首次大会PPT报告	对各标杆小组完成的作业推进进行记录	各标杆小组推进评分	推进办	5月20日	
8	对看板、班会PPT报告进行收集整理	依老师通过的前次大会报告样板，完成下期首次大会议PPT报告	首次大会报告	推进办	5月20日	
		将标杆上组提交的任务全表、标准、推进点检表、进行收集整理，并对对标流程文件的工序进行汇总	归纳整理，将无对标流程文件的工序进行汇总	推进办	5月20日	
9	内训师作业	(1) 读书收获展现，完成第9~10章阅读，并整理进行汇总，以PPT形式展示	读书收获展示	内训师	5月20日	
		(2) 老师不在期间，每周由热电分厂、电石分厂、质检部3个分组循环检查一次，并按制度对各个班组班前班后会议情况进行点评、发微信群	班会开展照片、班会情况点评	内训师	5月20日	
		(3) 编制质检部分析仪器校准规程	校准规程	项**	5月20日	
		(4) 继续完善电石分厂员工行为准则	员工行为准则	乔**	5月20日	
		(5) 5W1H作业指导书及标准（出炉、巡检、电石发气量化验、原料）	5W1H作业指导书	邱**	5月20日	
		(6) 5W1H作业指导书及标准（质检部全作业过程）	5W1H作业指导书	山**	5月20日	
		(7) 5W1H作业指导书及标准（热点）	5W1H作业指导书	沈**	5月20日	
		(8) 5W1H作业指导书及标准（电气、发电机）	5W1H作业指导书	尸**	5月20日	
		(9) 完善热电分厂员工行为准则	员工行为准则	李**	5月20日	
		(10) 5W1H作业标准（检修）	5W1H作业指导书	王**	5月20日	
		(11) 交接班室管理标准，并张贴在交接班室	交接班管理标准	屈**	5月20日	
		(12) 交接班管理标准，并张贴在交接班室	交接班管理标准	任**	5月20日	
		(13) 多能工标准化相结合出制度方案	多能工方案	高**	5月20日	
		(14) 未参加本期设备管理培训的组班组长，由内训师进行二次培训	培训记录	李**、乔**	5月20日	
		(15) 对各分厂的六力班组建设的组织架构和战斗力指标做好明确	组织架构、战斗力指标	李**、乔**	5月20日	
10	班组长作业	(1) 战斗力要求：a.结合班组实际情况确定战斗力目标；b.由内训师指导、确认	战斗力指标清单	内训师、各班组长	持续开展	
		(2) 执行力要求：a.提供每周班（每周）的工作计划及跟踪表；b.内训师负责收集各班组作业并评价	周工作计划清单	内训师、各班组长	持续开展	
		(3) 各班长制作份作业指导书，要求包含5W1H要素	作业指导书			

表7-5 六力班组各个模块的工作内容

模块名称	工作条目	工作内容
班组建设闭环管理	导入目标管理机制，分解班组目标与计划	（1）辅导班组编写月度工作计划 （2）根据现场实际情况，辅导班组分别确定目标、指标
	建立月度汇报平台，实现闭环管理	（1）在工厂层面，由推进办牵头开展班组建设月度汇报工作，各车间优秀班组长积极参与其中，进行自我展示和汇报 （2）高层领导参与月度汇报平台，挖掘现场优班组骨干人才
	结合班组基础管理工具，持续解决瓶颈问题	借助班组六项改善工具——五步行动法，积极利用班组基础工具（单点课、提案改善等），不断解决班组在现场遇到的瓶颈问题
	建立金牌班组评价验收机制和评分标准	（1）指导建立标杆班组评价验收机制，确定评价范围、内容、流程、激励及相关表单等 （2）指导建立标杆班组评分标准，量化班组制造力、执行力、文化力等方面的表现 （3）将可评估的组织绩效指标引入评分标准 （4）指导实施标杆班组评价验收
	关键指标统计与跟踪	（1）根据企业发展战略及目标，选取重点关注指标 （2）对关键指标进行统计、分析和跟踪，整合结果并得出相关结论 （3）将关键指标的跟踪结果作为班组评价的评分依据之一

（8）样板班组成果验收。

示范班组达标验收依据《示范班组建设考评标准》，采取现场检查、查阅资料、听取班组汇报相结合的方式，重点从六力——班组的执行力、组织力、学习力、创造力、文化力和制造力六个方面，对12个示范班组进行严格细致的检查，逐项进行评分。

在验收过程中，评审组与分厂、中心管理人员、班组长、班组"五大员"展开深入交流，指出建设六力班组的意义、要点和整改完善的指导性意见，要求各班组把六力班组建设与中心工作相结合，与班组的工作实际相结合，强化特色六力班组建设。

此次达标验收，是对全年六力班组建设工作的一次检验，既总结了良好经验，又查找了存在的不足，明确了六力班组建设的重点工作方向。进一步扩大示范班组类型覆盖面，把六力班组作为衡量班组建设的标准，变"旗帜"为"尺子"，发挥示范引领和带动作用，让各类型班组有榜样可以学习，促进六力班组建设水平的整体提升。

评审组在验收后对本次验收的班组进行评价和表彰，提高员工对六力班组的认识，增强其他班组的推广意愿。

（9）六力班组全面推广。

通过神木电化的内部刊物、公司宣传栏等，发布六力班组的宣传资料，吸引其他班组的注意力，引导其他班组学习和宣传六力班组。同时，制定清晰的培训实施方法、验收计划，成立神木电化内部六力班组推进办，邀请六力班组的负责人和工作人员对其他班组的工作人员进行推广培训，传授六力班组的实施方法和操作技巧，帮助其他班组更快地掌握六力班组的实施方法，提高推广效率。建立推广效果考核机制，监督各个班组的推广进度和成果。在推广过程中，及时收集推广六力班组的反馈和意见，不断完善六力班组的实施方案，加大推广力度。

3.阶段性成果

神木电化通过引入六力班组建设目标管理机制，无论是自上而下还是自下而上都能够很好地实现闭环管理，这是六力班组建设工作可以持续开展并不断深化的重要基础。借助班组六项改善活动，提升班组成员的活力，同时解决基层班组的能力转化问题，实现现场管理和班组建设的完美融合。以六力班组为目标，建立一系列评价、汇报、改善、评比机制，提高全体员工的工作效率，改善全体员工的工作氛围，固化班组建设成果，同时，提高班组自主管理的能力，保证班组管理水平和员工能力素质的持续提升，形成有企业特色的班组建设文化，生产指标（产量、质量、效率、交期、安全、士气等指标）明显改善（见表7-6）。

表7-6　阶段性成果

有形成果	制定班组月度工作计划 汇编班组六项改善的成果 汇报班组月度材料 通过小组改善取得可衡量的结果 确定示范六力班组评价验收机制及评分标准细则 关键指标的收集、整理和分析的结果
无形成果	提升班组目标与公司发展战略相结合，更能满足公司需求 通过培养员工的改善意识，提升员工的工作能力 实现现场管理与班组建设相融合，形成强大合力，更有助于班组建设活动的展开和推进，各班组形成交流与竞争共存的良性氛围 量化示范六力班组评价标准，为示范六力班组验收提供科学依据 通过示范六力班组验收机制促进工作的有效实施，形成科学的管理闭环，使各项工作持续有效地落地 关键指标得到跟踪与重视，为公司战略决策提供科学依据

（1）12个示范班组2021年4月至2022年5月六力班组活动阶段成果跟踪。

累计的有形成果：已完成43项战斗力指标，各标杆班组开展了189次骨干会议，公司领导包抓会议共计开展11次。

累计的无形成果：养成了定期开班组例会、定期OPL点检的良好习惯，六力班组整体框架已经形成，奖励机制、班组考评机制、内训师包抓班组机制等已经逐步落实（见表7-7）。

表7-7 六力班组活动阶段成果跟踪阶段性成果

单位：次

活动成果事项	职能部门	电石分厂	热电分厂	活动成果事项	职能部门	电石分厂	热电分厂
骨干会议	42	96	51	6H治理点	2	61	42
领导包抓会议	4	4	3	工具开发	4	2	15
活动宣传	57	103	151	维修规范完善、制度编制	55	18	6
活动培训	72	37	69	OPL点检课	23	116	112
活动评比	18	3	18	战斗力指标开展	16	10	17

（2）公司组织劳动竞赛实行月度奖励、季度表彰模式。公司劳动竞赛考评小组每月根据各分厂、部门报上来的优秀个人、优胜班组名单进行审核，确定优秀个人、优胜班组名单，并在公司荣誉墙进行宣传。公司第一季度共评选出120名优秀个人、36个优胜班组（见图7-36）。

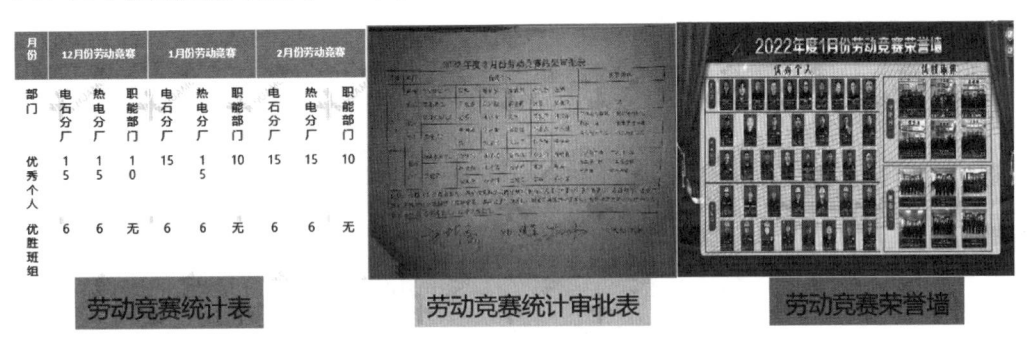

图7-36 劳动竞赛状况

（3）根据生产实际情况，六力班组每个季度开展一次公司领导包抓会议，累计提出125个问题，已解决118个问题，目的在于建立公司高层与基层交流的通道，发现班组建设中存在的问题，主动为员工推进解决问题的进度。每个季度的公司领导包抓会议结束后，各班组会形成会议纪要，整理问题清单给六力班组推进办，逐步落实推进解决问题。

（4）六力班组推进办为规范各分厂交接班的流程，根据生产实际情况，出台班前班后会制度，随后组织班前班后会竞赛。现阶段六力班组推进办内训师每周都会对各分厂班组交接班进行不定期监察，目的在于巩固班前班后会的竞赛成果。

（5）六力班组推进办于2021年6月第五期评选出6名专员标兵、2名优秀班组长，截至目前，共计评选出36名专员标兵、12名优秀班组长。从2022年3月开始增加评选4名内训师，在公司建立六力班组荣誉墙，目的在于提高班组人员参加班组建设的热情。

（6）六力班组推进办根据六力班组建设的阶段性成果，向中国设备管理协会就班组建设取得的成果进行了奖项申报，最终获得了金点子优秀案例卓越奖、现场管理看板奖。

（7）为了提升神木电化员工队伍的整体素质，公司在2021年3月开展了"师带徒"签约会，"以老带新、以新促老、共同进步"，真正实现"师带徒、传能带、强能力、共提升"的效果。

（8）12个标杆班组第一期共确认43项战斗力指标，已完成35项指标，剩余战斗力指标将在后期逐步达成。具体指标如表7-8所示。

表7-8 标杆班组战斗力指标完成情况

示范六力班组战斗力指标完成情况（电石分厂）					
序号	班组	负责人	指标名称	完成情况
1	电石一工段二班	姚勋	炉气温度	已达成
2	电石二工段一班	郝云龙	炉气温度	已达成
3	电石二工段一班	郝云龙	电极入炉深度	已达成
4	电石二工段一班	郝云龙	空冷后温度	已达成
5	电气检修班	刘斌	降低检修费用	已达成

备注：电石分厂4个标杆班组共计14项指标，已达成5项

示范六力班组战斗力指标完成情况（职能部门）					
序号	班组	负责人	指标名称	完成情况
1	人力资源部	薛慧妮	人工成本投入产出比小于10%	已达成
2	企管部	刘浩浩	完成各部室、分厂的部门职责条例	已达成
			完成内部控制管理手册	
			完成各部室主要工作流程编写工作	
3	财务部	张水艳	降低有息负债目标：4.3亿元	已达成
			降低退汇支付量目标：每月≤1笔	
4	质检部	田瑞	检验成本降低19.56%	已达成
			检验时效性提高12.5%	已达成

示范六力班组战斗力指标完成情况（热电分厂）					
序号	班组	负责人	指标名称	完成情况
1	热电电气运行四值	徐高云	10kV母线额定电压	已达成
2	热电锅炉运行四值	刘伟	煤泥掺烧比例	已达成
3	热电汽机运行四值	尚志伟	真空度	已达成
			供热温度满足≥90℃	
			设备CTPM通过率	
4	热电电气检修班	刘宝山	底部风扇改造	已达成
			新厂电缆软管更换	已达成
			分厂路灯加装	已达成

指标数据推移展示（部分）：

（1）指标一：降低有息负债完成情况。降低有息负债累计金额已达标，实际完成4.04亿元，超额完成400万元（见图7-37）。

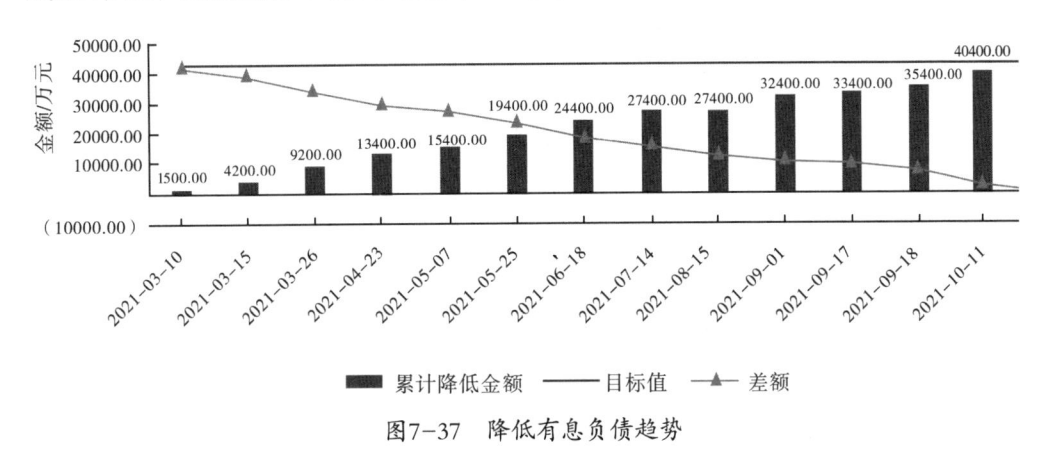

图7-37　降低有息负债趋势

（2）指标二：降低退汇支付数量。每月≤1笔（见图7-38）。

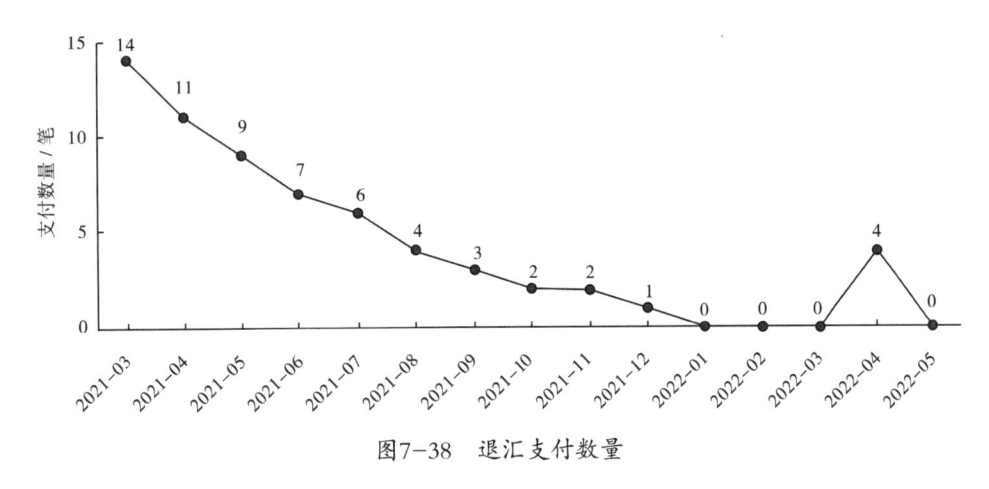

图7-38　退汇支付数量

五、总结与寄语

1.总结

六力班组建设有效地提升了公司的管理水平和竞争力，为公司的整体发展提供了强有力的支持，员工的工作效率得到了明显提高，工作风险得到了有效控制，对此，管理层表示满意。在六力班组建设过程中，神木电化通过引进先进的管理模式和技术手段，实现了管理效益最大化。

接下来还有以下地方需要完善及改进。

（1）将六力班组建设工作与神木电化要求创建的"五型""五佳"班组相

融合。

（2）创建班组星级管理制度、星级班组激励机制并给予一定的班组经费，激发基层员工的潜力。

（3）以内训师和集团班组长培训为抓手，建设一支"技术精、能力强"的基层管理团队，确保班组标准化管理全覆盖。

（4）成立公司班组标准化管理专班，形成上下联动、全员参与、常态化的管理工作机制。

（5）出台班组"红黑榜"管理制度，奖优惩劣。

（6）引进班组工作积分制，调动员工的积极性，发扬正能量，提高员工的综合素质，关注员工长期成长，实现班组精细化管理。

2.寄语

通过本次六力班组的实施，神木电化的班组管理水平得到了显著提高，生产效率得到了提升，员工获得了更多的培训和发展机会，提高了团队效能和可持续性。这次项目实施取得成功，为公司提供了一个更加高效和可持续的生产管理体系，为公司的长期发展奠定了坚实的基础。

第六节　烽火通信EPROS流程管理平台应用实例

深圳市杰成合力科技有限公司

一、项目背景

烽火通信科技股份有限公司（简称"烽火通信"）是中国信息通信科技集团旗下上市企业、国际知名的信息通信网络产品与解决方案提供商及科学技术部认定的国内光通信领域"863"计划成果产业化基地和创新型企业。

随着烽火通信规模的不断扩大以及规范化管理需求的日益突出，公司决定从2009年开始推行公司流程管理与变革。随着变革的推进，很多与流程建设及管理相关的问题不断暴露，迫切需要一个统一的流程管理平台作为公司流程建设及管理的载体，实现流程设计、流程发布、流程展示与查询以及流程优化管理等功能的规范与统一，这也是烽火通信对流程管理平台的基本功能定位。

在确定了流程管理平台的功能需求和定位的基础上，烽火通信通过各种渠道找到多款业界领先的流程管理平台的提供商，它们分别是来自欧洲、美国以及中国的专业公司。烽火通信对这些供应商的管理咨询背景及平台应用实践等进行了初步调查、分析和认证工作，并邀请部分专业公司来烽火通信办公的地方进行流程管理平台的介绍以及管理思想和执行方案的沟通。

烽火通信在和部分专业公司多次沟通和了解后，最终选择试用其中两家供应商的流程管理平台，其中包括欧洲某供应商提供的流程管理平台，以及中国的深圳市杰成合力科技有限公司（简称"杰成合力"）提供的EPROS流程管理平台。经过一段时间的试用，烽火通信基本了解了这两个流程管理平台的特点和功能，综合考虑两家公司的专业背景、系统功能、服务能力、商务条款等，重点结合烽火通信的现状以及未来可预期的流程建设需求和实施落地的可行性，对两个流程管理平台的供应商进行了量化评分，最终输出一份试用评估报告。

根据试用评估报告，烽火通信初步选定了由杰成合力提供的EPROS流程管理平台，同时给出了一份详细的《烽火通信EPROS流程管理平台的可行性分析报告》。最终，烽火通信决定选用杰成合力的EPROS流程管理平台。

二、项目实施

1.实施背景

考虑到烽火通信实际流程管理的成熟度，以及员工对新事物的接受程度，在杰成合力的建议下，决定采取"点—线—面"的推行策略，先进行局部试点，成功后再逐步推开。

2.实施过程

（1）EPROS流程管理平台的局部试点。

在EPROS流程管理平台搭建完成后，烽火通信在公司内部着手选择EPROS流程管理平台的试点部门及其他相关准备工作。烽火通信经过多方面考虑，初步选定公司的采购中心作为首个EPROS流程管理平台的试点，并与采购中心领导进行了深入沟通，取得了其大力支持。

为了确保EPROS流程管理平台试点的成功，烽火通信的流程管理部门专门委派一名流程管理专家帮助采购中心进行流程建设，并与采购中心同事一起组建采购中心流程建设项目组。流程管理专家帮助采购中心进行EPROS流程管理平台的建设，同时负责咨询、辅导其他工作，还负责EPROS流程管理平台的应用培训及实践辅导，目的在于帮助采购中心进行流程梳理的同时确保EPROS流程管理平台的落地。

采购中心EPROS流程管理平台的试点工作与采购中心流程建设同步进行，历时6个月。6个月后，EPROS流程管理平台与采购中心的流程建设成果显著，采购中心流程架构通过EPROS流程管理平台得以分层、分级并通过可视化呈现，采购中心所有流程均在EPROS流程管理平台上操作，标准统一、界面清晰，采购中心所有员工在全球任何一个有网络的地方均可登录、查阅采购中心的业务流程。

（2）EPROS流程管理平台的逐步推广和实施。

在烽火通信年度流程建设工作总结汇报会上，采购中心流程建设项目经理代表采购中心流程建设项目组，向公司高层领导汇报了整个采购中心流程建设工作，重点汇报并现场演示了EPROS流程管理平台应用所取得的成果，得到了公司高层领导及其他部门领导的一致认可。

总体来说，采购中心的EPROS流程管理平台的试点工作得到了认可，也验证了EPROS流程管理平台在烽火通信的适用性。在烽火通信领导的要求下，着手由"点"向"线"推广，开始选择下一批试点单位。

烽火通信的采购中心树立了很好的流程建设标杆，其他部门也主动要求使用EPROS流程管理平台。流程管理部门根据总体工作策略和要求，结合相关部门流程建设的准备情况，分批次选择EPROS流程管理平台上线至不同的部门，并将EPROS流程管理平台的应用作为部门流程建设的一项重要指标要求，融入部门流程建设年度考核，实现EPROS流程管理平台的有效落地。

（3）EPROS流程管理平台推广实施的流程图。

在整个EPROS流程管理平台的试点和逐步推广过程中，在杰成合力的指导和帮助下，烽火通信的流程管理部门做了大量的准备、过程辅导、培训和优化功能工作，整理出对业务部门应用EPROS流程管理平台很有价值的流程图。

①EPROS流程管理平台流程设计直观展现业务流程各环节的工具，采用标准化符号，清晰描绘活动、决策点、输入输出及责任主体，助力企业优化流程，提升效率与管理水平（见图7-39）。

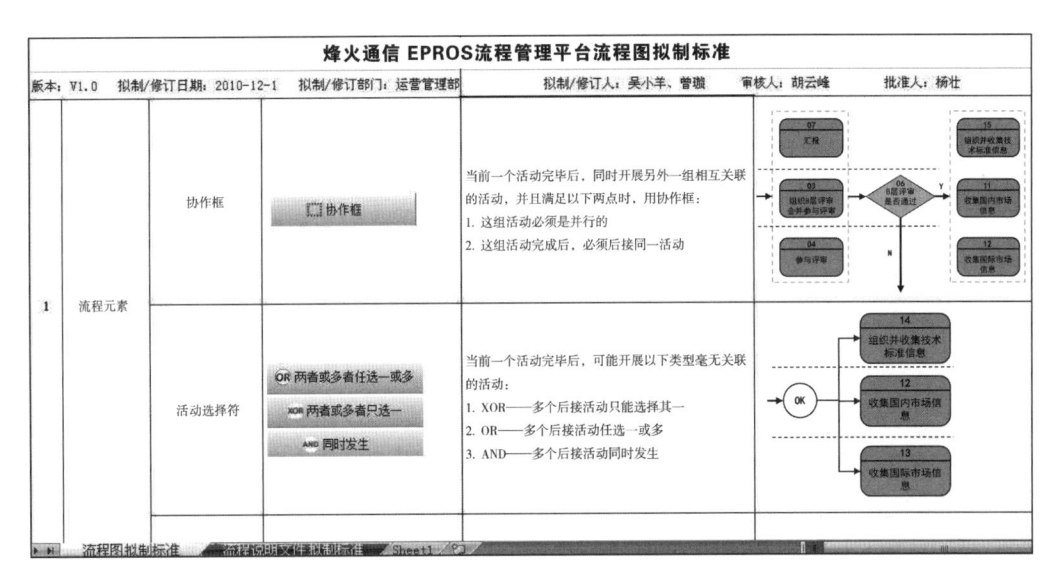

图7-39 EPROS流程管理平台流程设计元素的标准

②通过制定EPROS流程管理平台流程说明文件详细阐述流程的分类、编辑、特别说明、案例等信息，确保流程标准化、透明化，为流程设计提供清晰指导（见图7-40）。

图7-40　EPROS流程管理平台流程说明文件

③EPROS流程管理平台功能视频培训以系统、直观生动的方式展示流程设计方法，深入浅出讲解各项功能模块，使用户快速掌握应用技巧，提升工作效率，实现数字化管理工具的高效利用（见图7-41）。

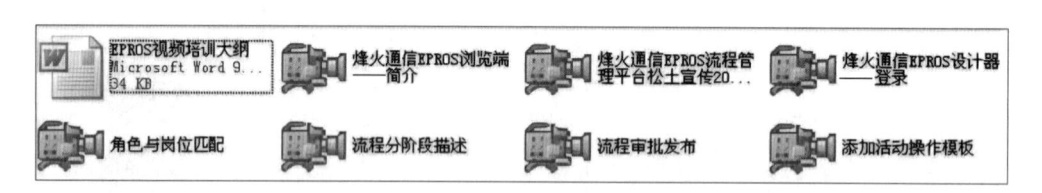

图7-41　EPROS流程管理平台功能视频培训文件

④EPROS流程管理平台的推行分别从准备、执行、总结三个阶段进行部署，通过平台落地应用，实现企业流程管理工作的规范化、透明化和持续优化（见图7-42）。

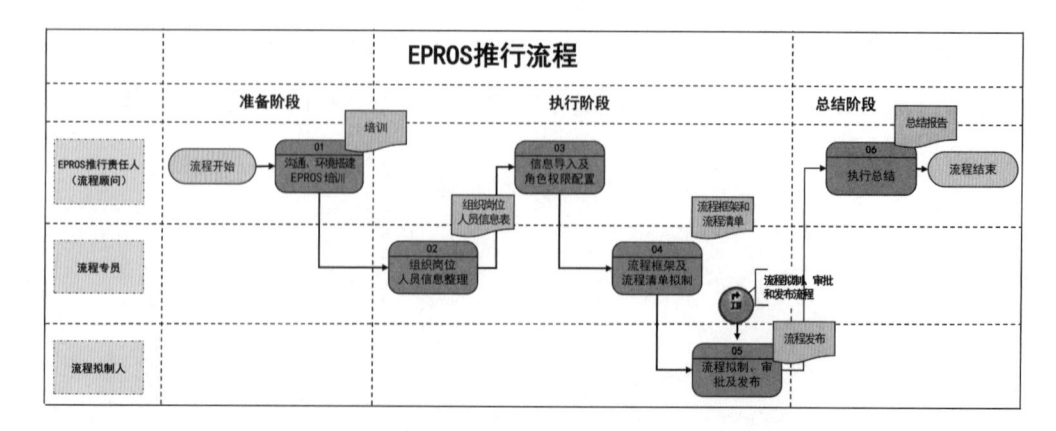

图7-42　实施EPROS流程管理平台的推行流程

三、项目成果

EPROS流程管理平台助力烽火通信实现流程资产化，杰成合力助力烽火通信推进流程化建设，打造以客户为中心的流程化组织。

EPROS流程管理平台主要从以下几个方面助力烽火通信成为更灵活、更合规、更高效的流程化组织，以应对商业环境的快速变化。

1.奠定流程基础，修炼内功

烽火通信将基于自身的战略与商业模式，建立端到端的流程体系，使用EPROS流程管理平台，通过工具统一、规范统一、方法统一、规则统一，实现流程可视化、标准化、集成化，将烽火通信积累的优秀流程资产转化为生产力，为流程建设奠定基础。

2.组织适配流程，提高效率

基于EPROS流程管理平台，烽火通信可以定义组织的职责与权限，实现组织与流程相互配合，减少流程中冗余的活动和角色，提高效率。

3.精确到岗，精准赋能

烽火通信可以将优势业务的实践经验固化到流程和模板，使流程角色关联组织岗位，自动生成岗位说明书，为员工提供流程导航，实现精准赋能，提高人才培养的能力。

4.流程变革例行化

流程的维护责任可以分解到各部门的流程管理员，他们可以监控流程的时效性——根据业务的变化及时优化公司流程，将流程变革例行化。

5.融合多体系，将各管理要素融入流程

EPROS流程管理平台将制度、风控、合规、各类标准的管理要素融入烽火通信的流程，有效避免"多张皮"导致管理资源浪费、管理成本居高不下等问题。

6.为数字化转型提供流程基础

数字化转型涉及业务梳理、标准制定、数据监控、集成等领域，EPROS流程管理平台将从上述领域打响烽火通信的数字化号角，提供高质量的流程体系。

四、项目总结

在EPROS流程管理平台推行后，为了解和验证EPROS流程管理平台对于烽火通信的适用性，杰成合力对部分管理者、员工、流程管理者和设计人员进行了访谈和调研，了解和倾听了他们对EPROS流程管理平台的真实感受。

1. 管理者的心声

"当时选择EPROS流程管理平台的时候,我心里还是有点担忧,但事实证明,EPROS流程管理平台确实很好地匹配了我们公司目前的需求,非常适用。"

"EPROS流程管理平台使组织、岗位、流程、制度及认证体系可以在同一个平台上展示和关联,可以快速地查阅到业务架构和业务流程、业务架构层的分级展示,为分析业务的战略方向提供了一个清晰的界面。"

"EPROS流程管理平台的邮催审批功能很不错,EPROS流程管理平台将我需要审批的流程任务直接发送到我的邮箱,当我打开邮件下面的EPROS流程管理平台的任务链接时就可以直接审批,非常方便。"

"EPROS流程管理平台在标准化方面做得很好,我以前审批流程文件的时候很痛苦,员工递交的流程文件格式很不统一,有的用Visio,有的用Word,还有的用PPT。现在好了,EPROS流程管理平台导出的流程图和流程说明文件格式标准、统一,让我审核流程的效率提高了许多。"

"我是从另外一个部门转到现在这个部门的,坦白说,刚开始的时候我对新部门的业务不是很熟悉,幸亏有了EPROS流程管理平台,流程全景图中分层分级展示了我现在所负责部门的流程架构,因此我只花了两天的时间就基本了解了现在部门的主要业务工作和流程。"

"EPROS流程管理平台对我们海外员工的帮助很大,海外一线员工可以在任何有网络的地方登录公司的EPROS流程管理平台查阅相关的流程文件。派往海外的员工很大一部分是新员工,更需要公司在流程方面的支持,EPROS流程管理平台对公司国际化战略起到了积极推动的作用。"

2. 普通员工的心声

杰成合力访谈和调研了部分烽火通信的普通员工,涉及研发、市场、制造、采购及职责部门,了解并记录了他们对EPROS流程管理平台的真实感言,节选以下部分:

"长见识了,原来一家公司的运营是这样的啊,多亏了EPROS流程管理平台,让我全面了解到公司的运营模式。"

"我是一个新人,进公司不到一个月,什么都不懂,导师太忙没时间带我就让我进EPROS流程管理平台学习。EPROS流程管理平台真是个百宝箱,里面不但有工作流程图和说明图,还有很多详细的工作模板和作业指导书,太强大了。"

"我的工作变得更简单了,进入EPROS流程管理平台就可以直接看到我所在岗位对应的工作流程，不需要每天守在领导身边听指令了，只需要按照工作流程做即可。"

"我所在的部门是个支撑部门，平时总觉得自己的工作相比那些市场部门、研发部门来说没有什么价值，但在EPROS流程管理平台查看了公司的流程全景图后，了解到公司的价值创造离不开我们部门，让我对自己工作的价值更加自信了。"

"以前想查个文件得翻箱倒柜，现在好了，只需要用我的工号登录EPROS流程管理平台，就可以查看到我的个人信息和我所在岗位的对应流程。"

"EPROS流程管理平台改变了很多人的工作思维，以往出现问题的时候，大家聚在一起讨论也不知道原因出在哪儿。EPROS流程管理平台很好地展现了流程的全过程，让我们可以对着流程去找原因。"

3.流程管理者和设计者的心声

杰成合力访谈和调研了部分业务部门的流程管理者，涉及SME（专业领域专家）、流程建设项目经理、流程监护人、流程专员等，了解并记录了他们对EPROS流程管理平台的真实感言，节选以下部分：

"流程设计更便利了，EPROS流程管理平台上的流程设计元素都是标准、统一的，我不需要再调整元素的大小、颜色了。"

"以前写流程的时候，流程图、活动说明和作业指导书、模板等都要分开存放，一个流程文件有很多文档。现在好了，有了EPROS流程管理平台后，所有与流程相关的文档都嵌入流程图，当我需要查看某个模板时，只需要点击该流程活动上的模板标识即可。"

"EPROS流程管理平台的流程设计元素很专业，里面有很多我以前从来没有见过的流程符号，如'XOR''OR''接口''协作框''KCP''KSF''PA'等，通过听流程管理部门人员的讲解后，我了解到这些都是业界的最佳标杆，感觉自己的流程管理专业水平得到了提升。"

"EPROS流程管理平台的流程设计向导功能非常不错。我以前从来没写过流程，自从有了这个向导功能后，感觉自己都快成流程管理专家了。"

"我以前在建质量体系的时候会画流程，总觉得流程和质量体系应该有更好的融合和关联方式。EPROS流程管理平台可以将我们目前的质量体系标准要求与流程进行对应，为流程和质量体系的融合提供了关键平台。"

"公司前段时间进行内控体系建设的时候，请了外部咨询顾问指导我们画内控流程，这些外部咨询顾问登录EPROS流程管理平台后，感觉很震撼，觉得我们目前的流程成熟度远超他们的想象，我也为之自豪。"

"我们部门的流程是我和其他几个专员在EPROS流程管理平台上画的，获得了领导的认可，我们现在不仅是业务专家，也是流程管理专家了。"

杰成合力通过与烽火通信的长期合作，不断深化该行业的解决方案。杰成合力将结合与众多知名企业合作成功的实践经验，不断深化与完善不同产品与行业的解决方案，帮助更多中国企业转型为流程化组织。

第七节　科瑞技术IPD研发与DSTE战略咨询案例

深圳市汉捷管理咨询有限公司

一、项目背景

深圳科瑞技术股份有限公司（简称"科瑞技术"）成立于2001年，位于广东省深圳市光明区玉塘街道田寮社区光侨路九号路科瑞智造产业园（见图7-43），是工业自动化设备及智能制造整体解决方案的全球供应商和国内知名企业。科瑞技术主要从事工业自动化设备的研发、设计、生产、销售和技术服务，以及精密零部件制造的业务，产品主要包括自动化检测设备和自动化装配设备、自动化设备配件、精密零部件。科瑞技术自成立以来，专注于自动化技术在先进制造领域的跨行业应用，围绕"3＋N"业务战略布局，主要聚焦于移动终端行业和新能源行业。截至2022年12月，科瑞技术共有3600多名员工，5大研发中心，6个智造基地，7个国家布局。2019年，科瑞技术在深圳证券交易所成功上市，股票代码为002957。

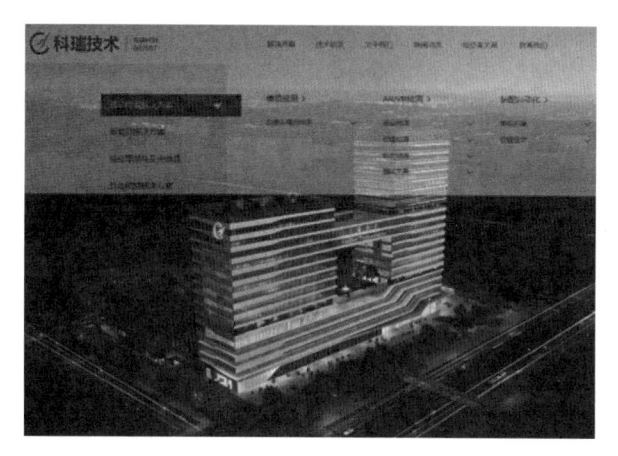

图7-43　科瑞智造产业园

科瑞技术在上市前，迫切希望找到一家经验丰富、实力雄厚、落地性强的专业咨询公司开展深度咨询项目，帮助其解决当前面临的一些痛点：

（1）绝大部分业务属于客户化定制项目，技术复用率较低，业务规模难以快速扩张。

（2）业务板块缺乏战略聚焦，业务总体规模大而单个业务的实力不强。

（3）难以找准投入研发的方向，特别是预研投入的收益和效果很差，浪费比例过高。

（4）在项目交付质量不可控的同时存在质量下降的风险，现场调试"救火"频繁。

（5）难以满足对客户需求的响应速度，竞争优势在下降。

（6）团队中有部分人员对问题的认知不足，不愿意改变。

从2019年4月到2021年5月，深圳市汉捷管理咨询有限公司（简称"汉捷管理"）为科瑞技术提供了两期咨询项目服务：第一期为2019年4月至2019年12月的"IPD研发咨询项目"；第二期为2020年2月至2021年5月的"DSTE战略咨询项目"。

二、问题诊断

2019年初，汉捷管理合伙人屠博飞博士为科瑞技术中高层管理团队进行了为期两天的"IPD培训"。通过"IPD培训"，科瑞技术中高层管理团队认识到业务及研发管理方面的问题及改进方向，从而坚定了以董事长、总经理为核心的领导层的变革信心。

"IPD培训"结束后，汉捷管理对科瑞技术进行了现场访谈、调研，总结了六个方面的问题。

1.战略规划

没有明确的战略方向与业务策略，没有形成系统的研发战略和产品、技术、平台。

（1）目前，科瑞技术的战略规划共识性和完整性不够，对公司和业务单位的指导性不强。

① 数据和信息缺乏综合整理与分析，对市场洞察力不足。

② 科瑞技术的高层与业务人员对市场分析存在协同不足的情况。

③ 研发战略与产品规划、业务策略及战略的方向不明确，缺乏具体的产品、技术、平台来落地。

④ 科瑞技术的"使命与愿景"还有待探讨。

（2）没有形成战略规划的标准流程和方法。

① 主要依赖开会与文档整理的方式，缺乏对战略规划的流程进行系统化、专业化的设计。

② 对于战略规划的流程，总体上缺乏有共识的、系统的方法论。

（3）战略管理（包括规划与执行）的组织体系还需要进一步明确。

① 目前由战略与情报办公室协调战略规划的工作，但没有建立常态化的战略规划团队，角色与职责不够明确。

② 战略管理的层次方面，科瑞技术总部与分公司、子公司的关系缺乏组织保障。

2.需求管理

科瑞技术和公司中的战略业务单元（BU组织）的需求管理很薄弱，项目层面的需求定义不完整。

3.预研管理

技术预研项目立项管理不足，研发过程不规范。

4.研发流程

在研发流程中，流程定义没有进行分类，结构化不足；流程执行不到位，缺乏必要和有效的评审。

5.项目管理

团队建设与管控的力度不足、协调困难，项目绩效低下导致质量下降，进度与成本需要改善。

6.组织与人力资源

部门的建设能力不足，矩阵模式的效果不佳；项目考核机制存在缺陷；技术任职资格管理标准未建立、晋升不规范；采用多年的管理方法仍然收效甚微。

三、实施战略规划要达到的目的

1.短期目的

在2019年3月底前完成公司未来3年战略规划编制，满足2023年4月年报披露时对科瑞技术中长期发展规划的说明，使得投资者对公司未来发展方向有所了解，增加投资者的信心。

2.中长期目的

科瑞技术的SP（战略规划）对公司层面、分公司、子公司的BU组织决策具有相对明确的指导意义，实施战略规划为制定年度业绩目标等工作提供战略依据。

3.推进"IPD系统"目的

通过制定科瑞技术的战略规划，进一步指导产品规划、技术规划；推动"IPD系统"的完整实施；SP工作是"IPD系统"在公司有效推进第二阶段的起点。

四、解决方案

汉捷管理向科瑞技术提交了详细的调研诊断报告和项目建议方案,并向科瑞技术高层做了汇报,最终一致同意汉捷管理提出的总体规划,分两期开展"IPD研发咨询项目"和"DSTE战略咨询项目"的实施方案(见表7-9、表7-10)。

表7-9 项目总体规划

内容	第一期("IPD研发咨询项目")	第二期("DSTE战略咨询项目")
项目内容	1.产品开发流程体系 主流程框架+详细流程(含客制化流程裁剪) 决策评审及技术评审流程 研发项目管理体系优化 2.技术研发管理体系("CDP+技术"研发流程) 3.CBB管理流程(从规划到应用) 4.工程工具(需求定义、系统工程、DFMEA、容差分析、测试用例的开发) 组织结构及研发团队 分公司、战略业务单元的组织优化 跨部门团队设计 (如"IPMT-决策"、"PDT/TDT/PRT/TRT-研发"、"TMG-技术"管理) PDT绩效考核优化 (PDT:产品开发项目团队) 实施辅导及推行 (试点单位及试点项目实施辅导,建立持续推行能力,包括内训体系)	集团战略规划及各BU组织的业务战略规划 战略规划组织与流程建立 集团整体的业务战略辅导 两个试点BU组织的业务战略辅导的产品与技术战略规划 指导各功能领域的战略规划 实施并推行辅导及体系试点 在科瑞技术层面+2个试点BU组织的推行

表7-10 科瑞技术核心问题对应的咨询项目解决方案的简要说明

核心问题	方案内容与主要措施
战略定位、战略方向不明确缺乏产品与技术/平台规划	基于BLM与MM方法论,建立战略规划的组织与流程,并辅导实施 重新梳理、明确科瑞技术的使命愿景,并与战略连接 以两个核心BU组织为试点,辅导各BU组织建立"BUBP",明确自身的业务定位,制定业务战略规划,辅导输出产品规划与技术规划 培训产品经理与系统工程师,提升规划能力
技术研发项目的立项管理不足,研发过程不规范	建立CDP流程,指导立项管理,提高技术研发项目的性,在源头管控无效项目,提高研发投入的有效性 重新构建预研流程,并梳理技术开发流程,提高流程的适用性 明确项目团队的角色与职责 加强技术研发项目的TR(技术评审)、DCP(决策评审点)

续表

核心问题	方案内容与主要措施
研发项目流程与QCT绩效问题：交付质量、响应速度（交付周期）、成本管控 项目管理与团队运作：跨部门协同	重新定义"IPD流程"，包括产品开发流程、技术开发流程 对项目进行分类，并对产品开发流程进行裁剪，使其匹配于不同复杂程度的研发项目，避免流程"过重" 明确团队角色与职责；基于研发流程，优化项目管理体系 引入或强化工程工具，提高设计质量："$APPEALS模型"、系统工程、DFMEA、容差分析等 将产品成本作为需求的重要部分，使设计成本和供应链成本在一开始就得到控制
CBB管理工作缺乏成效，多年来没有达到复用效果	建立CBB管理流程，正向开展CBB管理：CBB管理规划—开发—应用—维护。在科瑞技术研发中心建立CBB管理小组，以应用为目的，协调开展各BU组织的CBB管理工作 对产品规划、市场工作提出要求，产品代表和市场代表参与CBB管理的规划
矩阵化运作停留在概念上，实际上无法运作	对能力部门（各资源部门、职能部门）的职责定位及岗位内容进行重新梳理，确保可以矩阵化运行的纵横两个维度的有机协同，特别是对技术中心、市场中心等关键部门进行详细的优化

五、实施计划

第1期"IPD研发咨询项目"从2019年4月开始调研，到2019年12月开始试运行及推广（见表7-11）；第2期"DSTE战略咨询项目"从2020年2月开始调研，到2021年5月开始试运行及推广。

表7-11 "IPD研发咨询项目"实施安排表

项目	2019年			2020年												2021年					
	10月	11月	12月	1月	2月	3月	4月	5月	6月	7月	8月	9月	10月	11月	12月	1月	2月	3月	4月	5月	6月
铆接焊接自动代线 LPDT：李杰洋（CBU1）																					
EV切叠一体机 LPDT：邹春红（CBU1）					TR1	CDCP					PDCP			TB4		TR6					
					TR1	CDCP	TR2		TR3			PDCP		TB4			TB6	GA			
BLTAOI LPDT：徐月（IBU1）										TR1	TR3	PDCP		TB4		TB5	TB6				
CQ09 DV1 Fixture LPDT：刘圣忠（IBU1）							TR1		因与其他订单开发项目资源冲突，项目暂停												

注："■"为甘特图表达时间进度的方式。

"DSTE战略咨询项目"实施安排：

（1）阶段一：编制科瑞技术战略规划（集团SP）。

○ 战略规划方法论的培训和学习。

○ 战略规划的信息收集。

○ 分析研讨。

○ 总结出科瑞技术未来3年的战略规划（集团SP）。

（2）阶段二：体系设计——建立规范的科瑞技术的战略规划体系。

○ 制定科瑞技术战略规划的流程。

○ 设计科瑞技术战略规划的组织与团队。

（3）阶段三：体系试点推行。

○ 在科瑞技术层面＋2个试点BU组织推行。

○ 科瑞技术战略规划的优化版。

○ 业务单元战略规划。

六、总结与效果

1. "IPD研发咨询项目"给科瑞技术带来的明显效果

"IPD研发咨询项目"（包括订单交付项目）流程运行及团队工作顺利开展，交付质量得到明显提升，CBB管理工作可以有序进行。

（1）新产品开发的前端工作和项目组织能力显著提升。

重新定义系统工程师的职责，导入系统工程流程和各项辅助设计工具，新产品开发前端的需求分析显著加强，重新调整产品架构，建立起一套真正的系统设计体系，让后续机电软件的模块开发真正做到并行。

通过科瑞技术内部开展有关培训和试点，培养了一批熟悉系统工程的系统工程师和资深专业工程师。

在"IPD研发咨询项目"的试点过程中，新能源EV叠片机项目严格遵循"IPD流程"，切实执行系统工程活动，使得产品质量得到显著提升，并作为科瑞技术唯一产品入围了2021年高工金球奖、年度创新产品。

（2）实现了端到端的新产品开发项目管理，跨部门团队的运作效率大幅提升。

通过结构化的开发流程，产品开发团队（PDT）经理实现了端到端的新产品开发项目管理，特别是计划管理，从原来的重在交付管理实现了端到端，尤其是对前端研发过程的管理。

跨部门的产品开发团队运作已经形成习惯，营销体系的协同模式也得到了验证。

（3）预研管理体系得到有效验证，技术中心已经全面推行"IPD体系"。

技术中心的预研管理体系经过严谨验证，已被证实能有效提升研发效能与创新能力。在此基础上,已全面部署并推行集成产品开发(IPD)体系,该体系整合了市场、研发、供应链等多方资源,实现了跨部门协同和全流程管理,有力驱动了技术成果的高效转化与市场竞争力的持续增强。

(4)CBB管理工作找到了方向,在产品项目及迭代开发项目中开始体现效果。

CBB工作近期取得了重大突破,明确了发展方向。在产品化项目及迭代开发项目中,CBB策略开始发挥显著效果,通过复用经过验证的成熟模块和组件,不仅大大缩短了项目周期,提升了研发效率,还有效保证了产品质量的一致性和稳定性。这一转变标志着在资源优化配置与技术积累共享方面实现了升级,为未来项目的快速响应与持续创新奠定了坚实的基础。

2."DSTE战略咨询项目"给科瑞技术带来的明显效果

(1)建立战略管理组织与流程,统一业务目标、方向以及投资判断标准。

建立科瑞技术各层级的战略管理流程体系,各家分公司按照统一的规划流程运作,明确了业务目标与方向,更加积极主动去开发产品项目、技术研发项目,这是产品转型的基础,特别是新能源BU组织(目前成立了子公司)的业务取得了新突破,产品成效得到初步显现。

组建IPMT、PMT(集成组合管理团队)的例行运作,负责制定并定期对业务计划及产品战略进行审视,为产品开发团队经理指明了策略方向,提高了市场团队主动销售的能力。

(2)基本形成共同的战略理念和运作理念。

根据战略理念,以市场为导向,在立项和开发过程中综合考虑战略、市场和财务等要素,从源头进行把控。

科瑞技术各层级从上到下、从意识到行为的运作理念保持一致,促使跨部门协同次数明显增加。

(3)各业务单位主动发现机会,设立挑战性目标,提升战略水平。

各业务负责人的战略意识明显提升,战略逻辑更加清晰。

科瑞技术往年每年给业务单位下达增长15%~20%的要求,业务单位负责人经常觉得压力大。如今,业务单位负责人通过市场洞察,寻找机会,纷纷提出每年增长50%左右的目标。

(4)各业务单位共15项业务,每项业务均由汉捷管理进行多轮战略辅导。

经过汉捷管理的多轮战略辅导,各业务单位切实掌握了各种战略规划方法及工具。

各业务单位经过市场洞察与机会分析，找到很多战略机会，提出了针对市场竞争的策略。

明确了产品线的业务设计、细分市场与目标市场、目标市场的业务计划等核心战略内容。

（5）形成了系统化、可操作的战略规划。

按照"战略金字塔"三个层次，形成了完整的公司战略、业务战略、功能领域的战略规划。

经过上下结合，科瑞技术根据汉捷管理提供的流程和模板运行并与汉捷管理进行研讨，最终达成高度的战略共识。

汉捷管理与科瑞技术的两期咨询项目实现了良好合作，受到客户高度赞赏。2023年4月28日，在科瑞技术崭新的总部大厦，科瑞技术和汉捷管理"iDSTE战略软件系统实施项目"启动会隆重举行，标志着双方开启了第三期项目合作的序幕。相信在双方的共同努力下，将为科瑞技术打造一套卓越的经营管理体系，行稳致远，成就下一个智造典范。

七、其他

2021年8月31日，深圳市战略性新兴产业发展促进会联合深圳商报等单位开展"2021年粤港澳大湾区战略性新兴产业"的评选，科瑞技术荣登"领航企业50强"。

科瑞新能源应用"IPD管理模式"，结合锂电行业工艺发展，围绕高速切片叠片一体机、方形和软包电池装配整线、全形态锂电池化成分容设备等持续进行技术投入和技术迭代，成为相关产品的领先供应商（见图7-44）。

图7-44　科瑞技术官网

汉捷管理——"IPD咨询"的开创者与引领者，落地式"DSTE解决方案"的开创者，落地式"LTC咨询"的开创者。20多年来，40多位专业咨询顾问具有丰富的培训实践经验，为350多位客户提供了700多个成功的咨询项目，为1万多位客户提供了培训服务。汉捷管理始终以"帮助企业实现卓越，成就伟大"为使命，以"成为管理咨询与数字化解决方案的国际先锋机构"为愿景，帮助企业打造卓越的经营管理体系，助力企业做好五件事（见图7-45、图7-46）：

抓好战略引领与战略执行，实施DSTE战略管理解决方案；

抓好产品经营，实施IPD研发与产品经营管理解决方案；

抓好客户经营，实施LTC、MTL营销管理解决方案；

抓好人才经营，实施HRM人才管理解决方案；

抓好管理变革，实施BT&IT业务变革与IT、数字化转型解决方案。

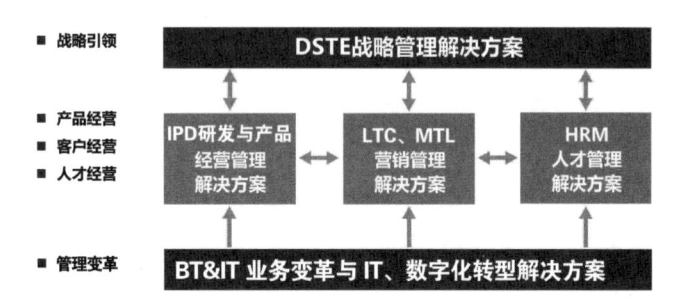

图7-45　汉捷管理经营管理解决方案

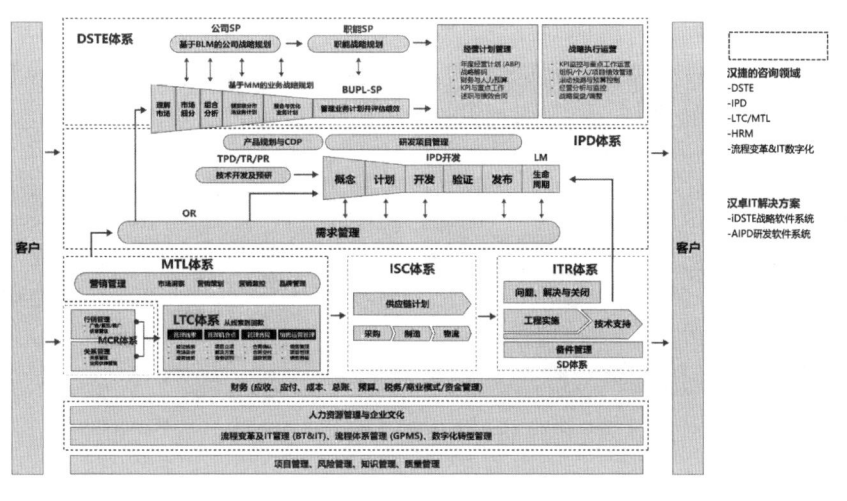

图7-46　汉捷管理经营管理体系

第八节 鑫同吸塑(深圳)有限公司管理咨询案例

深圳市七鼎管理咨询有限公司

一、背景介绍

鑫同吸塑(深圳)有限公司(简称"鑫同公司")成立于2005年,是由康苗(香港)有限公司在深圳成立的生产型企业。鑫同公司专注于研发、生产、销售高级环保且安全的一次性餐盒。鑫同公司注册拥有独创的商标"饭盒王",以网上直销方式把产品提供给全国各类餐饮连锁公司、高档餐厅、星级酒店、特色餐厅及医院等场所及单位。鑫同公司致力成为集餐饮行业一次性环保餐具的先驱品牌和"前卫时尚、环保安全"核心理念于一身的领导者。

鑫同公司在过去几年取得辉煌发展的同时暴露出鑫同公司持续发展壮大的"瓶颈",鑫同公司领导清醒地认识到存在的问题。鑫同公司为了应对未来新的挑战,决心进行商业模式的创新和变革。鑫同公司领导携手深圳市七鼎管理咨询有限公司(简称"七鼎咨询")实施顶层设计创新项目,希望通过商业模式、战略规划等方面的创新,满足鑫同公司做大、做强的需求。

图7-47为鑫同公司品牌展示,图7-48为鑫同公司生产线展示。

图7-47 鑫同公司品牌展示

图7-48 鑫同公司生产线展示

二、问题诊断

1.调研方法

（1）资料分析。

○ 覆盖鑫同公司内部管理所有相关书面材料，包括战略管理、运营管理、组织管理、人力资源管理、企业文化等。

○ 分析过程以阅读、研讨、归纳为主。

（2）人员访谈。

○ 每个谈话对象与七鼎咨询项目组进行30分钟至60分钟的面谈。

○ 在提纲框架内，七鼎咨询项目组提出开放性问题引导谈话深入进行，谈话对象可以随心所欲地表达，七鼎咨询项目组不对所谈内容做评论。

（3）问卷统计。

○ 覆盖公司各层级职位和人员。

○ 通过电子文本和纸版文本发放给全体员工并不记名回收。

○ 采用专业工具进行统计分析。

（4）内部研讨。

○ 坚持客观公正，全面细致。

○ 以主题研讨、分论题研讨的形式为主。

2.企业外部环境分析

（1）政治环境。

1999年，国家经济贸易委员会发布了《淘汰落后生产能力、工艺和产品的目录》（第一批），限期在2000年底前淘汰一次性发泡塑料餐具。

2013年，国家发展和改革委员会表示一次性发泡塑料餐具符合国家食品包装用具相关标准以及有利于节能等特点，决定将这种产品从产业结构指导目录淘汰类中删除。

（2）经济环境。

尽管宏观经济面临压力，但2016年支持增长的积极因素有所增加。

国家统计局数据显示，从环比速度看，2015年12月固定资产投资（不含农户）增长0.68%。

国家宏观经济形势波动会对行业投资产生影响，从而影响快餐盒行业整体需求和市场容量，快餐盒生产企业的经营业绩亦可能随之产生波动。

（3）社会环境。

消费习惯与消费方式发生重大改变：餐饮O2O发展渗透到日常生活中；商家通过各种手段促进推广营销、外卖配送、促销团购等各项服务快速发展；"抢客户争流量"大战亦进入白热化阶段，掀起了一波又一波的资本热潮。

（4）技术环境。

从历年的专利技术申请数量来看，快餐盒行业技术总体数量较少，说明该行业对生产技术的水平要求不高，技术的成熟度低，技术的复杂性相对较弱。对比国外，高端环保餐盒的专业生产技术强、科技含量高、研发成本高，具有较高的技术壁垒。

（5）市场行业。

①行业需求规模。

未来需求：从行业角度来看，快餐盒最直接的消费者来自餐饮业，大众点评网的数据显示，2015年一线城市平均增加5万家餐饮店，增幅均超过50%。庞大的餐饮业规模对快餐盒行业的发展产生了巨大的促进作用。

终端消费群体：快餐盒最主要的消费群体为上班族、在校学生等。随着国民收入水平的提升，就餐消费支出相应提高，消费群体对于快餐盒的需求量也在逐渐增加。

②行业供应规模。

据不完全统计，2004年我国快餐盒生产数量为132亿个，到2015年生产数量增长到278亿个，复合年均增长率为7%，快餐盒行业产量大于快餐盒销量，产销率为84%左右。随着2016年国内经济企稳回升，压力减轻，供给能力有所增强，快餐盒供给数量接近300亿个；到2022年，快餐盒供给数量达到450亿个。

③行业竞争。

采用"五力分析模型"得出，当前快餐盒行业处于快速发展阶段，业内竞争者数量众多，行业竞争较为激烈。

（6）外部环境分析（见表7-12）。

表7-12　外部环境分析

编号	机会	威胁
1	市场机遇：国家、居民收入等经济指标的增长，餐饮业的快速发展，为行业发展提供了巨大的市场需求	行业标准化管理混乱、缺失，监管部门职能缺失，降低了准入门槛，导致了行业的无序竞争
2	行业发展：市场集中度低，没有形成强势品牌，有利于标杆企业的快速崛起	安全质量事件频发，使消费者对一次性餐盒的使用产生较大疑虑
3	技术水平：行业相关专利技术大幅增长，达到历年的最大值，促进技术水平的提高	高端环保餐盒的技术成本较高，行业普遍采用低廉成本制造产品，以价格为主的低端性竞争仍然存在

3.企业内部环境分析

（1）过去的成功因素。

鑫同公司经过多年的努力发展，业务快速增长，在快餐盒行业拥有较高品牌知名度，为公司取得竞争优势和关键成功因素——抓住市场及行业发展的机遇、良好的品牌形象和员工的奋斗精神。

（2）未来的成功因素。

未来，鑫同公司在业务方面要快速增长，需要有明确的战略发展规划、创新及更加良好的品牌形象。

（3）公司的发展前景。

96%的员工对鑫同公司的发展前景充满信心，员工面对鑫同公司改革时的上进心、积极性，还有相对稳定的工作环境，都是鑫同公司进一步发展的重要基础。

（4）公司战略出现的问题。

鑫同公司对未来发展已经有了明确的发展思路和定位，但是宣传不够也没有整体的战略发展目标，缺乏有效的战略目标分解的举措，没有具体的实施途径和实施计划；各职能部门没有对公司战略提出明确的策略支持。在实施具体工作中，员工只能被动执行，缺乏主观能动性，工作依赖性较大。鑫同公司在市场意识、学习意识、沟通意识、竞争意识等方面需要加强。

（5）计划管理体系。

计划管理体系包括年度计划、月度计划和周计划三类。但是鑫同公司缺乏相应的考核和奖惩措施，没能和薪酬挂钩，评议制度尚不完善，使计划管理体系难以推动落实。

（6）沟通体系。

对于一家综合性管理的公司而言，沟通顺畅是部门协作及上下级配合的重要前提。鑫同公司由于沟通方面存在问题，对公司的部门合作、文化融合、运营效率的影响很大。

（7）组织管理。

鑫同公司现有的组织管理基本能够满足目前的经营需要，但仍然存在不少问题。比如，有的部门组织职能缺失、缺乏足够的激励机制、沟通不顺畅等，制约着鑫同公司进一步快速发展。

（8）人力资源管理。

鑫同公司现有的员工不能完全满足公司的发展需求，不能从战略的高度看待人力资源的管理问题，这与未来的战略发展要求不相符。人力资源管理存在结构性短缺，在一定程度上制约了鑫同公司的长期发展。工资与同行相比虽然排在中上水平，但仍有部分员工对收入不满意，难以吸引及留住优秀人才。人力资源管理方面，缺乏有效的绩效考核体系和激励手段，不利于整体绩效的提升与工作效率的提高。

（9）公司文化。

目前，公司文化的优点是领导人有较强的魄力、有战略眼光、尊重人才、决策民主、务实勤奋、注重效率。缺点是存在平均主义的思想，"不患寡而患不均"；对公司利益整体考虑得不够，强调部门和个人利益；各部门主动配合的积极性不够；制度、工作的执行力不足。

（10）内部环境分析总结（见表7-13）。

表7-13 内部环境分析总结

编号	优势	劣势
1	领导人有魄力，注重产品品质，员工积极向上	没有明确的战略导向及商业模式的创新体系
2	有利的品牌形象和美誉度	缺乏基于战略框架下的人才储备，营销及财务、资本等板块存在明显短板
3	良好的客户基础及稳定的内部业务运营系统	生产现状方面，产能及交期存在较大制约

4.总体分析

一次性发泡塑料餐具在未来几年会保持相对稳定的增长，但是市场鱼龙混杂，良莠不齐，行业巨头仍未出现。随着国家政策法规日益完善和行业环境发展，快餐盒行业将逐渐从分散走向集中。鑫同公司已经在本行业深耕了十几年，巩固了优势品牌的地位并建立了良好的客户关系，这为在接下来的变革中快速做强、做大奠定了坚实的基础，公司将迎来发展的重要机遇。

公司战略及年度目标需要细化实施，鑫同公司的商业模式在现有价值链的发展基础上亟待优化及创新，需要重新明确定位，特别是思考如何高效、合理地利用现有品牌、技术优势等资源,通过扩大内外部利益相关方,有效整合资源,在盈利模式、运营模式及管控模式等方面发展与创新,从而保证公司的战略目标可以有效落地。

管理系统需要完善,形成科学的管理体系,这是鑫同公司下一步快速发展的重要基础。当前进一步建设公司品牌、完善营销体系以及打造人力资源系统是最重要的环节,生产标准化体系的完善与发展是下一步行业整合的基础。

三、解决方案

1. 商业模式诊断

七鼎咨询利用独创的商业模式创新工具"七星阵",对鑫同公司的商业模式进行了全面的研究分析与创新设计。

目前,鑫同公司以生产餐盒及赚取产品销售差价的方式盈利,营销渠道常用线上直销,品牌与工艺设计方面所产生的价值不能作为公司的收入。

总体来看,鑫同公司的商业竞争优势弱,在市场上难有话语权,特别是对未来实施资本战略难有出彩的地方。随着快餐盒行业的发展,快餐盒行业内卷将会越来越严重,鑫同公司的商业模式需要重新调整。

鑫同公司目前以客户主动联系为主,因为交期、产品及价格等因素导致成交率低,但是合作过的客户对产品的满意度高,所以保持长期合作。鑫同公司对外部不同客户的需求缺乏深入分析,加之内部生产存在短板,导致产品供应及客户服务方式存在较大问题,潜在客户的丢失不仅给公司造成了损失,还培育了竞争者,因此需要对客户的需求进行深入挖掘并实施改进措施。

(1)产品定位缺乏优势。

鑫同公司的定位为国内专注环保、安全的一次性餐盒的先行者。随着时间的推移,做环保、安全餐盒的公司越来越多,鑫同公司的产品优势已经凸显不出来。

(2)关键资源的能力缺失。

在行业成功的要素中,最重要的是营销能力及产品交付能力,鑫同公司在这两个方面存在明显不足,特别是营销方面还没有具体的行动方案,营销人才存在严重的缺口。

(3)业务系统不完善。

目前,行业产能饱和,鑫同公司有技术、管理的优势,但没有形成标准、量化及监控等完整的业务体系。虽然曾尝试外包,但无法满足公司的要求,而且这种合作只能在小范围内进行，不能从根本上改变公司的窘局。

（4）运营系统有待优化。

鑫同公司的运营系统相对稳定，但客户管理、采购管理等关键运营系统仍有待优化，这给鑫同公司的运营效率与低成本运作带来一定制约，当商业模式发生改变时，对运营系统的联动性存在一定的挑战。

（5）盈利模式单一。

单一的盈利模式给鑫同公司的生存环境带来严重威胁，一旦快餐盒行业发生变化，收入来源一断，鑫同公司的现金流将出现问题。

（6）公司价值。

以现在的状况来看，如果按净利润估值，受所处行业的影响、生产环节的制约，鑫同公司的公司价值并不高。

2.商业模式的创新设计

七鼎咨询通过梳理现有的商业模式（见图7-49）来设计新的商业模式，并提升鑫同公司的价值。

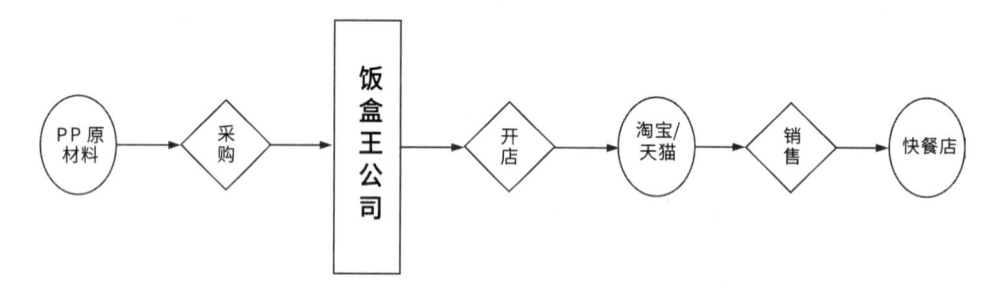

PP原材料 → 采购 → 饭盒王公司 → 开店 → 淘宝/天猫 → 销售 → 快餐店

图7-49　鑫同公司原有的商业模式

（1）商业模式2.0设计：由产品运营商转向品牌运营商（见图7-50）。

品类延伸：增加筷子、纸杯、托盘等产品，为餐饮客户提供全流程的解决方案。

设计管控：成立设计中心与品牌中心，提升价值链的优势。

生产外包：重点放在设计、品牌、营销环节，产能过剩的部分进行外包生产，加强供应链管理，减轻资产的运作。

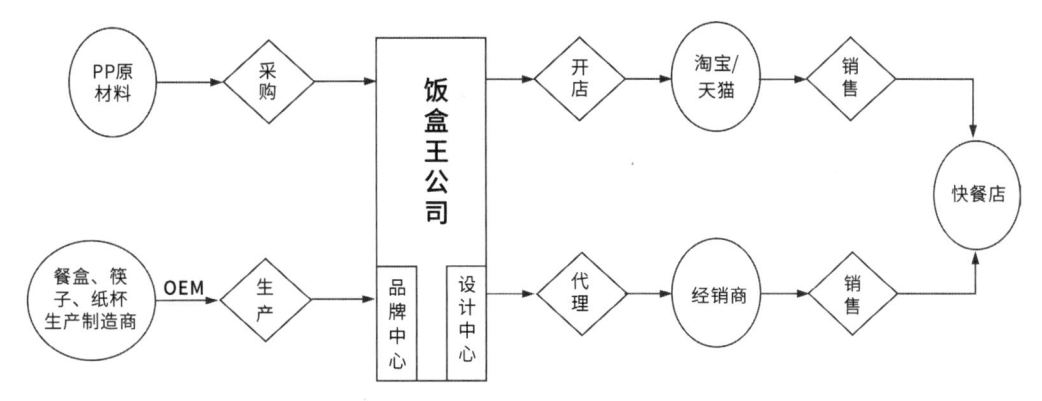

图7-50 商业模式2.0设计

（2）商业模式3.0设计：行业整合生态系统（见图7-51）。

①产业互联网整合平台。

成立一家新的平台公司"众山云餐饮易耗品平台"，上游整合不同生产商加盟该平台，下游吸引各个易耗品商家（主要是做经销商）加入平台。

基于大数据，对目标客户群体的需求进行精准分析。

②平台赋能上游生产商、下游经销商。

通过"SAAS系统"连接上游生产商、下游经销商，同时连接终端客户。

通过"众山云餐饮易耗品平台"进行集中采购，为上游生产商、下游经销商提供交易服务，同时整合社会资源、经销商及生产商的资源，提供物流、仓储、品牌、技术、定制等赋能服务。

③建立行业生态系统。

通过异业联盟，寻找与目标客户相匹配的资源，提供资金、人才等增值服务。

针对行业生态系统里的客户方，引入第三方广告、品牌等服务，增加盈利点。

所有关联业务，"靶向"消费者，降低消费成本，目的在于增加客户的需求量。

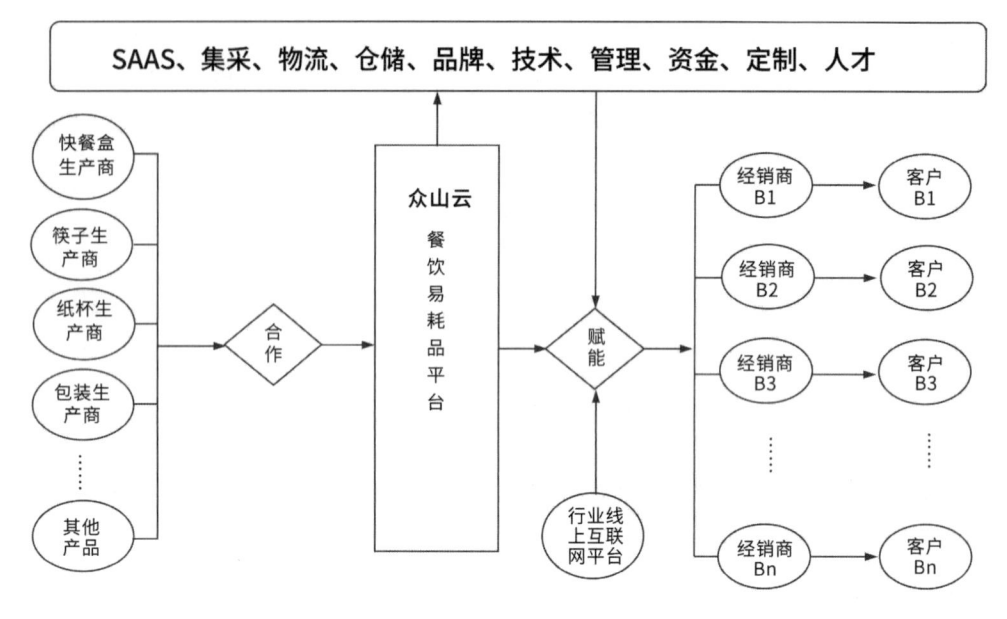

图7-51 商业模式3.0设计

3.设计商业模式落地系统

设计完新的商业模式后,最重要的是能让商业模式落地。在商业模式落地过程中,涉及组织设计、人力资源管理、营销系统设计、团队及企业文化打造等。七鼎咨询进行了模块设计与商业模式落地系统设计(见表7-14)。

表7-14 服务模块与内容

服务模块	核心内容	项目目标
战略定位	使命、愿景、公司定位、竞争战略	明确发展方向、竞争战略
商业模式创新设计	核心资源、业务系统、运营模式、资金结构、盈利模式、企业价值	梳理现有的商业模式,创造新的商业模式,提升企业价值
组织设计	组织结构设计、部门职责设计、岗位职责设计	建立能有效支撑企业战略执行的组织
人力资源管理	人力资源规划、薪酬方案设计、绩效考核方案设计、培训体系规划	建立"选、育、用、留、评价、激励及淘汰"机制,最大限度地开发与管理组织内外的人力资源
营销系统设计	营销战略规划、营销模式创新设计、营销团队建设与打造、年度营销计划制定、品牌价值体系设计、品牌传播方案设计	构建新的营销模式,打造核心营销团队,构建企业营销竞争力,驱动业绩持续增长
团队及企业文化打造	核心团队建设,企业文化手册设计	打造中层、高层核心团队,宣导与践行企业核心价值观,提高团队执行力

四、总结与建议

本项目属于典型的产业互联网整合项目,七鼎咨询帮助鑫同公司完成了"产业互联网"数字化战略与商业模式的创新,并通过提供系统性辅导及赋能服务,帮助鑫同公司完成了项目实施的落地目标。

七鼎咨询建议鑫同公司在实施商业模式2.0版本的基础上实施商业模式3.0版本,还可以交叉实施,商业模式3.0版本先进行部分试点,成功后再大规模推广(见图7-52、图7-53)。

图7-52 行业联盟联合展览宣传

图7-53 商学院顾问授牌仪式

第九节　雅祺玩具有限公司管理咨询案例

深圳市七鼎管理咨询有限公司

一、背景介绍

汕头市澄海区雅祺玩具有限公司（简称"雅祺公司"）成立于1996年，是主营婴儿玩具、益智玩具、塑胶玩具、模型玩具、脚踏滑板车等玩具的贸易服务商。

雅祺公司经过20多年的稳步发展，已与国内2万多家工厂建立了良好的合作关系，并与1000多家实力强大的工厂建立了合作同盟关系，制作玩具样品的数量已接近100万个。

雅祺公司不仅拥有专门服务玩具商的专业团队，还拥有提供代理采购日用品、服装鞋帽、电子产品、工程机械、五金化工、体育器材及其他用品的服务团队，并提供专业的外语翻译和综合业务的服务。

2020年，雅祺公司董事长为了更好地明确公司中长期发展战略并提升公司价值与市场竞争力，决定聘请深圳市七鼎管理咨询有限公司（简称"七鼎咨询"）就公司的经营与管理转型升级提供全方位的咨询服务。为此，雅祺公司和七鼎咨询就顶层设计、人力资源与营销系统解决方案设计与落地服务达成合作（见图7-54）。

图7-58　项目调研现场

二、问题诊断

为了客观、全面、科学地帮助雅祺公司解决问题,七鼎咨询对雅祺公司进行了全面的调研诊断。

1.搜集信息

主要通过四个途径搜集信息,包括查询书面资料、人员访谈、问卷调查和内部研讨。

2.诊断分析

七鼎咨询通过对雅祺公司的宏观环境、行业与市场、内部问卷统计进行分析,对雅祺公司的战略与商业模式、股权结构、组织结构、绩效考评、市场营销等状况进行分析后得出相关结论。

(1)宏观环境。

①市场容量。

中国海关总署发布的数据显示,2019年中国非游戏类传统玩具出口总额同比增长24.2%,增速比上年提高19.7%;全年玩具出口增速高于全国货物贸易出口增速19.2%;中国童车出口总额同比增长4.7%,增速比上年提高4.7%;中国儿童安全座椅出口总额同比增长13.2%。

②营销方式。

中国玩具和婴童用品协会发布的《2020年中国玩具和婴童用品行业发展白皮书》显示,短视频、直播等新兴方式成为受访消费者了解玩具、婴童用品信息的主要渠道,京东、淘宝和天猫是受访消费者线上购买的主要平台,超过50%的受访消费者计划2020年增加购买玩具和婴童用品的支出。

③政府导向。

2020年,全球疫情和经贸形势的不确定性很大,玩具和婴童用品行业面临诸多难以预料的影响因素,发展形势严峻、复杂,挑战性巨大。面对众多不确定和不稳定因素,国家引导企业进行积极的产品结构调整、市场结构调整,提高国际化经营能力和竞争力。同时,积极推进数字化转型,继续推动企业实现高质量发展,力争实现玩具和婴童用品行业的平稳增长。

(2)问题分析。

①战略方面。

△ 目前,雅祺公司主要生产玩具及其他用品。在战略层面上,雅祺公司有一定的想法,但决心不够,尤其对战略实现路径没有清晰的认识。

△ 雅祺公司的战略与业务之间的配合关系不够明确，业务所涉及的国家和地区比较多，主要面向俄罗斯市场。

△ 雅祺公司未来发展方向需要重新进行定位。

②组织方面。

△ 实现战略落地所面临的困难不小，比如技术、人才、核心竞争力等方面仍没有快速解决的办法。

△ 组织机构设置与治理结构没有完全配合雅祺公司的战略定位。

△ 需要进一步打造核心团队。

③机制方面。

△ 雅祺公司处于"人治"阶段，要走向职业化、正规化的公司治理体制，仍然需要时间进行调整。

△ 雅祺公司在管理机制和制度方面极度不完善，没有形成较为可行并能塑造公司核心文化的管理制度。

△ 由于部分关键岗位职能和技能的缺失，未能形成一套系统的考核机制与激励机制，员工工作的自主性需要加强。

（3）创新方向。

七鼎咨询为雅祺公司提出在新形势下公司的创新变革发展之路：

△ 战略定位——由产品服务型向平台赋能型转变；

△ 商业模式——由工业思维向产业思维转变；

△ 经营规划——由传统贸易型向轻资产、互联网平台型转变；

△ 思维模型——由公司的短期生存利益向公司的长期发展战略研究转变；

△ 决策机制——由个人经验型决策向民主科学型决策转变。

（4）咨询需求。

①战略与商业模式需求（见图7-55）。

战略与商业模式是企业在复杂多变的市场环境中定位自身、规划未来的关键要素。它要求企业深度分析内外部环境，明确核心竞争力和发展目标，探索适应市场需求和行业趋势的独特的商业模式，并据此制定出切实可行的战略规划。这一过程需充分考虑技术创新、资源优化、客户价值创造以及可持续发展等多个维度，确保战略与商业模式的有效性和前瞻性，为企业长期稳健发展提供有力支撑。

需强化战略管理部门
企业发展到一定程度,需设立专门的战略机构,目的是对企业未来发展做到未雨绸缪

战略落实需强化保障机制
战略最终能否执行到位,需要从上而下的管控机制和流程,涉及企业各个部门

战略规划缺乏工具系统
战略部门制定企业的战略规划需要遵循一定的商业逻辑和产业规律才能有的放矢

商业模式需强化落地性
从战略层面到执行层面需要强大的支撑体系和实施方案,才能把控战略、战术、战斗三者之间的关系

图7-55 战略与商业模式需求

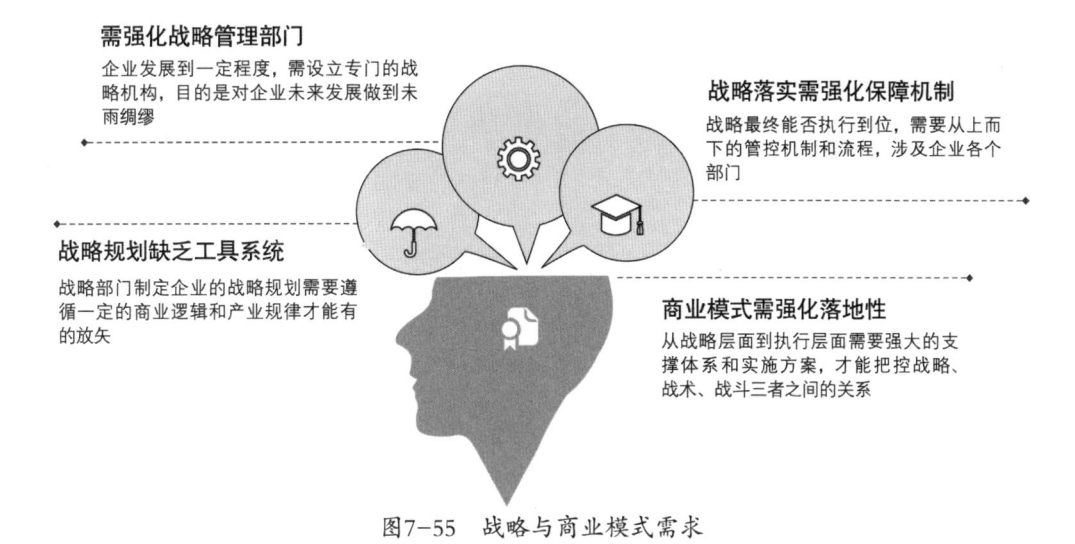

②公司运营需求。

为了帮助雅祺公司不断提升竞争力,实现可持续发展,七鼎咨询经过调研,认为雅祺公司应该满足以下需求(见图7-56)。

| 需把经营计划常规化、制度化 | 需强化预算管理的执行 | 需完善部门考评机制 | 需强化执行力 | 需搭建数据库 | 需要开源节流 | 需强化工作流畅度 | 需完善股权与激励规则 | 需提升和加强营销体系与方式的多面性 |

图7-60 运营需求

③人力资源需求。

为了支撑雅祺公司战略发展,应该做好人力资源规划与管理工作。七鼎咨询经过调研,认为雅祺公司的人力资源需求如下(见图7-57)。

需强化人力资源部门的功能
人力部门是企业协调、组织、考评的核心部门,需要职责全、功能到位,不宜分散

需强化日常系统考评
企业有激励就有考评,两者相辅相成,考评不能打折扣,需建立公平论功行赏的机制

需强化日常激励制度
企业激励是项系统工程,有常规和非常规的,有短、中、长期的,需建立环环相扣的制度,不能流于形式

需强化创新人才培育
企业健康持续发展需要不断有新鲜血液作为补充,内部培育、外部引进都要做,才能形成良性的循环竞争

图7-57　人力资源需求

④组织需求。

为了帮助雅祺公司建立有效支撑战略执行的组织结构和职责体系,确保公司运营效率和战略目标的顺利实现,七鼎咨询经过调研,认为雅祺公司的组织需求如下(见图7-58)。

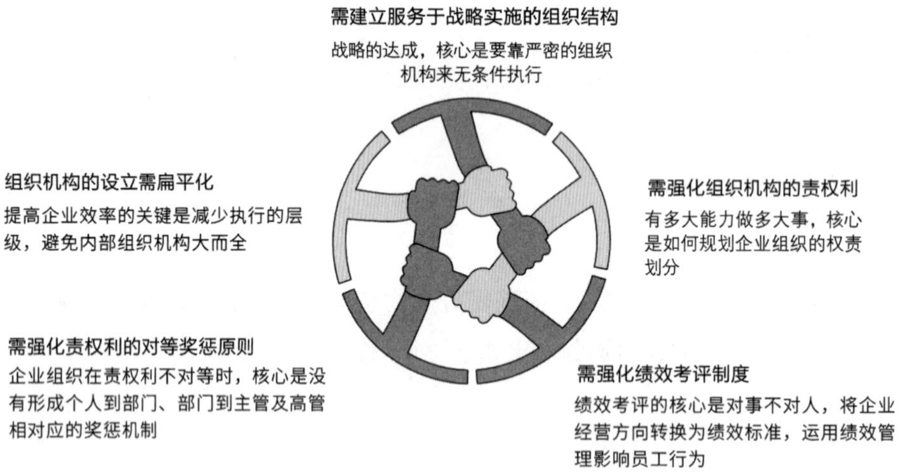

需建立服务于战略实施的组织结构
战略的达成,核心是要靠严密的组织机构来无条件执行

组织机构的设立需扁平化
提高企业效率的关键是减少执行的层级,避免内部组织机构大而全

需强化组织机构的责权利
有多大能力做多大事,核心是如何规划企业组织的权责划分

需强化责权利的对等奖惩原则
企业组织在责权利不对等时,核心是没有形成个人到部门、部门到主管及高管相对应的奖惩机制

需强化绩效考评制度
绩效考评的核心是对事不对人,将企业经营方向转换为绩效标准,运用绩效管理影响员工行为

图7-58　组织需求

三、解决方案

1.解决思路

雅祺公司主要服务俄罗斯市场,是中国出口俄罗斯市场最大的玩具商之一,但经营模式单一,主要依靠展会、分公司直销及代理商销售的模式。跨境电商平台的

发展，对外贸公司传统的商业模式冲击很大。

"互联网+"外贸背景下产生的新业态及商业模式正在成为今后外贸发展的新方向，指引着公司的创新发展。

雅祺公司利用互联网、大数据，实现产品差异化；吸引、培养人才，实现人才专业化；努力实现公司商业模式的创新发展，不断开辟新的发展空间。

（1）拓宽贸易范围，实现市场多元化。

随着全球性贸易保护主义和技术壁垒的出现，加剧了外贸环境的恶化。雅祺公司需要减少对单一市场的依赖，扩大贸易范围，结交更多的贸易伙伴，这是公司发展的必由之路。同时，雅祺公司正加速开拓国内市场及欧美市场。

（2）利用互联网、大数据，实现竞争差异化。

在深圳成立一家新的跨境电商公司，借助互联网和大数据分析目标市场和消费者的消费偏好和消费能力，寻找"缝隙市场"，利用亚马逊平台将雅祺公司的产品推向欧美市场。

（3）创新商业模式和盈利方式，实现运营平台化。

传统外贸公司主要以产品为核心，通过产品的转手买卖获取中间差价。在日益激烈的市场竞争环境下，雅祺公司的传统商业模式难以形成外贸公司的核心竞争力，必须进行模式创新和盈利来源的创新，建立国内外玩具产品输出平台，构建以技术研发、大数据分享、产品聚集流通、创业服务为核心的玩具产业共享服务平台。雅祺公司有专业的团队服务客户，有完整的全程质量把控机制，有专业的品质控制人员查验货物，走进雅祺公司，就可以全程享受VIP的待遇。

雅祺公司作为玩具产业共享服务生态圈的运营主体，将重点打造产业运营的专业性、市场拓展的多元化、产业数据分析的科学性，以产品及服务的可保障性为依托，构建产业生态价值链，以产品利润、渠道共享、数据分析、孵化落地等多种手段获取盈利。

（4）吸引、培养人才，实现人才专业化。

在数字化的知识经济时代，公司的快速发展离不开人才的推动。传统外贸公司商业模式的创新更加需要专业化的人才注入。

2.项目核心模块

（1）公司战略与商业模式。

雅祺公司的战略实施，贯彻纵向逐层分解的层次结构体系，以保障战略目标的实现以及商业模式的落地（见图7-59）。

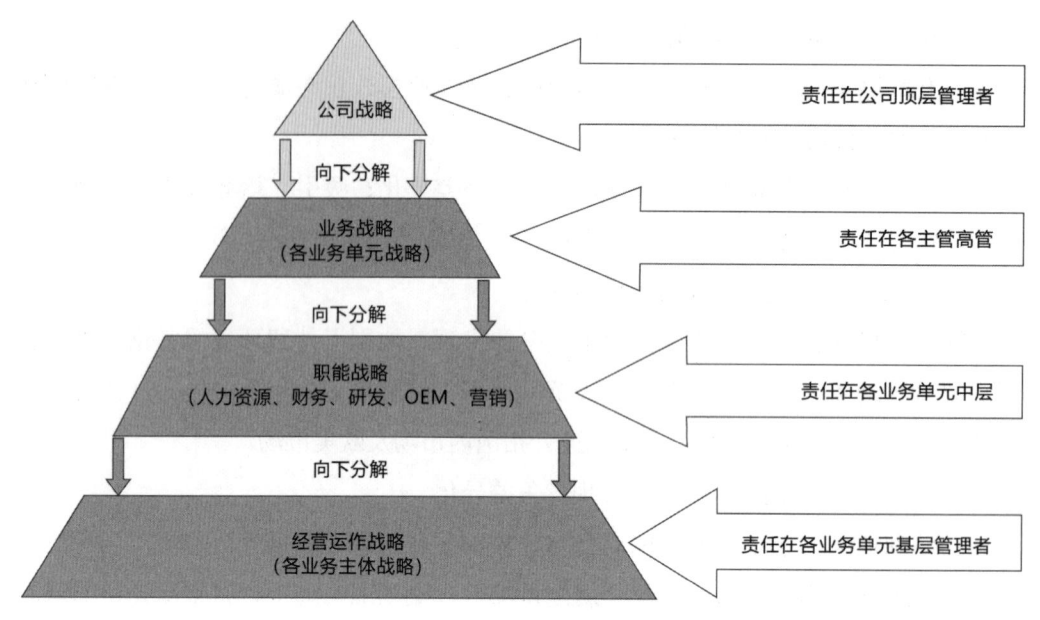

图7-59 公司战略落实金字塔

（2）股权设计与组织结构设计。

雅祺公司要实现未来的战略目标，需要从股权结构与组织结构上建立以绩效为导向的公司文化（见图7-60）。

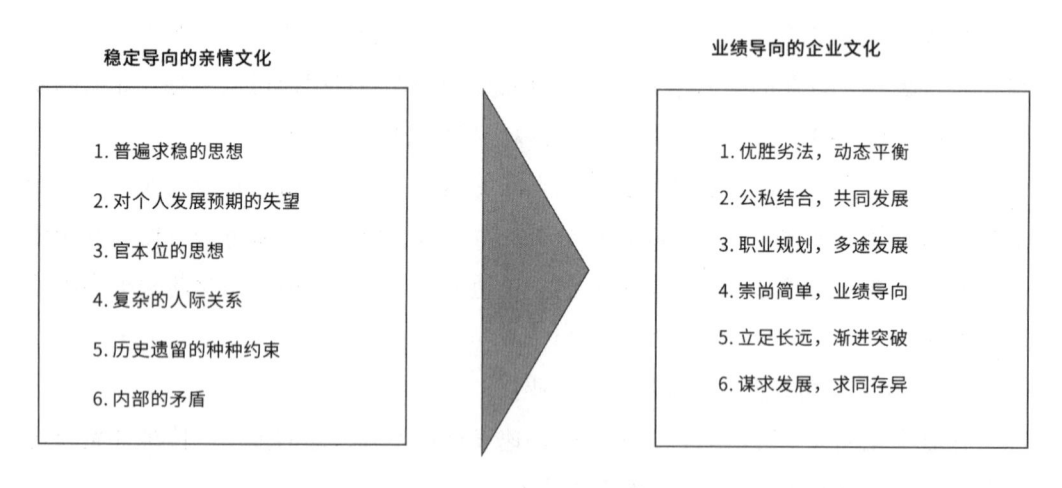

稳定导向的亲情文化
1. 普遍求稳的思想
2. 对个人发展预期的失望
3. 官本位的思想
4. 复杂的人际关系
5. 历史遗留的种种约束
6. 内部的矛盾

业绩导向的企业文化
1. 优胜劣汰，动态平衡
2. 公私结合，共同发展
3. 职业规划，多途发展
4. 崇尚简单，业绩导向
5. 立足长远，渐进突破
6. 谋求发展，求同存异

图7-60 公司文化的转变

（3）市场营销策略设计。

帮助企业构建新的营销模式，打造核心营销团队，提升品牌价值和影响力，从而构建强大的营销竞争力，驱动业绩持续增长（见图7-61）。

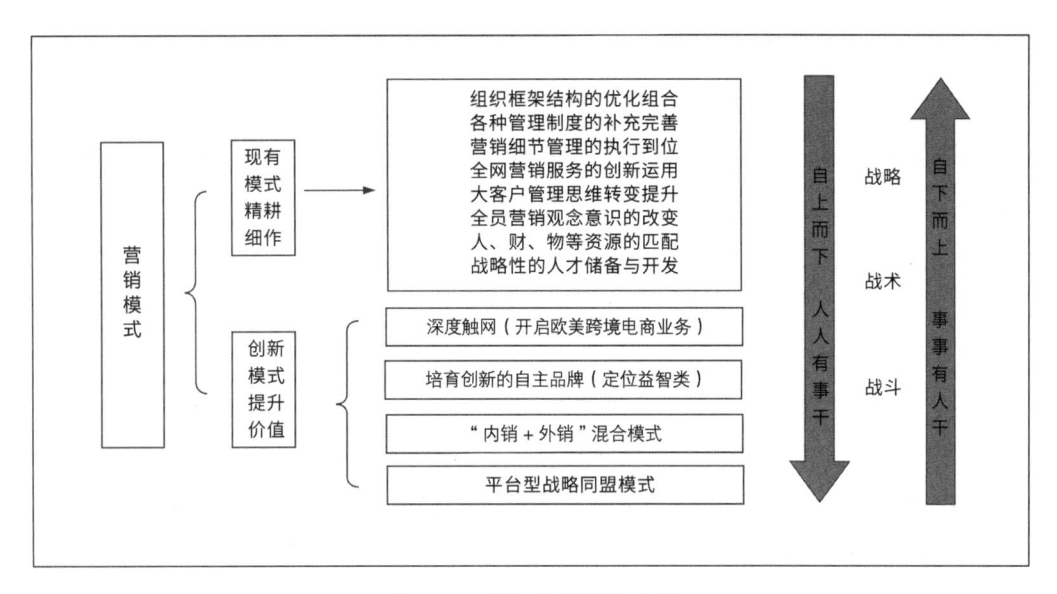

图7-61 市场营销策略设计

（4）薪酬激励设计。

①雅祺公司的战略对薪酬策略的要求。

发展阶段的要求：雅祺公司处在快速发展的阶段，适合运用以业绩工资为主的薪酬结构策略，激励创造价值。

人才战略的要求：对中高级管理人员、技术人员、营销人员，给予领先型薪酬水平的策略，加强对人才的吸引力。

总成本领先的要求：对中高级管理、技术、营销之外的岗位，给予跟随型薪酬水平的策略，适度控制总成本。

②薪酬策略。

基于雅祺公司的战略对薪酬策略的要求，采取以下薪酬策略。

薪酬结构策略：从岗位层级看，层级越高浮动薪酬的比例越高，管理序列的绩效工资比例为高层40%、中层30%、基层20%；从岗位价值目标量化的难易程度看，越容易量化的岗位浮动薪酬的比例越高，非管理序列中营销序列的浮动薪酬比例为50%，其他序列为10%~20%。

薪酬控制策略：控制人工成本的增长，年度总薪酬成本的增长率不能超过营业收入的增长率。

定级定档策略：基于岗位价值定级，基于能力和业绩定档。

（5）绩效管理设计。

打通价值创造、价值评价、价值分配的道路；

建立战略规划、经营计划、预算、绩效"四位一体"的经营绩效体系；

导入基于平衡记分卡思维的战略解码方法；

区分组织绩效和个人绩效；

强化绩效管理全过程沟通，防止绩效管理沦为"走形式"。

四、实施过程

整个服务项目的实施分成三大主要模式：战略与商业模式、人力资源及营销模式、项目陪跑模式。每一种模式都有工作重点，都聚焦解决雅祺公司的关键问题，并提供相应的辅导与训练。

实施规划说明如下：

△ 第一阶段

七鼎咨询对内外部资源进行评估并分析，对商业模式进行诊断，对商业模式创新设计报告、商业模式落地实施规划报告等方案进行设计。

△ 第二阶段

七鼎咨询对组织架构、薪酬与绩效方案、股权激励设计等方案进行设计。

△ 第三阶段

七鼎咨询对市场营销策划方案进行设计。

△ 第四阶段

对雅祺公司实施培训、辅导，进入赋能、陪跑阶段。

五、总结与建议

1.系统解决

七鼎咨询认为雅祺公司面临的问题与困惑，从咨询角度看，不是靠单一模式就能够解决的。所以，七鼎咨询选择采用"创新型、赋能型、陪伴型"新型咨询服务方式，通过聚拢各领域优秀专家及人才，为雅祺公司提供"战略与商业模式创新、人力资源优化、营销能力提升和数字化转型"等个性化、可落地、以结果为导向的系统化解决方案，以及提供"智慧、资源、资本"等落地赋能服务，帮助雅祺公司实现经营与业绩显著持久的改善。这是该咨询项目可以成功的关键。七鼎咨询一方面对雅祺公司进行咨询服务；另一方面帮助雅祺公司进行人才引进，协助雅祺公司在深圳开设新的互联网平台公司，在外贸业务资源等方面进行赋能服务。同时，雅祺公司已经在欧美市场的外贸业务板块上取得可喜的成绩。

2.量身定制

七鼎咨询奉行并坚守为客户量身定制解决方案的工作原则。管理咨询公司有大量的服务经验、类似案例与数据库信息，但咨询服务更应该像公司的医生，必须针对每家公司的条件、环境、背景、特性等进行"望、闻、问、切"和调研分析，绝不能照搬经验和模板。这是咨询项目成功的基础。

3.解决问题

七鼎咨询的服务始终坚持以解决问题为导向，认为咨询服务的本质就是帮助公司解决问题与创造价值，而不是提交一大堆文档。这是咨询项目成功的保障。

4.重视过程

七鼎咨询在服务过程中，力促雅祺公司领导和员工共同参与项目设计与实施，在过程中将先进的思想、方法与工具转移给客户，帮助公司培养人才。这是公司建立自我"造血"能力的前提。

5.科学创新

七鼎咨询在项目过程中，大力推行创新理念，不因循守旧、不迎合领导口味，在不超越公司环境和条件制约的前提下提倡科学创新。科学创新的原则有利于公司快速发展和解决问题。创新发展是国家战略更是公司发展的动力，每家公司都应该思考如何从战略、商业模式、经营管理、数字化转型等各个领域构建创新机会，打造具有"专、精、特、新"特点的竞争力。这是公司实现快速发展的关键。

6.陪跑服务

七鼎咨询针对资金有限，但具有发展潜质的中小型企业采用可持续的长期陪跑合作模式，以投资思维服务客户，为公司设计解决方案并协助成果落地，帮助公司整合外部资源，提升业绩和盈利能力，助力公司快速成长。这既是公司实现快速成长的有效路径，也是七鼎咨询取得成功的法宝。

第十节　深圳市福田区皇岗社区创建国家基本公共服务标准化综合试点项目

深圳市康达信管理顾问有限公司

一、背景介绍

1. 皇岗社区的基本情况

皇岗社区地处深圳市福田区的核心区域，环境优美、文体活动丰富、餐饮业及租赁业发达，是香港和福田CBD商圈的后花园。皇岗社区的公共服务条件成熟且集中度高，以社区党群服务中心为圆心，1000米半径范围内分布有皇岗社区图书馆、文化休闲娱乐广场、皇岗村锦绣园、皇岗老村、皇岗村老人之家、社康中心、皇岗小学、皇岗小学附属幼儿园等公共服务机构和设施。作为福田区基本公共服务标准化试点的城中村示范点，皇岗社区针对流动人口多、居民文娱活动需求旺盛的特点，加大对皇岗社区内资源的配置和服务的投入，形成优质供给与需求相互促进的良性循环，提供基本公共服务79项，确保基本公共服务覆盖全居民，推动城中村社区服务治理能力的高质量发展，提高人民群众的幸福感、获得感、安全感。

2. 项目背景

皇岗社区地处深圳市的中心城区——福田区，是"3+9"示范点中唯一的城中村示范点。福田街道办事处、社区党群服务中心希望牢牢把握城中村这一特色定位，结合皇岗社区的人口结构和历史文化背景，提升皇岗社区的国家基本公共服务综合水平，打造花园式、精品化、宜居型城中村，提供城中村优质的国家基本公共服务标准化综合试点的建设范本，顺利通过国家基本公共服务标准化综合试点验收。

因此，福田街道办事处、社区党群服务中心与深圳市康达信管理顾问有限公司（简称"康达信"）展开了创建国家基本公共服务标准化综合试点项目的合作。

二、问题诊断

1. 问题描述

康达信通过在福田街道办事处、社区党群服务中心与皇岗社区的现场调研，认为主要存在以下问题：

社区居民对国家基本公共服务标准的信息了解得不充分；

社区公共服务资源配置规范还有待标准化；

社区对居民在试点工作中的需求信息缺乏全面掌握；

对实施国家基本公共服务标准化综合试点的成效缺乏客观的数据评价。

2.咨询需求

康达信通过与福田街道办事处、社区党群服务中心的交流、沟通，明确了以下需求：

宣传国家基本公共服务标准的内容，让社区居民对其有更多了解；

建立健全社区特色的国家基本公共服务标准；

开展社区居民国家基本公共服务的满意度调查；

建立并完善国家基本公共服务的成效数据；

创建试点范本，顺利通过国家基本公共服务标准化综合试点建设的验收。

3.问题分析

康达信通过对皇岗社区存在的问题进行分析，得出以下结论：

国家基本公共服务标准宣传力度不大。在《国家基本公共服务标准（2023年版）》中，涉及9大方面、22个类别的81项服务，内容覆盖的范围广，短时间内不易消化吸收。

除国家、广东省、深圳市、福田区的相关标准外，皇岗社区还会针对自身的实际情况对相关标准进行丰富，这些不一样的特色没有专业人员统筹规范。

社区居民的多样性决定了需求不统一，没有现成的模式借鉴，需进行全居民、多维度的满意度调查。

国家基本公共服务标准尚在初步推进阶段，规范的数据标准还没有建立，成效类数据还不完善。

三、解决方案

1.解决思路

以社区党群服务中心为圆心，1000米半径范围内分布有皇岗小学附属幼儿园、皇岗小学、皇岗中学、皇岗社区图书馆、皇岗社区博物馆、皇岗村锦绣园、皇岗老村、全龄康娱乐园、能量补给站、皇岗村老人之家和社康中心等全领域、高质量的公共服务场所设施，以花园式社区、服务型社区、精品化社区为三大主题，有机整合文化休闲区、公共服务区、主题活动区，为社区居民提供优质便捷的基本公共服务。

2.服务方案

从文化休闲娱乐广场开始，串联皇岗肉菜市场、皇岗社区图书馆、社区党群服务中心A区、皇岗村老人之家、皇岗村锦绣园、皇岗老村，展示9大国家基本公共服务标准化建设及设施场所（见图7-66）。

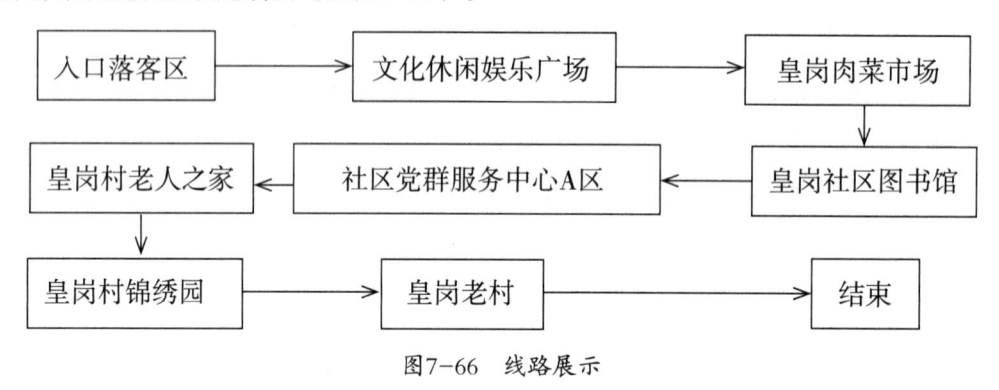

```
入口落客区 → 文化休闲娱乐广场 → 皇岗肉菜市场
                                      ↓
皇岗村老人之家 ← 社区党群服务中心A区 ← 皇岗社区图书馆
    ↓
皇岗村锦绣园 → 皇岗老村 → 结束
```

图7-66 线路展示

3.方案实施计划

（1）外场及入口布置。

在皇岗社区的入口落客区布设"国家基本公共服务标准化综合试点"立牌，悬挂基本公共服务标识。

（2）介绍皇岗社区的基本公共服务情况。

在文化休闲娱乐广场布设皇岗社区基本公共服务站点展示地图及相关宣传展板，文化休闲娱乐广场的大电子屏播放国家基本公共服务标准化工作成果的宣传片。

社区党群服务中心门口摆放可移动电子屏展示国家基本公共服务事项的清单及执行参考文件和标准，室内电子屏播放各项服务活动的展示幻灯片。

（3）展示、服务区布置。

在7大展示点悬挂基本公共服务标识或使用带有基本公共服务标识的桌牌、铭牌等，墙面悬挂有关基本公共服务事项的相关文件、标准或制度，并通过展台、展示架等提供皇岗社区国家基本公共服务标准化的经验成果及其他印刷材料。

通过在皇岗肉菜市场体验城中村综合治理服务、在皇岗社区图书馆体验公共阅读服务、在皇岗村老人之家体验多元化养老服务、在皇岗村锦绣园体验社区特色"深港"文化服务、在皇岗老村体验建筑艺术与民俗风情、在集中展示区陈列国家基本公共服务标准化的成果等形式，营造基本公共服务的氛围和标准化应用的氛围。

（4）连接区布置。

流线的连接区包括楼梯、走道、电梯间等，设置清晰明确的参观引导标识，利用连接区的墙体或空地设置与试点相关的宣传展板或海报。

（5）体验。

①皇岗社区图书馆沉浸式体验。

沉浸式体验皇岗社区图书馆公共服务的场景。一是实地参观服务前台，体验温馨图书咨询和借还书服务；二是参观电子阅览区，体验高速、便捷的免费上网服务；三是参观儿童阅读区，体验生动活泼的阅读氛围；四是参观成人阅读区，体验文明有序的阅读氛围。通过标准化制度上墙、儿童活动图片展示，以敞开、阳光的姿态，配上可爱温馨的标识展现皇岗社区公共文化服务和儿童友好服务。

②多元化养老服务体验。

通过皇岗村老人之家体验具体场景，展示皇岗社区多元化养老服务。一是参观皇岗村老人之家的健身室、茶室、书画室、声乐室、棋牌室等休闲场所，展示皇岗社区丰富的养老服务设施，体验多姿多彩的老年人颐养服务；二是讲解皇岗村老人之家日间照料服务、社区长者食堂助餐服务、居家养老服务等实施情况，建设社区、小区、居家三级养老服务网络，体现社区全方位、多层次、高质量的养老服务。

③皇岗村锦绣园"深港"友谊体验。

实地参观深圳、香港在福田区共建的皇岗村锦绣园，展现粤港澳大湾区同根同源的深厚情谊。一是设置入口历史文化讲解区，介绍皇岗村锦绣园建设的历史背景；二是设置园林参观路线，边走边体验中式园林美景，感受社区丰富的文化服务；三是参观皇岗村锦绣园内种植的具有纪念意义的友谊树，体验"深港"的深厚情谊，以文化力量助力粤港澳大湾区经济的发展，在基层治理中融入地域特色文化。

④皇岗老村建筑艺术和民俗风情体验。

实地参观皇岗老村保留下来的建筑艺术和民俗风情，回顾皇岗社区的历史发展，向社区居民提供皇岗历史人文特色的展览展示设施开放服务，推动地域文化的传承与发展。一是介绍皇岗老村的发展和维护历史，展示皇岗社区不忘初心，积极保护地域文化遗产，做好社区展览展示设施开放服务；二是实地参观历史建筑和屋内陈设，体验改革开放早期皇岗人民敢为人先的拼搏奋斗精神，通过对历史建筑和民俗风情的立体化展示，增强社区凝聚力和文化认同感；三是介绍皇岗老村文化场所开放和预约制度,展示社区展览展示设施开放服务标准化落地成果。

4.特色亮点

皇岗社区入选"2013年度全国社区侨务工作明星社区、示范单位"名单,以高质量、高标准、便捷化的公共服务提升居民生活的幸福感、获得感,助力粤港澳大湾区经济文化发展。通过"深港"便民服务点、皇岗村锦绣园"深港"友谊体验、皇岗老村建筑艺术和民俗风情体验以及皇岗村老人之家旧照片回顾,以公共文化力量促进基层治理与服务。

四、实施过程

1.准备工作

发动皇岗社区志愿者参与工作,组织学习国家基本公共服务标准化内容(见图7-63)。

图7-63 皇岗社区志愿者参与工作

2.过程记录

(1)加强社区内国家基本公共服务标准的宣传(见图7-64)。

①引导皇岗社区的理念设计。

②介绍公共服务标准化综合示范点。

③讲解员介绍皇岗村基本情况。

图7-64 社区宣传

（2）健全完善皇岗社区基础服务标准和配套制度。

为了帮助社区不断提升竞争力，实现可持续发展，经过调研，应该满足以下标准和制度（见图7-65）。

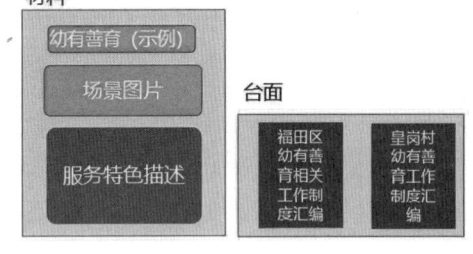

图7-65 社区基础服务标准和配套制度

（3）优化现场服务环境实现标准要求。

明确并健全皇岗肉菜市场的开办条件、建设设施、环境卫生管理、市场开办（管理）者责任、入场经营者责任、诚信经营和信用管理、食品安全管理、消防安全管理、消费维权管理、日常管理和市场验收，展现城中村综合治理服务标准化成果（见图7-66）。

图7-66　皇岗肉菜市场优化现场服务环境

（4）利用和发掘资源建立社区标准。

规范皇岗村老人之家多元化养老服务。一是定义皇岗村老人之家健身室、茶室、书画室、声乐室、棋牌室等休闲场所，规范社区丰富的养老服务设施，设计多姿多彩的老年人颐养服务内容；二是明确皇岗村老人之家日间照料服务、社区长者食堂助餐服务、居家养老服务等标准，建设社区、小区、居家三级养老服务网络，实现社区全方位、多层次、高质量的养老服务（见图7-67）。

图7-67　皇岗村老人之家

五、总结与建议

此次创建国家基本公共服务标准化综合试点项目，根据《国家基本公共服务标准（2023年版）》和行业标准规范，结合皇岗社区实际情况制定并完善了具体实施计划，确保内容无缺项、居民全覆盖、标准不攀高、财力有保障、服务可持续。

康达信咨询服务获得了福田街道办事处、社区党群服务中心和皇岗社区居民的好评，切实推动了《国家基本公共服务标准（2023年版）》在基层的落实，顺利地通过了验收。

随着社会的进步、皇岗社区居民的需求提升以及皇岗社区的发展，皇岗社区应每年通过居民满意度的调查来获取相关方的意见和建议，不断发展和完善基本公共服务的内容，并持续提升服务质量与水平。

第十一节 鑫地顶层股权布局与股权激励项目案例

深圳市华一世纪企业管理顾问有限公司

一、公司介绍

郑州鑫地酒店管理有限公司（简称"鑫地"）成立于2001年，注册资本为500万元，是一家集餐饮、住宿、娱乐、会议于一体的综合型连锁酒店，公司旗下拥有鑫地和象之屋两大酒店品牌，基于不同定位分别满足不同客户群体的需求。

鑫地按照现代企业管理科学理论和理念，将公司各项管理活动标准化、程序化、制度化，历经20余年的优良运营和丰厚积累使鑫地拥有了雄厚的实力，在经营、管理、服务及人才培养等各方面成绩斐然，形成了以深厚文化积淀为底蕴的经营理念和独具特色且行之有效的酒店管理模式，并且树立了较强的区域品牌影响力。

公司总部组织架构如图7-68所示。

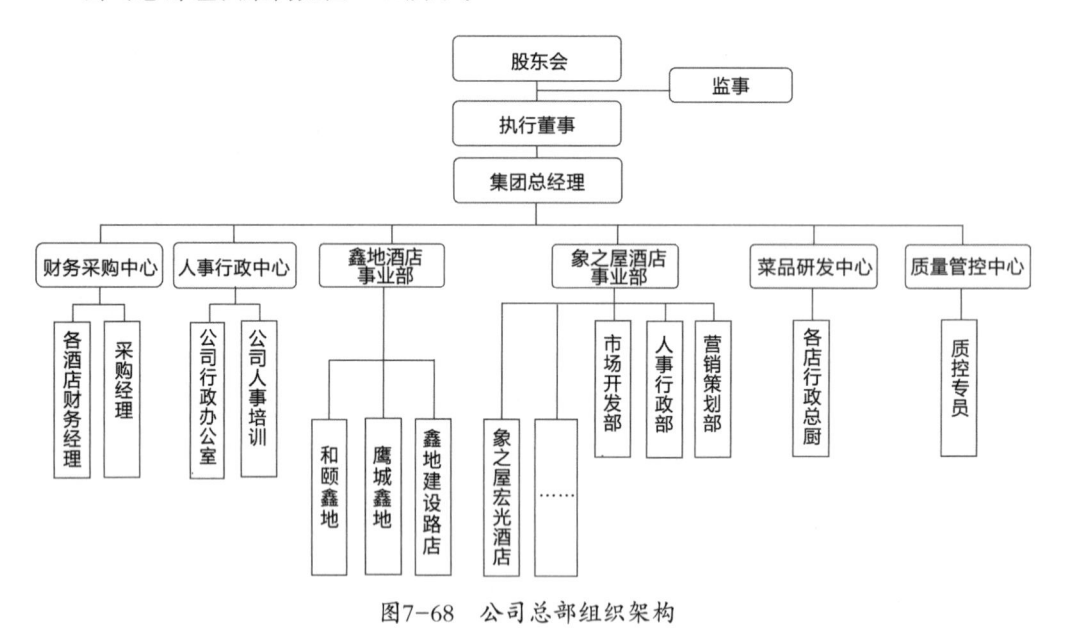

图7-68 公司总部组织架构

门店组织架构如图7-73所示（各门店基于运营情况进行调整）。

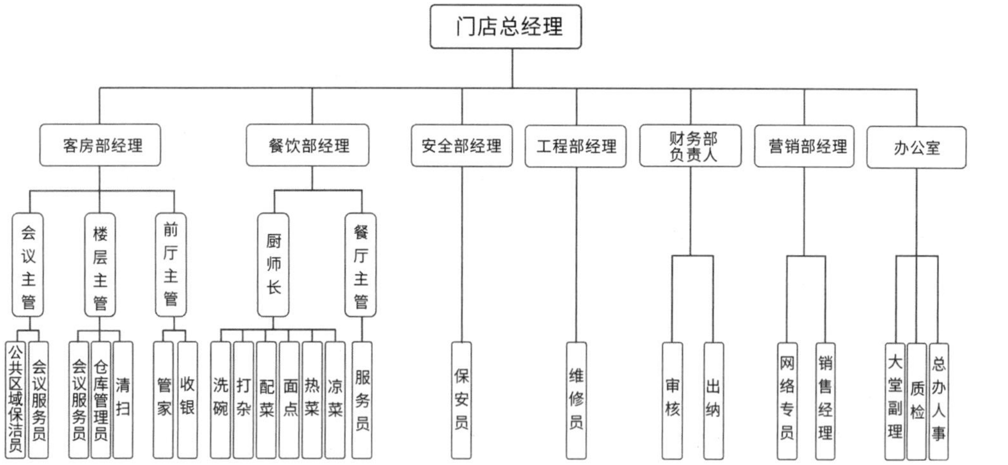

图7-73 门店组织架构

二、项目背景

随着中国经济的发展，酒店行业的竞争越来越激烈，酒店行业市场供大于求，同质化现象日益严重，同时在酒店集团化、品牌化、细分化、信息化等趋势下，鑫地需要更清晰的顶层定位和更好的人才激励模式，以便轻装上阵，重新出发。在此背景下，鑫地找到了深圳市华一世纪企业管理顾问有限公司（简称"华一世纪"），通过多次沟通，华一世纪明确了项目实施的目的。

基于未来发展，华一世纪设计了一套科学合理的顶层股权架构，保障公司规范、长远发展；解决公司多品牌运作时股权架构布局的合理性问题；解决公司进一步发展需要引进资金、资源、人才等问题；解决公司下一代可以顺利接班与公司传承问题；解决公司创业元老未来持股安排问题；设计吸引和留住优秀人才的内部股权激励体系。

华一世纪于2023年3月正式进驻鑫地，通过3个月的时间，帮助鑫地进行股权方面的设计工作。

三、问题诊断及需求确认

通过对鑫地基础资料的分析以及与鑫地的创始股东及公司核心高管、各门店店长的一对一访谈，华一世纪进一步明确了鑫地在顶层股权布局和内部团队股权激励方面存在以下问题：

各经营主体的股权结构不清晰。首先,各门店工商登记的股东信息与实际情况不符;其次,股权代持存在口头约定及协议签订的代持方和委托方与实际情况不符等问题。以上问题的存在不利于各经营主体未来引进外部投资人和内部团队股东。

作为鑫地未来重点发展的特色酒店项目的控股股东错位:现阶段鑫地采用的是由原有传统酒店项目管理公司投资控股新的特色酒店项目,同时由传统酒店项目管理公司核心高管引领新的特色酒店项目的发展,在此种股权模式和管理模式下,不利于新的特色酒店项目管理人才的引进和发展。

新的特色酒店项目扩张及经营模式需要创新。特色酒店项目单店投入相对较大,如果按照原来经营传统酒店项目一样的方式,由自有团队开发合适的物业,用自有资金开拓新店,就无法实现鑫地轻装上阵、快速发展的战略目标。因此,如何引进外部资金及资源股东,快速找到好的物业,融到充足的资金,实现快速扩店,成为鑫地创始人和特色酒店项目管理团队需要解决的重要问题。

各门店核心人员股权激励模式需要升级优化。门店原有股权激励模式在一定时期内对公司的发展、人才的激励和稳定起到了较大的作用,得到了团队的认可,但是随着时间的推移,也暴露出了越来越多的问题:第一,各岗位的激励配额标准过于主观,有失公允;第二,参与人员的分红与个人的年度表现没有关联,与提升核心团队工作积极性和责任心的激励初衷逐渐背离,激励政策逐步沦为福利政策。

通过与鑫地的创始股东及管理公司核心高管就上述问题的交流,华一世纪分析判断,存在以上问题的根本原因有两个:第一,鑫地的创始股东以及管理公司核心高管对公司顶层股权布局及内部团队股权激励缺乏系统认知和规划;第二,对于各经营主体工商登记时的关键信息,鑫地对其重视度不够,只看重了便利、便捷,忽视了合规和未来发展问题。

华一世纪对鑫地进行调研诊断后,就以上问题与鑫地的创始股东及管理公司核心高管进行了更加深入的交流和分析,并最终确定了服务的核心内容。

梳理清楚各经营主体的股权结构,并以合法、合规、合理的方式进行调整,同时更利于各经营主体未来的发展。

设计以特色酒店项目为主体的融资规划方案,在保证鑫地原股东控制权的同时,又能够最大限度地实现安全、快速融资。

设计新的激励模式,解决激励公平性和激励性不足的问题。

四、解决思路

1.公司顶层股权架构总体调整思路

以金字塔控股公司为顶层主体架构,由鑫地的创始大股东及创业伙伴股东共同持股设立酒店投资控股公司,用该公司分别控股传统酒店品牌管理公司与特色酒店品牌管理公司,再由两个酒店品牌管理公司各自投资控股旗下的连锁酒店(见图7-70)。

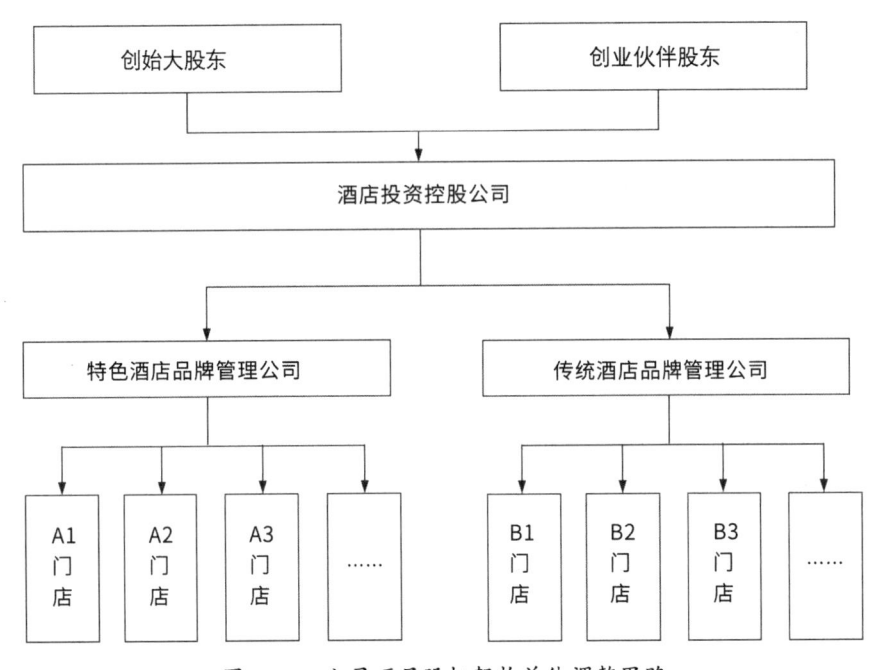

图7-70 公司顶层股权架构总体调整思路

2.内部股权激励优化总体思路

科学系统的股权激励方案设计的核心逻辑是价值链模型。鑫地通过股权激励计划的实施,让员工在公司平台上发挥自己的才华,再通过平台的机制进行价值评价和价值分配。华一世纪的咨询思路也着眼于未来,认为有价值的创造和评价才有价值的分配,让员工把公司平台当作自己的事业平台,同时共享平台发展带来的收益(见图7-71)。

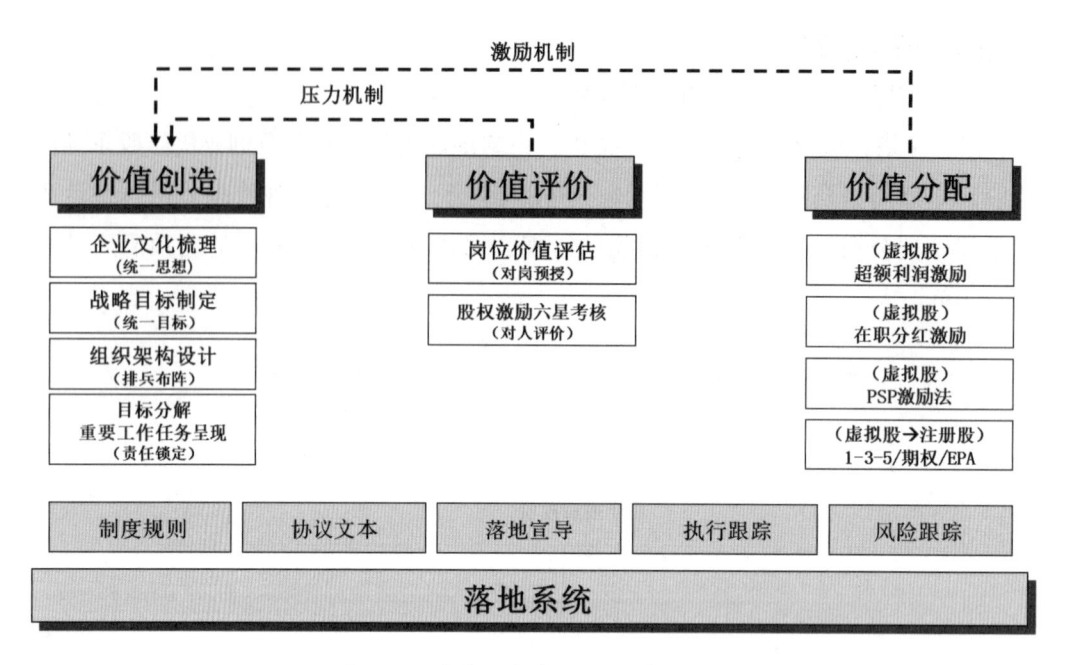

```
         压力机制              激励机制
    ┌─────────────────────────────────────┐
    ↓         ↓                           ↓
┌────────┐  ┌──────────┐            ┌──────────┐
│ 价值创造 │  │ 价值评价 │            │ 价值分配 │
└────────┘  └──────────┘            └──────────┘
```

价值创造	价值评价	价值分配
企业文化梳理（统一思想）	岗位价值评估（对岗预授）	（虚拟股）超额利润激励
战略目标制定（统一目标）	股权激励六星考核（对人评价）	（虚拟股）在职分红激励
组织架构设计（排兵布阵）		（虚拟股）PSP激励法
目标分解 重要工作任务呈现（责任锁定）		（虚拟股→注册股）1-3-5/期权/EPA

| 制度规则 | 协议文本 | 落地宣导 | 执行跟踪 | 风险跟踪 |

落地系统

图7-71 内部股权激励优化总体思路

五、实施步骤

1.公司顶层股权架构设计实施步骤

第一步：梳理出当前相关联的各经营主体工商登记股权结构与实际股权结构，并进行对比分析、背景调研。

第二步：结合鑫地发展历史、发展规划及创始大股东的意愿，进行顶层股权架构中控股公司定位，包括酒店投资控股公司定位、两个酒店品牌管理公司定位。

第三步：明确鑫地各层级布局：控股层（控股股东法人公司）、传承层（创始大股东的家族传承法人公司）、持股层（过往内部管理团队持股有限合伙企业、未来激励持股有限合伙企业等）、主体层（鑫地）、产业层控股子公司（郑州鑫地酒店管理有限公司、郑州象知屋酒店管理有限公司）、业务层（各事业部区域业务公司/单点经营业务子公司）。

第四步：酒店投资控股公司、传统酒店品牌管理公司、特色酒店品牌管理公司的股东结构及持股比例规划。

第五步：酒店投资控股公司、传统酒店品牌管理公司、特色酒店品牌管理公司的股权调整方案及步骤设计。

第六步：两个酒店项目品牌管理公司旗下各门店的股权架构调整方案及步骤设计。

第七步：特色酒店项目融资规划设计。

2.各门店核心人员股权激励实施步骤

第一步：组织总部及门店各核心管理层培训、研讨。

第二步：搭建三大激励系统——总部股权激励系统、事业子公司股权激励系统、各门店独立核算单元的股权激励系统。

第三步：各门店在保留原有职股激励计划的同时，补充超额利润分红激励机制。

第四步：各门店在职股转为各门店的注册股激励机制。

第五步：对各门店店长（总经理）所属品牌的管理公司进行注册股激励。

第六步：设立合理合规的退出机制，形成股权激励闭环。

六、结论与建议

我们可以归纳反思：股权设计需要考虑哪些问题？我们可以参考下文的"股权五问"模型。

第一问：股东。

思考谁来当我们的股东，能否在股东层面上完成最核心的能力布局问题。参考携程"四君子"，这四位的能力属于完全互补，有的人擅长商业模式，有的人擅长政府关系，有的人擅长具体管理，有的人擅长资本运作。

第二问：资源。

有哪些资源需要设计到利益链条机制之中？是否可寻找产业龙头、政府背书、关键资源能力支持等？举例：在光伏产业中，由于其行业特性，即使在大行业处于顺周期环境中，该行业上下游之间也极易互相挤压利润空间，因此前期必须获得上游矿产等资源企业的支持。

第三问：控制权。

对于控制权，并不是股权比例越高越好，而是应当推演若干年需要稀释的股权比例极限值是多少，同时对于不同股东的类型，需要考虑搭建何种持股平台来承载，在保障大股东控制权的同时，促进公司的最大化发展。

第四问：激励机制/股权置换。

如何把当下核心团队的行动计划与公司未来发展规划关联起来，以及如何设计中长期激励机制保障核心团队高质量执行该行动计划？

第五问：退出机制。

退出机制设定需要考虑充分，例如没有达成目标与达成目标各自相对应的退出机制、上市成功与上市失败对应的退出机制等。

总之，企业需要将顶层股权布局和股权激励机制与公司发展规划相结合，才能够实现长治久安、基业长青。

第十二节　青啤TSINGTAO 1903酒吧管理咨询案例

深圳市逸马品牌连锁教育集团有限公司

一、项目背景

1.公司基础信息

2023年3月底，青岛啤酒集团有限公司（简称"青啤集团"）发布的2022年财报称：公司实现营业收入321.72亿元，同比增长6.65%；归属于上市公司股东的净利润为37.11亿元，同比增长17.59%。截至2023年，青啤集团总市值高峰超1600亿元，达到历史新高度。青啤集团取得如此佳绩，与其坚持"三高战略"（高品质、高价格、高可见度），同步深化布局三大业务板块（快乐、健康、时尚）密切相关。青啤股价及市值走向如图7-72所示。

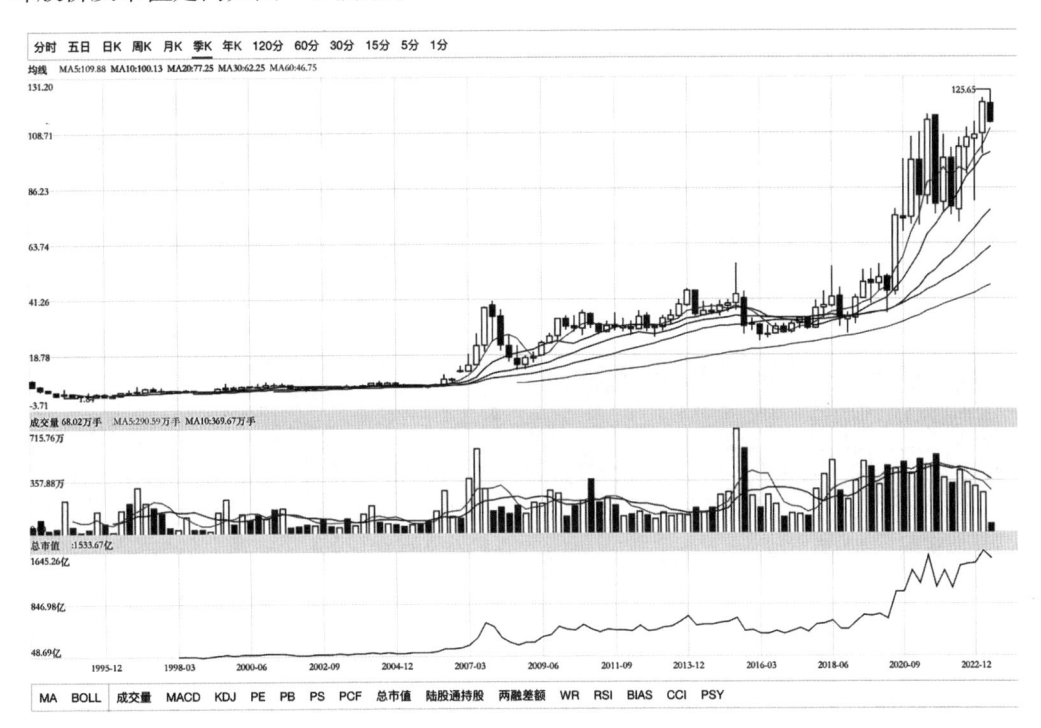

图7-72　青啤股价及市值走向

早在2019年，青啤集团就提出"整合平台资源实施高质量跨越式发展"战略，以啤酒为内核，规划了快乐、健康、时尚三大业务板块。其中，快乐板块以啤酒业务为主；健康板块由苏打水、矿泉水、健康饮料等产品组成；时尚板块则由青啤

TSINGTAO 1903酒吧、青啤博物馆、啤酒精酿花园组成（见图7-73）。

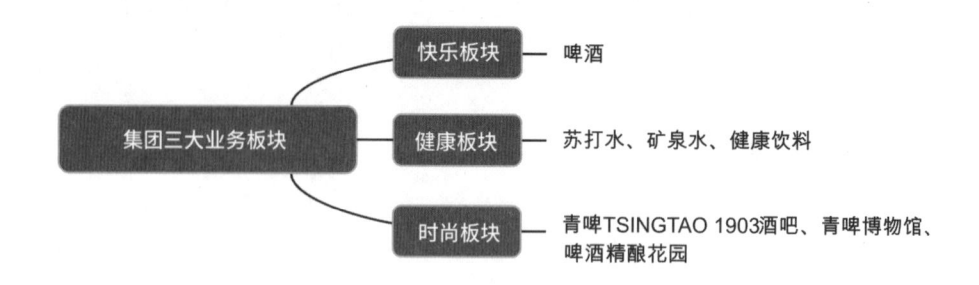

图7-73　青啤集团三大业务板块

作为青啤集团攻占时尚业务板块的核心战略型子品牌，青啤TSINGTAO 1903酒吧自2014年首店成立以来，截至2022年，全国共有超200家门店。

2.项目背景

青啤TSINGTAO 1903酒吧（简称"青啤1903酒吧"）首创行业啤酒消费新模式，致力于打造全方位的沉浸式体验及社交平台（见图7-74）。它是青啤集团从原有的"生产要素"向"软要素"尤其是"端到端"（消费者需求端—消费者感知端）转型深化的主战场，是青啤集团推动"魅力感知质量模式"，打造沉浸式、场景式消费者体验的新高地，对青啤集团的发展有着举足轻重的战略意义。

图7-74　青啤1903酒吧场景

二、核心问题

1.问题描述

青啤1903酒吧自成立以来就被整个集团寄予厚望。但是想要打破过去根深蒂固的"生产要素＋深度分销型"观念，转型打造to c（商家对消费者）的终端场景"软要素"，打通消费者"端到端"的闭环，对青啤集团来说是一个较大的挑战。

打造典型的第二创新曲线，青啤集团在一定程度上陷入了创新者的窘境。原有的国企组织基因导致青啤集团的决策链条较长,而起步的创新型业务需要快速迭代。而且,青啤集团的核心团队拥有的主要是传统啤酒行业背景,缺乏餐饮行业经营、终端用户维护和场景运营的经验,其开店思维仍受原来模式的局限。

经过近10年的发展,在酒吧赛道竞争日益激烈的大环境下,青啤1903酒吧在财务效益、市场扩张和消费者心智认知上未达到预期的效果。同时,品牌连锁体系的建设整体呈现"连而不锁"的局面,仍有很大的优化空间。

2.咨询需求

基于当时的发展困局,青啤集团时尚板块的负责人联系到深圳市逸马品牌连锁教育集团有限公司(简称"逸马"),希望借助逸马在连锁板块沉淀多年的专业经验,帮助其实现战略转型,重构有利于品牌连锁体系发展的底层逻辑。未来,青啤集团与逸马将共同战略陪跑赋能青啤1903酒吧成为行业头部品牌。主要的合作需求有:

①对青啤1903酒吧的战略、业务系统和盈利逻辑进行全面梳理,明确支撑其长期可持续发展的核心要素。

②帮助青啤1903酒吧明确未来的战略规划、商业模式、资源匹配及具体的商业计划。

整体而言,青啤集团与逸马的合作就是要解决青啤1903酒吧如何提升门店盈利性、复制性和持续性的发展能力的问题。

3.问题分析

逸马战略陪跑团队向来主张站在独立、客观的外部视角,透过现象看本质,找到"果"背后深层的具有规律性的"因",并对症下药,给出解决方案。

那么,造成青啤1903酒吧发展困局的"因"是什么?逸马战略陪跑团队通过深入的访谈调研,结合假设及求证,归纳出以下核心的四个"因":

①转型的组织基因需要补充养分。对青啤集团而言,青啤1903酒吧是to c的创新型业务。一方面,运营好餐酒吧,对运营团队的市场洞察能力和用户运营能力有极高的要求,这与传统的生产制造和渠道运营型基因在运营的底层逻辑上有着根本的不同;另一方面,想要从啤酒行业发展成餐酒吧复合型业态(餐饮+啤酒),除了需要运营团队对啤酒的理解外,还需要其对餐饮行业的经营有深刻的理解力。

②战略定位需要进一步明晰。青啤1903酒吧的核心用户是谁?它在消费者心中到底是什么,代表何种价值?对于品类和竞争对手的定位,青啤1903酒吧需要进行系统的梳理及明确。有了定位,才能知道如何取舍,才能聚焦资源攻占主战场。

③单店盈利模型需要进一步优化。夏季喝啤酒的人多，但在冬季，尤其是在山东等北方市场，由于气温低，喝啤酒的消费者数量较少，啤酒消费情况呈明显的淡旺季特征。同时，啤酒消费者白天进店少，主要消费发生在夜间，因此，每天的高低峰时段特征也很明显。如何提升淡季和白天消费者的进店转化，成为增收的核心命题之一。此外，规划好门店在堂食、外卖和零售领域的结构占比，对于门店的结构性盈利能力提升也很重要。

④连锁系统经营模型需进一步重构。由于团队缺乏对连锁经营模式的系统认知，因此在开店、运营的过程中缺乏系统管理，在门店的"连"和"锁"上仍有很大的提升空间。

三、解决方案

1.解决思路

通过系统的梳理和研讨，逸马战略陪跑团队和青啤1903酒吧高层达成共识，决定围绕"战略线、业务线、组织线"三大主线去系统破题，主要思路如下。

（1）战略线。

确定战略定位问题，即青啤1903酒吧到底是为谁、以何种方式提供何种价值。

（2）业务线。

面对现有门店和未来规划门店，将破题的方向聚焦在以下两条主线：

①维稳线。维稳线面向现在，主要致力于改善现有酒吧的门店盈利能力，进一步规范化运营现有连锁体系。维稳线的核心聚焦点是现有门店的经营提效。

②开拓线。开拓线面向未来，主要解决未来新门店模型和品牌授权盈利体系的整体性设计问题，是真正支撑青啤1903酒吧立足竞争、打造生态型品牌的战略杠杆点。开拓线的核心聚焦点是总部和门店能够通过新模型实现双向盈利、双向贡献。

简单来说，就是要两条腿走路，既要顾及未来战略性业务的发展，也要顾及当下现金流经营能力的提升。当然，这两条腿虽彼此分开，但不能割裂，统一由大脑（战略定位）和躯干（中后台系统）连接，有统一的作战部队和后勤部队支持。

（3）组织线。

解决团队组织能力不足的问题，发挥"鲇鱼效应"，引进有终端场景运营和餐饮运营经验的人才；解决前线"混编作战部队"和后方"支撑作战部队"的搭配和能力盘活问题。也就是说，既需要有能洞察市场、对市场变化迅速应变的前方作战部队，也需要提升中后台组织的能力，保证其能够稳定供应"作战人员""枪支弹药""情报信息"等。

2.方案优劣势比较

（1）方案优势。

两条腿走路的思路立足全局，顾及现有业务和未来战略性业务的发展，能够更好地帮助青啤1903酒吧建设一个整体的连锁经营管理系统，提升门店盈利性、复制性和持续性的发展能力。

（2）方案劣势。

基于青啤集团的历史积淀和组织惯性，青啤1903酒吧内部团队和逸马战略陪跑团队的合作需要磨合阶段。

3.方案实施计划

（1）战略线实施计划。

要明确战略定位，就要结合用户情况、竞争环境、企业自身基因等多维度进行考虑。核心思路是企业要找到一个自己能打得赢、守得住的最大外部机会，并将其牢牢地握在手中。而青啤1903酒吧的经营核心业态是"餐＋酒"的组合，要探寻最大的发展机会，就要搞明白消费者在喝青啤的同时主要吃什么餐，也就是需要进行餐酒捆绑式经营模式的探索（如超市的"啤酒＋尿不湿"案例）。

逸马战略陪跑团队通过大量的访谈调研、二手资料研究、内部研讨及双方共识会，最终将青啤1903酒吧战略定位为海鲜、烧烤和鲜啤。

（2）业务线实施计划。

①维稳线。

维稳线的核心矛盾点在于解决青啤直营门店的降本增效问题。围绕降本增效制定的主要落地计划有：

A.成立专项闭店组，对业绩末尾的门店进行综合评估，关停个别业绩不好的门店。

B.合理优化门店的员工结构，调整固定员工和兼职员工的比例，提高用人效率。

C.利用工具优化门店的菜单SKU（保存库存控制的最小可用单位），同时增强产品研发和供应链端的协同发展能力。

D.策划并落地直营门店数字化爆品、专项活动引流方案。

E.执行方案落地标杆门店的打法，发挥模范示范作用，将优势复制到其他门店。

F.将门店按业绩分为A、B、C三类，执行一店一策，实现每店每月集中落实3~5条核心举措。

G.制定落地门店经营指标评价表，并将其作为门店经营情况的体检表和优化罗盘。

H.落地一店一绩效方案，每家门店的业绩核心捆绑五个关键经营指标。

维稳线的另一个重点，则是如何统一协调青啤集团体系内不同责任主体运营门店（工厂店体系、直营店体系、加盟店体系）的"连和锁"，如何让直营店体系更好地赋能、提升工厂店体系和加盟店体系的经营业绩。为此，逸马战略陪跑团队给出了专业打法及节奏。

②开拓线。

开拓线的核心矛盾点在于先要结合青啤1903酒吧的战略定位和ROI（投资回报率）目标，打造出新的门店模型，作为未来发展模式裂变的基础。这里很关键的两个认知在于：一方面，开样板店的目的绝对不是仅仅开一家店，而是后面能开出一批类似的店，因此要时刻以终为始，系统设计新样板店的模型；另一方面，未来新的品牌授权模式系统，一定是基于"门店赚钱—总部值钱"这一双向贡献的盈利模型，绝对不是只有总部或门店中的一方赚钱，这样的情况是不可持续的。

逸马战略陪跑团队针对青啤1903酒吧的开拓线业务，设计出以下发展线路：达成战略目标共识—规划市场布局—明确开店策略—打造新样板店—实现品牌授权裂变。

A.达成战略目标共识。逸马战略陪跑团队要和青啤1903酒吧团队同频战略定位，明确未来3~5年的战略目标。

B.明确市场布局。明确基地市场、战略市场、成长市场和渗透市场的布局组合，梳理进攻市场的节奏。

C.明确开店策略。从业态模式上，明确"旗舰店—标杆店—社区店"三类店铺的组合（如恒星—卫星的搭配），并清晰各类型店铺的门店定位和选址策略；从权责利上明确直营、加盟、合伙等模式的不同之处。

D.打造新样板店。打造新样板店是开拓线业务的重中之重，也是双方团队需要花大精力破局的聚焦点。打造新样板店的战略意义有以下两点：于内，新样板店是青啤集团实施新战略的承载体，是对原有门店模式的迭代革新，也是打通"总部—门店"整个经营闭环逻辑的突破点；于外，新样板店将是青啤1903酒吧连接未来投资和战略合伙人的纽带，也是承载消费者"端到端"的核心场景空间。

逸马战略陪跑团队深感责任之重、任务之艰。一个新的门店系统，既要考虑经营上的问题，如用户、选址、产品、环境、服务、营销；也要系统考虑运营管理上的问题，如门店的人、财、物、信息，与总部的沟通机制等。对于这些问题，逸马战略陪跑团队需要思考如何实现协调统一。

那么，如何在这个复杂的门店系统里找出核心的突破点，并梳理合适的打法路径和节奏至关重要。根据青啤1903酒吧当时的情况，双方团队明确达成共识，将打造新样板店前期的聚焦突破点确定为用户、业态、产品、场景。

△ 用户：明确新样板店的核心用户画像，进一步明确青啤1903酒吧向年轻化、女性化方向发展。

△ 业态：明确堂食、外卖、零售的占比结构，并制定相应的打法策略。

△ 产品：产品是一大难点。双方团队前期在菜单结构的调整上花费了大量的时间，一方面是要解决餐酒比的设定问题，另一方面则是要解决各业态的菜单结构问题。产品很关键，它是品牌的直接载体。不同的产品结构，对消费者复购率、门店毛利率、后厨空间结构、供应链集采难易度等有着直接影响。

逸马战略陪跑团队运用系统化的工具模型，如菜单ABC[1]盈利分析模型、餐酒产品捆绑分析模型、品类和产品进退评价机制、产品组合及定价模型等，帮助青啤1903酒吧梳理迭代出新的菜单结构。青啤1903酒吧部分产品展示如图7-75所示。

图7-75 青啤1903酒吧部分产品展示

△ 场景：对于酒吧而言，场景和产品一样重要。酒吧是社交性业态，场景氛围是轻还是重、是否需要乐队、互动场景如何设计等，都会影响消费者进店转化。

---

[1] A、B、C分别代表action goal（行动目标）、behavior（行为）、consequence（后果）。

E.实现品牌授权裂变。裂变的前提是单店盈利模型的跑通。授权体系的核心，一方面在于"总部—单店"双向盈利模型的设计，简单来说，就是要设计出总部对单店的盈利逻辑、"五流合一"的管理赋能机制；另一方面在于明确投资人画像，精准地找到更多的投资人。青啤1903酒吧品牌授权体系、青啤1903酒吧总店—单店"五流合一"连锁管理体系分别如图7-76、图7-77所示。

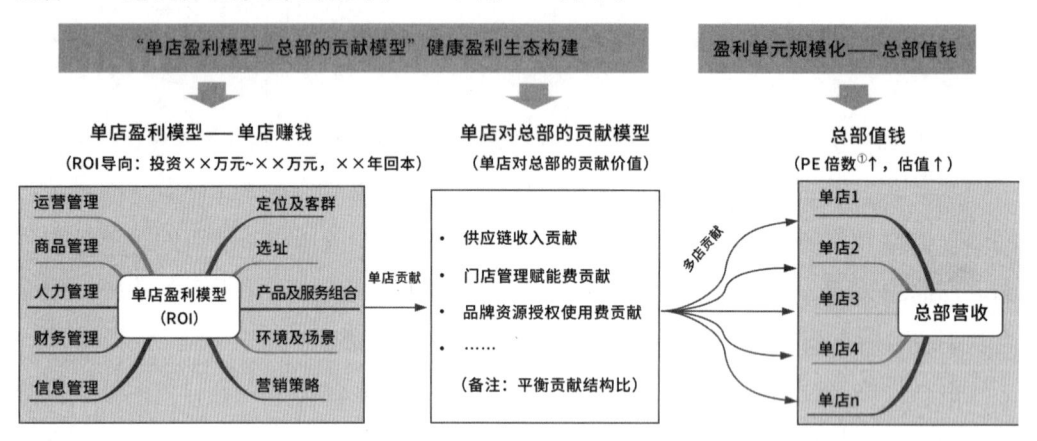

图7-76　青啤1903酒吧品牌授权体系

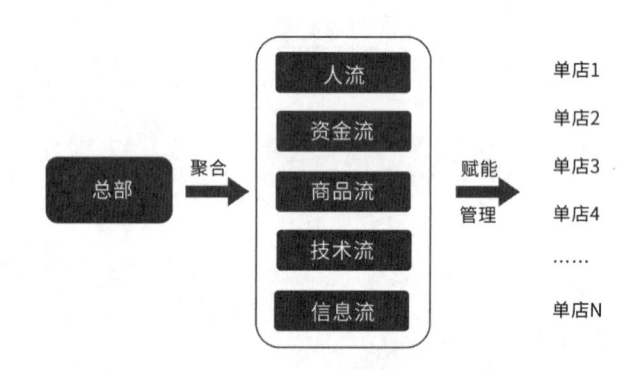

图7-77　青啤1903酒吧总店—单店"五流合一"连锁管理体系

③组织线实施计划。

起初，青啤1903酒吧团队对组织架构和团队的调整较敏感。但要，要跑通青啤1903酒吧这项新业务，需要不同于过去其赖以生存的基因。市场的快速变化，要求团队不仅要有极强的洞察力，还要有敏捷、快速迭代的能力，能够随业务的变化及时地变动、调整。

---

① PE倍数指市盈率，是股票每股市价与每股盈利的比率。

在逸马战略陪跑团队多次向青啤1903酒吧高层讲清楚组织和团队及战略执行机制的利害关系后,双方达成共识并展开变革。主要的落地计划有:

A.调整青啤1903酒吧的组织架构,根据业务发展需要进行"前台—中台—后台"的设计,如"产品—供应链—运营"一体化设计。

B.明确核心缺失、需补强的关键岗位及其画像,协助招聘和面试。

C.优化总部指标的分解和追回措施,并和各部门薪酬绩效进行捆绑。

D.导入OKR(目标与关键成果法)+KPI(关键绩效指标法)机制,尝试在高层管理团队实践落地OKR。

E.提供一套管理工具模型。

四、实施过程

1.准备工作

准备工作主要包括前期项目工作组的组建、明确了解客户的痛点及合作需求、对接相应的资料需求清单并同步进行分析,全力准备合作项目的启动。项目组工作对接告知函及门店调研计划如图7-78所示。

TSINGTAO 1903酒吧发展战略陪跑咨询服务对接工作流程告知函
深圳市逸马科技有限公司[1]: 　　首先感谢贵公司对青岛啤酒TSINGTAO 1903酒吧项目工作的大力支持和关注。为优化推进TSINGTAO 1903酒吧项目咨询工作,我公司已成立对接工作组,协同贵公司开展青啤TSINGTAO 1903酒吧发展战略陪跑咨询服务工作,现将对接工作流程告知如下: 1.我方对接人及联系方式; 2.往来资料发送流程; 2.1材料收集时间; 我公司材料收集涉及材料整理、签批流程,大约耗时3个工作日,请贵方知悉。

附录一:《门店访谈计划》

序号	区域	门店	到店日期
1	上海	松江区(1903上海松江工厂店)	11.25
2	上海	松江区(1903上海高禾广场工厂店)	11.25
3	上海	TSINGTAO 1903上海BFC店	11.26
4	上海	静安区(1903上海静安愚园路工厂店)	11.26
5	深圳	南山区(1903广东深圳海上世界工厂店)	11.26
6	北京	密云区(1903北京密云宾阳工厂店)	11.29
7	北京	密云区(1903北京密云果园工厂店)	11.29
8	北京	TSINGTAO 1903青岛酒馆(北京三里屯店)	11.30
9	北京	1903北京望京店	11.30

备注:本表到店调研时间已和店长初步确认,后续如有更改,再根据双方时间安排进行沟通协调。

图7-78 项目组工作对接告知函及门店调研计划

---

[1] 深圳市逸马科技有限公司与深圳市逸马品牌连锁教育集团有限公司为同一法人,深圳市逸马科技有限公司法人持有深圳市逸马品牌连锁教育集团有限公司90%的股份。

2.过程记录

在逸马战略陪跑团队与青啤1903酒吧战略陪跑的过程中,整体的工作节奏可以分为以下三个阶段:

(1)前期阶段。

前期阶段开展的工作主要包括项目前期调研诊断及需求同频、项目启动及战略共创、长期和短期的工作计划及节奏同频、双方工作机制明确。

①项目前期调研诊断及需求同频:通过高层访谈、门店实地踏勘(见图7-79)、二手资料研究等方式展开对项目的前期诊断,针对调研结果进一步明确合作需求。

②项目启动及战略共创:这个环节很重要,通过项目启动会、培训导入会、战略共创会(见图7-80)等环节,帮助青啤1903酒吧的高层导入经营战略陪跑理念和核心知识模型体系,推动双方达成战略目标共识。

③长期和短期的工作计划及节奏同频:双方对工作计划和节奏达成共识特别关键,这直接决定了后期推进工作的顺利度和客户满意度。对于工作排期,需要明确各项工作的责任方和时间节点。

④双方工作机制明确:明确未来双方团队沟通的工作机制的关键点在于,双方团队的决策者必须统筹各项事务,做项目的牵头人,同时双方必须指定专人对接项目,保持输出口径统一。

图7-79 项目调研现场

图7-80 青啤1903酒吧项目战略共创会

(2)中期阶段。

中期阶段开展的工作主要包括成立专项工作组、明确会议机制、启动驻场机制。

①成立专项工作组:由于战略陪跑项目涉及的工作项很多,需要有计划、有节

奏、有靶向地进行逐个模块的推进破题，这对双方团队的心力、体力和学习力来说都是挑战。为此，双方需要针对专项模块成立专项工作组，并建立专项工作群（见图7-81）进行沟通。

图7-81 青啤1903酒吧项目专项工作群

②明确会议机制：双方团队明确从"每周经营专题会—每月经营复盘会—季度经营复盘及调整会—年度经营战略复盘及规划会"入手，强化落地推动项目进展及同频。

以每周经营专题会为例，每周计划开展2～4场线上专题会议。在上一周的周末结束前，双方项目对接人将共同确认会议卡片（见图7-82），明确下一周的专题会议议题、参会人及时间，并明确双方各自需要准备的文件资料，以便在会议上能够高效地进行沟通和交流。会议结束后，需要及时整理出会议纪要，双方针对会议纪要中的工作推动节奏、落地关键动作等保持同频，以便展开下一步工作。

以每月经营复盘会为例，由双方针对当月的项目推动进展进行复盘、分析执行差距及原因，明确下一个月需要改善或加速推动的工作项。

第11周（9.26-9.30）专项沟通会				
会议1	门店评价指标及重点落地动作专题沟通会		时间	周三上午 11:30—12:30
会议议题	1）门店评价指标（一级/二级）及相关数据分析 2）各部门关键指标及重要动作排期表			
参会人员	周总、单连云、杨雪			
会议2	产品和供应链专题沟通会		时间	周三下午 14:00—16:00
会议议题	1）零售产品方案研讨 2）二次供应方案进度（集供菜品选择；试点门店选择；供应商分类分级、合作优化沟通）			
参会人员	陈汉喜、高世阳、杨雪			

图7-82 青啤1903酒吧项目每周专题会议卡片（示例）

③启动驻场机制：为了更好地推动项目的进展，逸马战略陪跑团队同步启动驻场机制，计划每月完成10～15天驻场计划。同时，每月展开为期3天左右的项目工作同频会，核心高管团队必须全部参与。

（3）后期阶段。

后期阶段开展的工作主要包括项目复盘和成果评价。双方团队针对最初的工作目标和计划，对项目执行推进情况进行整体复盘，对取得的成果做出客观的评价。

3.成果评估

（1）战略线。

逸马战略陪跑团队协助青啤1903酒吧进一步明确战略定位，并清晰规划未来5年的战略目标、各年度经营计划。

（2）业务线。

①维稳线的成果评价。

A.提供一套经营管理工具，优化门店一级和二级评价指标体系表；完成一套"门店损益＋运营＋管理报表分析"模版（全国—区域—单店），细化分析和管理颗粒度。

B.完成直营门店降本增效落地计划。其中，产品SKU缩减20%～30%、食材采购成本降低5%～6%、部分门店人工成本占比缩减约10%，直营门店整体利润对比原计划提升约10%。

C.协助梳理了青啤1903酒吧对工厂店体系、加盟店体系的赋能方式和经营提升计划。

②开拓线的成果评价。

A.设计一套新样板店模型及品牌授权体系。

a.协助规划完成基地市场布局和开店策略，并达成战略共识。

b.输出一套新样板店模型测算方案和一套招商体系框架。

c.达成"总部—门店"双向盈利贡献模型体系共识，明确总部对门店盈利模型的底层逻辑，优化团队经营思维，明确经营方向；进一步明确各部门板块之间的协作重要性，共同为门店ROI提升赋能。

B.输出新样板店模型菜单结构，并明确固定采纳一套菜单分析及优化工具。

（3）组织线。

A.根据业务发展需求，指导设计新组织架构，加速组织基因变革。

B.期中协助招聘1名运营总监，并协助明确各关键岗位画像及跟进相关面试情况。

C.导入一套OKR管理工具（试运行），加速推动形成组织共同沟通语言。

五、总结与建议

逸马战略陪跑团队在青啤1903酒吧战略陪跑的过程中，经常会面临以下的交付场景（也是其他正在或想要进入战略陪跑的咨询公司、客户、企业需要注意的点）：

①战略陪跑的过程，也是企业变革的过程，遇到疑问、冲突和阻力在所难免，双方团队（尤其是决策者）需要保持充足的心力、体力和脑力，把握项目推动的节奏。

②面对关键节点、棘手问题或突发问题，双方团队需要及时同频，保持高度敏捷和快速反应，及时发现问题、挖掘原因、找到矛盾点、制定关键策略、明确实施计划、分解指标及追踪、复盘执行效果，不能因为某些问题就停滞不前。

③战略陪跑要想解决企业几乎所有的个性问题，要求双方团队具有极强的搭建结构性框架的能力，但具备这种能力的人才较为稀缺，因此团队必须通过不断的学习与实践来获取。

在青啤1903酒吧战略陪跑过程中，逸马战略陪跑团队始终担任"副驾驶"和"教练员"的角色，在保持独立客观的同时，躬身入局参与项目全过程。青啤1903酒吧战略陪跑路径如图7-83所示。

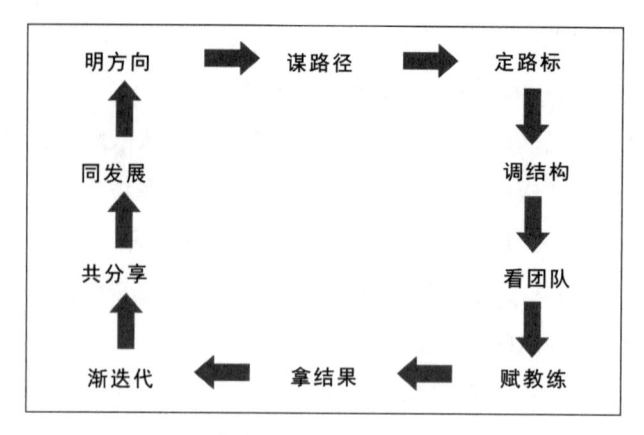

图7-83 青啤1903酒吧战略陪跑路径

六、结论

战略陪跑既能解决企业的问题，又能解决企业家的家族与个人问题，是企业与企业家背后的强大智慧支撑，能给企业带来绝对稀缺资源赋能。

逸马战略陪跑团队本着相互成就、开放共赢的价值观，选择优秀的企业与企业家进行共创、共赢、共享，共同为经营成果负责。

逸马战略陪跑团队的愿景，是和伙伴企业一起去创建受消费者信赖的品牌，并以此为组织信仰。

第十三节　木屋烧烤管理咨询案例

深圳市逸马品牌连锁教育集团有限公司

一、项目背景

1.公司基础信息

2003年，木屋烧烤（见图7-84）诞生于深圳。木屋烧烤一直努力把"做第一好吃的烧烤"作为第一经营理念。目前，木屋烧烤所有门店均为直营，不接受加盟，无招商等业务发展，至今已成为被权威媒体和各大平台认可的全国性直营烧烤连锁品牌，成功进驻北京、上海、广州、深圳等18座一线城市。截至2023年，木屋烧烤全国直营门店（见图7-85）已超过250家，在规模超2000亿元的烧烤市场中，木屋烧烤的创始人隋政军凭借着开始创业时仅有的5张桌子，如今营业收入已达20多亿元。

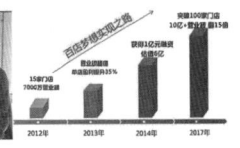

图7-84　木屋烧烤

图7-85　木屋烧烤门店

木屋烧烤的发展战略更加注重系统性、深远性。目前，木屋烧烤的门店连锁运营管理系统、人力资源系统、品牌营销系统、IT大数据分析系统等核心管理模块历经数年的打磨已然成形，其在整体行业生态圈的打造也日趋完善。木屋烧烤隶属的深圳市正君餐饮管理顾问有限公司还创建了"正欣食品供应链""木屋户外""木屋GO串""木屋商学院""正信信息科技"五大品牌。木屋烧烤将更广泛地与产业链中的优势资源达成战略合作，为其更长远的发展奠定更坚实的基础。木屋烧烤树立了远大的目标，以千城万店为品牌愿景，未来的目标定位是"做全球最大的中式连锁烧烤品牌"。

2.项目背景

在逸马服务的餐饮类连锁企业中，木屋烧烤算得上是非常优秀的。逸马更多的是对木屋烧烤在连锁经营管理方面进行启蒙。我们一直认为，逸马能陪伴一家企业获得成功的前提是企业本身足够优秀。能陪跑一家企业从优秀到卓越，与客户进行价值共创，也是逸马能在连锁经营管理领域中不断进步的原动力。木屋烧烤的创始人隋政军是一个具有伟大格局观的创业者，他做过三洋电器中国区的市场总监，大企业的工作经历，让他对大企业的构架有着更深刻的认识。创业之初，隋政军就想把木屋烧烤打造成第三空间。后来，接触逸马之后，隋政军更加确信此定位的合理性和前瞻性。美好来临之前总会遇到困难，在木屋烧烤与逸马合作执行整个不断革新的合作过程中，曾出现9位中高层离开的情况，但隋政军凭借着坚定的毅力，克服了各种困难，最终在逸马的帮扶下建立了木屋烧烤整套标准化体系。通过贯标打磨等操作，木屋烧烤迎来了新标准。时至今日，木屋烧烤已成为全国所有超一线城市中具有战略布局的中式烧烤连锁品牌，令业界刮目相看。

2011年，隋政军带领木屋烧烤的伙伴们走进逸马连锁课堂。6年后，隋政军上交了一份迟来的作业，他非常谦虚，用实际行动带领木屋烧烤阐释了"成功是系统的，失败是片段的"。他感慨道："连锁的核心在于复制，复制的核心在于系统打造！"6年后，优秀的木屋烧烤团队对连锁复制系统打造了属于自己的认知体系。木屋烧烤发展历程及重要阶段（14年）如图7-86所示。

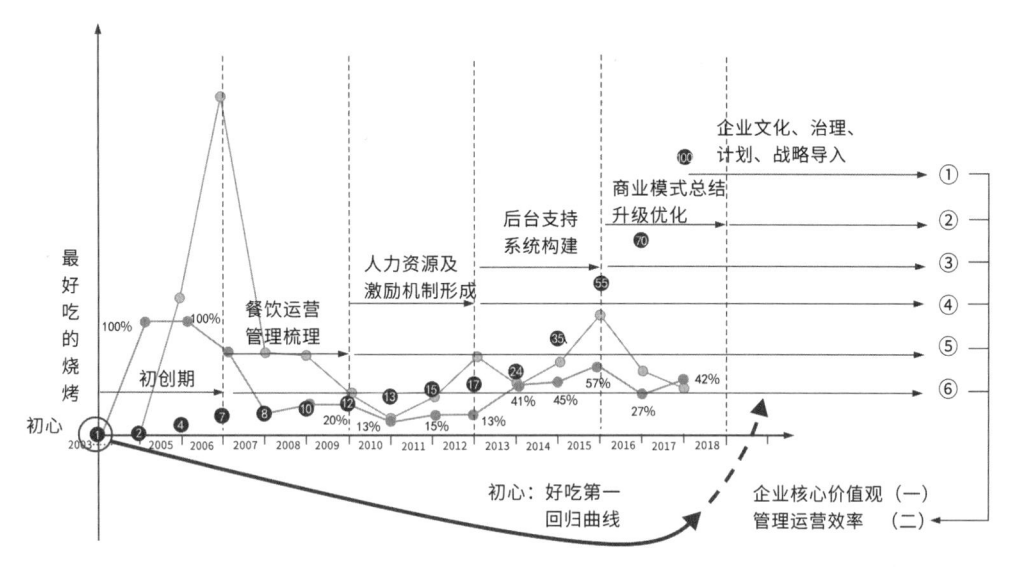

图7-86　木屋烧烤发展历程及重要阶段（14年）

新冠疫情这几年，木屋烧烤依靠着不断提升的管理效率和不断成熟的核心价值观，员工和企业互相体谅，团结一心的凝聚力让木屋烧烤度过了最艰难的时刻。疫情防控期间，木屋烧烤不仅没有缩减经营规模，还持续扩张新店，员工的薪资也比上一年拿得更多，逆势增长的背后，是企业管理制度的创新。现在，让我们来回顾一下木屋烧烤当初是如何一步步突破困境，在逸马的陪伴下成长为国内头部餐饮企业的。木屋烧烤用了6年的时间去打造属于自己的连锁复制系统，今天，木屋烧烤宣告别依赖能人、聪明人的时代，正式进入依靠"系统机制 + 勤奋人"的时代，开启了带领一群平凡的人去成就不平凡事业的新篇章。

二、核心问题

1.问题描述

木屋烧烤从2003年创立到2011年走进逸马连锁课堂，在深圳开了近10家门店，做区域市场的领导品牌并不是木屋烧烤的终极目标。2010年，木屋烧烤进驻北京市场，第一次走出深圳大本营。这时，木屋烧烤要从过去的"产品 + 服务"路线，转型到品牌化路线，这个跨度不只是战略定位的变化，中间出现的各种问题也无法通过原有的知识体系去解决。

当初的木屋烧烤面临的问题总结下来有以下四点：

①战略定位不够精准（原点）；

②连锁人才复制输出系统构建速度滞后于企业发展速度（执行）；

③团队内部缺乏连锁企业文化培育（基础）；

④资源整合效能较低（空间）。

经历近7年的发展，在深圳餐饮赛道竞争日益激烈的大环境下，木屋烧烤在门店标准化建设、连锁模式复制系统建设和企业文化认知上不如预期。同时，整个品牌连锁体系的建设仍存在很大的优化空间，整体呈现"连而不锁"的局面。

2.咨询需求

基于木屋烧烤当时的发展困局，创始人隋政军找到了服务过众多连锁企业的逸马，希望通过逸马在连锁板块沉淀多年的专业经验，帮助其实现战略转型突破，重构品牌连锁体系发展的底层逻辑，助力木屋烧烤突破困境，成为行业头部品牌。主要的合作需求有：

①对木屋烧烤目前发展阶段的战略进行准确定位，根据其业务系统和盈利逻辑进行全面梳理，明确可以支撑木屋烧烤可持续发展的核心要素。

②助力木屋烧烤明确未来的扩张模式、管控模式、连锁人才复制、连锁企业文化打造、资源有效匹配及具体的商业计划。

总的来说，就是要解决木屋烧烤如何找到自己差异化的定位优势，提升品牌价值、门店可复制性和可持续性的问题。

3.问题分析

逸马向来主张站在独立、客观的外部视角，透过现象看本质，找到"果"背后深层的规律性的"因"，并对症下药，给出解决方案。木屋烧烤问题求解洋葱如图7-87所示。

运营管理本质：设计与优化到无为而治

设计运营匙就是剥洋葱，找根本

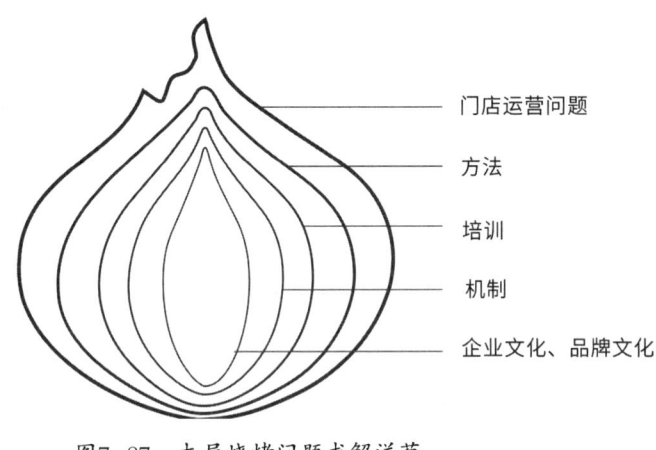

门店运营问题
方法
培训
机制
企业文化、品牌文化

图7-87 木屋烧烤问题求解洋葱

这张图是2011年后，木屋烧烤由表及里的发展路径的浓缩。实际上，木屋烧烤也是通过一层层的考验，最终达到木屋烧烤今天的行业地位。

那么，造成木屋烧烤发展困局的问题和痛点是什么？项目团队通过深入的访谈调研、假设及求证，归纳出以下三个核心问题：

①转型的战略定位不精准：对木屋烧烤而言，直面从区域市场走向全国市场业务。木屋烧烤的核心用户是谁？它在消费者心中到底是路边摊，还是普通门店，或是一家标准化的品牌运营餐饮企业？团队对于餐饮业的经营也需要有深刻的行业理解力。

②连锁扩张模式需要进一步明确：细分赛道，界定竞争对手，明确自己的扩张模式，是否做加盟、托管或者联营。确定了扩张模式，才能确定管控模式，才知道如何取舍，聚焦资源攻占主战场。

③样板门店的标准化系统不完善：连锁是系统工程，不能单做某一个模块或元素，连锁的核心是复制，而复制的核心是标准化的系统建设，这恰恰是木屋烧烤最需要的。

三、解决方案

1.解决思路

通过系统的梳理和研讨，逸马战略陪跑团队和木屋烧烤高层达成共识，决定围绕"战略、模式、复制"三大主线来破局，主要思路如下：

①战略：通过连锁经营课程的宣传、指导和培训植入，明确木屋烧烤的定位不是烧烤，而是为目标消费群提供一个中式的"第三空间"。

②模式：经过调研和对连锁模型的深度研讨，确立未来的拓展模式主要以直营为主。

③复制：复制的三大关键是运营标准化、训练及督导体系的建设。通过打造样板店让烧烤在产品建设、技术发展、人才标准化体系建设方面逐步成熟，木屋烧烤门店的店员逐步以兼职人员为主。

2.方案优劣势比较

（1）方案优势。

解决了在门店极速扩张的情况下，保证出品一致的问题。差异化战略定位，对标的竞争对手非对局者，而是星巴克。确定宏观的愿景，突破"以已知条件求解未来目标"的固定思维，确立"以未来为目标，没有条件就创造条件"的伟大格局。该方案能更好地帮助木屋烧烤整合资源，建设一个整体的连锁经营管理系统，解决门店盈利性、复制性和持续性的问题。

（2）方案劣势。

基于木屋烧烤的历史积淀和组织惯性，以及标准化手册的编制，训练及督导体系的贯标要求，产品、技术、人才标准化体系的建设等，对木屋烧烤现有组织的能力产生了极大的考验。木屋烧烤的内部团队和逸马的磨合需要一个过渡期。

3.方案实施计划

（1）第一阶段：战略——实施计划战略规划及组织调整阶段。

确定战略定位之后，木屋烧烤未来的目标便是建设中国烧烤连锁第一品牌，成为国内唯一能代表烧烤行业的连锁品牌。逸马通过大量的访谈调研、二手资料研究、内部研讨及开展双方共识会，最终将木屋烧烤的发展方向定位为不是经营烧烤，而是为目标消费群提供一个中式的"第三空间"（见图7-88）。

在面对深圳市天图创业投资有限公司投资人的路演中，木屋烧烤的核心投资价值的重点体现的是"取势、明道、优术"三个方面。

A.势——台风来了，猪都能飞起来。大众点评数据显示，烧烤品类是餐饮业发展最快的品类之一，商业领域的下一个台风将来自餐饮服务业，台风眼一定在烧烤品类。

B.道——企业的经营理念。如果将洋葱比喻为企业，那么洋葱最里面的那一层就是企业文化，没有文化与思想的企业，永远不可能变强大、长久。

C.术——企业的运营管理之术。木屋烧烤要意识到：台风终将过去，猪将不再会飞；潮水退去，谁在裸泳大众便一目了然。木屋烧烤有自己独特结构的锁芯，要探索适合自己运营的那把钥匙。木屋烧烤永远不做那头会飞的猪，而要做一只翱翔天空的雄鹰。

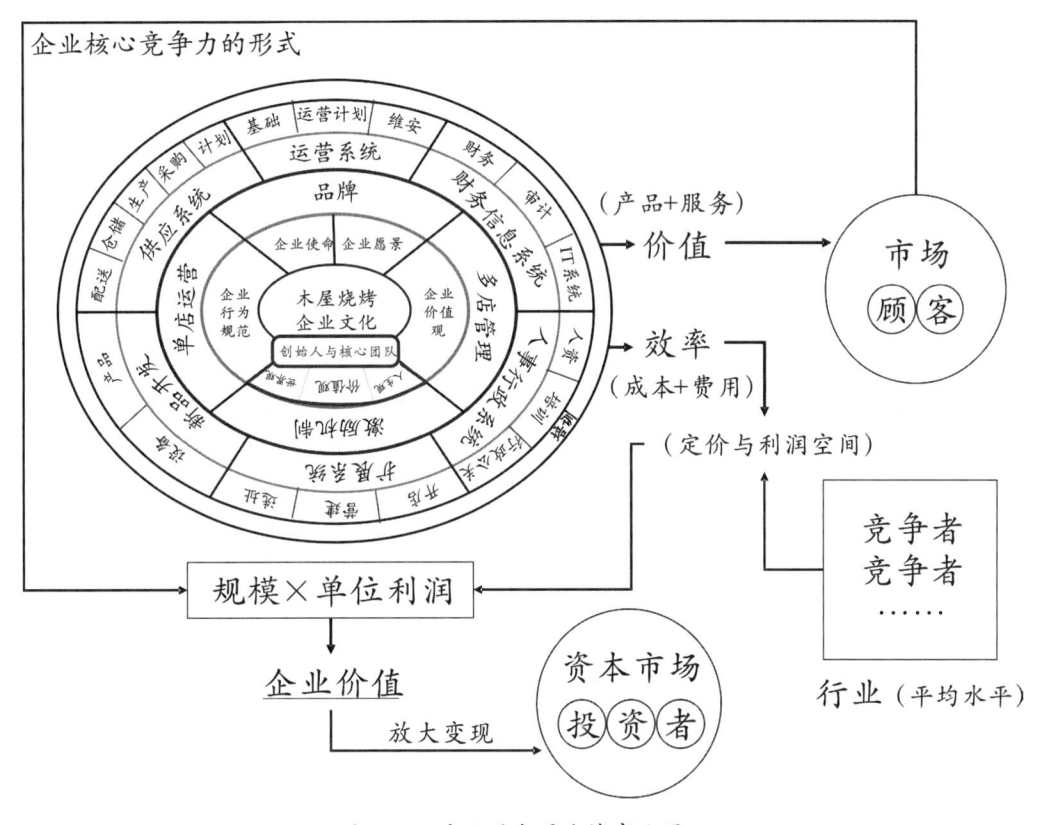

图7-88　广义的木屋烧烤商业图

在具体的执行计划上，逸马下一步的行动分为战略梳理和组织架构研讨。

①逸马针对木屋烧烤的现状，采用的咨询方法工具如下：

△ 以定性研究为主，以定量研究为辅；

△ 案头分析；

△ 访谈（内部、外部行业专家、竞争对手）；

△ 问卷调查；

△ 举行内部讨论会；

△ 进行终端实地考察/筛选影子顾客；

△ 对统计资料及商业报告进行研究；

△ 培训、辅导实施。

②木屋烧烤要为调查研究提供必要的信息与配合，具体如下：

△ 确定阶段工作计划表；

△ 安排工作人员接受访谈；

△ 安排工作人员陪同咨询师走访连锁终端、市场等。

③逸马与木屋烧烤达成的阶段性成果：

△ 《正君餐饮战略规划报告》；

△ 《正君餐饮2013年公司年度经营计划》；

△ 《正君餐饮组织架构图》。

（2）第二阶段：模式——核心价值流程及选址工具建立实施阶段。

木屋烧烤扩张的核心在于要先结合战略定位和ROI（投资回报率）目标，打造出新的门店模型作为未来模式裂变的基础。木屋烧烤绝对不是为了开店而开店，而是为了后面能开出一批店，因此要时刻以终为始，系统设计出新的样板店模型。逸马针对木屋烧烤开拓业务的计划，设计出以下实施节奏：达成战略共识目标—确定直营模式—明确开店策略（见图7-89）—打造样板模型—实现烧烤领袖品牌。为此，木屋烧烤首先要解决的三个问题就是岗位工作内容及权责范围研讨、核心价值流程梳理，以及选址方法、标准、流程、工具研讨。

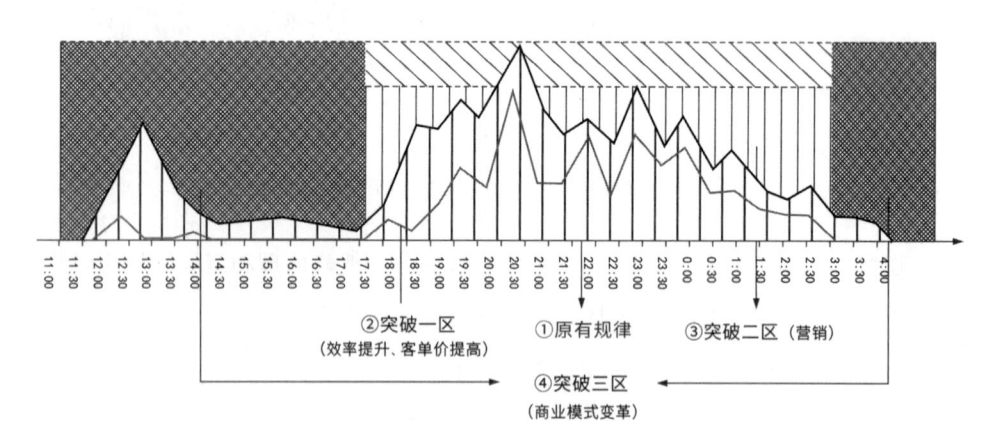

图7-89 规律与突破——单店运营

①逸马针对木屋烧烤的现状，采用的工具和方法有：

△ 案头分析；

△ 内部研讨会；

△ 关键提炼；

△ 标杆研究与借鉴；

△ 文案撰写。

②木屋烧烤组织配合：

△ 安排各部门负责人提供企业运营的相关资料；

△ 提供调查研究必要的信息，配合调查小组的工作；

△ 参与作业内容的编制、修改、研讨。

③逸马与木屋烧烤达成的阶段性成果：

△《正君餐饮岗位说明书附：公司定编定岗表》；

△《正君餐饮核心流程说明书》（流程图、流程说明、相关工具表单）；

△《正君餐饮选址报告模板》（选址标准、选址工具、选址流程）。

（3）第三阶段：复制——战略和模式确定后，模式复制就是决定成败的关键因素。

木屋烧烤意识到，在标准化运营缺失的情况下，在同事之间搭建督导和训练体系迫在眉睫。要想做好复制，就得先从借助绩效考核工具、重新建立薪酬等级制度入手（见图7-90）。经过多次的内部研讨会、关键提炼后，再加上标杆研究和借鉴，木屋烧烤达成的阶段性成果如下：

△《正君餐饮绩效管理制度》（包含所有相关流程）；

△《正君餐饮绩效考核表》；

△《正君餐饮薪酬管理制度》（包含所有相关流程）；

△《正君餐饮薪酬等级表》。

图7-90 运营管理工具表单

四、总结

逸马在木屋烧烤的咨询过程中,与木屋烧烤最终实现了价值共创,正如木屋烧烤的创始人隋政军讲的,每个品类、每个企业、每个门店都在试图找到一把万能钥匙。但是,财富的大门是被"三把锁"(见图7-91)锁住的,它们是企业的品牌锁、运营锁、文化锁。每把锁都有自己的锁芯结构,运营的锁芯是客情、布局、工作组合;品牌的锁芯是产品、场景、文化;文化的锁芯是高层的世界观、高层的人生观、高层的价值观和企业的使命与愿景。

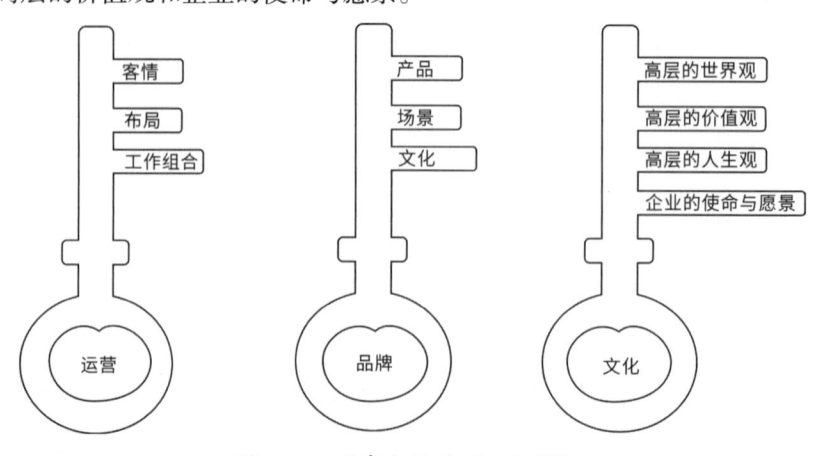

图7-91 财富大门的"三把锁"

而事实上，餐饮界的每个品类、每个企业、每个门店都有一把属于自己的独特锁芯结构。这个世界上，没有一把钥匙可以打开所有的价值锁，企业想要打开价值锁，唯一的可能性就是理解每一把锁的结构，去设计与之匹配的钥匙，这样才能将它开启。打造价值锁的钥匙，首先需要有一颗对行业的敬畏之心，以及真正想用自己的汗水和劳动获得回报的正念。

逸马创始人马老师说，实行长期主义就意味着要放弃短期利益，最难走的路才是通往成功的捷径。而木屋烧烤深刻地践行了属于自己的长期主义。

在不断学习和探索的过程中，木屋烧烤实现营业收入从几千万元到20多亿元的突破，它的成长，更多的是它本身自带的优秀基因，以及企业创始人终身学习和孜孜不倦的探索创新精神。事实上，作为最早一批进入中国连锁培训和咨询领域的逸马很幸运，因为逸马有更多机会去发现这些处于创业早期的优秀连锁企业，在为这些企业创造价值的同时，它们也同样帮助逸马创造价值。在不断的价值共创中，逸马实现了与客户的共赢，积累了更多的经验和智慧，帮助更多的连锁企业走向卓越，为更多的中国连锁企业走向世界而奋斗！

木屋烧烤在逸马的陪伴下，沉淀了《正君餐饮战略定位及商业模式报告》《正君餐饮选址研究报告》《正君餐饮运营管理手册》《正君餐饮店长手册》《正君餐饮训练手册》《正君餐饮督导手册》。

木屋烧烤的创始人隋政军在2012年后，着力搭建连锁体系，一路高歌。

- 2013年，单店盈利增长35.23%，营业额翻倍；
- 2014年，获得天图资本1亿元投资；
- 2017年，门店突破100家，营业额10多亿元，相比2012年翻了15倍；
- 2019年10月，门店突破148家；
- 2023年，门店突破250家，营业额20多亿元。

祝愿木屋烧烤一路长红！

第十四节　锅圈案例

深圳市逸马品牌连锁教育集团有限公司

2017年1月，锅圈食汇（简称"锅圈"）的第一家门店在河南省正式开业。这家由几位餐饮老兵合伙创办的火锅食材店，以火锅烧烤食材为主，商品涵盖冻品、生鲜、小吃、底料、蘸酱、四季饮品、火锅器具、烧烤器具等多品类。"互联网销售平台+实体店面+超市配送"模式为顾客提供了产地直达的高品质、高性价比食材，锅圈致力于为8.3亿名县乡居民的食材提供消费升级服务。锅圈正以令人咋舌的速度蔓延在中国的大街小巷，短短7年的时间，锅圈已经在全国各区域覆盖超1万家门店，年营业额达160亿元。

为什么火锅食材店变得火爆起来？为什么锅圈能够成长为火锅食材店的头部品牌？

锅圈的前身叫锅圈商贸，有大的批发市场和批发门店，当时的交易量有1亿多元。2015—2017年，转型做B2B[1]，打通供应链上游。

虽然锅圈每年都保持着10%以上的高速增长，但在实际操作中痛点非常多，将赛道做宽、做深并非易事。其中，上游食材供应不规范、采购信息不对称是锅圈面临的最大难题。

锅圈的几位创始人将事业不断做大的同时，也面临着随之而来的各种经营问题。

2020年，通过了解、接触逸马之后，锅圈决定与逸马合作。

达成合作之后，逸马总部派老师与锅圈方进行沟通，并进驻企业，开展全面调研。逸马对锅圈开展了从战略规划到品牌定位、从标准化的打造到招商扩展的了解，以及与中高层人员、核心人员进行沟通后，发现该企业存在以下系列问题：

（1）门店的标准化。

（2）运营体系的标准化。

（3）人才的标准化。

（4）可持续的标准化。

找到问题所在后，逸马集中了多位老师一起研究解决方案。从众多的方案中，

---

[1] 英文"business to business"的简称，是企业与企业之间通过互联网进行产品、服务及信息交换的活动，也是电子商务系统的应用。

选出了三个方案进行比较，集中商讨各个方案的优缺点，并最终选出一个最优解决方案，并对此方案做进一步的优化，把每个问题都进行了分阶段分解，一步一步地解决。

首先解决第一个问题，就是门店标准化。解决这一问题要分三步走，基于"试点执行、深化落地、快速复制、稳步提升"的思路和方法，提升总部/区域运营服务支持能力，提升终端门店运营能力和盈利水平，提升连锁终端品牌的价值。

第一步，是解决连锁运营标准化。这是一个开端，也可以称这一步的开启之年为元年，在此期间，锅圈要打造标准化的运营系统，以及建设标准化的训练模式和督导系统。为此，锅圈拿出一家门店来实施，贯彻执行。也就是说，要把这家门店打造成样板店，贯彻执行单品盈利模式，这一步非常关键，要做出一个可复制的原版。

第二步，要在第一步的基础上进行优化升级，对连锁运营标准的贯彻进行升级优化。从标准化的系统优化到落地执行，从企业大学的建设到课程体系的结构搭建、讲师队伍打造，全国市场要如何以几何倍数的复制性执行，这就是单店盈利模式的关键要素的提炼升级。

第三步，是为了把前两步的工作进一步夯实，打牢基础。要把企业化的精细化运营、标准化运营的系统升级优化，渗透到每一个员工的心里；对标准化训练和督导的系统进一步升级优化，目的是拥有能够对加盟商进行深度赋能的能力。

经过标准化项目的落实，锅圈成立了项目小组，设立了项目总监、项目经理以及项目组成员。锅圈标准化项目（见图7-92）又细分为立标小组、训标小组以及贯标小组。

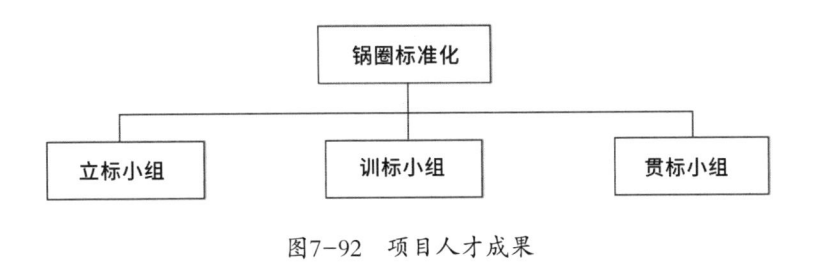

图7-92 项目人才成果

逸马服务锅圈实现的第一阶段的成果包括帮助企业制定各种项目手册，其中包括区手册7本：《开业指导手册》《运营督导手册》《招商拓展手册》《总部营销手册》《训练手册》《督查工作手册》《运营指导手册》；门店手册8本：《产品管理手册》《店务手册》《产品手册》《陈列手册》《安全卫生手册》《厨务手册》《集客手册》《导购手册》。

帮助企业大学制作各种培训课件共12节,其中包括《安全手册培训》《产品说明手册培训》《成为门店精细化管理者》《厨务手册课》《打造金牌陈列师》《导购手册贯标》《门店产品管理》《玩转集客让门店天天客流爆满》《督导手册》《签约如此简单》《如何轻松开店》《总部营销手册》。

锅圈与逸马自2020年合作至2021年,实现的标准化项目成果共计16个(见图7-93)。

锅圈连锁运营系统建设3期6阶
第1阶项目成果确认书

尊敬的锅圈领导:

在各位领导及部门员工的协助下,咨询项目顺利进行,逸马项目组对各位领导的支持与帮助表示衷心的谢意。经过6个月的工作,按照合作协议及沟通计划,已完成第1阶工作。

目前项目提交确认的成果如下:

序号	成果名称	成果格式	提交日期
1	《连锁模式复制系统构建》	PPT	2020-08-01
2	《如何进行连锁标准化》	PPT	2020-08-01
3	《手册编制培训》	PPT	2020-10-11
4	《流程培训》	PPT	2020-10-11
5	《锅圈TTT训练营》	PPT	2020-12-15
6	《门店导购服务手册》	WORD	2020-12-30
7	《门店产品说明手册》	WORD	2020-12-30
8	《门店产品管理手册》	WORD	2020-12-30
9	《门店安全卫生手册》	WORD	2020-12-30
10	《加盟商店务管理手册》	WORD	2020-12-30
11	《锅圈直营店务管理手册》	WORD	2020-12-30
12	《锅圈门店食客手册》	WORD	2020-12-30
13	《锅圈门店财务手册》	WORD	2020-12-30
14	《锅圈门店陈列手册》	WORD	2020-12-30
15	《区域运营督导手册》	WORD	2020-12-30
16	《锅圈运营指导手册》	WORD	2020-12-30

以上项目成果经过双方项目组共同研讨确定,请给予确认。

逸马锅圈项目组
2021年1月31日

甲方:锅圈供应链(上海)有限公司
甲方代表(签字盖章):
日期:

乙方:深圳市逸马科技有限公司
乙方代表(签字盖章):
日期:

图7-93 项目成果确认书

有了第一阶段的成果之后。锅圈迅速在河南、上海等省份及直辖市扩张，进行运营督导手册、8本门店手册等的培训，推进门店贯标试点。

锅圈的全国门店开始进行贯标推进，并把这个标准定为全国性的标准，进行输出。逸马开始辅导锅圈先后在多个省份及直辖市（如河南、河北、安徽、陕西、北京）进行四项工作，第一项是项目成员任命，第二项是推进计划书制定，第三项是过程跟进与辅导，第四项是项目成果确认。成立指挥中心进行分级辅导，实行"单兵＋单店"模式，外加采用部分课程进行辅导分享（见图7-94）。

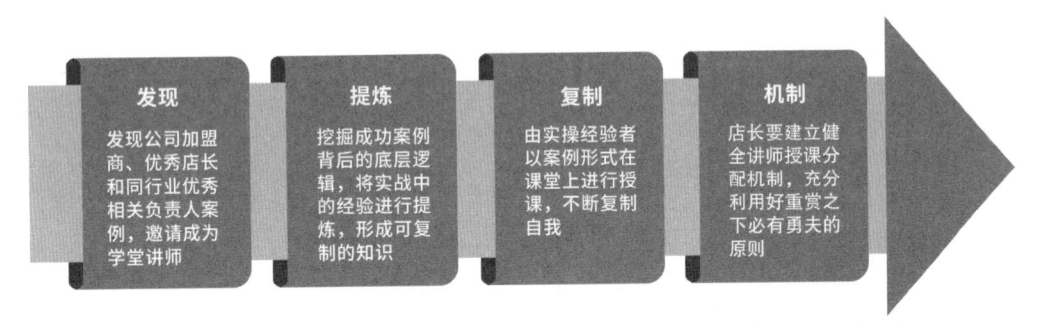

发现 / 提炼 / 复制 / 机制

发现公司加盟商、优秀店长和同行业优秀相关负责人案例，邀请成为学堂讲师

挖掘成功案例背后的底层逻辑，将实战中的经验进行提炼，形成可复制的知识

由实操经验者以案例形式在课堂上进行授课，不断复制自我

店长要建立健全讲师授课分配机制，充分利用好重赏之下必有勇夫的原则

➤ 邀请成功的加盟商和优秀店长组成讲师团，成功案例是客户的口碑。善用已有资源是商学院低成本获取流量的方法之一，利用裂变的力量和已有的成功案例，用户做好"老带新"，快速实现传播效果，通过裂变做引流。

图7-94　店长学堂

项目启动之初，参与训标人数有151人，考试人数有128人，平均分数达到82分，及格率达到62%。锅圈的城市标准化贯彻开展覆盖了12个城市138家店。

员工感受到了自身的变化，上班的积极性提高了，自主学习的能力变强了，业务水平也提高了。员工不仅清楚每天的工作流程，还清晰了门店的目标。加盟商也明显感觉到门店的形象整体提高了，员工的仪容仪表规范了，工作状态发生了质的变化，营销的能力也提高了，门店的营销氛围也变好了。到店顾客也感觉到了热情周到的服务，他们发现门店有了主动服务的意识，店内员工的言行举止规范了，介绍产品也更加专业了。在产品品类的销售分布上，烧烤食材、火锅食材的销售占比大幅提高，客单价得到了提升，门店营业额整体得到了提升。

经过3年的合作，锅圈实现了全国20个省份、166个城市的业务覆盖。其中，省会城市占20%，四线以下城市占30%，加盟店达到了99%。

2021年8月，锅圈完成了"D＋轮"融资，投资方包括茅台建信基金。根据锅圈在港交所递交的招股书来看，截至2022年底，锅圈已经在全国开设了9221家门店，其中，2549家开设在地级市，2437家开设在县级市，1589家开设在乡镇，约占锅圈所有门店的71.3%。

逸马用连锁经营的理念，为锅圈打通"人""货""场"，帮助其进一步建立了生态链，布局上游、整合供应链。

锅圈自成立开始，就着手建立自己的供应链，开发自有工厂和专属品牌订购业务，锅圈在全国布局了12大仓储中心，截至2023年10月，已辐射全国"10000+"门店，共有260名专业买手进行全球采购。其依托强大的供应链优势，为电商一体化门店和销售仓储功能赋能，建立行业壁垒。

锅圈的扩张有以下三个要点：

（1）布局：一个县城、一个地级市要开多少家门店，都要提前进行布局、规划。

（2）布道：每个省会、地级市、县城等有多少条道路，这条道路能开多少家门店，要提前测量。

（3）布点：每个县城、地级市、省会城市中曝光比较好的点，都会开一家锅圈门店。

利用天罗地网，一网打尽，将所有吃火锅的消费者全部纳入锅圈的网中。做连锁不仅要快速扩张占领市场，更重要的是稳。因此，建立企业壁垒是关键。

锅圈实现了从2017年开第一家店，到2018年不到500家店，到2019年1700家店，到2023年底突破10000家门店。截至2022年9月，锅圈关店65家，关店率不到1%。

在扩张上，锅圈做了以下三点：

（1）前端。在"人"上做细钻精，做了产消者数字化，包含兴趣爱好数字化、交易习惯数字化、交易偏好数字化等；在"货"上，做了产品数字化，包含产品属性标签化、陈列数字化、库存数字化等；在"场"上，做了场景数字化，包含线上行为数字化、线下行为数字化、订单数字化、支付数字化等。

物理空间和数字空间是相互依存、融合共生的，结成数字孪生体。锅圈将会员、收银、产品、后厨、管理和供应链全盘在线化，即将物理门店和数字门店相结合，在线上线下实现一体化，清晰、可视化地了解门店经营、用户和商品的情况。

（2）中端。区别于其他传统的冷链物流，锅圈供应链构建的软件即服务（software as a service，SAAS）数据化生态系统，从接单、银行清分、OSM（全称"office of safety management"，办公室的安全管理），到仓储管理系统，再到运输管理系统，完全实现交易在线化、订单透明化和运输平台化，让上下游的商家可实时监控到每家门店的食材流转动态。

（3）后端。依据C端数据，定义产品，根据消费者的口味来输出新产品，从而使商品"有去无回"，实现没有滞销与返货、折扣促销；通过成本领先，从而保证利润。

创业开店，从开1家店到开50家店、500家店、10000家店是一个过程。在连锁企业的扩张中，储备人才尤为重要，加盟商招不到人是常态。然而，锅圈是最不缺人才的，锅圈建立了企业大学，目前拥有将近600名下沉人才，为开店做准备。此外，锅圈还外聘顶级顾问6人，和逸马合作，借助专业团队的力量，为加盟商提供人才储备。

在打造"好吃不贵"的产品上，锅圈从消费者下手，通过终端消费数据的持续反馈，进行产品优化；在研发上，锅圈注重产品优化创新与生产标准定义；在工厂上，锅圈注重食品安全与成本优化，做到数据驱动决策、严格质量把控、餐饮品质对标、源头成本控制、产品持续迭代、自有品牌输出。

锅圈的创新经验总结与带来的影响：

对锅圈门店来说，其实现了门店标准化手册的提炼与总结，运营理念从经营门店转为经营消费者，构建了以消费者为中心的门店经营体系。

对运营团队来说，其掌握了连锁系统知识，接受了运营的底层逻辑培训，从跟着学到主动学、自己学，完成了优秀人才的选拔与培养。

对企业大学来说，其实现了运营指导思想的提炼、培训人才的开发、培训课件的制定、人才标准化与复制化、训练与督导系统的建设。

第十五节　日照亿鑫经营增长突围实操案例

深圳市中旭教育科技有限公司

一、企业基本情况介绍

日照亿鑫电子材料有限公司（简称"日照亿鑫"）是专业研发和生产锰锌软磁铁氧体的高新技术企业，公司位于美丽的海滨城市日照，国家4A级风景名胜区五莲山脚下。日照亿鑫东临青岛，南依日照，地处三市（青岛市、日照市、潍坊市）交界，区位优越，交通便利。距青岛港85千米，距日照港25千米，距同三高速公路14千米，被334省道和潮石公路纵横贯穿，紧邻潍日高速公路。

日照亿鑫于2010年8月成立，注册资金5000万元，占地面积4.1万余平方米，建筑面积2万余平方米，下设磁芯生产部和粉料生产部，均从国内外引进各种当前最先进的生产设备，拥有一大批多年从事磁性材料研发与生产的高科技人才，建有专业的技术研发中心，并与国内外知名企业和专家合作，技术实力雄厚，是目前山东省规模最大的磁性材料生产厂家。日照亿鑫于2011年通过了ISO 9001质量管理体系认证，其所生产的软磁铁氧体类产品主要有五大系列：具有高磁导率特性的YH系列磁芯；具有高磁导率、高Q值、高阻抗、宽频特性的YHB系列磁芯；具有高磁导率、高饱和磁通密度、宽温、直流叠加特性的YHP系列磁芯；具有低功耗特性的YP系列磁芯；具有低功耗、宽温特性的YPT系列磁芯。公司产品主要用于家用电器、光伏发电、新能源汽车、5G网络通信等产品中，并在军工、航空航天领域得到广泛应用。

二、问题诊断与分析

日照亿鑫自从成立以来，一直处于亏损状态，导致公司整体现金流难以支撑其持续经营，通过深圳市中旭教育科技有限公司（简称"中旭教育"）专业顾问的深入调研发现，公司主要存在以下经营管理问题（见表7-15）。

表7-15　公司现状与经营管理问题

维度	现状描述
行业	磁性电子材料供应商，处于整个产业链的上游
规模	年营业额为6000万元左右，员工规模240多人
产品	两大核心产品： 1.磁粉（占全年营业收入的60%，营业收入约3600万元）——磁芯生产的基础原材料，除了供自己磁芯的生产外，大部分出售给外部的磁芯生产商 2.磁芯（占全年营业收入的40%，营业收入约2400万元）——磁芯虽然生产规模不大，但却是公司未来主要聚焦的产品，具有非常广的应用前景
客户	公司虽然年营业收入规模不大，但合作的客户数量不少：磁芯客户将近200家，而磁粉客户也有近80家，但更多的是小规模客户
经营状况	连续5年出现经营亏损，老板私人不断垫资。同时，在过去的5年时间，公司缺乏系统的管控系统，整体回款问题比较严重，总共逾期款多达3600多万元
管理状况	老板事无巨细；员工缺乏工作热情，非常茫然。公司基本处于小作坊的管理模式，严重缺乏科学、合理的管理规范及管理系统

三、企业产业链定位

从整个磁性材料产业链（见图7-95）来看，日照亿鑫处于整个产业链的上游，整体受制于后端的元器件、电机，甚至终端产品生产商，导致其缺失议价资本，整体营业规模、盈利水平受到限制。

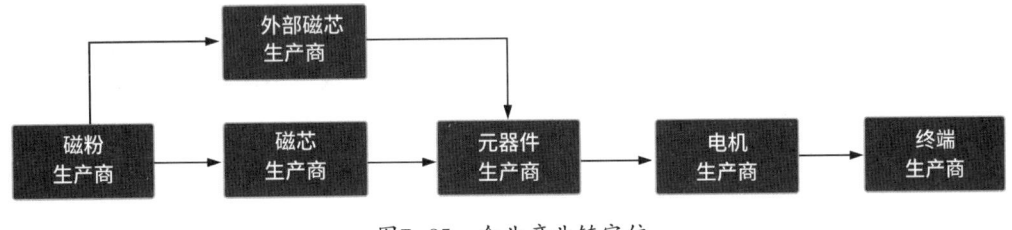

图7-95　企业产业链定位

四、扭转困局的三大"突破"方向

1.问题分析及根源

中旭教育专业顾问团队通过进驻企业、开展为期1周的深入调研后发现，导致公司过去连续5年一直处于亏损状态的核心问题主要有以下几点：

（1）客户太分散：在过去几年中，公司虽然营业额不高（约6000万元），但积累了近280家客户。但是，很多客户一年的成交额只有8万~10万元销售人员逢年过节都要维护客户关系。

（2）订单毛利把控不足：特别是磁芯产品，基本毛利可以占到产品售价的30%~45%。但是，公司的很多产品是"异型"订单，表面上看有不错的毛利，但是由于生产工艺复杂，会导致大量的不良品（13%报废）、降级品（20%左右降级处理）出现。

（3）销售费用控制不当：公司在表面上是采取实报实销制，但是销售人员外出基本上没有提前规划，导致销售成本/费用管控成"黑洞"。

（4）订单评审缺失：每个订单价格是否有利可图？没有人能站在公司经营层面思考，更多的是站在拿下订单的角度思考。

（5）逾期款项过大：整个行业基本上是采取"季度结算"，甚至还有些客户是"半年结算"，加上公司产品发货管控机制缺失，导致公司过去几年在市场上一直没有收回的逾期款多达3600多万元。

　　…………

2.三大经营诉求

通过顾问的专业诊断，结合客户现状和企业过去连续5年的亏损教训，以及专业顾问在深入调查后发现的导致企业连续亏损的根本，中旭教育专业顾问向日照亿鑫提出了扭转企业经营困局的三大经营诉求，这三大经营诉求是：

（1）企业未来必须做"赚钱"的订单；

（2）企业未来必须做"大客户"生意；

（3）企业必须摆脱过去的"小作坊"经营管理模式，建立良性经营管理系统。

顾问组围绕这三大核心经营诉求，策划了一系列的经营突围方案及策略，具体如下。

五、解决方案

1.经营突围的六大核心举措

在过去5年的经营中，公司管理层习惯性地通过经验来经营公司，整个公司的经营、管理处于"盲乱"状态，没有利用"数据"来正确指导公司的经营和管理。基于此，通过大半年的培训、咨询，中旭教育从以下六个方面入手，为总公司提供了以下经营突围建议。

（1）理念先行。

先后组织企业核心的中、高层进行了一系列的管理系统培训。

（2）经营止血。

①砍客户：中旭教育通过对近280家客户每年为公司带来的销售业绩、销售毛利、回款等逐个分析发现，只有不到60家客户是盈利客户，于是经过严谨的思考，

公司砍掉了近200家客户。

②砍订单：通过将订单进行业绩、毛利、回款分析，砍掉了很大一部分不赚钱的订单。

（3）组织变革。

①成立以磁芯、磁粉为两大核心的事业型组织，并建立经营核算体系。

②成立专业的催款小组，并制定相应的激励政策，专业负责3600多万元逾期款的回收。

（4）流程变革。

①建立订单评审流程：确保每个订单都能站在盈利的角度来把控。

②建立产品发货流程：建立发货"刹车"机制，对存在逾期行为客户要求的发货一律进行拦截，从源头上杜绝逾期款问题的扩大。

（5）建立大客户开发机制。

将公司未来客户定位在以大客户为主要开发对象，并建立相关的大客户开发机制、政策、激励，引导正确的市场开拓行为。

（6）开展专题改善课题活动。

针对严重影响公司盈利的产品合格率、成本费用等问题开展了将近8个核心降本增效的改善课题活动。

2.经营管控系统搭建

由于日照亿鑫缺乏对系统的管理及管理经验的沉淀，专业顾问认为，帮助其突破短期的盈利瓶颈固然很重要，但是如何让其保持良性经营才是长久之计。因此，专业顾问从系统角度出发，帮助企业构建"目标制定、目标分解、目标测算、目标策略、目标分析、目标执行、目标改善、目标激励"等完整的经营闭环机制，确保企业良性、持续经营。

六、项目呈现效果

1.短期效果

首先，通过专业顾问短短半年的辅导，日照亿鑫在3个月左右的时间里就实现了扭亏为盈；

其次，经过1年左右的时间，公司整体的逾期款从过去的3600多万元降低到了1200万元左右，仅1年中旭教育便帮其回收资金2400多万元；

再次，公司磁芯产品的合格率从过去的67%左右提升到了76%，其中报废率降低了3%左右，直接提升了公司的整体盈利水平；

最后，辅导后的第一年即2018年，日照亿鑫的整体营业规模达到了1.3亿元。2021年实现营业收入3.8亿元，整体的利润率水平达到8%～12%。

2.长期效果

随着公司近年来的良性经营，日照亿鑫在2022年开始通过外部机构走向IPO（首次公开募股）上市规划之路。

七、总结与建议

在整体经济面临挑战的环境下，如何实现逆势增长，必须做到以下几个核心关键点：

（1）近年来，在整体经济面临挑战的环境下生存的企业，其经营者首先必须建立起必胜的信心。

（2）做正确的事永远是经营的核心，必须让数据引领企业正确经营、正确管理。

（3）必须让更多的员工从经营角度，而不是管理角度来思考问题。

（4）建立企业经营增长闭环，让企业保持良性、持续经营。

（5）企业经营者任何时候都不能丢失变革的信心。

第十六节　广西旅发桂林投资有限公司聚焦组织绩效的HR管理体系优化咨询案例

深圳市锦绣前程人才服务集团有限公司

一、项目概要

项目名称：广西旅发桂林投资有限公司（简称"广旅发桂林公司"）聚焦组织绩效的HR管理体系优化咨询项目。

项目目的：公司高层领导者试图通过重构公司员工薪酬和绩效制度，激活组织活力，挖掘员工潜能，扭亏为盈，改善2023年度绩效。

实施时间：2022年5月2日—7月18日。

二、问题诊断

问题描述：具体阐述问题的性质和影响。

咨询需求：明确客户对咨询服务的需求和期望；对客户存在的问题进行全面深入的分析，找出问题根源。

由该咨询项目诊断分析报告可知：深圳市锦绣前程人才服务集团有限公司（简称"锦绣前程"）对广旅发桂林公司"一部三地"，围绕"聚焦组织绩效的战略性HR体系——绩效管理构建"的项目主题，展开了历时近15天的调研访谈，结合调研访谈情况，对从"发展战略"到"企业文化"等九个方面问题进行了比较客观、详尽的分析和总结。后续的设计成果包括"聚焦组织绩效的战略性HR体系——绩效管理构建"主报告，其中包含"广旅发桂林公司绩效管理办法"及其"一部三地"近300个职能岗位的绩效考评表。

后续的"聚焦组织绩效的战略性HR体系——绩效管理构建"方案，将依据该报告中的推进表所列举的推进思路展开设计，以便为构建聚焦组织绩效的战略性HR体系——绩效管理子系统铺平道路，强化自身实力。

该项目立项启动后，锦绣前程旋即成立了顾问小组，并组织客户单位召开了项目启动会，为项目编制了项目计划任务和访谈提纲以及文件收集清单等。顾问小组分为三组，分别奔赴阳朔、猫儿山和贺州紫云景区进行了为期近15天的调研访谈。

三、实施过程

对广旅发桂林公司"一部三地"近300个岗位逐个开展一对一访谈,并按内部工作要求,形成了近300份访谈记录。最后开展成果评估。

四、总结与建议

结论主报告对广旅发桂林公司"一部三地",围绕"聚焦组织绩效的战略性HR体系——绩效管理构建"的项目主题,以及其依逻辑主线"以点带面"所展开的关联模块内容,从《广旅发桂林公司发展战略方案·分报告》到《关于制定公司企业文化创建方案(广旅发桂林公司)·分报告》等8个分报告,比较完整和系统地阐述了战略性人力资源管理体系的内容,并设计了既符合实际又兼顾未来发展的可操作性强的规章制度和表单。这些成果一旦付诸实施,必能起到以人力资源为抓手,撬动广旅发桂林公司组织绩效,进而提高公司旅游康养业务服务水平的效果。

从发展战略分报告中制定的方法论和路线来看,基于对广旅发桂林公司内外部环境和自身实力的SWOT[1]分析,锦绣前程的顾问认为,广旅发桂林公司的发展战略应与广西旅游发展集团有限公司保持一致。即在特殊时期的发展宜保持战略定力和耐心,采取保守战略,而一旦特殊情况解除,则满血复活,继续保持进取战略。

由人力资源发展战略分报告可知,锦绣前程的顾问根据对广旅发桂林公司的访谈调研结果认为,广旅发桂林公司人力资源发展战略在特殊阶段宜采取防御性战略,而一旦特殊情况解除,则可满血复活,继续保持多样性战略,甚至采取进攻性战略。

其他成果和作业性文件有:①访谈提纲;②文件收集清单;③调查问卷;④访谈记录;⑤《薪酬管理办法》;⑥《绩效管理办法》;⑦其他。

五、结束语

本案例虽然通过开展项目为广旅发桂林公司优化了现有的HR管理体系,引入了上与集团公司承接,下与本单位经营结合的战略性HR管理体系,具有一定的先进性,但与未来HR行业的数字化发展趋势相比,尚有改进的空间。譬如,考核量化评价表的指标统计与打分应采用自动化电子表格,这样可减少人工操作所带来的偏差,更有利于公平、公正和科学。而这需要锦绣前程与时俱进,加强研发力度,以

---

[1] SWOT分析法又称为态势分析法,是一种能够客观而准确地分析和研究一个单位现实情况的战略分析方法。

便为客户单位在HR服务中赋能更多的知识和技能,进而为促进粤港澳大湾区的经济建设输出深圳智慧,做出自己作为深圳市管理咨询行业协会成员单位应有的贡献,这也是锦绣前程作为协会成员单位的本职所在。

第十七节 广东省建筑设计研究院改制实施与战略规划整体咨询服务案例

上海天强管理咨询有限公司

广东省建筑设计研究院有限公司(简称"广东省建院")是中华人民共和国成立后第一批大型综合勘察设计单位之一,也是从事生产经营活动事业单位转企改革、混合所有制改革、股份制改造上市一揽子改革的典型代表。自2017年广东省建院与上海天强管理咨询有限公司(简称"天强公司")建立合作关系,天强公司为广东省建院在战略变革、管理变革、体制机制变革等方面持续提供了5年服务,协助广东省建院在各项改革领域创新突破。在历史机遇下,广东省建院发挥敢为天下先的勇气和智慧,凝聚力量、突破自我,谋求一条蝶变腾飞之路。

一、案例背景

广东省建院始建于1952年,原为广东省住建厅下属生产经营类事业单位。1980年实行事业单位企业化管理,1993年确定为副厅级建制,1994年注册为全民所有制企业。

2017年,广东省建院被纳入广东省第一批经营类事业单位改革试点,正式启动转企改制工作,需要高标准、高质量地完成改革试点的工作要求,树立改革典范。因此,广东省建院希望天强公司提供事转企、混改上市一揽子服务,帮助其解决改革过程中的各项具体问题,比如人员安置、战略投资者引入、资产处置、员工持股、混改上市等。天强公司结合勘察设计行业市场化、资本化趋势以及战略发展需要,为其提供改制实施咨询服务,提出了"事业单位转企改革、混合所有制改革、股份制改造上市"的一揽子体制改革实施路径。

2018年,广东省建院事转企、混改、股改上市一揽子改革方案获得广东省人民政府批复同意。

2019年1月,随着该院转企改制方案正式获得省政府批准,广东省建院开始加快开展战略发展顶层规划的推进工作,天强公司为其提供战略发展顶层规划咨询服务,从业务规划、市场布局、组织优化、人才吸引、技术提升、风险防范等方面,帮助其打造高质量发展之路。

2020年5月,广东省建院完成第一阶段的事业单位转企改革,改制为国有独资有限责任公司，整体划转进入广东省国资委一级企业集团广东恒健投资控股有限公司。

2020年6月，广东省建院按照获批复的一揽子改革方案，正式启动第二阶段的混合所有制改革工作，并正式获得广东省混合所有制改革员工持股试点企业资格。

2021年6月，广东省建院混合所有制改革增资扩股项目在南方联合产权交易中心正式挂牌，公开引入战略投资者并实施骨干员工持股策略。

2021年9月28日，广东省建院混合所有制改革工商登记变更顺利完成，标志着混改工作圆满完成，全面步入积极推动公司上市发展的新阶段。

二、咨询重难点问题

（1）广东省建院总体人员规模超过3000人，在事转企改革前，还有300多个在编职工和300多个事业编制离退休职工，人员安置方式和待遇保障是事转企改革的最大难点。

（2）员工持股政策要求是"骨干持股"，如何筛选出持股人员，以及做好未持股人员的激励工作是一大难点。

（3）作为历史悠久的老院，广东省建院资产规模较大，资产结构有待优化，如何在改制过程中依法依规处置资产，形成合理净资产规模也是一大难点。

（4）广东省建院完成事转企改革后，需要厘清未来引入战略投资者的方向和类型，制定适合新市场环境、符合企业未来发展要求的战略规划，为公司未来发展提出清晰的战略路径的同时增强战略投资者的信心。

三、解决方案设计

1.谋划、遴选转企后国有股权的持有平台

天强公司项目组从行业属性、企业规模、经营效益和战略方向四个维度，对广东省国资委下属的一级企业集团进行了对比分析，确定了意向企业集团名单，建议广东省建院提前与意向集团进行接触，了解其持股意愿、重视程度以及对改革的支持度等。最终，通过对主客观因素的综合考量，确定了广东恒健投资控股有限公司作为广东省建院事转企之后的国资持股主体，并在改制方案中进行了明确。

2.合理、合法、合规处置资产，形成合理的净资产规模

天强公司项目组结合法律法规要求和行业内其他单位的经验做法，对广东省建院改革过程中的资产处置提供了咨询建议，依法依规处置国有资产，坚决避免国有资产流失，帮助其保留了精干主业，优化了资产结构，形成了合理的净资产规模，

增强了战略投资者入股和骨干员工入股的意愿和动力,也为实现改制后企业"轻装上阵"、聚焦优势主业、快速发展创造了有利条件。

3.妥善安置人员,平稳解决历史遗留问题

天强公司项目组充分查阅国家、广东省、广州市的相关改革政策,借鉴其他省市事转企改革人员的安置经验,在依法依规操作的基础上,充分尊重和维护广大职工的合理诉求,制定了各类人员安置和待遇保障措施,通过分层、分类型开展员工沟通答疑,协助广东省建院向上级积极反馈职工诉求,最终获得了上级单位和职工的理解和支持,圆满完成各类人员的安置工作,并且在改革过程中没有出现社会稳定风险,实现了企业改革前后的平稳过渡。

4.结合行业趋势和企业发展需要,研判、策划、引入适宜的战略投资者

天强公司项目组对广东省建院未来的战略发展进行了顶层设计,综合考虑当前行业热点领域、企业自身优势领域和未来发展方向、同行业企业战略投资方向和类型、员工对战略投资者的期望,以及有利于企业将来上市发展等因素,对广东省建院将来拟引入的战略投资者数量、比例、类型进行了精确画像。

5.公平、公开、公正操作员工持股,圆满完成试点工作

天强公司项目组在服务广东省建院事转企改革时,同步启动了岗位职级体系优化工作,协助其建立科学、合理且面向未来发展的岗位职级体系,夯实人力资源管理基础,甄别关键岗位及骨干员工,有效支撑员工持股落地。

6.改制实施与战略规划同步推进,提出契合改制后企业高质量发展战略路径

天强公司项目组基于广东省建院改制后的客观形势及中长期的发展需要,着重聚焦于思考"应如何打造广东省建院的高质量发展之路",旨在推动其从规模型转向效益型,从同质化竞争转向特色化发展。天强公司项目组结合广东省建院外部行业发展趋势、自身业务发展情况、商业模式、内外部资源匹配等因素,充分考虑改制带来的资源契机,提出对接未来发展关键资源和平台,重新提炼发展使命,重新梳理公司在新时代的发展定位,勾勒未来长远发展愿景,重新凝练企业发展价值观,提升凝聚力,明确其以高质量为核心的战略打法及业务布局。

四、实施过程

1.2015年—2017年:改制规划阶段

在改制规划阶段,天强公司项目组对广东省国资委下属的一级企业集团进行了对比分析,对未来可能采用的股权结构进行了优劣势研判。根据国家、广东省相关

政策要求，结合广东省建院的实际情况，广泛借鉴其他行业企业的经验做法，天强公司项目组高标准、高效率地制定了两阶段改革过程中的全套工作方案，包括事转企改革实施方案、混改实施方案、人员安置方案、员工持股方案、资产处置方案、战略投资者引入方案等。天强公司项目组与该院中高层领导召开了多次研讨会、共识会，最终确定了"事业单位转企改革、混合所有制改革、股份制改造上市"的一揽子体制改革实施路径，并对意向国资持股主体开展初步接触和了解，为后续顺利推进改制实施工作奠定了扎实的基础。

2.2018年—2021年10月：改制实施阶段

在改制实施阶段，广东省建院与天强公司项目组要进行项目总体策划，全过程策划事转企、混合所有制改革两个阶段的改制工作，并确定各项工作的开展时间、完成周期、完成标志和主责单位。项目组策划建立了方案咨询机构、审计机构、评估机构、律师事务所、券商等中介机构沟通协调机制，在项目推进过程中定期开展进度核查工作，及时、高效地解决改制实施过程中的各项困难和问题，确保按期、按质量完成两阶段改革工作。

天强公司项目组针对院领导、中层领导分层分类型开展内部调研，同时根据国家、广东省相关政策要求，结合广东省建院的实际情况，高标准、高效率地制定了改革全套工作方案。天强公司项目组在广东省建院改制实施的全过程中，与院高层领导、相关重点部门召开了多次研讨会、沟通会和共识会，其中包括人员安置专题研讨、资产处置专题研讨、员工持股专题研讨等，识别改制过程中存在的重难点问题以及可能发生的风险隐患，提出解决问题的思路和方法，积极推动风险应对措施落地，帮助院层面凝聚一心、密切配合，快速、高效地推进各项改革工作。

天强公司项目组策划开展了多种形式的职工宣传，包括改制政策专题培训、改制全套工作方案宣贯、员工座谈答疑、职代会宣传等，充分保障员工的知情权和参与权，及时解答员工的困惑和问题，打消员工对于改制的顾虑和担忧，让员工真正了解改制、支持改制、参与改制，增强员工对改制后企业未来发展的信心，确保改制工作顺利推进，完成改制前后平稳过渡。

3.2019年3月—2019年9月：战略发展顶层规划

围绕客户、组织与治理、运营与流程、技术创新、人才等方面的内容，提出实现战略目标的九大举措，包括组织运营优化、人力资源管理、项目管理体系建设、标准化建设、业务布局拓展、区域拓张管理、风险投资与并购、企业文化建设、企业品牌建设。

五、案例项目评估和效果说明

广东省建院是实施事业单位转企改革、混合所有制改革及改制后战略顶层规划一揽子改革的典型案例。在改革过程中，该院以战略发展为主线，全面引领各项改革工作，深入推进战略变革、管理变革和业务变革，最终按时、按质量地完成了混合所有制改革，打造为广东省深化国资企业改革的示范和样板。

这是一个历时5年的咨询服务项目，天强公司在整个过程中与客户密切合作，赢得了客户的认可和尊重。天强公司帮助广东省建院以事转企、混合所有制两阶段改革为契机，建立了中国特色现代企业制度，优化了管控模式、组织结构、激励模式、市场经营模式，为未来10年甚至几十年的发展筑基。无论是对划转进入的上级集团还是引入的战略投资者，广东省建院均有机会对接未来发展的关键资源和平台，从而融入国内、国际发展大背景，围绕城乡建设领域进行跨产业链、跨专业和跨区域的三维业务拓展，实现做强、做优、做大目标。同时，在推进实施改革的过程中，根据外部环境变化的新情况和新特点，天强公司对广东省建院开展战略发展顶层规划咨询，进一步明确了广东省建院转型的发展意愿与实现路径，此举有利于增强上级主管部门及战略投资企业对院改革与发展工作的信心，从而给予更多资源倾斜与发展助力，为其顺利完成转型并尽早实现上市夯实了基础。

作为一路陪伴广东省建院完成事转企改革、混合所有制改革两阶段改革工作及战略规划的咨询方，天强公司见证了广东省建院由事业单位向省属全资国企，再向省属混合所有制企业的升级蜕变。在5年的时间里，天强公司与广东省建院通力合作、密切配合，全力推进体制机制突破创新，高水平地发挥了平台化专业咨询机构的服务价值。

第十八节　福建博思软件股份有限公司战略解码与陪伴落地项目案例

领航咨询集团（中国）有限公司

领航咨询集团（中国）有限公司（简称"领航咨询集团"），旗下包含以深圳世纪领航管理咨询有限公司和厦门创智数据网络科技有限公司为主体的两家全资子公司。深圳世纪领航管理咨询有限公司业务覆盖深圳、上海、北京、武汉、厦门、西安六个区域；厦门创智数据网络科技有限公司是以数据治理和数字化技术实现为整体解决方案的高新科技公司。领航咨询集团以"一体两翼"为战略，帮助IPO垂直领域客户实现从战略到内控的数字化闭环。

福建博思软件股份有限公司（简称"博思软件"）是领航咨询集团2016年开始服务的战略解码与落地陪跑客户，经过多年战略合作，从博思软件上市前的企业文化和战略咨询切入，到上市后的人力资源体系构建配套，到上市5年后的第二个五年高质量发展经营战略咨询，再到后期接受并购和参股公司的投后治理咨询，博思软件自身已成为全国财政服务领域的标杆，博思软件项目也成为领航咨询集团在软件行业的服务标杆案例。

一、案例背景：十年增长，资本见证

博思软件成立于2001年，总部之一位于福建省福州市。多年来，博思软件始终专注科技与创新，聚焦数字票证、智慧财政财务、数字采购三大领域，逐渐成长为行业龙头，并积极布局"智慧城市+数字乡村"业务，持续深入研究应用人工智能、大数据、云计算、区块链等前沿科技。2016年，博思软件在深交所创业板上市后，紧抓数字经济大发展的契机，保持高质量快速发展，至2023年营业收入增长约11倍，年平均复合增长率超40%，员工从600多人发展到约6000人，其中70%以上为研发技术人员，成为拥有44家子公司的市值超百亿的集团公司。博思软件在全国所有的省级行政区（除港澳台外）均设有分支机构，以创新技术与专业服务，助力政府创新城市治理新模式，助推产业数字化升级，成为全国数字经济产业的领先企业。2023年，博思软件被认定为国家企业技术中心，是中国互联网企业综合实力前百家企业、中国软件和信息技术服务竞争力百强企业。

展望未来，博思软件将继续秉承"客户第一、利他思维、持续进取、同创共享"的核心价值观，以"专注科技与创新，更好服务于社会公众"为企业使命，力争成为全国领先的政府+互联网服务提供商，让亿万公众和百万企业享受优质的互联网服务，并进入中国IT上市公司20强。

二、咨询重点解决难题：一个组织的刚需六项难题拆解

在咨询项目合作前期，博思软件寻找领航咨询集团合作，初心是为上市提供企业文化咨询，经过诊断和交流发现，企业文化的根在于战略。经过多次探讨和研究，把需求锁定在了以战略的顶层设计在前、企业文化定量为核、人力资源体系落地分解为闭环手段，重点解决上市前的高层共识问题，为董监高团队的组织凝聚和高度共识提供战略共识服务。在企业文化与品牌的应用上，将战略量化到文化进行呈现，将文化落地到价值观中进行管理与考核，将文化分解到人力资源所配套的组织架构、薪酬和绩效及干部体系建设上，用人力资源体系经营人心，从而更好地实现战略落地，实现组织的高质量经营和发展，实现业绩和利润指标的双增长，让市值得到水到渠成的提升。

解决难题一：针对高速发展型企业，实现了高管的空降和创业团队的高度融合，形成了创始人价值观和高管价值观的高度融合与归一，支撑了公司战略目标和可持续发展。

解决难题二：让战略目标得到澄清，将战略目标实现的路径和方法论融入企业文化拆解中，形成企业文化KPI和OKR，让共识和激励带动组织发展，支撑公司战略和并购，在多元化文化的组织下，进行组织融合与凝聚，对并购战略的实施起到关键作用。

解决难题三：将战略和文化融入组织，推动公司的"三轻三重"文化建设。本着集团组织做小、业绩做大的思维，集团管理强调重经营、强赋能、轻虚名等，并将其融入组织发展全过程，解决了干部成长中的共识与发展问题。

解决难题四：战略只有概念，没有组织、制度和机制协同的问题。在咨询过程中，将战略和文化拆解为子任务及指标，形成了一套有效的经营体系。

解决难题五：通过共创，激发团队的战略与经营思考，形成了以集团战略为主轴，以52套战略实现的解决和目标实现方法论。把战略融入产品、营销、研发、项目交付和售后全流程，让战略穿透到组织全系统，驱动高质量经营。

解决难题六：经过第一阶段的战略咨询，博思软件用5年时间实现了产值从1亿多元到20多亿元的增长；在第二个五年战略咨询期间，解决了百亿战略和市值问

题，解决了做强做大的路径问题。

三、解决方案设计

领航咨询集团在高质量经营战略导入上有一套独特的方法论，经过近20年的研究与沉淀，在咨询技术上，把战略和组织高度融合，形成了相对独特的工作方法论（见图7-96）。

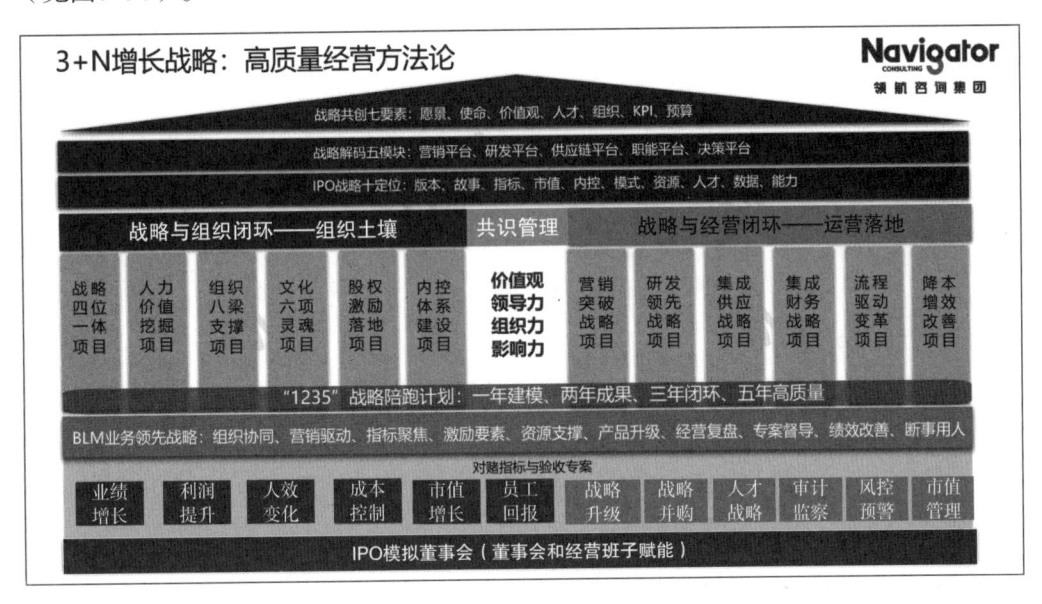

图7-96　3+N增长战略：高质量经营方法论

首先，从战略共创导入，领航咨询集团不认为战略来源于单一的行业研究和判断，也不是老板个人的战略构思，而是源于行业数据挖掘、高度共识和系统方法论支撑，所以导入了一系列的战略共识与共创，培养集体共创和思考能力，形成企业战略的自驱力。

其次，领航咨询集团的战略不是只停留在规划层面上的，规划只能代表诗和远方，无法代表战略所带来的经营成果。所以，领航咨询集团更强调战略解码和拆解，战略实现的难点在于做业务过程和管理过程中因拆解产生的矛盾，如果不具备解决内耗的能力，企业便无法实现高质量发展。

再次，战略要转化成为内控体系，用流程、制度和表单及机制固定管理思想，让战略得到穿透，得到组织土壤的支持，只有这样，战略才能水到渠成地实现。

最后，战略还需要用IT来固化，用营销和产品来驱动。把基本功做好，才能使业绩和利润及市值指标得到超越期望值的实现，让组织的每个成员在战斗中找到成就感。

四、实施过程：全面战略合作，多年深度陪伴

领航咨询集团自2009年成立，就专注从战略、内控和治理层面在IPO领域进行深度、垂直的研究，在博思软件引进领航咨询集团项目之前，领航咨询集团已在所在区域做了创业板上市公司中能股份和主板标杆上市公司新大陆股份战略与组织变革项目，客户在合作之前完成了对过往案例的考察和咨询成效验证，才放心引进该项目。

由于在项目引进前领航咨询集团对博思软件做了充分的访谈和沟通，在商务磨合过程中，领航咨询集团凭借着自身积累的成功案例和专业服务，获得了该项目的战略合作。在项目启动后，董监高团队高度配合、充分沟通，顾问团队也充分尊重各高层的不同想法，在合作过程中没有形成错误的战略，只有无法融合产生的内耗，经过多次引导，以及对行业的研究、产品和营销竞争力的分析，最终才得出第一个五年的战略建模。

项目经过一年多的配合，双方才将战略转化成为体系和机制。博思软件的联合项目组拥有很好的落地土壤和平台，具有超强的学习和转化能力，团队也相对稳定，经过多年的配合，双方的团队已不分彼此，成了自己人，成为一个拥有共同价值观和做事具有心流体验的工作群体。

好的项目有起点，没有终点。目前，双方的团队还在不断配合中，领航咨询集团成为博思软件的外包战略和组织发展中心，博思软件也成为领航咨询集团的战略合作伙伴。当然，领航咨询集团也通过资本市场获得了回报，顾问团队把自己的智慧转化为资本价值，双方团队形成了一种利他的战略合作关系，彼此都在为对方着想，也都在为自己的事业和梦想而奋斗。

五、案例项目评估和效果说明：成果数据可验证，成效全靠彼此高协同

从2016年开始，博思软件在第一个五年咨询阶段利润增长了15倍，员工的流动率远低于行业，公司经历了从区域总部到北京和福州双总部，从一个省的业务到全国营销大布局，从一幢楼到一个产业园的变化（见图7-97）。

从2021年开始，博思软件开始进入第二个五年战略阶段，从20亿级企业到实现百亿营收、百亿市值，从单一上市公司到多子集团上市，从财政领域延伸到数字采购、数字乡村、数字城市等多个领域进行系统发力，人才也从本土化向全国化发展迈进。

图7-97 博思软件外部环境

领航咨询集团的愿景是做IPO战略全生命周期陪伴顾问，领航咨询集团的使命是助力客户成为行业领航者。领航咨询集团自成立以来，就专注于战略、组织和数智化与资本闭环研究。

领航咨询集团给客户提供战略咨询的同时，也给自己梳理了"五个一"战略目标：15年内成为一家上市公司，成功入股10家上市公司，陪跑100家上市公司，30年内服务1000家战略和数字化闭环企业，在互联网上完成1000万知识付费用户经营。目前，领航咨询集团一边在为客户的价值实现而努力奋斗，一边也在为自己的战略而奋斗。领航咨询集团希望：为中华民族伟大复兴尽自己最大的努力，成为一个中国土生土长的民族品牌。

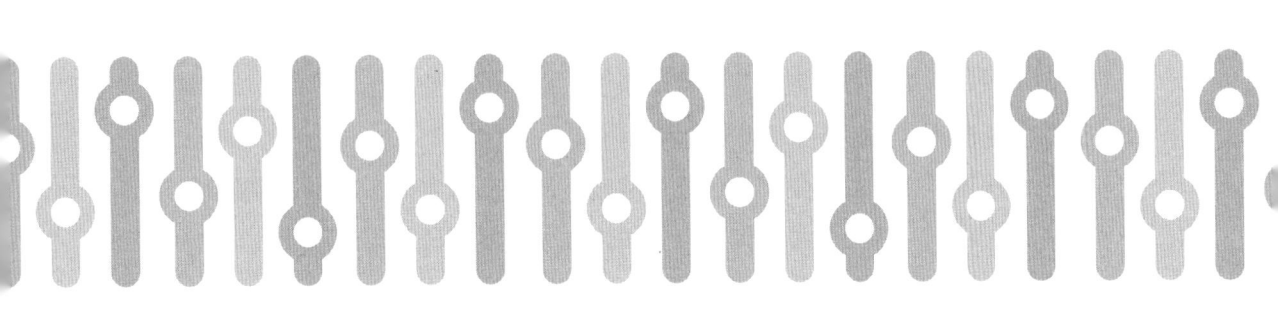

附 录

附录一 典型管理咨询企业介绍

第一节 深圳市深远企业顾问有限公司

一、企业概况

深圳市深远企业顾问有限公司（简称"深远顾问"），2001年初，由以杜建君先生为核心的国内一批优秀的战略、营销管理与工业设计领域的实战型专家于深圳创立。

深远顾问以"精深致远，合作共赢"的专业服务理念为宗旨，经过20多年的成长，初心不改、理念不变，始终以"助力中国企业综合竞争力提升和基业长青"为使命，以"成为中国备受信赖和尊崇、健康长久的智慧型知识服务提供商"为愿景，以"把知识转化为价值，将价值提炼成产品，给产品赋予以创意"为修业理念，致力于对中国企业战略发展、营销变革和公司治理的研究，为企业提供专业的战略咨询、营销管理咨询、服务咨询、公司治理与文化咨询、组织与人力资源咨询、学习设计与相关咨询培训等服务。

多年来，深远顾问在坚持专业化的道路上，实施分行业、分方向的模式组织变革，立足于一个深远文化、一个深远平台的基础，与团队成立了专业且分工明确的深圳市深远汽车咨询服务有限公司、深圳市深远影响网络营销服务有限公司、深圳市赛迪弗工业设计经营有限公司等专业服务公司。

如今，深远顾问已成为集理论研究、战略咨询、品牌咨询、营销管理咨询、服务管理咨询、组织与人力资源咨询，以及国内领先的案例研究与课程开发、培训输出服务等于一体的专业化和系统化管理咨询方案提供商。

二、发展历程

2001年3月12日，深远顾问在深圳创立。深远顾问长期作为深圳市管理咨询行业协会常务副会长单位，深远顾问创始人杜建君先生担任法定代表人顾问，积极参与并支持协会工作。

2001年6月，成立深圳市塞迪弗工业设计经营有限公司，该公司策划并参与推动中国工业设计事业的发展，先后连续策划并承办由国家发改委高技术产业司、浙江大学、中国机械工程学会工业设计分会、深圳市经济发展局发起的"2001产品创新——首届中国工业设计论坛"；由国家知识产权局外观设计审查部、中国机械工程学会等单位主办的首届中国（国际）工业设计展。并与《销售与市场》杂志联合创办《产品》期刊，以期将产品创新设计与市场营销进行有机的结合，以提高中国制造品牌的价值与市场竞争力。

2002年起，深远顾问先后为华帝股份、比亚迪汽车、夏新手机、海信空调、科龙空调、万家乐、方太、百得热水器、金正VCD、高智通等企业提供咨询与培训。

2005年起，深远顾问先后为联想、美的、富安娜、龙电电气、新天葡萄酒、张裕葡萄酒、漫步者、SKG（未来穿戴技术有限公司）和卡撒天娇等企业深入开展咨询服务。

2010年至今，在汽车领域，深远顾问先后与东风商用车、东风柳州汽车、东风日产、东风股份（东风汽车股份有限公司）、东风康明斯发动机、东风本田零部件（东风本田汽车零部件有限公司）、广汽集团、陕西重卡（陕西重型汽车有限公司）、陕商集团（陕汽集团商用车有限公司）、福田汽车、江铃汽车、徐工汽车、三一重工、广西玉柴物流（广西玉柴物流集团有限公司）和现代商用车等国内核心主机厂开展深入合作。

2013年3月15日，在深圳成立深圳市深远汽车咨询服务有限公司，并与清华大学汽车系建立创新合作伙伴关系，先后在武汉、上海、天津和苏州建立分支机构。

2016—2020年，深远顾问连续5年参与评选并获得"中国管理咨询50大"服务机构荣誉。

2022年，深远顾问成为深圳市管理咨询行业协会《管理咨询师能力评价准则》与《管理咨询服务机构能力评价准则》团体标准制定的起草单位。

三、取得的成绩

1.获得"中国管理咨询50大"服务机构荣誉，获得行业认同和尊重

深远顾问入选"中国管理咨询50大"服务机构、中国咨询业十大专业品牌、深圳十大优秀管理咨询机构；荣获《经济观察报》评审的"2008—2009年度中国杰出营销奖"、华帝10年合作金牛奖、联想战略供应商、美的战略供应商、东风商用车核心战略供应商、东风康明斯发动机和东风柳州汽车战略供应商等奖项和资格。深远顾问创始人杜建君先生先后荣获"中国机械工程学会年度先进个人""年度工业设

计创新贡献者""深圳咨询界十大风云人物""华南企业家推崇的知名咨询代表人物"称号。

2.丰硕的管理咨询自主研发成果

历经20多年的发展，深远顾问锤炼了特有的咨询理论模型、实施的方法与工具，并积累了许多成功的典型案例。经过20多年的咨询实践与研究，深远顾问首创了基于"战略导向+能力建构"的营销变革管理理论体系、基于高质量发展与消费者升级要求下的精品营销战略理论、以产品创新设计为核心的品牌战略管理理论（并创办《产品》期刊）、基于专精特新企业的"竞优战略双百"工程咨询辅导体系和商用车行业渠道五大精益经营咨询模型。与此同时，深远顾问在商业文明、家族企业公司治理、人力资源与企业文化等方面，提出"深远五明管理"与"深远五识人才"理论模型，沉淀了许多典型案例，在国内管理咨询界和营销界产生了积极的影响。深远顾问一直重视基础研究和原创性的智慧型服务，已出版专著5部，文章300多篇，成功课程50余套。

3.服务并成就了大量的优质企业客户

深远顾问以咨询、培训和辅导国际国内大中型企业管理变革见长，并常年兼顾专精特新企业等创新型成长企业的服务。曾常年为美的、联想、华帝、万家乐、东风商用车、东风柳州汽车、东风康明斯发动机、比亚迪汽车、玉柴集团、张裕葡萄酒、富安娜、漫步者、SKG等一流企业提供专业的咨询培训与赋能服务。

四、优势和主要特点

1.专业优势

深远顾问的理论基础、战略素养与实战经验积累深厚，更懂本土大中型企业需求，输出成果质量高、可信度高。深远顾问属于具有国际化视野的本土企业，更懂国情与市场，为企业服务时前瞻性强、成果更落地、逻辑更严谨、考虑更周全；深远顾问具有20多年的战略与品牌咨询经验，营销战略规划、营销渠道体系变革设计与品牌战略咨询在行业影响力大；深远顾问独创了系统的战略咨询方法论。

2.系统咨询优势

深远顾问始终把战略前瞻性与实战性进行有效的结合，凭借强有力的系统咨询和稳定的高端服务团队优势，实现创新能力与规范管理的有机统一。深远顾问拥有常年稳定的自有咨询团队，以及由一批千亿级企业、国际企业和优秀民营企业的实战派高管及国内外著名高校研究生组合成的"双高"专家团队。此外，深远顾问还拥有一支既具有坚实的理论功底，又有丰富实战经验的管理咨询团队。深远顾问在发展高峰期，拥有管理咨询师、研究员和设计师150余人，同时拥有多位外部合作专家。

3.深度协同共享的专家资源

深远顾问与中国农业大学MBA（工商管理硕士）教育中心、广西大学商学院、深圳大学管理学院、深圳市管理咨询行业协会专家库、《销售与市场》杂志智库、高端品牌实验室智库等咨询机构共享专家库资源。

五、关键成功因素

1.咨询经验丰富，成果落地性强

深远顾问连续5年荣获"中国管理咨询50大"服务机构荣誉；与国内近20个行业、500多家企业开展合作，为超过百家企业提供过战略、品牌、营销、人力资源及企业治理等内容的专业顾问服务，积累了丰富的咨询实战经验。

2.强有力的合作资源

深远顾问先后与联想集团智库、美国科特勒咨询集团、丹麦CBD战略设计公司签订深度战略合作伙伴关系，并与清华大学美术学院、中国农业大学MBA教育中心、浙江大学现代工业设计研究所、湖南大学设计艺术学院等结成战略伙伴关系。

3.重视服务模式创新和服务产品迭代升级

深远顾问自创办至今，每年都要在新管理咨询服务模式、服务产品的创新研发等方面做出战略性投入和布局，其研发团队紧跟时代步伐和客户需求变化，有针对性地在产品研发、成果转化、信息化建设、标准化建设、知识产权保护和运用等方面开展创新研发工作，现拥有基于移动互联网时代的"深远云"数字赋能平台。

六、经验借鉴

围绕"精深致远，合作共赢"的经营理念，以"专业、行业、技术、价值"为竞争力建设的创新方向，深远顾问广泛借鉴国内外先进管理咨询机构与智库理论和成功案例，强化自身在行业的精准服务定位，围绕客户需求，有针对性地开展服务模式和服务产品的创新，积极向行业专业化、市场开放化、赋能数字化做服务探索和延伸，让深远顾问咨询服务平台在集团化的发展上走稳走实、做强做久，让深远顾问成为管理咨询行业中求实创新的代表公司之一。

第二节　百思特管理咨询有限公司

一、企业概况

百思特管理咨询有限公司（简称"百思特"）历经20多年的发展，一直秉持着标杆、价值、创新、多赢的核心价值观，不断研究世界级标杆企业，始终坚持为客户创造价值的咨询信念，为近20个行业的2000多家企业提供了可持续发展的整体管理解决方案。

百思特总部在深圳，采用全国一体化的运作模式，分支机构覆盖北京、上海、广州、武汉、杭州、青岛、长沙，形成全国多基地服务范围，并拥有一支由来自世界500强及国内外知名企业高管与精英组成的实战型专家顾问团队。

百思特以"中国的百思特，世界的百思特"为愿景，以"赋能企业成功，赋能企业成长"为使命，以成为中国企业变革专家、助力企业"以变革，谋未来"为理念，致力于成为全球企业可持续发展的最佳伙伴。

二、发展历程与取得的成绩

20多年来，百思特咨询团队经过不断地自我变革、自我重塑，在四个发展阶段中不断创新产品与服务，始终与众多优秀的企业和企业家一起，携手走在中国管理咨询的最前沿。

2000年—2006年，流程再造咨询时代：百思特作为中国领先的流程咨询机构，为飞通光电、三大金融集团［中国中信集团有限公司、中国平安保险（集团）股份有限公司、中国光大集团股份公司］、中国三大核电公司（国家核电技术公司、中国广核集团有限公司、中国核工业集团有限公司）、喜之郎、康佳、东方电气、腾讯、中国移动、华为等标杆企业提供流程建设咨询服务，并与HP（惠普）、IBM（国际商业机器公司）、Oracle（甲骨文公司）中国区建立战略合作关系。

2007年—2012年，业务咨询时代：百思特作为中国业务咨询的先行者，与特发集团、广东海大集团股份有限公司、京信网络系统股价有限公司等标杆企业建立10多年的合作关系；为伊戈尔、迈瑞等不断提供业务咨询长达10多年；与广西玉柴机器集团有限公司、富森供应链、飞荣达、芭田、贝特瑞建立战略合作关系。

2013年—2018年，业绩咨询时代：百思特作为企业业绩提升伙伴，与安踏、利亚德、软通动力等达成战略合作；为深南电路、慕思、雅兰等提供业务咨询，为北京城建集团、盛伦国际物流等企业的业绩增长提供卓有成效的咨询服务；成为中建、中粮、中核、中车、中国兵器、中航国际、中国船舶等央企的咨询合作伙伴；为农夫山泉、华帝集团、兴森科技、广发银行等提供咨询服务；为新和成、华友钴业、徐工集团、力同科技等提供全价值链的咨询服务；与万华化学、博雅生物、国轩高科、德方纳米、恩捷股份、华宝新能、祥邦科技、润丰股份等全面启动战略合作。

2019年至今，数字化咨询时代：百思特作为数字化咨询的引领者，与全球技术领军企业亚马逊、SAP（思爱普）、华为、UiPath进行数字化全面战略合作；持续为百年企业提供"RPA（机器人流程自动化）数字劳动力"服务，并为伊戈尔、立白集团、科士达、润丰化工、麒麟啤酒、飞鹤集团、景旺电子、发那科、庆源激光、陕西黑猫等进行数字化建设，为海尔青岛黄海工厂、金百泽科技、万和电气、华盛药械、中车株洲工厂、申菱空调佛山工厂、广州昊志、玫德集团、威力集团文登工厂、青岛云路、天正集团、牧高笛集团等提供智能工厂服务。

三、优势与主要特点

百思特咨询基于对企业发展阶段、行业特性和标杆的持续研究，形成了企业端到端、全价值链的解决方案咨询服务。

1.三大体系的解决方案服务

三大体系的解决方案服务见附图1-1。

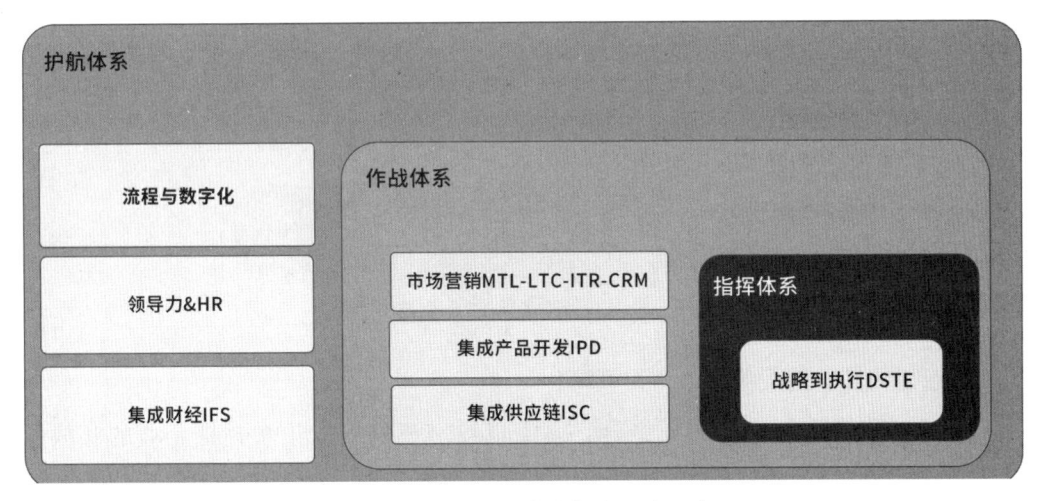

附图1-1 三大体系的解决方案服务

2.七大咨询产品族

七大咨询产品族见附图1-2。

战略咨询	市场营销	研发咨询	供应链咨询	流程与数字化	财经咨询	领导力&HR
战略规划	营销管理 MM	集成产品开发 IPD	集成供应链ISC	流程管理体系	集成财经IFS	人力资源规划
战略到执行 DSTE	市场到线索 MTL		计划管理	流程专项咨询	财经战略与运营	人力资源体系
集团管控	线索到回款 LTC		采购管理	数字化规划	企业绩效改善	组织发展
	问题到解决 ITR		智能制造	数字化运营	财务共享	领导力发展
	客户关系管理 CRM		仓储物流	数字化工厂	风险内控	企业文化
	渠道管理		业务连续性	数据治理		
				RPA机器人流程自动化		

百思特咨询产品在客户端采取专项咨询方式进行沉浸式服务,确保咨询成果有效落地。

附图1-2 七大咨询产品族

3.五大解决方案,与企业构建中长期的战略合作

五大解决方案见附图1-3。

百思特解决方案的服务模式
- 中长期的战略合作
- 深度参与企业管理
- 全面构建组织能力
- 系统打造业务流程
- 持续建设管理平台
- 贴身高管赋能辅导

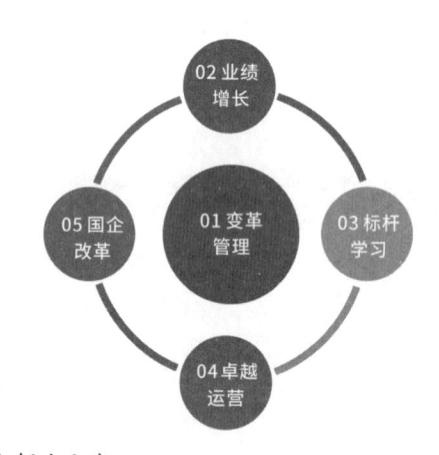

01 变革管理
02 业绩增长
03 标杆学习
04 卓越运营
05 国企改革

附图1-3 五大解决方案

4.百思特商学院服务特色与课程特色

百思特将咨询与赋能有效结合,基于世界一流的方法论和标杆企业的实战经验,融合实战派高管讲师的最佳实践,为5000多家企业提供了卓有成效的赋能服务(见附图1-4),帮助企业实现业绩倍增。

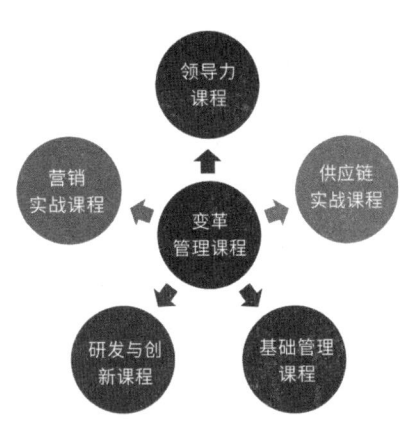

附图1-4 百思特商学院服务特色与课程体系

5.四大咨询优势

百思特以最负责任的咨询机制、咨询顾问，以躬身入局的姿态深入企业，为企业带来了实实在在的收益，同时，也体现了其独特的咨询服务优势。百思特四大咨询优势见附图1-5。

1 全价值链咨询服务造就的业务视角
我们致力于打造中国业务咨询第一品牌，咨询产品覆盖企业全价值链活动，强调管理的根本意义是服务战略，基于业务发展洞悉变革诉求，确保变革方向、机制建设与战略的一致性。

2 具备多行业标杆企业研究及咨询服务经验
我们助力2000多家客户（其中包含500多家上市公司）全面提升可持续发展竞争力，近百家企业已成为全球细分市场的领导者和隐形冠军；成立20多年来，我们服务领域涉及高科技、金融、大健康、大消费、新能源化工等近20个行业。

3 一体化运作及实战专家配置，有效支撑咨询成果落地
我们具备一支来自世界500强企业、国内知名企业高管精英的实战型专家顾问团队，实战经验丰富，深度理解企业变革逻辑，采用公司平台一体化运作模式以确保项目投入及成功实施。

4 致力价值传递与知识转移，为承接团队赋能
我们特别注重项目中对客户的价值传递及知识转移，会基于项目的要求对管理者和承接团队针对性地开展沟通、教练、培训、辅导等，对团队能力进行赋能，确保客户有能力理解设计逻辑，具备结合未来业务发展，对体系进行持续更新迭代的能力。

附图1-5 百思特四大咨询优势

6.屡获政府及行业奖项认可

百思特部分奖项展示见附图1-6。

- 国家发改委创新中心战略合作机构
- 茅台智库管理专家委员
- 华为咨询、数字化战略合作伙伴
- 数十家央企和大型企业集团优秀合作伙伴
- 中国管理咨询专家库成员
- 广东省十大金牌咨询师
- 中国最值得信赖的中国管理咨询机构
- 广东省管理咨询行业最具社会责任感企业
- 中国管理咨询与培训年度人物
- 连续获得广东省企业管理咨询和培训机构甲级资质
- 连续在中国管理咨询机构中排名前列
- 连续获得广东省管理咨询行业十佳机构称号
- 诚信体系建设示范单位
- 深圳市中小企业发展促进会会员单位
- 深圳市商业联合会理事
- ……

附图1-6　百思特部分奖项罗列

7.完善的项目管理体系保障项目目标实现

百思特项目管理体系与运作组织见附图1-7。

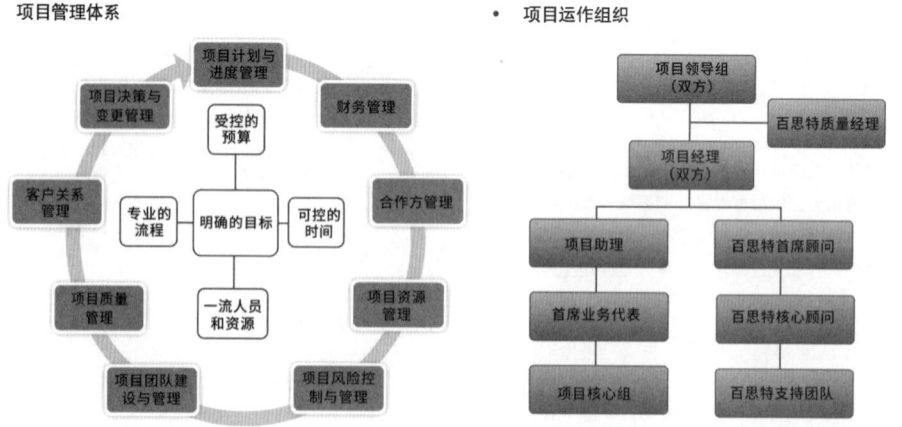

附图1-7　百思特项目管理体系与运作组织

四、关键成功要素与经验借鉴

百思特起源于模拟转数字化时代、成长于全球化时代、发展于互联网变革时代，正继续坚定走在基于数字化的万物互联时代前沿。百思特中国企业变革研究院及智库的运作，启动了"碳中和""新消费""芯有灵犀""茅台智库"四大行业智库和"数字化""营销""供应链"三大专业智库。百思特以智库模式连接企业家、打通产业链、推动新技术应用，与世界级管理专家和商学院联合开展变革（见附图1-8），推动了客户、行业、企业家之间的连接与合作，助力企业之间格局的拓展与视野的提升。

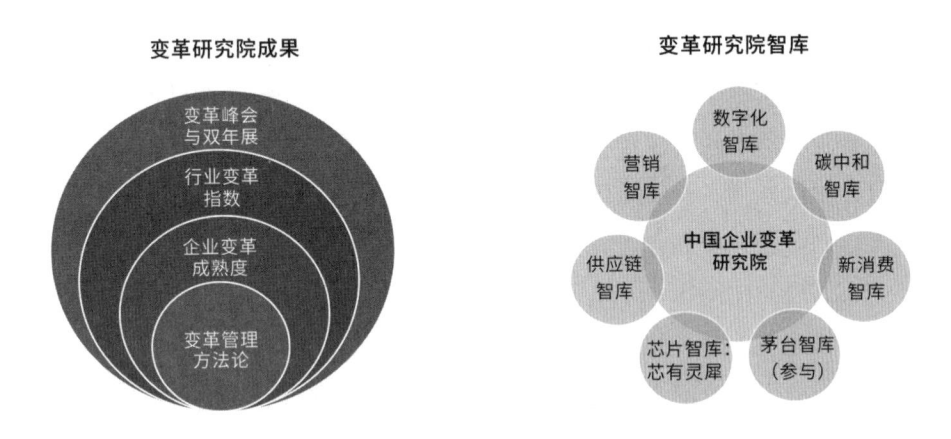

附图1-8 变革研究院成果与智库

2019年，又是一个春天——粤港澳大湾区企业家高峰论坛举行。

2021年，百思特联合华为举办"数字化智库峰会"。

2022年，参与茅台战略研究院课题。

……

未来，百思特将继续不忘初心，砥砺前行，继续将世界的"BEST"（百思特）引入中国，持续助力中国优秀企业向世界标杆迈进。

第三节　华谋咨询技术（深圳）有限公司

一、企业概况

华谋咨询技术（深圳）有限公司（简称"华谋咨询"）创始人为岳华新，2019年变更为现名称，并于同年成立华谋咨询集团。

华谋咨询集团下设华谋咨询技术（深圳）有限公司、深圳市华医修制医院管理顾问有限公司、深圳华谋人力资源服务有限公司、华谋创投（深圳）有限公司、学府信息技术咨询（广州）有限公司、学府咨询（国际）集团有限公司。

华谋咨询为客户提供"管理咨询+信息一体化的"专业服务，拥有原创的管理理论体系及经过数千家企业实践提炼的管理技术。当前，华谋咨询已形成十大咨询方向：基础管理增值系列、生产增值系列、供应增值系列、营销增值系列、人资增值系列、财务增值系列、研发增值系列、运营增值系列、战略增值系列、其他增值系列。华谋咨询服务领域涵盖十大行业：采矿与冶金行业、化工与原料行业、食品与包装行业、家居与休闲行业、电子与电器行业、机械与设备行业、交通与运输设备行业、能源与建筑行业、传统服务业、现代服务业。华询咨询产品以研究非自然生命体发展周期的十个阶段为对象，为非自然生命体可持续健康发展提供全方位一体化的第三方技术服务（见附图1-9、附图1-10、附图1-11）。

华谋咨询技术力量雄厚，团队中有享受国务院政府特殊津贴的专家，全国劳动模范、全国五一劳动奖章获得者，以及各类中高级咨询专家79名、专业顾问师200多名；起草了管理咨询行业标准和设备行业标准、华谋基本法、华谋增值法、华谋企业哲学，完成各类出版物合计68项（本）、专利和软件著作权等近100项。华谋咨询自成立以来，共服务客户5000多家，树立行业标杆企业200多家。2019年，华谋咨询运营技术项目数突破500个，纳税过千万元。华谋咨询的总部位于深圳市龙华区智源云谷A栋，拥有三层独立综合楼，建筑面积近5000平方米。

制造业产品(16)	战路发展规划　全面质量管理　新产品开发管理IPD　六力班组管理 年度经营计划　精益成本管理　安全管理 供应链管理　精益效率管理　TnPM设备管理 企业品牌建设　精益交期管理　现场"6S"营 薪酬绩效管理　工厂布局规划　CTPM全员自主管理
服务业产品	医院行业产品　行政服务行业产品　金融行业产品　教育行业产品 其他现代服务业产品　其他传统服务业产品
信息化产品	安全管理信息化产品　CTPM自主管理信息化产品　TnPM设备管理信息化产品

↓

华谋咨询产品体系

附图1-9　华谋咨询主要产品体系

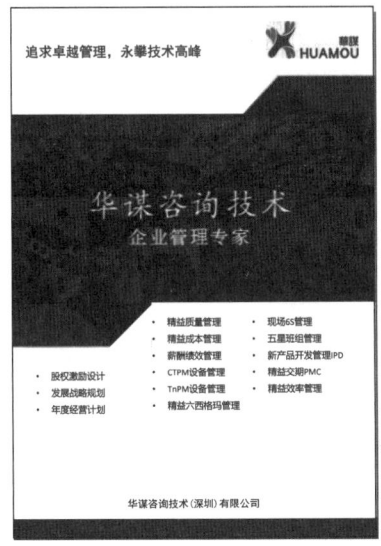

华谋咨询技术　企业管理专家

追求卓越管理，永攀技术高峰

- 股权激励设计
- 发展战略规划
- 年度经营计划

精益质量管理　现场6S管理
精益成本管理　五星班组管理
薪酬绩效管理　新产品开发管理IPD
CTPM设备管理　精益交期PMC
TnPM设备管理　精益效率管理
精益六西格玛管理

华谋咨询技术(深圳)有限公司

战略发展规划	企业品牌建设
年度经营计划	薪酬绩效管理
供应链管理	全面质量管理
六力班组管理	精益成本管理
安全管理	新产品开发管理IPD
TnPM设备管理	精益效率管理
CTPM全员自主管理	精益交期管理
现场"6S"管理	工厂布局规划

华谋咨询企业管理利器

附图1-10　制造行业核心产品体系

附图1-11 十纵行业——华谋医疗行业特殊产品

二、发展历程

1997年，创始人岳华新将韩国TPM（Total Productive Maintenance，全员生产保全）带到中国开始实践；李葆文教授提出适合中国企业的TPM实践模式iTnPM体系。

2000年，创始人岳华新在深圳为华天谋取名"China TPM"，创立CTPM。

2004年，深圳市华天谋企业管理顾问有限公司注册成立。

2005年，广州学府设备管理工程顾问有限公司注册成立。

2006年，拳头产品《三天一层楼》出炉。

2007年，引进第一笔战略投资。

2008年，第一次股改，核心员工持股。

2010年，第二次股改，制定《二次创业战略和五年规划》；成为国内第一家在海外（伊朗）推行TnPM设备管理体系的咨询机构。

2011年，荣获广东省管理咨询机构30强。

2012年，顾问师规模达到60名，年辅导项目突破100家。

2013年，荣获"中国管理咨询机构50大""广东省管理咨询行业十佳机构"称号；香港现代设备管理研究院正式成立。

2014年，打造800平方米"华谋工业3.0＋工业道馆"；国际劳工组织企业可持续发展项目（SCORE）认证培训讲师达到5名；与韩国浦项制铁战略合作伙伴GSIC咨询公司签署战略合作协议；荣获咨询和培训行业资质AAA级资质（最高等级）。

2015年，荣获广东省管理咨询机构10强；深圳市华医修制医院管理顾问有限公司成立；国际维修联合会中国分会（IMA-CN）成立，李葆文教授任中国分会主席兼理事会理事长。

2016年，荣获广东省中小企业优秀服务机构100佳；华天谋客户深圳金洲精工咨询案例入选2016年中国管理咨询优秀案例；顾问师规模达到80名，年辅导项目突破170家。

2017年，荣获广东省管理咨询行业最具社会责任感企业；华医修制荣获广东省中小企业管理咨询创新标杆企业；举办首届"咨询+中国制造100年高峰论坛暨第十届国际管理咨询师活动日"。

2018年，十纵十横"咨询+"产品发布；中国《设备管理体系要求》在EURO MAINTENANCE4.0欧洲维修年度大会首次亮相。

2019年，经营规模迈入亿元；年辅导项目超500个；顾问师超200人；"千纵万横"产品体系建立；发布《管理咨询服务产品的分类与代码》《管理咨询服务对象的分类与代码》两项团体标准；成立华谋创投（深圳）有限公司。

2020年，华谋咨询集团乔迁现址，提出"新家园、新起点、新征程"发展概念。

三、取得的成绩

在西方管理理论充斥国内咨询市场的大环境下，如何打造文化自信、实现管理咨询看中国，这是华谋咨询的梦想和追求。咨询标准化、咨询模块化、咨询数字化是未来中国管理咨询行业发展的方向和趋势，通过18年的实践总结和理论创新，华谋咨询于2017年—2018年参与起草了《设备管理体系要求》《设备管理体系实施指南》团体标准；2019年制定并发布了《管理咨询服务产品的分类与代码》《管理咨询服务对象的分类与代码》团体标准；2022年参与了深圳市管理咨询行业协会《管理咨询师能力评价准则》（T/SZGL 1-2022）等6项团体标准的起草工作。在长期咨询模块探索中，总结出非自然生命体三阶段"千纵万横"咨询模块，突破了西方传统的咨询理论，融入了中国咨询智慧。华谋咨询于2019年通过了ISO三标认证体系，2021年获得国家高新技术企业证书。

华谋咨询先后被评为中国管理咨询机构50大、广东省管理咨询机构十强、深圳市管理咨询机构三强。

附表1-1为华谋咨询经营数据、获奖情况及人员构成。

附表1-1 华谋咨询经营数据、获奖情况及人员构成

年度	营业收入	咨询业务收入	利润总额	净利润	纳税总额	管理咨询项目费用收缴率	管理咨询项目数量
2020年	8477万元	8297万元	2543万元	2133万元	748万元	92%	305个
2021年	7503万元	7093万元	1448万元	1327万元	881万元	95%	292个
2020—2021年咨询领域获得的重要奖项	获得国家部委授予的荣誉称号数量						3个
	获得省市级行政机关授予的荣誉称号数量						9个
	获得全国性行业组织授予的荣誉称号数量						3个
2020—2021年主持或参与的重大课题项目	成功完成政府部门委托的重大课题或项目数						8个
	成功完成大型企业委托的咨询项目数						45个
	成功完成海外企业委托的咨询项目数						20个

年度	员工总数	专职管理咨询人数	管理咨询专业资质从业人数	大学本科学历人数	硕博学历人数	中高级职称人数	社保参保人数
2020年	195人	148人	81人	56人	13人	65人	195人
2021年	184人	142人	58人	59人	10人	51人	184人

四、党建特色

华谋咨询共有四个党支部，一个党群服务中心。在深圳市商务服务类行业协会联合党委的领导下，华谋咨询坚持以党建思想为引领，以党建成果为导向，以联学联建为模式，以高质量发展为路径，以抓党建就是抓发展，抓党建就是抓效益，党建抓细了就是凝聚力，抓强了就是战斗力，抓实了就是生产力的理念，通过党建工作与企业发展同步谋划，将党建工作与业务指标同步下达，党员发展与人才培养同步推进，实现党建与发展的双向融合、相互促进，确保企业发展与党的路线政策相向而行，探索出一套适合华谋咨询党群服务中心健康发展的新路子，有力地推进了企业高质量发展，形成了党群关系融合发展的新局面。华谋咨询的党建创新优秀案例成果《联系实际抓党建，全力服务促发展》入选《2021全国企业党建创新优秀案例》。

五、未来发展

"数字产业化，产业数字化"，这是国家产业发展的方向，也是咨询发展的未来。只有将古老的咨询技术与数字技术相融合，才能适应社会和科技的发展。华谋咨询通过布局数字产业，已经初步规划了华谋数字化转型蓝图：一是打造iHuamou内部管理平台，实现客户全生命周期、项目全生命周期、知识全生命周期管理；二是

构建数智华谋的云生态系统,将华谋现场"6S"、华医芯、水果一条街等工具软件部署在云端,打造基于"千纵万横"模型的华谋产品云超市,链接客户需求和行业产业资源;三是通过"管理咨询+信息一体化"服务,为客户提供现场管理、人员绩效和设备全生命周期管理的iTnPM软件系统(T6),助力华谋咨询客户的生产增值(见附图1-12)。

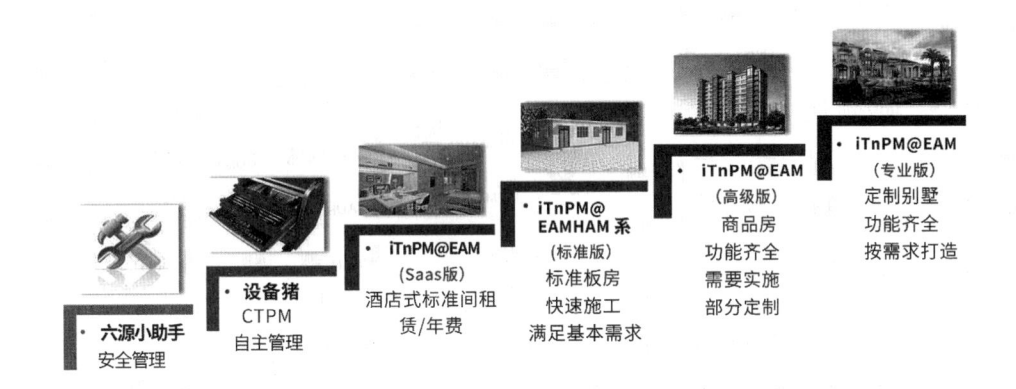

附图1-12 咨询信息化——部分核心产品

第四节　华景咨询（深圳）有限公司

一、企业概况

华景咨询（深圳）有限公司（简称"华景咨询"）于2004年创立于深圳，是全国性的管理研究与咨询机构，行政总部位于深圳，职能总部基地位于北京、长沙，下设多家分支机构，目前已初步成长为新兴市场经济技术类组织管理及其知识自动化的战略变革智库。

华景咨询面向能源与公共事业、物联网与数字业、生命科学与健康业三大产业的企业，以及资本投资运营机构和政府产业管理部门三类客户，提供问题研究、规划咨询、加速创新三个阶段的端到端战略变革的研究、咨询、要素交易等服务（见附图1-13）。

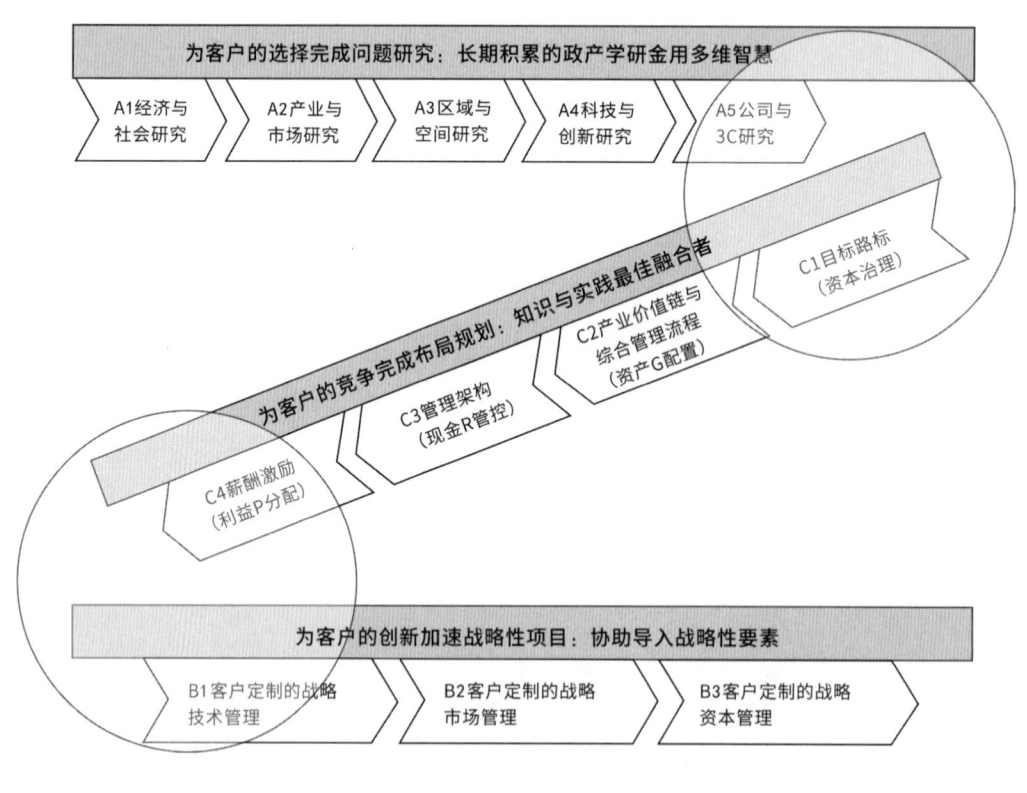

附图1-13　华景咨询服务

二、发展历程

华景咨询从客户服务、商科教研、智库建设三个维度，与客户组织的变革挑战共同成长（见附表1-2）。

附表1-2 华景咨询发展历程

时间	客户服务	商科教研	智库建设
2004—2009年	高新科技和集团类企业的传统管理咨询服务	在深圳广播电视台和《经理人》杂志两大平台上推广战略变革案例与管理理念	与全球顶级管理咨询机构共同服务客户；4家上市公司独立董事
	KSF1：IT、生物企业高增长的战略变革	成功案例1：7年的中国CEO论坛首席知识官	标志：被原深圳市创新投资集团董事长、现前海母基金执行合伙人靳海涛先生推荐为"值得科技创新企业家信赖的战略管理专家"。多次受邀"博鳌亚洲论坛"做嘉宾发言
	KSF2：粤港中央企业的战略管理体系建设	成功案例2：任《经理人》《金融学家》《创业家》媒体的撰稿人和编委5年	
	KSF3：深圳市科技专家		
	KSF4：国有企业治理制度改革		
2010—2018年	企业、资本投资运营机构的课题研究和战略变革咨询服务	西安交通大学管理学院硕士学位课教师及院校兼职教授	组织计算与战略变革知识库研究与开发
	KSF1：基于科创企业IPO前后的定位研究、战略与管理架构改革和战略项目导入服务	事件1：西安交通大学工商管理学位课程10年授课讲师，成为MBA招生品牌教师	标志1：在上海设立研发公司，开发WMIOS系统及其5个管理技术平台，启动知识库建设
	KSF2：协助深圳市人事局、国资委、水务局、运输局等推动事转企、现代企业制度、国际化改革	事件2：出版《坐标：未来领袖企业的管理变革》，被《党建文汇》《中华工商时报》推荐	标志2：在北京设立研发公司，开发智库机器人，全面装备战略决策场景
	KSF3：全面进入央企战略管理、地方政府和有关部门的课题研究	事件3：出版《深商你学不会》，为中国管理学术组织讲座	标志3：整合IT系统与资源，建设管理数据与战略知识库
2019年至今	企业、资本投资运营机构，政府的产业研究，规划设计和变革促成服务	与南方科技大学合作研究深圳商业基因	为新兴市场国家区域打造战略变革"百年老店"智库管控模式

三、取得的成绩

十几年来，华景咨询在客户服务、行业进步、知识生态三方演进，已经形成拥有净资产2700多万元、11项软件著作权、2项图书版权，以及ISO 9001质量管理体系认证、涉外调查许可证的资质资格和品牌影响力的战略变革智库机构。

1.客户服务业绩

（1）华景书院服务，面向决策者个人的研究领域

华景咨询长期服务于国人通信、金新农、太辰光、金溢科技、烟台万华等80余家企业。

（2）变革工程服务，面向组织变革

近5年来，华景咨询年均服务资产额超5万亿元，企业客户含中国航科集团、国家电投、云南白药、京东集团、海正药业、深业集团、深圳地铁集团、珠海市场集团、国电南瑞集团、新东方、深圳水务集团、TCL集团、赛格集团、深圳科技园工业总公司、湘江集团、深圳证券交易所等头部企业与机构。

此外，华景咨询还帮助政府成功完成了三峡办移民投资评估、工信部国有电信企业混改、航天科技三项制度改革，长期参与国务院国有资产监督管理委员会，以及北京市、上海市、天津市、重庆市、深圳市、长沙市、怀化市、淄博市、珠海市、眉山市、福清市、九江市、天水市等的经济技术和产业管理工作。

（3）创新孵化器服务，面向绩优企业的要素交易服务

十几年来，华景咨询参与了7家创业公司的治理并帮助其成功首次公开募股，为11家上市公司导入战略技术、战略资本、战略市场。

2. 行业责任

自深圳市管理咨询行业协会2003年12月成立以来，华景咨询一直是其副会长单位。华景咨询还长期担任中国企业联合会管理咨询工作委员会执委单位，多次荣登中国企业联合会等权威机构发布的"中国管理咨询机构50大"榜单、最值得客户信赖的十大管理咨询公司榜；曾经被评为福布斯慈善榜单100强。

3. 知识生态

坚持"真诚、信任、激情"三项基本原则，以最佳实践技术、卓越人才能力、绩优指标数据和重大决策为场景积累，成为跨政产研金的决策链服务中心、企业家的战略修炼中心、政府的战略赋能中心和商业思想精英的协同交互创新中心。

四、优势和主要特点

为解决客户、战略变革项目组、券商、会计师、律师、政府监管部门等多方协同的难题，华景咨询采用协同交互创新战略变革方法论（coordinated interacti-establish strategic transform methodology），避免客户或顾问封闭式变革与创新产生的问题。

十几年来，华景咨询致力于解决企业与产业的"做什么、怎么做、做得怎么样、凭什么做"四大基础管理问题的发展战略、组织架构、管理绩效、薪酬激励四个最基础的管理模块（见附图1-14）。

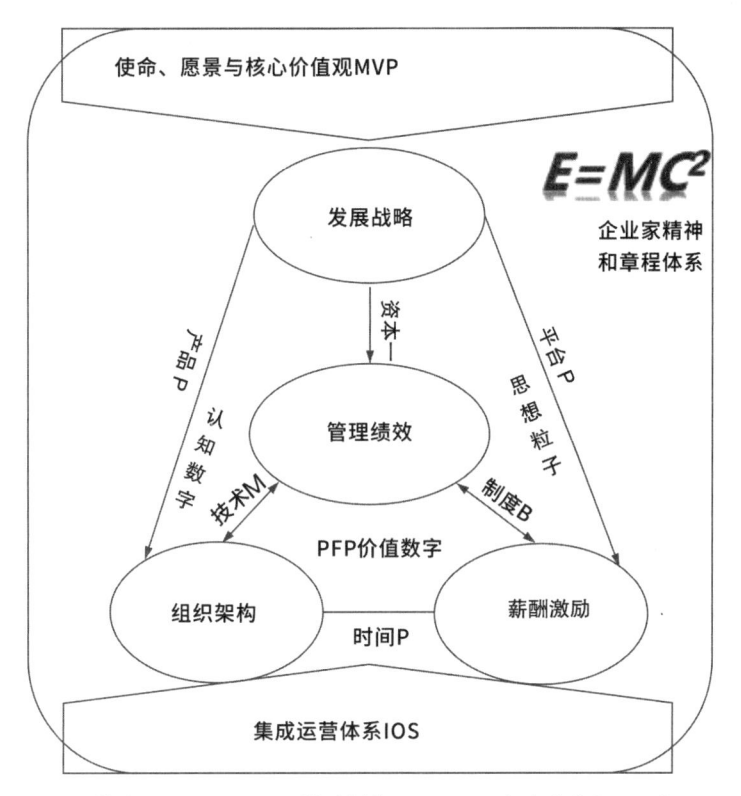

附图1-14 华景咨询四大管理模块

华景咨询的特色之一为数据融合：立足客户的基础管理体系，并提供管理数据平台辅助战略变革过程。

华景咨询的特色之二为要素融合：推动基础管理体系与产品要求、平台要求、时间要求的融合，并满足企业的资本、技术、制度等要素的市场运行规律。

华景咨询的特色之三为内外融合：重新构建管理的底层逻辑，将企业家精神注入基础管理体系，与客户的ERP（企业资源计划）等集成运营体系兼容。

华景咨询的特色之四为融为一体：让一家企业的发展战略、组织架构、管理绩效、薪酬激励四大基础管理模块融为一体，让企业管理拥有一个体系，避免冲突频发、四分五裂等系统内耗问题。

五、关键成功要素

1.基于现代公司制的独立智库治理体制

华景咨询是由曾因完成国家级科研成果产业化而获评中国"十大新兴技术企

业"的总裁佟景国先生整合管理咨询机构资源后创设的,具有全面领导、战略咨询师等特点与资源,公司始终认为个人英雄、老板体制、师徒体制无法履行一家智库的使命。

华景咨询历经多年,从咨询合伙制升级为国际智库与现代公司制融合发展,多年的艰苦探索成就了科学规范的董事会治理制度,培育出"专业创业者、资金投资人和战略科学家组成的公益组织三方按章程所有",拥有华景书院、创新加速器、变革工程、资本室、智慧供应链室五大服务与管理部门。公司领导一直以《华景咨询职业宣言》为自律机制,融合技术与管理、名校与名企、政府与企业双资源的队伍。

2.组织价值创造循环体系知识地图

如何开放式采集、加工、运营、配置、应用商科智慧?华景咨询总是因把"鲜活的基本智慧而非陈词滥调""产业智慧而非通用常识""客户智慧而非卖焦虑"和华景咨询相关的产业与专业知识库凝练而受普遍欢迎。产业管理者与企业高管广泛认为,"公司每年都要与华景咨询合作","很多机构总是采用几十年前的东西"。华景咨询与客户合作项目从6个到45个,历时3年到15年,成功跨越了"让客户更加混乱的劳务外包公司"的陷阱。

华景咨询在解决了基本生存问题后的2006年,就在汪应洛院士、弗雷德蒙德·马利克教授的多次指导下,与21位有管理爱好的企业家和产业管理者研究开发了组织价值创造循环体系知识地图(见附图1-15)。该知识地图在数十万人的实证中历经6次迭代。

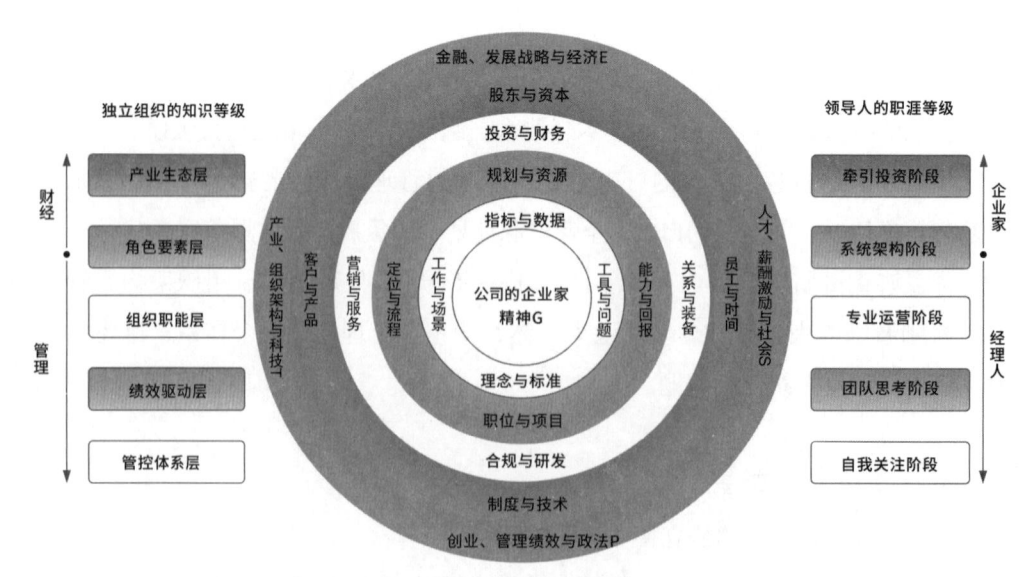

附图1-15 组织价值创造循环体系知识地图

自2012年以来，华景咨询累计投资近亿元开发组织计算平台，积累了相关软件著作权的管理数据系统、算法、组织计算数据源及其长期伙伴。为了适应该平台，华景咨询正逐步蜕变为数字化智库，不仅成为客户们战略变革的强有力支撑，而且正逐步建成"战略变革知识自动化技术"。

3.ISO 9001工业级的华景咨询流程制度体系

华景咨询经过多年的战略变革，通过实践积累了纷繁复杂的问题与对策，并将其提炼成为战略变革的四大导向、8个支点、8个品牌管制，以及"3×4"项战略变革服务活动，以此来提高客户战略变革的成功率（见附图1-16）。

附图1-16 ISO 9001工业级的华景咨询流程制度体系

六、经验借鉴

"华景咨询勤奋扎实的顾问们，总能在最短时间内拿出令人难以怀疑的好方案……而且越用越发现解决方案中的奥秘。"

——华景咨询"客户不满意度年度调查"连续13年总评

1.锁定产业创新难题

在客户鉴别力并不强的市场环境下，一家管理咨询公司解决客户问题的智慧"从哪里来、到哪里去、怎么去"，事关管理咨询公司能否合规经营与保持诚信，以及能否帮助管理咨询公司走出管理咨询行业的"师徒制陷阱"。

2.主攻五大变革场景

华景咨询投入大量的人力、物力、财力，研究与实践从商科知识到经济技术组织在investment（创新与投资）—business（商业规模化）—management（体系管控）—performance（绩效改进）—operation（常态运营）五大场景的价值传递规律。

3.打造智慧供应链

历经多年，华景咨询逐步建成了一条从政产学研金带头人认知，到试点企业、融合经济与技术两种科学知识的研究咨询顾问TWO（think win ours）思考方法论、战略变革解决方案三级价值项目交付架构的智慧供应链。

第五节　深圳市杰成合力科技有限公司

一、企业概况

深圳市杰成合力科技有限公司（简称"杰成"，见附图1-17）是深圳市管理咨询行业协会副会长单位。杰成创建于2005年，创始人陈志强博士曾任华为首任流程管理部总监，是中国流程管理和变革管理领域有影响力的专家。公司总部位于深圳前海，研发中心设立于深圳、北京，并在上海、杭州、苏州设有办事处。

附图1-17　深圳市杰成合力科技有限公司

杰成专注于流程与组织变革领域的培训、咨询和软件服务领域，致力于为中国企业提供流程管理一体化解决方案，结合自主研发的软件，利用咨询实施促进流程管理成果高效落地，实现企业流程资产化，用数据驱动企业变革。

二、发展历程

杰成发展历程见附图1-18。

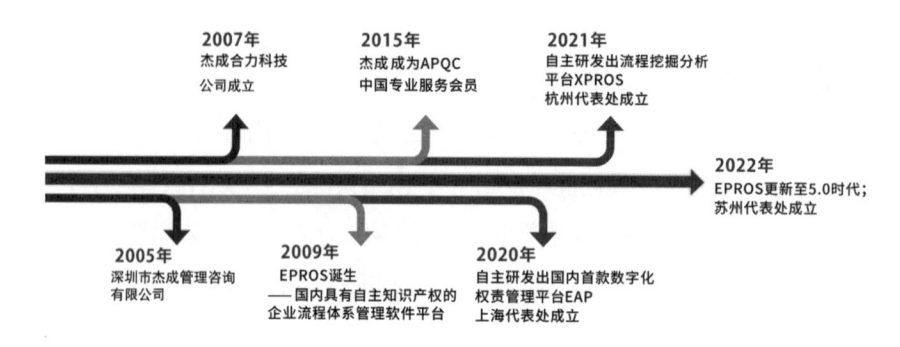

附图1-18　杰成发展历程

2005年：深圳市杰成管理咨询有限公司成立。

2007年：杰成合力科技公司成立并开始自主研发流程管理工具平台。

2009年：自主研发出国内首款具有自主知识产权的企业流程体系管理软件平台EPROS。

2015年：杰成成为APQC中国专业服务会员。

2020年：自主研发出国内首款数字化权责管理平台EAP；同年，上海代表处成立。

2021年：自主研发出流程挖掘分析平台XPROS；同年，杭州代表处成立；出版书籍《赢在升级：打造流程化组织》。

2022年：EPROS更新至5.0时代；同年，苏州代表处成立。

三、取得的成绩及获得的奖项

杰成取得的成绩及获得的奖项见附图1-19。

2012年：EPROS荣获年度中国业务流程管理信息化最佳产品奖。

2013年：EPROS荣获年度中国业务流程管理信息化技术创新奖。

2014年：杰成荣获年度中国金软件业务流程管理领域最佳产品奖。

2015年：杰成荣获中国金软件金服务业务流程管理领域最具应用价值解决方案奖。

2016年：EPROS荣获年度中国业务流程管理信息化最佳产品奖。

2017年：杰成荣获信息化影响中国·2017年业务流程管理行业最具影响力企业奖。

2018年：杰成荣获信息化影响中国·2018年业务流程管理领域领军企业奖。
2019年：杰成荣获2019年度业务流程管理行业信息化最具影响力企业奖。
2020年：EPROS荣获年度业务流程管理信息化最佳产品奖。
2021年：杰成荣获年度业务流程管理信息化首选品牌奖。

附图1-19　杰成荣誉

截至2022年6月，杰成培训学员超13万人，培训企业超5000家，杰成提供管理咨询服务的企业达300家，被誉为流程管理领域的"黄埔军校"。EPROS企业用户突破500家，EPROS设计器用户突破1万人，EPROS浏览端用户突破100万人。EPROS成为华大智造、稳健医疗、永荣控股、传化集团、中国中车、海康威视、中国石化、东方航空、蒙牛、烽火通讯、万华化学、福耀玻璃、科大讯飞、比亚迪、天合光能等众多行业龙头企业解决流程、管理问题的首选软件平台（见附图1-20）。

附图1-20　杰成客户

四、优势和主要特点

1.产品与服务

杰成为企业流程数字化变革提供全栈式服务（见附图1-21），以华为流程管理方法论为基础，以APQC流程管理体系为对标框架，结合多年流程管理的实战经验，凝练出"EPROS""XPROS""EAP"三大软件平台和"赋能内训""流程辅导""线下公开课""线上沙龙"四大配套增值服务，全方位帮助中国企业成功地完成流程数字化变革。

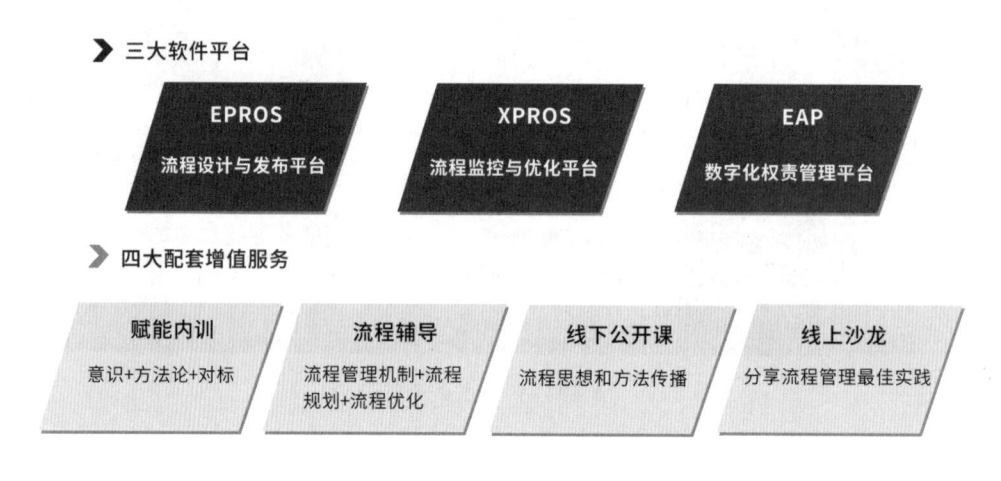

▶ 三大软件平台

EPROS	XPROS	EAP
流程设计与发布平台	流程监控与优化平台	数字化权责管理平台

▶ 四大配套增值服务

赋能内训	流程辅导	线下公开课	线上沙龙
意识+方法论+对标	流程管理机制+流程规划+流程优化	流程思想和方法传播	分享流程管理最佳实践

附图1-21 杰成流程数字化变革全栈式服务

2.团队建设

（1）领导人。

杰成董事长陈志强博士曾任华为首任流程管理部总监，是中国流程管理和变革管理领域有影响力的专家、中国管理咨询业十大名家、深圳市管理咨询行业协会副会长、EPROS产品委员会主任。

（2）专业团队。

杰成目前有金牌讲师30多名，均来自华为、IBM咨询公司、美的、德勤等全球500强企业，具备15～35年的从业经历，其中4位曾是华为管理体系建设最高荣誉"蓝血十杰"获得者。

（3）经验。

杰成专注于流程管理咨询20余年，不断摸索和创新流程管理理念与方法论研究，积累了丰富的行业样板流程案例库。其基于最佳实践和持续创新，建立了流程审计等标准，创建了相关工具，研发了与信息技术完美结合的流程设计与发布平台

（EPROS）。杰成致力于为客户设计、优化业务流程体系，提高企业运作效率，提升企业对客户的响应能力及组织价值创造等核心竞争能力。杰成与众多行业大中型、成长型企业进行了深度合作，能持续解决企业在发展过程中遇到的管理不规范及变革阻力等问题。

五、关键成功因素

1.内部因素

（1）流程管理基因。

杰成专注于流程管理咨询20余年，积累了丰富的流程管理咨询实战经验和样板流程案例库，合伙人均来自华为、IBM咨询公司等标杆管理企业。

（2）具备创新精神。

杰成基于流程管理的方法论，研发出与信息技术完美结合的流程设计与发布平台（EPROS）、流程监控与优化平台（XPROS）、数字化权责管理平台（EAP）。

（3）以客户为导向。

杰成以客户为中心，帮助企业提高对客户的适应能力，以及组织价值创造等企业核心竞争能力。

2.外部因素

（1）数字化转型浪潮来袭。

加快推进数字化转型，是"十四五"时期建设网络强国、数字中国的重要战略任务。流程数字化建设是企业数字化转型的必修课。

（2）后疫情时代。

线上办公场景增多，业务流程梳理成为提高线上办公效率的必经之路。

（3）经济周期下行。

企业期望通过流程角度梳理业务，提高企业运营效率，降低经营风险，达到降本增效的目的。

六、经验借鉴

（1）专注。

专注在流程管理数字化领域这条道路上不断深耕。

（2）创新。

不断寻求咨询与科技的结合，持续创新。

第六节 深圳市汉捷管理咨询有限公司

一、企业概况

深圳市汉捷管理咨询有限公司（简称"汉捷咨询"）于2004年在华为原高级副总裁胡红卫先生的带领下，整合了国内管理咨询领域的先行者——深圳市世捷企业管理咨询有限公司等多家咨询企业的研发管理业务和咨询团队，专注于企业战略管理、研发管理，以及流程与数字化的咨询、培训、软件服务。

汉捷咨询拥有高素质的专业顾问团队，现有顾问30余名，均具有硕士以上学历和平均15年以上的业务工作和企业中高层管理经验。这些专业顾问来自华为、中兴、IBM咨询公司、三星、Intel（英特尔）、Emerson（艾默生）、日立、阿里巴巴等著名企业。

汉捷咨询及其公司领导已出版《研发困局》《新产品开发管理，就用IPD》《管理项目实务》《研发困局突围》《研发体系改进之道》《产品数据管理》以及《研发管理文集》（台订本）等多本专著，发表原创研发、战略管理方面的专业文章800多篇，主编的《研发管理》月刊已持续推出190多期。

二、发展历程

20年来，汉捷咨询致力于帮助企业推行业界领先的IPD（集成产品开发）体系，建立高效的产品投资组合管理与研发管理模式，构建落地式的DSTE战略管理体系，并优化企业核心业务流程，从而形成卓越的经营管理体系。目前，汉捷咨询已经帮助300多家企业成功实施了600多个咨询项目和软件应用，并为1万余家企业提供了咨询和培训，获得了客户的广泛好评，同时积累了丰富的实战经验。

三、取得的成绩

1.影响中国管理实践十大咨询公司

在第五届中国CEO年会上，汉捷咨询与美世、埃森哲等管理咨询机构一同被评为"影响中国管理实践十大咨询公司"。

2.十大专业品牌暨研发管理领导品牌

在2008年第二届中国品牌节——中国咨询与培训业总评榜单的评选活动上，汉捷咨询被评为十大专业品牌暨研发管理领导品牌。

3.国内最受赞赏的管理咨询公司

在2012年"最受赞赏的管理咨询公司排行榜"的评选活动上，汉捷咨询在国内研发管理咨询领域位列第一。

四、主要特点

使命：帮助企业实现卓越，成就伟大！

愿景：成为管理咨询与数字化解决方案的国际先锋机构！

汉捷咨询致力于为企业提供"管理咨询＋IT数字化解决方案"。在DSTE（从战略到执行）、IPD、流程与数字化三大管理领域，为客户创造突出的价值。

1.DSTE咨询＋IT解决方案

DSTE咨询＋IT解决方案见附图1-22。

（1）建立实操化的DSTE战略管理流程与组织。

（2）应用MM（市场管理）/BLM（业务领先模式）/BEM（战略执行模型）三大领先方法。

（3）实施iDSTE战略软件平台，构建数字化DSTE体系。

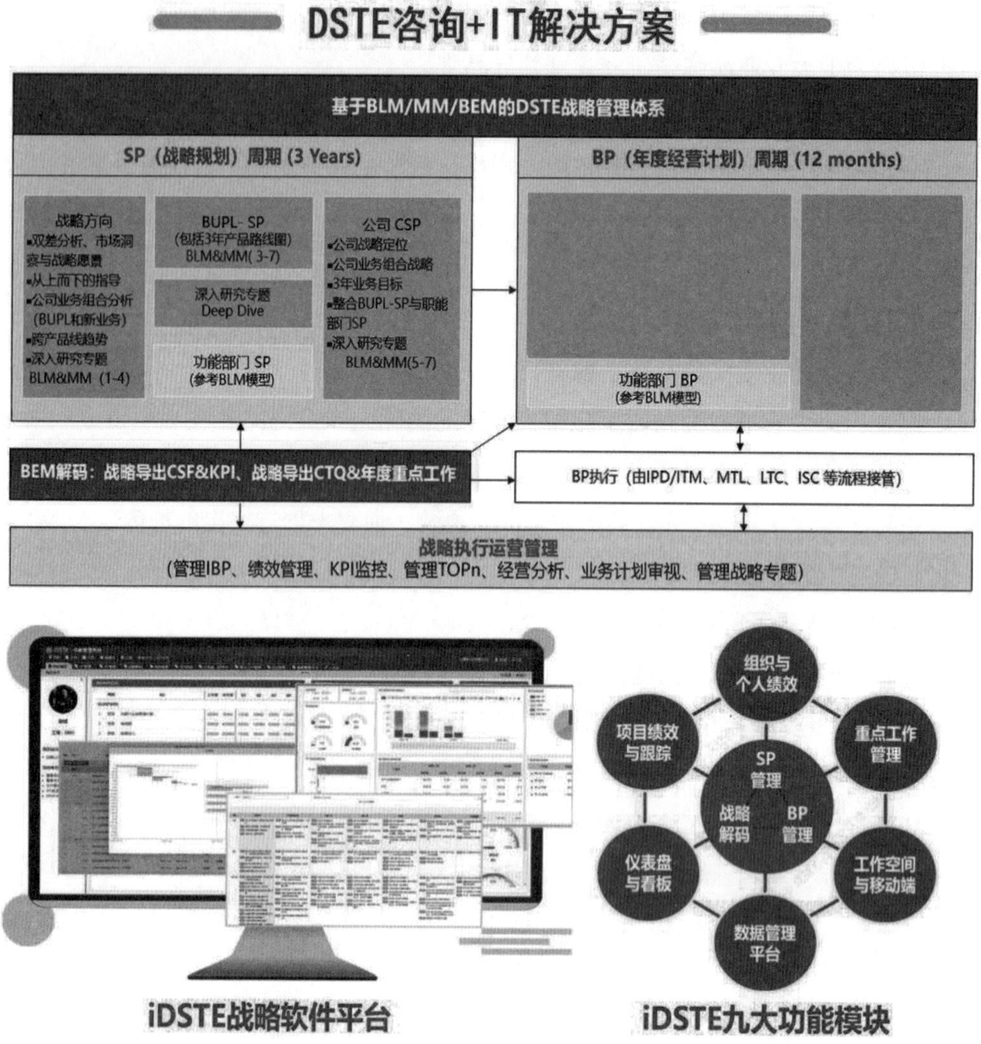

附图1-22　DSTE咨询 + IT解决方案

2.IPD咨询 + IT解决方案

IPD咨询 + IT解决方案见附图1-23。

（1）确保IPD体系导入成功，确保IPD组织变革成功，确保IPD推行持续成功。

（2）多行业的案例借鉴，可信赖的长期伙伴。

（3）实施AIPD软件平台，构建适配IPD的最佳IT平台。

体系	领域分类	13个模块
IPD研发及产品管理体系	需求与规划（前端）	S1 产品包需求管理（OR） S2 产品规划（项目组合及路标） S3 项目任务书开发（CDP，立项流程） S4 技术/平台规划（TPP）
	研发与支撑（后端）	S5 IPD产品开发流程 　（含生命周期、IPD+敏捷、解决方案开发） S6 技术开发流程（TPD） S7 技术/产品预研流程（TPR流程） S8 研发项目管理 S9 CBB规划及管理
	组织/HR/优化（保障）	S10 研发及产品组织体系 S11 研发绩效及激励机制 S12 研发及产品人才培养与任职资格管理 S13 变革管理与TPM评估及持续优化

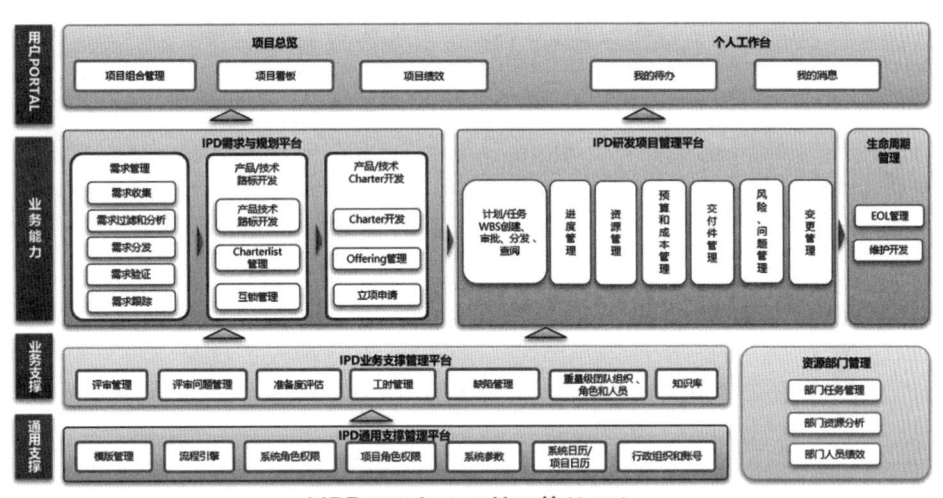

附图1-23　IPD咨询 + IT解决方案

3.流程与数字化咨询

流程与数字化咨询见附图1-24。

（1）构建业务流程架构、流程视图、流程标准，厘清流程接口。

（2）构建MTL、LTC、ISC等关键业务流程，实现集成与高效运作。

（3）制定IT/数字化战略规划，构建EA企业架构，打造数据基座与数据治理体系。

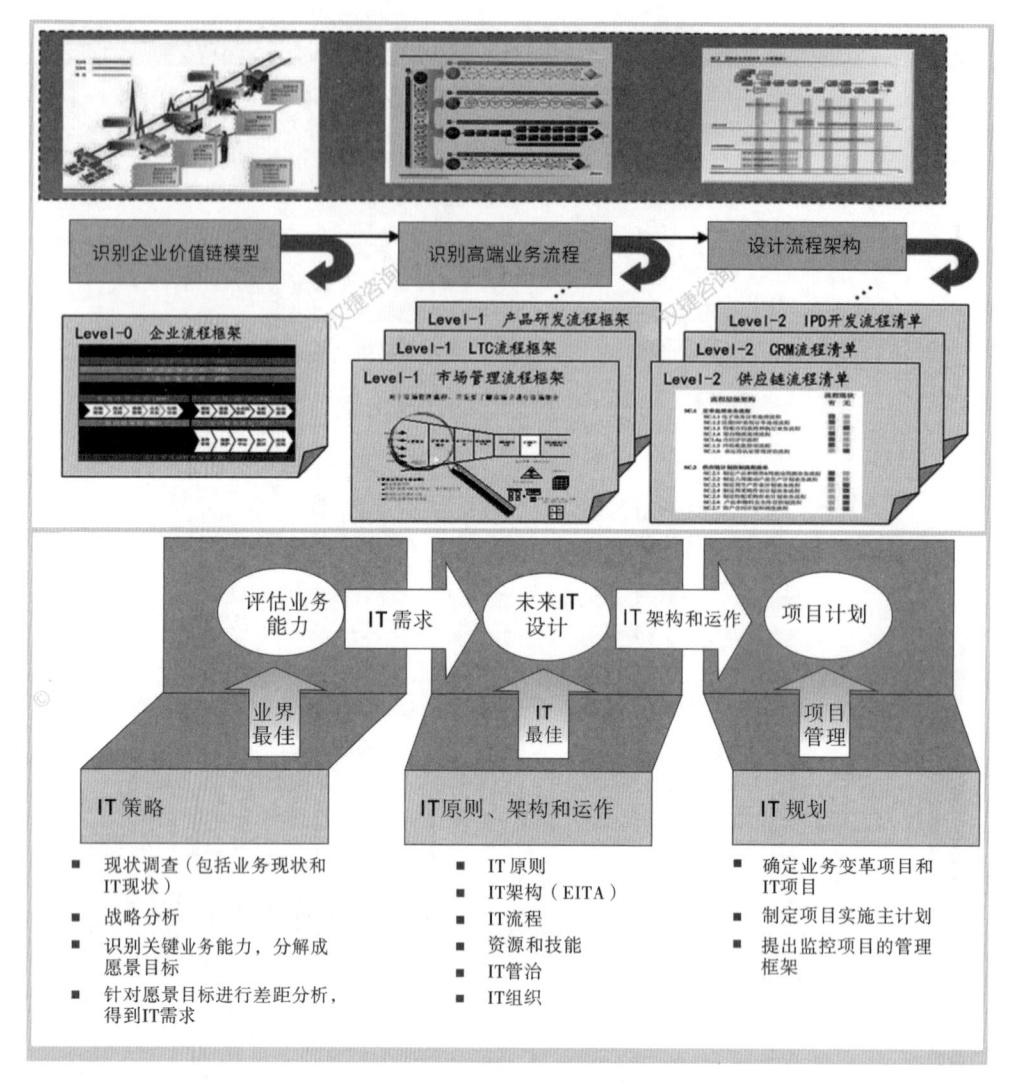

附图1-24　流程与数字化咨询

五、优势

1.核心知识和经验

（1）"双创"：汉捷咨询是IPD咨询的开创者与引领者、落地式eDSTE®解决方案的开创者；原创5本研发管理畅销专著和800多篇研发管理文章，专著销量和原创文章发表数量在行业内遥遥领先。

（2）"20年积累"：20年来，汉捷咨询通过积累20多个行业的300多家企业、600多个咨询案例，形成了全面的、多行业的知识及经验平台，其真实的咨询服务客户数量在行业内遥遥领先。

（3）"引领"：汉捷咨询对IPD进行持续研究，总结了业界一致公认和被同行引用推崇的IPD体系框架，并推出IPD最佳适配平台——AIPD研发与产品管理软件平台；汉捷咨询对DSTE进行持续研究，总结出了将BLM和MM两大方法论相结合的"战略规划七步法"，带领团队自主开发出了国内第一款从战略到执行的软件系统——iDSTE战略管理系统；汉捷咨询提出，未来将要成为管理咨询与数字化解决方案的国际先锋机构。

2.顶层设计和战略驱动变革

（1）"高度"：汉捷咨询的资深顾问/项目经理均有来自华为、中兴等领先企业的高管，他们有15年以上的咨询实践经验，能站在企业全局的高度进行顶层设计，并推动企业实施突破性改变。

（2）"权威"：汉捷咨询领衔专家胡红卫先生被业内认为是"国内IPD咨询及培训第一人""著名实战派战略管理专家"，领衔专家郭富才先生是国内成功实施IPD项目最多的，领衔专家屠斌飞博士是持续服务IPD咨询最久的。

（3）"双轮驱动"：汉捷咨询强调将战略导向的组织变革与流程变革配合，擅长产品及研发组织设计，完成从战略到执行的闭环管理咨询，并配套自主开发的iDSTE战略管理软件，帮助企业系统打造落地式DSTE体系，大幅提升战略管理水平。

3.方案可操作性及落地

（1）"三性"：汉捷咨询的方案具备系统性、针对性、操作性，其逻辑严密，切合实际，授之以渔，是与企业共同创作形成的，可以直接用于操作的体系文件。

（2）"四化"：贯彻"模板化、工具化、监控化、文化化"的落地原则和推行方案。

（3）"务实"：汉捷咨询的顾问作风实在但不迁就，能沉下心来，服务更深入、更真诚、更能落地。

六、关键成功因素

（1）汉捷咨询是国内最早一批开展IPD咨询及培训服务的专业公司。

（2）汉捷咨询有一支以胡红卫总裁为首的来自华为等世界级企业的、拥有中高层管理经验的高素质的专业顾问团队。

（3）汉捷咨询聚焦核心业务领域长期深耕，并始终坚持不断创新突破。

（4）汉捷咨询秉持着专业务实的作风，拥有"滴水穿石"的精神、日积月累的沉淀。

第七节　深圳市七鼎管理咨询有限公司

一、企业概况

深圳市七鼎管理咨询有限公司（简称"七鼎咨询"）是一家受人信赖的创新型、赋能型、伙伴型管理咨询机构。七鼎咨询通过战略与商业模式创新及落地实施，帮助成长性企业及机构实现显著、持久的经营业绩改善。

公司拥有一支成熟的、历经众多项目磨炼的专家咨询团队，秉承"专业、创新、实效、共赢"的价值观，通过战略与商业模式创新、组织能力提升、人力资源创新、营销创新、数字化转型创新等咨询服务，为客户提供个性化、可落地、重结果的企业成长解决方案，助力中国企业发展壮大。

七鼎咨询聚焦于有成为行业领袖愿景及社会责任使命感、愿意开放的创新型企业客户，比如众多的高新企业及专精特新企业，这类企业有一定的核心竞争力，有做大做强的强烈意愿，但缺乏系统的战略与管理，缺少多种资源，需要外部的智力帮助其实现梦想。基于此，七鼎咨询聚集各行业实操型的专家顾问，陪同客户共同成长，致力于为这类成长性强的优质客户提供"智慧、资金、资源"等综合赋能服务，通过创新的"咨询+赋能+资源+资本+数字+结果输出"的综合赋能型商业模式，打造"短期收费+中期增量分成+长期股票期权"的利益共赢系统。

七鼎咨询创始人徐春明，1991年硕士研究生毕业，高级工程师，曾在东南大学和扬州大学任教6年，曾任北京大学汇丰商学院总裁班与清华大学实战总裁班导师；有20余年创办经营实业公司的成功经验，担任深圳市科锐技术有限公司、深圳市科锐数字信息有限公司、深圳市科菲电气有限公司等科技型公司的董事长，以及深圳市管理咨询行业协会副会长、深圳市防雷协会会长、深圳市科技创新委员会专家，是深圳市管理咨询服务规范地方标准及团体标准的主要起草人。

怀着帮助企业家实现梦想的初心及情怀，徐春明董事长及七鼎咨询团队希望利用自己的专业知识、能力与实践经验，助力具有发展潜力的企业从小到大、从弱变强、从国内走向国际。七鼎咨询系统服务实施模型见附图1-25。

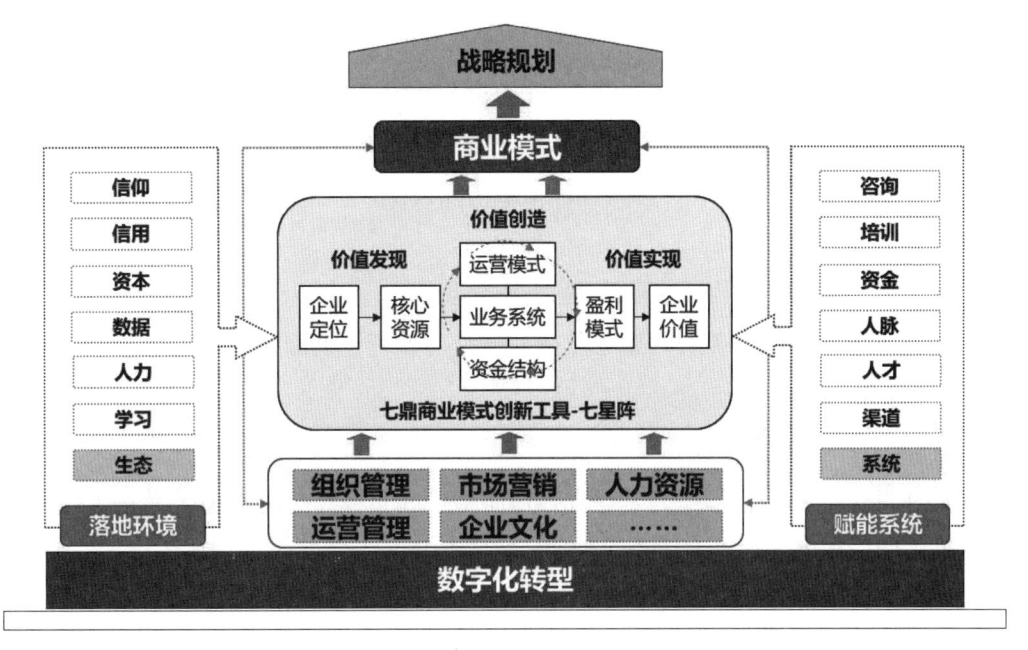

附图1-25　七鼎咨询系统服务实施模型

二、发展历程

1997年，深圳市科锐计算机技术有限公司成立，开展证券信息咨询、软件开发业务。

2000年，深圳市科锐计算机技术有限公司更名为深圳市科锐技术有限公司，开展网络工程、网络安全及电子信息系统防雷业务。

2003年，深圳市科菲电气有限公司创立，开展电气产品的销售业务。

2007年，深圳市科锐防雷技术有限公司创立，开展防雷产品的研发及生产业务。

2013年，徐春明任第三届深圳市防雷协会会长。

2014年，徐春明担任北京大学汇丰商学院总裁班、清华大学实战总裁班导师，教授"商业模式创新"课程。

2015年，为帮助更多企业家获得成功，七鼎咨询成立。

2016年，徐春明任第四届深圳市防雷协会会长。

2016年，七鼎咨询成为深圳市中小企业公共服务联盟商业模式创新委员会会长单位。

2017年，徐春明任深圳市管理咨询行业协会副会长。

2017年，七鼎咨询成为中国中小企业产融结合工程示范单位。

2018年，累计参加过"商业模式七星阵""七鼎企业大系统""企业成长基因"

课程培训的学员突破1万人。

2018年，徐春明成为新三板上市企业协会常务副会长。

2018年，徐春明被聘为深圳市科技创新委员会、发展和改革委员会专家库专家。

2019年，七鼎咨询成为深圳市国际金融研究会常务副会长兼管理咨询专业委员会会长单位。

2019年，徐春明任第五届深圳市防雷协会会长。

2021年，深圳市商务局同意七鼎咨询成为《管理咨询服务操作指南》牵头起草单位。

2022年，七鼎咨询作为主要起草单位之一，完成了《管理咨询服务规范》（T/SZGL 5-2022）、《管理咨询服务机构能力评价准则》（T/SZGL 3-2022）、《管理咨询师能力评价准则》（T/SZGL 1-2022）等标准的编写。

2023年，徐春明被聘请为深圳市国际金融研究会高级顾问。

三、取得的成绩

1.重视咨询工具与知识产权保护

七鼎咨询通过研究国内外各种商业模式理论及工具，结合企业实际需求、商业模式实施及落地工具，创新研究，开发出一套实用的商业模式创新工具，获得客户的广泛赞誉（见附图1-26）。

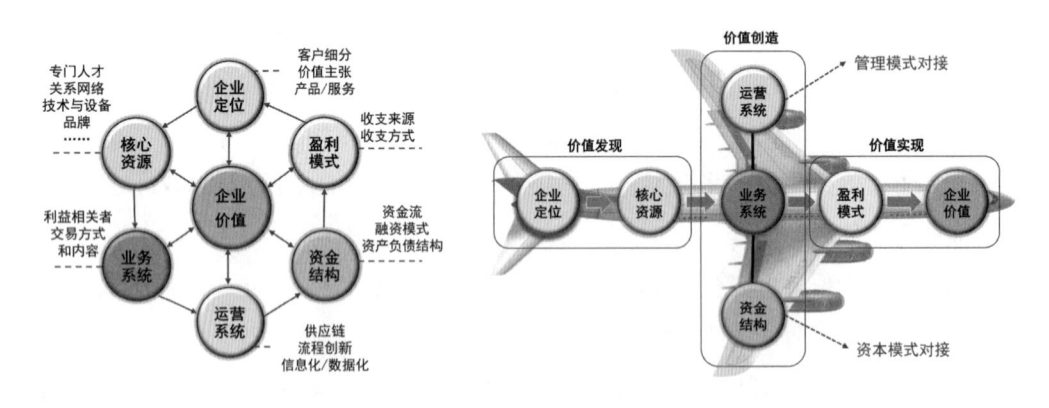

附图1-26 商业模式创新工具——七星阵

2.咨询、培训、融资成果

七鼎咨询为新能源、环保、生物、文旅、教育、交通、化工、健康、新餐饮等行业提供专业化的管理咨询及辅导实施服务，助力企业绩效持续改善。截至2022年，累计培训过的企业家超过1万人、咨询及辅导实施类客户企业100多家、轻咨询客户及私董会客户400多家。七鼎咨询整合创新型企业所需的各种资源,帮助中小型企业成长,累计帮助中小型企业融资总额超过20亿元。

四、优势和主要特点

1. 六大咨询模块

任何企业的发展问题都不会是由单一因素导致的。七鼎咨询强化"战略规划、商业模式、市场营销、人力资源管理、股权激励、数字化转型"六大核心板块,协同深化服务,为客户提供全周期的成长、创新、赋能服务,解决客户痛点问题,助力其破局成长。

2. 咨询赋能系统

七鼎咨询站在行业高处进行研究,为客户设计个性化、可落地、重结果的解决方案,系统地帮助客户解决问题(见附图1-27)。

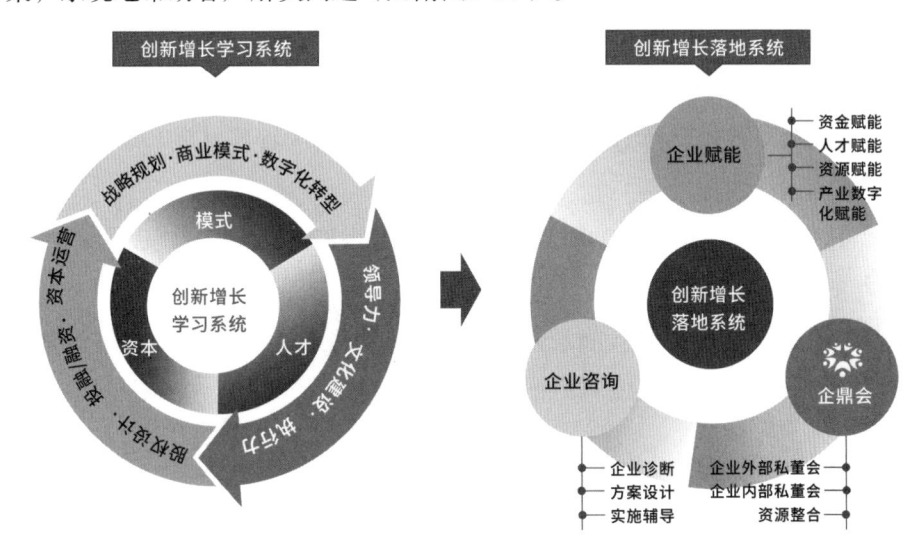

附图1-27 七鼎咨询创新增长学习系统与落地系统

3. 落地环境系统

七鼎咨询重视咨询项目的落地,任何咨询项目的落地都离不开企业内外部的环境建设。七鼎咨询帮助企业实现"信仰、信用、资本、数据、人力、学习、生态"七大系统的建立和完善,通过企业软环境的建设,有效地将辅助咨询成果落地实施。

4. 企鼎私董会系统

为了有效地帮助企业解决成长中的具体问题,七鼎咨询创办企鼎私董会,目前已经开办"体验式私董会"36期。企鼎私董会一方面帮助咨询客户建立企业内部私董会机制,让企业自身具备解决问题的造血机制;另一方面,定期举办企业外部私董会,召集各行业的咨询客户深度解决企业的具体问题,同时让企业间相互学习、沟通,还可以进一步做资源整合。企鼎私董会采用标准化的私董会七步法,融合高管教练、学习行动和深度社交,帮助企业获得发展机遇,解决复杂和现实的难题(见附图1-28)。

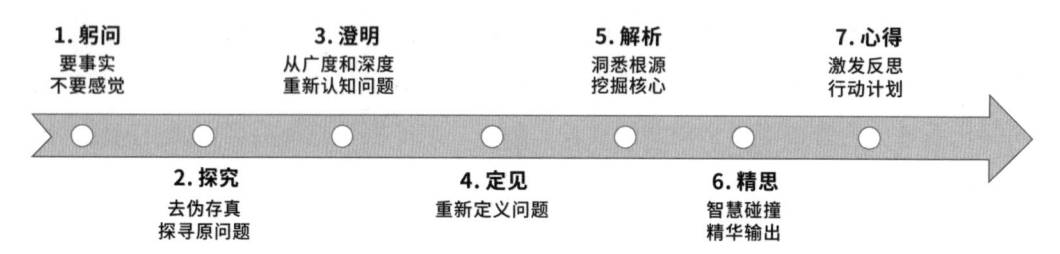

1. 躬问 要事实 不要感觉
2. 探究 去伪存真 探寻原问题
3. 澄明 从广度和深度 重新认知问题
4. 定见 重新定义问题
5. 解析 洞悉根源 挖掘核心
6. 精思 智慧碰撞 精华输出
7. 心得 激发反思 行动计划

附图1-28 企鼎私董会七步法

五、关键成功因素

(1)徐春明具有20多年成功创办和经营企业的实操经验,且有10年担任行业协会会长的经验,能够深切体会和了解行业及客户的诉求和痛点。

(2)企业崇尚专业、利他精神。七鼎咨询不以营利为首要目标,致力于帮助每一个项目客户拿到成果。

(3)管理咨询公司最重要的资产是人才,七鼎咨询所聘用的专家顾问及企业教练具有多年的企业管理实操经验。

(4)七鼎咨询定位于服务成长性强的创新型企业,采用可持续的咨询合作模式,同时充分调动项目组成员及客户核心管理层的积极性。

六、经验借鉴

(1)研究国内外优秀的咨询模式与成功经验,不断提升自身的服务能力,真正履行与落实管理咨询公司的责任与义务。

(2)重视管理咨询行业的发展趋势,把握行业的正确发展方向。

(3)重视行业标准建设,规范行业发展。行业好,企业才能好。

(4)精选咨询项目,以投资人的思维选择咨询客户,更有成效地助力企业快速成长。

(5)与客户进行短期、中期、长期的利益捆绑,真正将咨询项目做深、做透,将短期的咨询客户发展成终生客户。

第八节　深圳市康达信管理顾问有限公司

一、企业概况

深圳市康达信管理顾问有限公司（简称"康达信"）的前身是原深圳市质量技术监督局（现改名为"深圳市市场监督管理局"）下属的深圳市ISO 9000研究会。1994年4月26日，深圳市康达信认证咨询中心（康达信的曾用名）正式成立，2002年改为股份制有限责任公司，注册资金1000万元，自购办公场地1000余平方米，具备能容纳70人的专业培训教室，是国内最早也是最大的从事各类认证咨询、企业管理咨询及相关培训的管理咨询机构之一。

公司自成立以来，已经成功地为近万家企业客户提供了管理咨询、认证咨询、标准化良好行为评价及咨询、培训服务，客户满意度全行业领先，近40%的客户选择了再次合作。康达信管理顾问集团[1]现有员工400余人，本科以上学历占80%，其中，有200余名专业咨询顾问和培训教师，20余名标准化评价专家，30余名知名企业高管和专家学者作为康达信的特约研究员和外部专家（见附图1-29）。

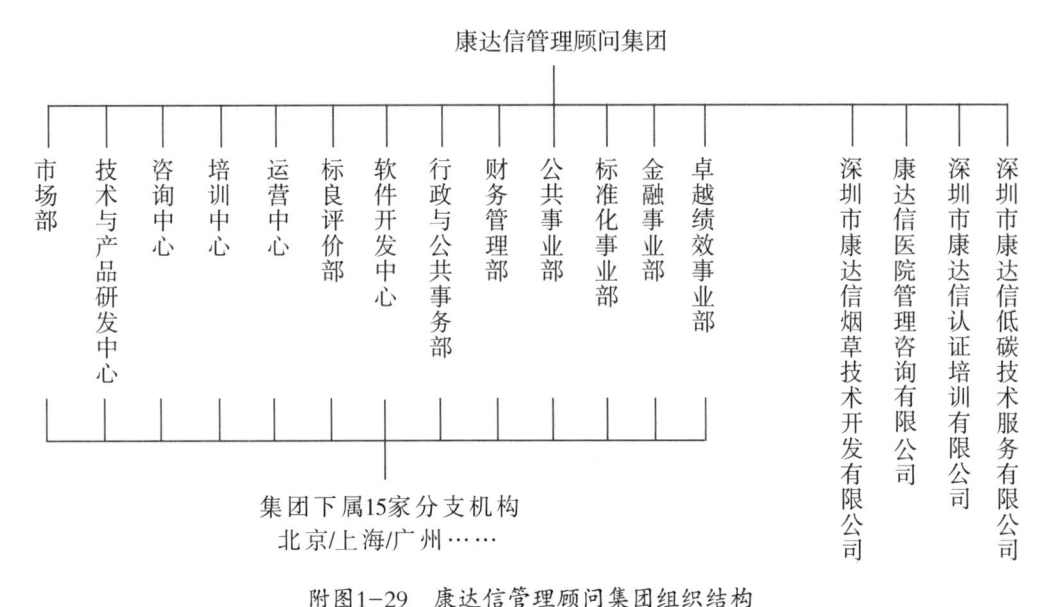

附图1-29　康达信管理顾问集团组织结构

---

[1] 目前，深圳市康达信管理顾问有限公司已发展为深圳市康达信管理顾问集团。

二、发展历程及主要社会职位

1.发展历程

1991年,深圳市ISO 9000研究会成立,是原深圳市质量技术监督局的下属机构,也是国内成立最早的咨询机构之一。

1994年4月26日,正式成立深圳市康达信认证咨询中心,业务范围以ISO 9000质量管理体系咨询为主,兼顾管理咨询业务。

1996年,康达信成为全国首家在国家技术监督局备案的咨询机构,证书编号为N-0001-96,同年4月在珠海设立分支机构。

2000年,成立深圳市安硕德软件有限公司。

2001年,成立惠州市康达信管理顾问有限公司,分别在北京、长沙设立康达信分公司。

2002年,改制为股份制有限责任公司,更名为深圳市康达信管理顾问有限公司,并在重庆、佛山、郑州、乌鲁木齐设立分公司或办事处。

2003年,在南宁、成都、大连、中山、阳江设立分公司。

2004年,正式成立房地产事业部,同年获得中国认证认可协会三体系外审员培训资格。

2005年,成为中国认证认可协会常务理事单位。

2006年,在广州设立分公司,成立康达信医院管理咨询有限公司。

2007年,获得深圳十大知名咨询机构荣誉。

2009年,上海分公司成立。

2010年,成为深圳市民营及中小企业产业紧缺人才培训示范机构及深圳市中小企业管理咨询服务机构。

2011年,成立深圳市康达信房地产管理顾问有限公司、深圳市康达信认证培训有限公司,获得广东省咨询行业50强荣誉及中国管理咨询机构50大荣誉。

2012年,正式成立深圳市康达信烟草技术开发有限公司,为烟草行业客户提供专项管理咨询服务及培训。

2013年,成立深圳市康达信低碳技术服务有限公司,获得广东省管理咨询行业十佳机构荣誉。

2014年,获得深圳市政府颁发的首批碳排放核查机构资格。

2016年,成为深圳市中小企业社会化服务体系专业服务机构。

2020年,成为中国标准化协会认可的企业标准化良好行为A类评价机构。

2021年，成为深圳市中小企业公共服务示范平台，获得广东省守合同重信用企业证书、企业信用评价AAA级信用企业证书。

2021年，成为中国标准化协会理事单位。

2014—2020年，连续获得中国管理咨询机构50大荣誉。

2.主要社会职位

（1）中国企业联合会理事单位。

（2）深圳市质量强市促进会理事单位。

（3）深圳市卓越绩效管理促进会副会长单位。

（4）深圳市管理咨询行业协会副会长单位。

（5）深圳市低碳经济研究会会员单位。

三、取得的成绩

康达信重点聚焦在金融行业、烟草行业、房地产行业、医疗行业、战略性新兴产业、卓越绩效管理等领域的管理咨询。

1.金融行业

康达信已经成功地为中国银行、中国农业银行、中国工商银行、中国建设银行、招商银行等多家银行，华融、信达、东方、长城四家大型国有资产管理公司，以及西南证券、银华基金、平安人寿、平安财险、太平洋保险、泰康保险、中国人寿、中国人民保险等金融企业提供了认证和管理咨询服务。

2.烟草行业

康达信已经为21个省的240家烟草企业提供了战略管理、企业文化、生产经营管理、卷烟营销、专卖监督管理、财务管理、人力资源及绩效考核管理、标准化管理体系建设等方面的管理咨询服务。

3.房地产行业

康达信正在为国内房地产企业提供全价值链管理咨询服务，以及综合性解决方案，是万科、金地等企业在长期管理与提升服务上的合作机构。

4.医疗行业

康达信已经为全国多家三甲、二甲医院提供了管理咨询服务，拥有著名的医院管理专家和咨询团队，是行业内最好的咨询机构之一。

5.战略性新兴产业

围绕战略性新兴产业重点领域，依托产业链优势企业，建立涵盖全产业链的开放性技术创新平台。目前，康达信已经为深圳思贝克、深圳天安云谷、迈瑞医疗等企业提供了服务。

6.卓越绩效管理

康达信拥有十几名获得国家质量奖、省长质量奖和市长质量奖的评审员，已经为广东、湖南等地的多家企业提供省长奖及市长奖的咨询。

四、优势和主要特点

1.服务行业领域

康达信服务行业领域见附图1-30，其服务领域的详细介绍如下。

制造业：电子、石油、化工、汽车、材料、纺织服装、电力、烟草等。

服务业：物业、物流、码头、航空、酒店、综合体、旅游等。

金融业：银行、保险、基金、证券、投资、资产管理等。

政府单位及事业单位：政府单位（市场监督管理局、国土资源局、生态环境局、税务局、检察院、财政局等）、事业单位（医院、学校等）。

建筑业：房地产、设计、建筑工程、装饰、监理、园林绿化等。

附图1-30　服务行业领域

2.服务产品领域

康达信的服务产品涉及各类管理咨询、专项咨询、管理体系、信息化咨询（见附图1-31）。

精益导向—精准匹配—精心定制

管理咨询	专业咨询	管理体系	信息化咨询
☑ 战略规划 ☑ 组织管控 ☑ 流程管理 ☑ 人力资源 ☑ 企业文化 ☑ 品牌管理 ☑ 人才培养 ☑ 精益管理 ☑ 创新管理 ☑ 知识管理 ☑ 内控与风险管理	☑ 产品标准化 ☑ 大运营专项 ☑ 设计管理专项 ☑ 工程管理专项 ☑ 采购管理专项 ☑ 成本管理专项 ☑ 安全标准化 ☑ 安全应急预案 ☑ 内控与风险管理	☑ 质量管理体系 ☑ 环境管理体系 ☑ 安全管理体系 ☑ 信息安全管理体系 ☑ 业务连续性管理体系 ☑ 能源管理体系 ☑ 资产管理体系 ☑ 轨道交通管理体系 ☑ 通信业管理体系 ☑ 汽车管理体系 ☑ 社会责任管理体系 ☑ 客户服务管理体系	☑ 办公平台 ☑ 管控系统 ☑ 流程系统 ☑ 人力资源系统 ☑ 成本招采系统 ☑ 计划运营系统 ☑ 项目管理系统 ☑ 全面预算系统 ☑ 知识管理平台 ☑ 主数据平台

附图1-31　服务产品领域

第九节　深圳市华一世纪企业管理顾问有限公司

一、企业概况

深圳市华一世纪企业管理顾问有限公司（简称"华一世纪"）是一家集企业管理培训服务、管理咨询服务于一体的商学服务机构。华一世纪是工业和信息化部推荐的首批企业管理咨询机构，并被工业和信息化部授予"国家中小企业公共服务示范平台（培训）"称号（见附图1-32），也是深圳市管理咨询行业协会会长单位。

公司以民营企业为服务对象，以股权激励、顶层设计、公司治理课程及咨询为培训咨询服务内容核心，延伸到战略规划、商业模式、财务税务、市场营销、运营管控、资本运作等相关课题培训和咨询服务，为企业全生命周期提供股权激励等的全方位整体解决方案。

附图1-32　获"国家中小企业公共服务示范平台（培训）"称号

二、发展历程与取得的成绩

华一世纪在深圳市罗湖区招商中环自购了两层写字楼作为办公地点，总建筑面积4000余平方米，具备阶梯教室、图书馆、党建活动室等学习场地，在满足内部员工办公需求的同时，也为客户、合作伙伴提供了良好的学习环境。当前，华一世纪拥有14家直营分（子）公司、200多家代理机构，正式员工近800人。华一世纪每月在全国数十个中大城市开课近百场，已帮助近万家企业成功落地股权激励政策，累计参课企业家学员数万人，学员中不乏上市公司、大型集团公司、独角兽公司的人员。华一世纪分别于2018年、2019年上缴税费2950万元、3195万元。华一世纪按照上市公司的要求和标准规范治理、严格管理、稳健发展。

三、优势与主要特点

华一世纪所从事的企业管理培训服务以提升企业综合管理水平为目的，通过研发设计培训课程及课程体系，整合师资和课程资源，采用课程讲授、案例研究、研讨互动、方案落地及专项咨询等多元化手段，向企业客户传递改善经营管理的理念、知识和方法，并根据企业需要提供相关管理咨询的服务。

1.盈利模式

华一世纪的主要盈利模式为向国内中小型企业提供企业管理培训和管理咨询服务，并以此获取培训课程收益、咨询服务收益。公司通过自己的销售队伍以及其他合作销售渠道向市场推送产品，如客户有合作意向，则由双方签订管理培训或管理咨询的业务合同。根据行业惯例，业务合同签订后，公司通常会要求客户全额预付管理培训或管理咨询服务款。收到服务款后，公司将该服务款确认为预收账款。随后，公司的业务人员会根据业务合同的约定，安排学员参加相应的管理培训课程或者由公司派出专业人员为客户提供咨询服务。相关服务完成后，公司确认相关劳务服务收入并结转相应的预收账款。

2.研发体系

华一世纪成立了课题研发中心，集合师资、专业研究人员，并联合多个领域外部专家、权威机构，逐步形成了雄厚的专业研发团队。公司每个课题的研发，都会按照严格的研发流程推进。

经过近10年的努力，华一世纪在股权激励课题上研发出"超额利润激励法""在职分红激励法""1—3—5渐进式激励法""EPA模式""PSP模式"，同时，公司还自主研发出了股权激励整体解决方案精华落地班教辅书、股权激励整体解决方案顶层战略班教辅书。自2020年起，公司每年定期发布中国股权激励白皮书。

3.服务产品

（1）华一世纪的培训课题主要包括股权激励课程（顶层战略班、精华落地班）、精品班课程（商业模式、财税管控、总裁营销等）、商学体系课程（常青商学院）。

为了提升学员的学习效果，帮助学员系统地形成一套适合自身的落地方案，华一世纪设计了股权激励整体解决方案精华落地班和股权激励整体解决方案顶层战略班，系统地对外提供招生、培训服务。在对学员进行线下集中培训教学的同时，公司还投入巨资，免费推出学员线上陪伴学习平台共21天的陪伴学习服务（含4天线下课程）。通过课前3天、课中4天、课后14天的陪伴学习，实现线上课前知识扫盲、线下老师授课、线下教练指导、线上课后跟踪学习，确保学员良好的学习效果，真正为企业赋能。

常青商学院是华一世纪立足多年管理培训、管理咨询经验，为民营企业打造的全生命周期一站式赋能系统，以"实战、实果、实效、实用"为办学宗旨，邀请世界500强企业高管、实战派企业家担任导师，目的是培养兼具思想深度和实战能力的商界精英。常青商学院的主要课程包括"基于盈利提升的商业模式重构""基于绩效增长的人才系统重构""基于市场裂变的营销系统重构""基于降本增效的运营系统重构""领导力与商业博弈""财务管理与财税规划""资本规划与融资兵法""管理技能实操训练""营销战术模拟演练""5G时代企业的机遇与挑战"，常青商学院还提供智慧盛宴、标杆学习和线上陪跑三重辅助系统，以实战的课程、实战的师资、实战的案例、实战的教学、实战的圈层来保障项目的落地效果。

（2）华一世纪的服务主要包括股权激励专项落地咨询和高端定制咨询，是对股权激励整体解决方案精华落地班和股权激励整体解决方案顶层战略班的咨询服务的落实（见附图1-33）。

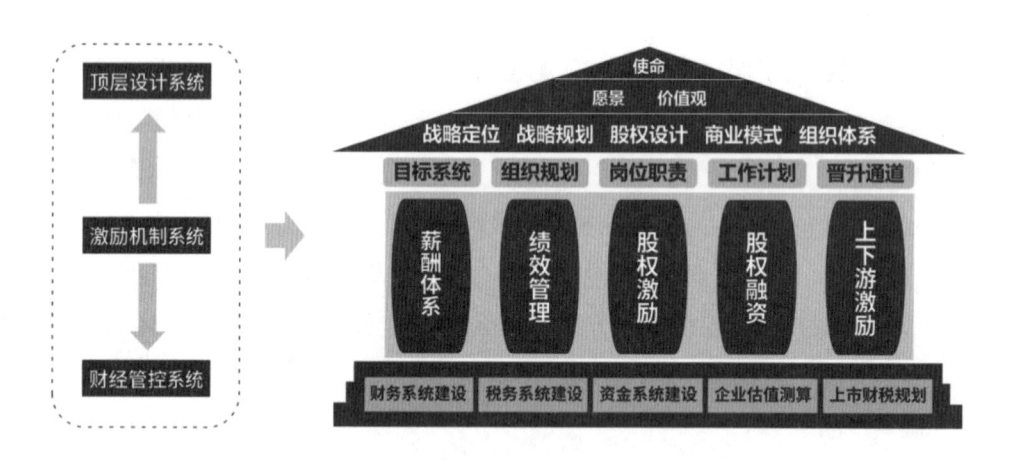

附图1-33 华一世纪的服务产品内容

4.销售模式

华一世纪主要采用代理方式和直销方式相结合的销售模式进行市场销售。公司主要通过自有及代理商的一线销售人员的电话销售、转介绍销售，以及小规模课程试听、与行业协会等机构合作组织主题论坛等方式开拓新客户；同时，由于公司的品牌形象较好，客户满意度较高，也存在较多的老客户介绍新客户的情形。公司的业务人员在与客户就服务内容和期限达成一致后，签订业务合同。业务合同签订后，根据行业惯例，客户支付全额服务款。收到服务款后，公司业务人员根据业务合同约定，为客户安排管理培训计划或提供管理咨询服务。

5.采购模式

华一世纪的采购模式包括师资采购和会务服务采购，主要围绕管理培训和管理咨询等相关业务展开，具体采购内容包括培训和咨询劳务服务、酒店服务、会务服务、办公用品等。目前，公司的管理培训业务主要由内部讲师完成，余下部分由外部讲师合作讲授。公司的培训劳务采购主要采用邀请外部讲师与公司合作，参与公司培训产品的研发、推广并进行授课的方式。公司对培训服务的供应商制定了选择标准。对于主讲老师，首先需要其在拟讲授内容的相关领域、工作岗位上有较长的实操经历。双方表示出合作意向后，公司组织面试，从讲师的专业能力、实效性、讲授经验等方面对该讲师进行综合评估，最后由公司师资部表决是否与其展开合作。对于通过面试的讲师，公司会从自身的研发平台入手，与拟聘任讲师就其擅长的领域进行课程研发。该讲师研发课程试讲经过公司教学委员会综合评定通过后，即表示其通过公司的筛选流程。另外，公司对培训讲师正式授课的效果进行持续跟踪，对于授课效果不达标的外部讲师，会予以调整更换。

四、关键成功要素与经验借鉴

附图1-34为华一世纪战略模型。

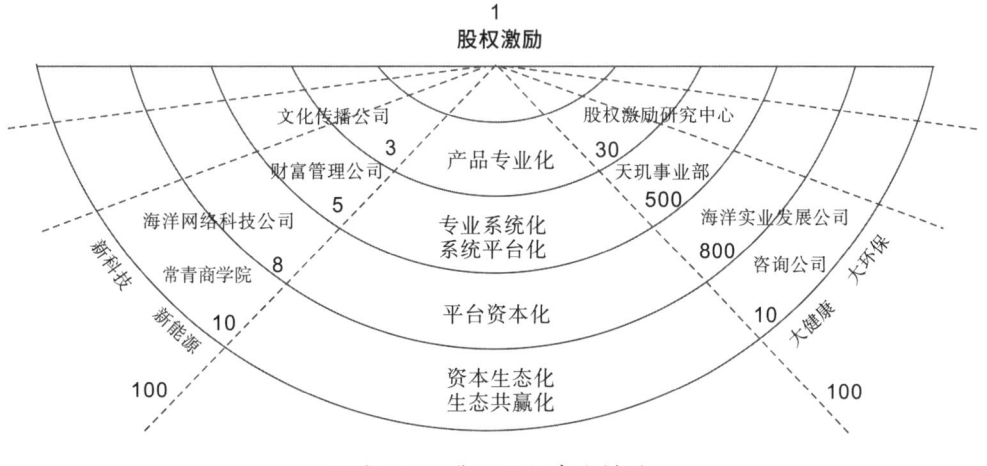

附图1-34　华一世纪战略模型

华一世纪始终坚持"客户价值第一、员工成长第二、股东回报第三"的核心价值观，坚持"教育做引领、培训为基础、咨询奠定价值"。华一世纪以市场为导向、品质为灵魂、科技为动力，为企业客户提供全生命周期股权激励整体解决方案，致力于成为可持续发展的受人尊重的世界一流商学机构，无愧于参与行业标准制定者这一头衔。

未来10年，公司的战略总目标是：①支持100万名企业家学习成长、100家企业成为上市公司；②成为行业引领者、业界常青树、资本界宠儿，以及行业纳税标杆；③让每一个华一世纪人幸福地奋斗。

展望未来，华一世纪将坚守初心，不断创新，以百折不挠的奋斗精神，朝着目标奋进！

第十节　深圳市逸马品牌连锁教育集团有限公司

一、企业概况

深圳市逸马品牌连锁教育集团有限公司（简称"逸马"）成立于2019年（其前身逸马国际顾问集团创立于2003年），秉承着为中国连锁企业走向世界而奋斗的使命，历经19年，分析420万家门店的案例现象，汇集6万家连锁企业的成长路径，提取近3000家连锁会员的成功经验，浓缩近800家连锁实操咨询项目的成功精华，研究的行业涉及餐饮、酒店、教育培训、医疗医药、美容美体、服装鞋帽、汽车服务、文化体育、家居建材、生活服务、食品饮料等领域，凝练出一整套线上线下贯穿连锁企业"起步—扩张—整合—变革"四阶段的连锁经营成功系统（见附图1-35）。

附图1-35　四阶段连锁经营成功系统

二、发展历程

成立之初，逸马便深度服务了知名连锁企业苏宁、联想、创维，建立了中国特色的连锁经营理论体系。到2012年，逸马已累计帮助195家连锁企业上市，形成连锁全案特色服务系统，推动中国连锁进入2.0时代。

2014年，逸马进入蜕变期，发起成立中国连锁联盟汇（简称"中联汇"），引爆了实体连锁的第三次崛起，推动中国连锁进入3.0时代。

2018年，逸马正式进入腾飞期，启动阿拉丁联合品牌授权，与中联汇会员企业联合品牌授权，共同发展。与此同时，逸马同步启动产教融合板块，与院校共建逸马智慧连锁产业学院，目前，已经与140多所院校达成专业共建合作，帮助学校提高就业质量，为学生提供创业项目，为企业提供优秀人才。

自2021年起，逸马通过收购兼并、赋能投资、品牌授权、战略陪跑，成为全球领先的连锁产业服务平台。

三、取得的成绩

以"战略陪跑、终生伙伴、幸福一生"为指导思想，逸马连锁教育培训、战略陪跑、品牌授权、产教融合四大板块协同深化，服务连锁企业的全生命周期，从为小微型企业提供培训服务到为中小型企业提供咨询服务，再到战略陪跑大中型企业，实现为大型企业专业连锁人才综合赋能。

基于经济学基础和相关理论的研究，逸马董事长马瑞光博士在其2020年的著作《商业新突破：万利连锁》一书中提出了"万利连锁"模型，该模型奠定了逸马连锁理论系统的基础。

创办至今，逸马已出版发行35册有关连锁研究的畅销出版物（见附图1-36）。

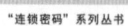

附图1-36　35册有关连锁研究的畅销出版物

四、优势与主要特点

"连锁,是21世纪最好的商业模式。"逸马19年来深耕连锁细分领域,累计服务企业6万多家,收获无数客户好评,服务的名企有青岛啤酒、百果园、海底捞、木屋烧烤、华住集团、刘一手火锅、锅圈食汇、酒仙网等,客户行业涵盖餐饮、教育、医药、建材等多领域。19年产品研发的落地,数百名资质优秀的专业实战顾问,每月近百场城市巡讲,共建了逸马的行业口碑。

2019年,逸马成功地被遴选为教育部连锁特许经营管理专业领域的职业教育培训评价组织,负责开展1+X职业技能等级证书——连锁特许经营管理试点工作。逸马致力于搭建企业与院校人才对接的桥梁,竭力打通院校专业群与企业岗位群,携手相关院校共建逸马智慧连锁产业学院,持续孵化出优秀的连锁精英,构建世界级的全网连锁产业生态圈。在逸马发行的书籍中,有3本为1+X"连锁特许经营管理"系列培训教材,已经成为141所学校连锁职业技能学习教材。

迄今,逸马核心专业团队有200余人,战略陪跑的企业有20余家,其中包含百果园、青岛啤酒、弄堂小笼包、百年育才、锅圈食汇等,中联汇汇集企业3000余家,并与主流学府全球校友会头部品牌,如长江商学院、中国社会科学院、清华大学、北京大学、香港理工大学、中国人民大学等开展教育培训合作。当前,逸马与顶级经济学家、管理学家智库,包括中国系统科学研究会、马洪经济发展基金会等的系统科学家、经济学家合力实现专业赋能,并与主流学府院士、学部委员、博士生导师、教授达成全方位合作,推动逸马向纵深发展。此外,逸马还与优秀商协会如中国合作贸易企业协会、中国广告协会、中国连锁经营协会、广东省内蒙古商会、深圳市连锁经营协会等进行精准资源匹配,实现全方面系统赋能。逸马还依托各地政府产业孵化中心,加速推动中心及其他相关部门的发展建设,一起参与到打造国际消费城市、实现各城市创新发展的工作中,一起迈向高质量发展的新时代、新征程。

逸马在履行企业经营使命的同时,也在持续不断地贯彻公益理念,执行公益行动。

低头走路,不忘伸手摘星;脚踏实地,志存高远。未来,逸马坚持与中国市场经济同频共振。面临企业腾飞的机遇与挑战,逸马将提出更加长远的战略目标,聚焦全球领先的连锁产业标杆地位,注重文化的塑造,力求凝聚所有逸马人的精神合力,更加踏实、稳健地向着构建百年企业的目标迈进。

五、关键成功因素

1.方法论

逸马秉持的方法论见附图1-37、附图1-38。

亚当·斯密《道德情操论》：
我们在这个世界上辛苦劳作，来回奔波是为了什么？所有这些贪婪和欲望，所有这些对财富、权力和名声的追求，其目的到底何在呢？
归根结底，是为了得到他人的爱和认同。

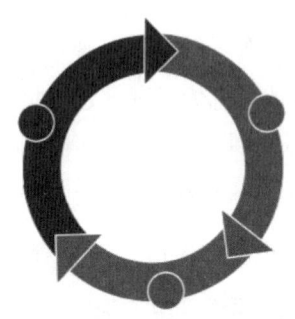

老子《道德经》：
(1) 天下万物生于有，有生于无。
(2) 道生一，一生二，二生三，三生万物。

亚里士多德《形而上学》：
求知是人类的本性。
思想本身是最好的东西。

附图1-37　三大思想

亚当·斯密《国富论》
斯密增长：
劳动生产力上最大的增进，以及运用劳动时所表现的更大的熟练、技巧和判断力，似乎都是分工的结果。

保罗·罗默"知识溢出模型"
"内生增长理论"：
(1) 内生增长理论，属新增长学派，是对熊彼得的创新理论的进一步发展。
(2) 无形资产的边际收益递增，有形资产的边际收益递减。

舒尔茨《人力资本投资》
"人力资本理论"：
(1) 人力资本投资收益率超过物力资本投资收益率。
(2) 教育也是使个人收入的社会分配趋于平等的因素。

附图1-38　三大理论

2.连锁方法论

逸马秉持的连锁方法论见附图1-39。

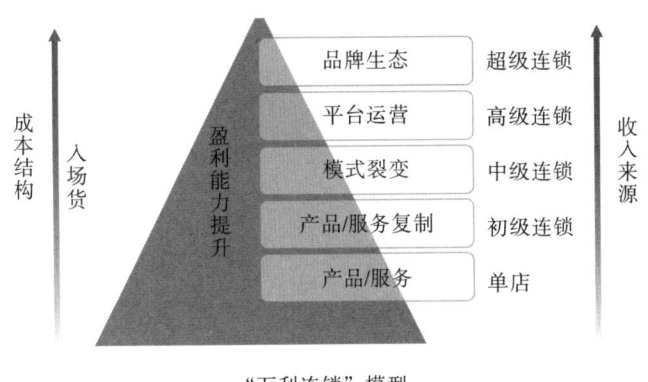

附图1-39 连锁方法论

3.连锁全生命周期终生服务

战略陪跑，终生伙伴，幸福一生。

战略陪跑是企业与企业家背后的强大智慧支撑和稀缺资源，是逸马连锁教育和企业实现共创共赢，也是帮助企业解决几乎所有个性问题的有效手段。逸马与企业一起为结果负责、共享未来。

六、经验借鉴

逸马通过对数百万家连锁门店的经营现象进行分析，以及对数万家连锁企业的成长路径进行研究，提取出连锁企业的成功经验，形成为连锁企业提供咨询服务的方法论和实操经验数据库，帮助连锁经营的企业打造成功、可复制系统（见附图1-40）。

连锁问题　逸马解决

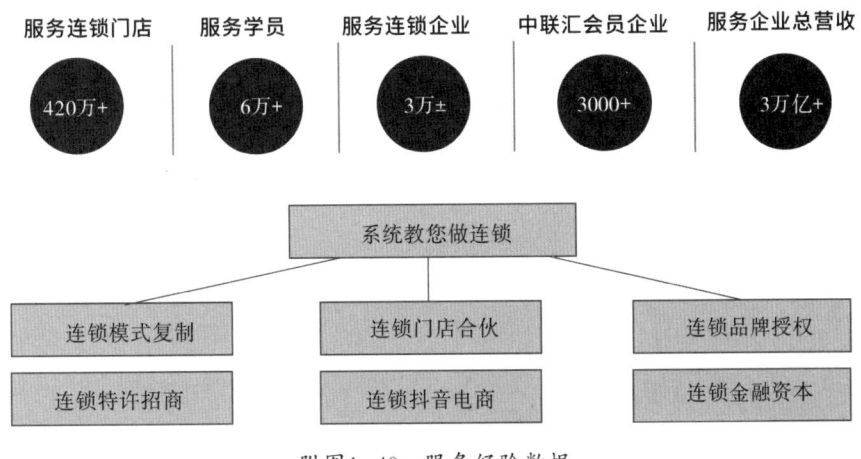

服务连锁门店	服务学员	服务连锁企业	中联汇会员企业	服务企业总营收
420万+	6万+	3万±	3000+	3万亿+

系统教您做连锁
- 连锁模式复制
- 连锁特许招商
- 连锁门店合伙
- 连锁抖音电商
- 连锁品牌授权
- 连锁金融资本

附图1-40 服务经验数据

第十一节　深圳市中旭教育科技有限公司

一、企业概况

深圳市中旭教育科技有限公司（简称"中旭"，其办公大楼见附图1-41）成立于2005年，总部位于深圳市。目前，中旭在全国拥有30多家分（子）公司，有上千名员工，汇集各行业一线专家师资百余人，现已成为培训咨询行业的领军型企业。公司主营业务涵盖企业培训、管理咨询、人才委培、会务运营等板块，服务企业客户10万余家。

附图1-41　中旭办公大楼

中旭专注于企业实效管理17年，不断引进国内外先进的管理思想，结合中国企业本土实践经验，总结和归纳出系列培训课程和咨询解决方案，帮助中国成长型企业实现了管理规范、效率提升和组织成长。目前，中旭主要的产品包括增长商学、英才委培、成长在线、定制内训、管理咨询、户外体验六大赋能体系，实现了多层级、多场景、多维度地为企业成长赋能。

在由《互联网周刊》联合eNet研究院发布的2018年度企业咨询服务行业世界百强排行榜中，中旭凭借在管理咨询培训方面不断创新的成绩，以及在行业的领先地位，与麦肯锡、普华永道、毕马威等国际知名机构共同上榜，名列全球第36位，在国内名列前茅。

二、发展历程

2005年创业：5月26日，中旭企业管理顾问有限公司正式成立，初创团队有36人。同年，以"执行力"为主题的培训业务拉开序幕。

2006年布局：业务上，推出"西点执行力"和"'3S'运营管理咨询项目"，培训咨询齐头并进；组织上，队伍不断壮大，办公地址由皇都广场搬迁至西海明珠；市场上，成立了深圳、杭州、苏州、青岛分公司。

2007年集训：中旭第一期"方案顾问集训营"和"客户总监集训营"先后开营；推出"'3P'人力资源管理咨询项目"；总部搬迁至福田保税区。

2008年笃行：推出"'4A'执行文化项目"，荣获"改革开放30年中国十大品牌教育集团"称号；汶川地震期间，中旭人出钱出力，在发展商业的同时，不忘回馈社会。

2009年增长：荣获"中国执行力第一品牌""中国培训行业十大领军品牌"的称号，同年业绩翻番，发展势如破竹；举办"西点管理高峰论坛"，西点军校首席领导力教授拉里先生亲临现场。

2010年成长：年初，中旭环球学术考察活动全面展开，考察团相继到哈佛大学、麻省理工学院、西点军校学习交流；同年，与广东省青少年发展基金会合作，成立中旭教育基金，专注教育主题慈善；年中，与清华大学深圳研究院合作成立中旭管理制度设计中心；年底，改制为股份公司。

2011年创新：中旭创新业务，中旭英才在这一年应运而生；荣获"2011年度中国教育行业领军企业""深圳企业文化建设优秀单位"的称号；当年捐建3所希望小学；首期雄鹰集训营全面展开。

2012年扩张：中旭英才业务不断扩张，搬迁至使用面积近2万平方米的新址；当年多家分（子）公司相继成立，全国业务遍地开花；中旭阳光慈善行动持续进行；《实效管理》杂志创刊发布。

2013年服务：中旭服务团队日益壮大，"用服务代替销售"的理念根深蒂固，全公司举办多场升级服务研讨的培训会；职能部门提出了"服务意识""熟悉业务""快速响应"，全公司达成"以服务驱动变革"的共识；成立商学院，主要为内部员工提供学习，成立中经南方研究院，夯实基础研究；举办第五届中旭实效管理总裁论坛。

2014年探索：经过近10年的发展，中旭初具规模，举办了近10场研讨会，畅想中旭的未来；在业务上不断探索，智和汇雏形初现；荣获"中国十佳公益培训机构"

的称号；斥资百万元举办储备分总、储备总监集训营。

2015年升级：产品内容全面升级，汇友启动会隆重举行；推出弯道超越课程产品，邀请吴晓波、涂子沛等专家联袂分享，解析市场未来发展；品牌形象同步升级，向更高的"山峰"迈进。

2016年合作：与客户合作，共有68位企业家成为中旭"梦想合伙人"；与社会各界合作，智和汇馆正式启航；与专业机构合作，开始布局股权基金、股票基金等资本方面的投资业务；与安美健康合作，为企业家的健康保驾护航，次年，双方共同成立子公司。

2017年突破：执行模式课程从3天升级为4天，创造更多客户体验；中旭产品愈加丰富，如资本、财税、股权、阿米巴等，全方位为企业赋能；公司逐渐向平台化发展，不断突破原有边界，广泛与外部开展合作，其为客户创造价值的初心从未改变。

2018年拼搏：智和商学事业部、原力探索公司、天下和天网云子公司相继成立，中旭事业版图不断丰富；投资500万元，开展了4次集训营式内部培训，为公司发展培养人才。

2019年开放：与奇正纵横开放合作，导入黑模式训练营；带领"梦想合伙人"走进腾讯、比亚迪学习知识、拓宽视野；与多家线上教育平台及学历教育机构沟通接触，探寻未来更多合作可能。

2020年变革：公司在一个月内实现了产品在线化、营销在线化、服务在线化、运营在线化，成为行业标杆。

2021年战略：第四个五年发展战略启动，企业定位、产品体系全面升级，中旭全面升级改版，企业定位"可持续增长专家"；智和商学升级为增长商学，新产品"新增长飞轮"全面问世，用增长启动下一个10年。

三、取得的成绩

在2018年度企业咨询服务行业世界百强排行榜中，中旭凭借在管理咨询培训方面不断创新的成绩，以及在行业的领先地位，与麦肯锡、普华永道、毕马威等国际知名机构共同上榜，名列全球第36位，在国内名列前茅。

中旭曾获得"改革开放30年中国十大品牌教育集团""中国培训行业十大领军品牌""中国管理咨询行业最具竞争力领导品牌""中国执行力第一品牌""中国十佳公益培训机构"、广东省商业联合会理事单位、深圳市管理咨询行业协会副会长单位、抗震救灾突出贡献奖、"深圳企业文化建设优秀单位""2011年度中国教育行业领军企业"、深圳市企业联合会副会长单位、深圳市企业家协会副会长单位等政府表彰及相关荣誉。

四、企业优势

1. 全方位

中旭的产品涵盖了企业培训、人才培养、户外体验、企业咨询等多个方面，全方位协助企业实现"立体"增长。

2. 全视角

中旭站在企业规范、效率、持续、增长的角度全面审视企业，对企业进行全面的诊断与分析。

3. 全过程

从企业经营的整个过程（商业模式、战略、组织、流程、营销、品牌、运营、人力资源体系等方面）助推企业持续经营。

五、企业特点

1. 专

经过17年的耕耘，中旭成功地为几十万家来自不同行业、不同规模的中小型民营企业答疑解惑。

2. 精

经过17年的沉淀，中旭形成了以执行力为基础的专业产品体系，聚焦如何实现企业增长，形成了独有的"增长逻辑"知识理论和工具体系。

3. 深

经过17年的扎根，中旭在全国拥有30多家分（子）公司，人员规模达1000多人，成为整个中国咨询、培训领域的资深专家。

六、研发实力

（1）中旭拥有强大的师资团队，共计151人，包含53名资深咨询师与98名高级培训师，为企业的成长赋能。

（2）2010年，中旭与清华大学深圳研究院联合共建中旭管理制度设计中心，由清华大学戴天宇博士带队研发，是全国首家也是唯一一家专门从事管理制度设计流程与方法研究的科研机构。

七、行业贡献

2009年，中旭加入深圳市管理咨询行业协会，一直以协会要求为导向，以助推行业发展为己任，不断践行社会责任。

2021年，为规范培训服务，中旭参与关于管理咨询和培训师六项团体标准的制定。

2022年，为规范行业自治，中旭参与制定了《管理培训服务规范》《管理咨询服务规范》《管理培训服务机构能力评价准则》《管理咨询服务机构能力评价准则》《管理培训师能力评价准则》《管理咨询师能力评价准则》六项行业标准。

八、关键成功因素

1.借势

任何企业的成功除了自身努力外，还有一个非常重要的因素，那就是势。中旭过去的17年是中国经济迅猛发展的17年，也是中国工业迅猛发展的17年，中旭正是因为抓住了这样的经济势头，才能有今天的成就。

2.借人

"人"是所有企业最重要的因素，任何一家企业成功的核心关键是用对人，在过去的17年里，除了整个经营团队，中旭还携手众多领域的专业人才和专家，为客户创造价值，这些努力反过来也成就了今天的中旭。

3.借力

"得道者多助，失道者寡助"，任何企业的成功都不仅仅是商业模式上的成功，而是多种资源、力量整合的成果。在过去的17年里，中旭不断借助员工、企业客户、当地政府，以及深圳市管理咨询行业协会等力量，从而做出了现在的成绩。

第十二节　深圳市锦绣前程人才服务集团有限公司

一、企业概况

深圳市锦绣前程人才服务集团有限公司（简称"锦绣前程"）是一家致力于以数据驱动的"全生态链人力资源提供商"，通过结合企业发展战略中的人力资源管理咨询，为客户开展全方位诊断与HR优化设计，进而提供包括人力资源外包（HRO）、猎头、灵活用工、培训、招聘流程外包、HR数智化服务、职业教育、信息采集及调查服务、家政康养、品牌全案咨询等在内的一站式企业人力资源管理服务。借此加强与优化企业人力资源的内生活力，从而将企业人力资源这一第一资源的内在活力发挥到极致，推动企业经营的创新发展。

锦绣前程拥有一支高素质的管理咨询团队，团队成员均拥有国内一流高校的教育背景，具有丰富的大型企业人力资源管理经验和政府及事业单位人事管理工作经验，大多持有国家认证认可监督管理委员会/英国皇家艺术学院质量管理体系（RCAQMS）高级审核员、国际注册管理咨询师（CMC）、国家一级人力资源管理师、CCP生涯规划师等资格证书。

多年来，锦绣前程一直围绕国内广大国有企业、民营企业、事业单位的特定发展需求，把脉诊断企业现状，紧跟外部政策环境，贴近时代理念发展，凭借专业的管理咨询团队和专业系统的服务体系，为客户提供企业人力资源规划、人才盘点、背调服务、系统化培训方案、薪酬体系设计、员工关系管理、企业改制设计等垂直服务，矢志成为企业人力资源管理领域的排头兵与领跑者。

二、发展历程

锦绣前程成立于2007年，经过16年的发展和集团化运作，其旗下共发展出4家子公司、1家智库、70多家分支机构，分布在北京、贵州、云南、重庆、四川、山东、陕西、河南等省市区。目前，锦绣前程正在以"规模化、一体化、产品化"的优势，不断为客户提供高性价比的专业服务。

锦绣前程旗下的子公司广西锦绣前程人力资源股份有限公司（简称"广西锦绣前程"，证券简称"前程人力"）于2015年9月成功在全国中小企业股份转让系统新三板挂牌，是广西首家在新三板挂牌的人力资源企业，获得"新三板最具价值投资百强奖""全球人力资源服务机构100强""中国人力资源诚信示范单位100强""中国人力资源服务品牌第五名""中国人力资源外包第五名""广西民营企业100强"（连续6年）、"广西服务业企业50强"（连续5年）等荣誉，连续多年营业收入均以双位数增长。

16年来，广西锦绣前程始终以"党领导一切"的政治意识，以"党建+"的理念为指引，把贯彻党的路线方针政策、引领建设先进企业文化、创先争优推动企业发展贯穿党组织活动始终，不断拓展"党建+"内涵，持续引领公司转型升级。2010年，公司成立第一个党支部，并于2020年升格为党委，被评为"广西壮族自治区两新组织党建工作示范点""南宁市两新组织党建工作示范点"。

三、经营成绩

锦绣前程拥有丰富的管理咨询实践经验，先后为地方政府投融资平台、能源行业、文旅业，以及工程建设等众多知名企业提供人力资源管理咨询专业服务，覆盖广东、广西、北京、河北、贵州、山东、内蒙古等省市区。目前，锦绣前程已经成功探索出适合中国企业特质的人力资源发展之路。

锦绣前程以人力资源管理实践为基础，对服务的客户进行深入梳理和研究，在招聘、培训、薪酬、绩效、规划、员工关系和企业改制领域持续发力，归纳形成了典型经验和管理举措。公司的这些研究成果得到了业界的充分肯定，连续3年入选《中国人力资源服务业蓝皮书》、"亚太人力资源服务奖"人才发展实践案例，为同行业开展相应研究提供了极具前瞻性的指引。

四、业务优势与产品特点

1.业务优势

（1）智力支持。锦绣前程依托中国人力资源社会保障理事会、中华人力资源研究会、北京大学人力资源开发与管理研究中心、深圳市管理咨询行业协会等智库机构，跟踪国内外政策及行业前沿发展动态，为HR管理咨询服务提供了一流的智力支持。

（2）团队优势。锦绣前程汇聚各领域人力资源专家，建立首席管理咨询专家制度，可按照项目服务需求组建专家团队，对项目开展充分的调研、论证，出具项目咨询专家意见。收集、整理、积累了大量的典型案例，组织经验交流会议，打造专业化的服务品牌。

（3）管理保障。锦绣前程项目管理要求做到"三个严格"：严格按照承诺的时间计划配置顾问资源，严格保证在项目中各个模块的投入时间，严格确保按时、保质、保量完成项目。

2.产品特点

锦绣前程从人力资源规划、招聘与配置、培训与开发、绩效管理、薪酬福利管理、劳动关系管理六大模块和企业改制设计着手，为客户提供人才管理咨询一站式服务，是企业身边的"首席人力官"。

（1）企业人力资源规划——1+1>2。

锦绣前程通过梳理、优化或重设企业法人治理结构、组织架构，分析、预测企业人力资源供需状况，制定和优化企业制度，帮助企业实现"1+1>2"的人力资源管理效果。

（2）企业人才梯队建设——"选、用、育、留"一体化。

锦绣前程通过对公司项目需求、人事调整、人员异动、人员考核等多场景进行分析，探索用人需求，并通过自主研发的"前程派"招聘一体化平台、锦绣云猎头SAAS系统，运用胜任力模型算法进行人才盘点，为企业提供"选、用、育、留"一体化服务（见附图1-42）。

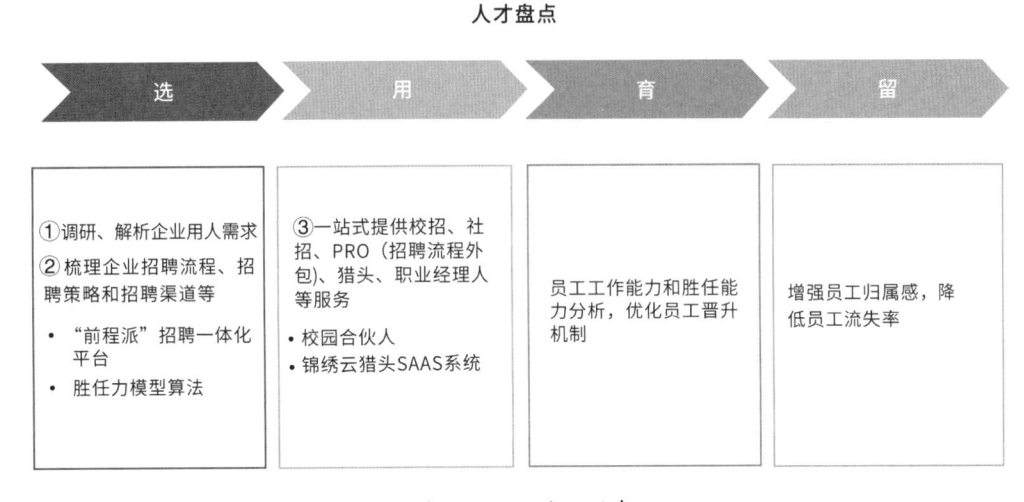

人才盘点

选	用	育	留
①调研、解析企业用人需求 ②梳理企业招聘流程、招聘策略和招聘渠道等 • "前程派"招聘一体化平台 • 胜任力模型算法	③一站式提供校招、社招、PRO（招聘流程外包）、猎头、职业经理人等服务 • 校园合伙人 • 锦绣云猎头SAAS系统	员工工作能力和胜任能力分析，优化员工晋升机制	增强员工归属感，降低员工流失率

附图1-42 一体化服务

（3）企业待录用人员背景调查——风险规避。

锦绣前程以职业背景调查为抓手，专业、快速地为企业提供待录用人员背景调查，帮助雇主规避胜任力风险、法律风险、职业操守风险、成本风险四大类风险（见附图1-43）。

附图1-43　风险规避

（4）企业系统化培训方案——发展赋能。

锦绣前程已构建"实训基地+远程教育+在线服务"三位一体的培训体系；贴合企业行业需求和不同发展阶段的人才培养与管理提升需求，通过实地调研、贴身设计、专业培训、现场辅导、效果评估，提供涵盖企业内训、咨询辅导、在线学习平台的人才与企业成长解决方案。

（5）企业薪酬绩效体系设计——三层设计。

锦绣前程从战略层、制度层和技术操作层三个层面为企业构建、完善薪酬绩效体系，实现企业管理的科学性、合理性和有效性，助力提升经营管理效益（见附图1-44）。

附图1-44　企业薪酬绩效体系设计

（6）员工关系管理——"两个契约"管理。

锦绣前程将"书面契约"和"心理契约"相结合，构建稳定、和谐的劳动关系，保障企业战略和目标的有效执行（见附图1-45）。

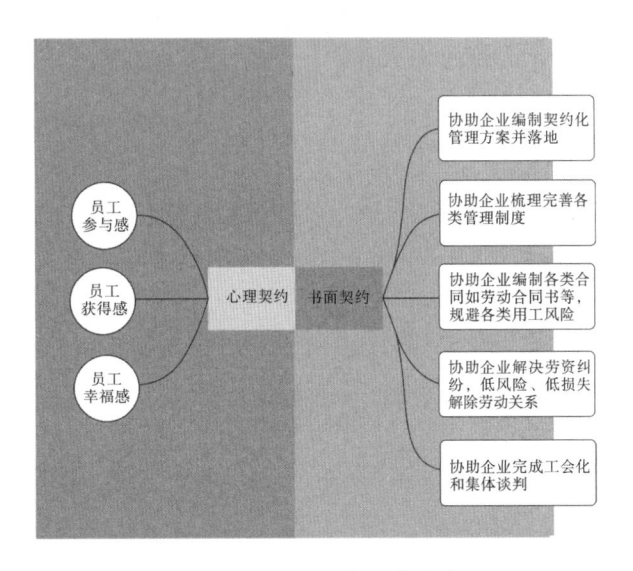

附图1-45　员工关系管理

（7）企业改制设计——资源优化配置。

面向企业所在的垂直细分市场，提供混合所有制改革方案（见附图1-46）、转企改制、股权设计、员工持股计划等服务，实现资源优化配置，助力打造中国特色现代企业制度。

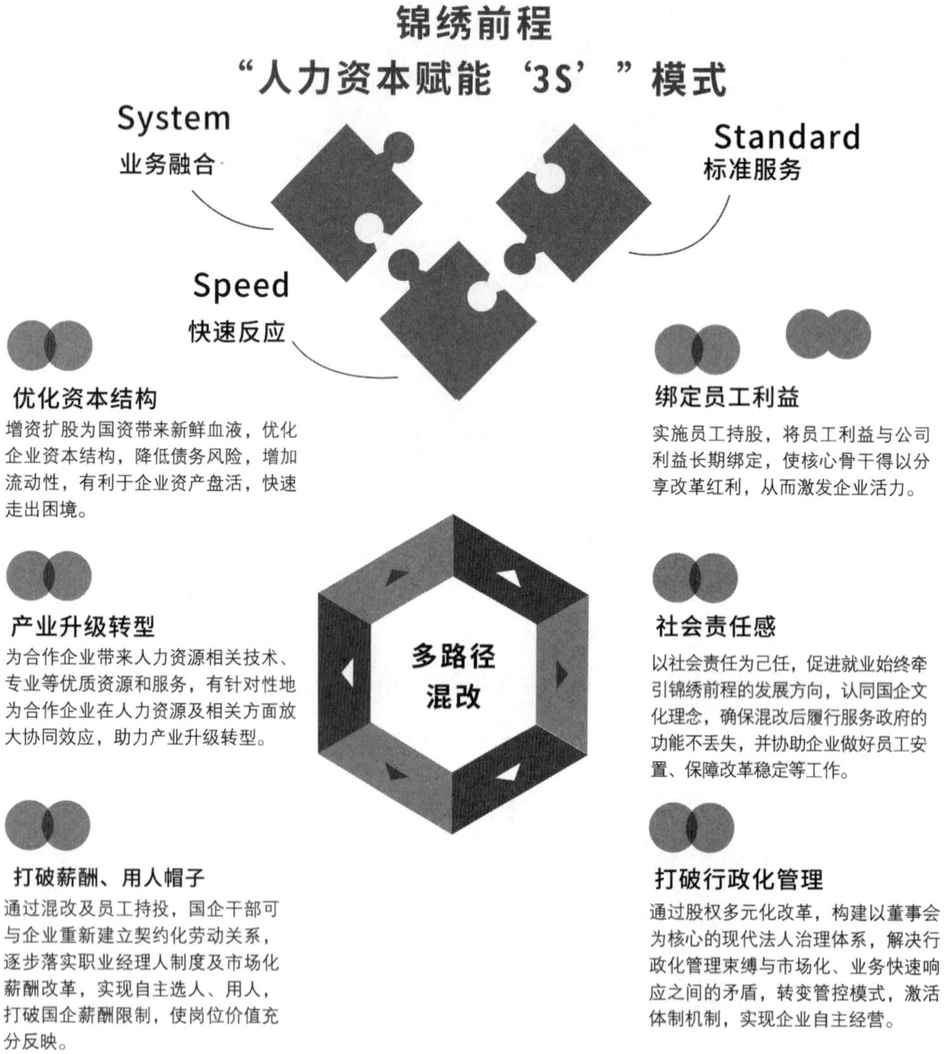

锦绣前程"人力资本赋能'3S'"模式

System 业务融合
Standard 标准服务
Speed 快速反应

优化资本结构
增资扩股为国资带来新鲜血液，优化企业资本结构，降低债务风险，增加流动性，有利于企业资产盘活，快速走出困境。

绑定员工利益
实施员工持股，将将员工利益与公司利益长期绑定，使核心骨干得以分享改革红利，从而激发企业活力。

产业升级转型
为合作企业带来人力资源相关技术、专业等优质资源和服务，有针对性地为合作企业在人力资源及相关方面放大协同效应，助力产业升级转型。

多路径混改

社会责任感
以社会责任为己任，促进就业始终牵引锦绣前程的发展方向，认同国企文化理念，确保混改后履行服务政府的功能不丢失，并协助企业做好员工安置、保障改革稳定等工作。

打破薪酬、用人帽子
通过混改及员工持投，国企干部可与企业重新建立契约化劳动关系，逐步落实职业经理人制度及市场化薪酬改革，实现自主选人、用人，打破国企薪酬限制，使岗位价值充分反映。

打破行政化管理
通过股权多元化改革，构建以董事会为核心的现代法人治理体系，解决行政化管理束缚与市场化、业务快速响应之间的矛盾，转变管控模式，激活体制机制，实现企业自主经营。

附图1-46　企业改制设计

第十三节　上海天强管理咨询有限公司

一、企业概况

上海天强管理咨询有限公司（简称"天强"）创立于1999年，以"成为企业创变的卓越伙伴"为追求，致力成为富有影响、广受尊重的平台型专业服务机构（见附图1-47）。

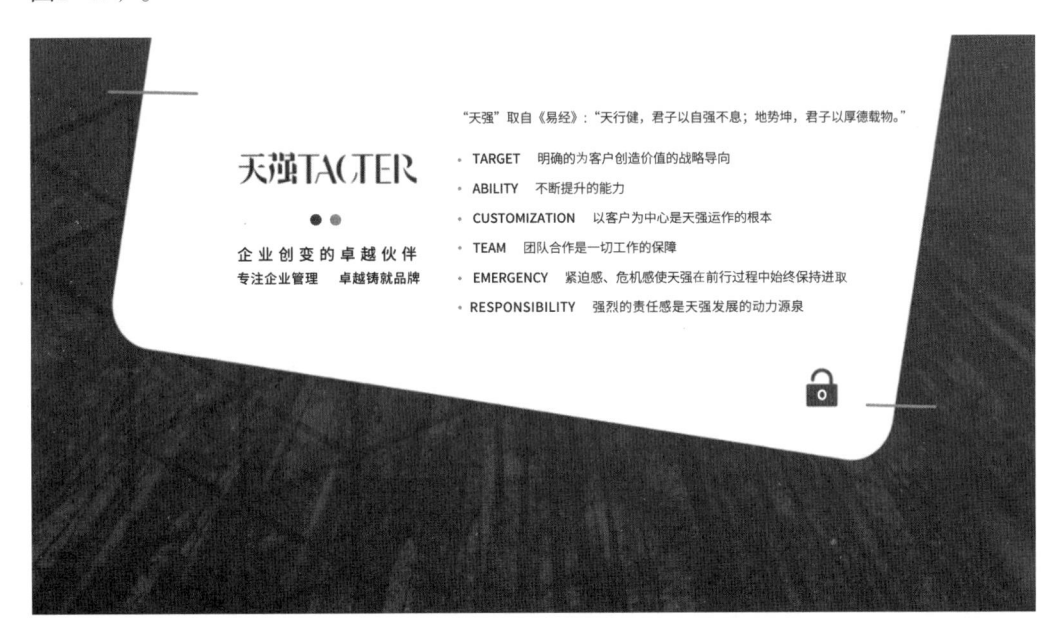

附图1-47　上海天强管理咨询有限公司

天强以"工程勘察设计行业、国资国企改革与管理"为特色优势、"1行业＋1专业"为品牌特色，为客户提供战略管理咨询、运营管理咨询、改制重组咨询服务。

公司总部位于上海，在北京、广州、武汉、成都、西安、长沙、深圳、天津、南京设有办公室，实行前、中、后台协同运作管理模式，为客户提供专业管理咨询服务、资源对接整合服务、集成创新服务（见附图1-48）。

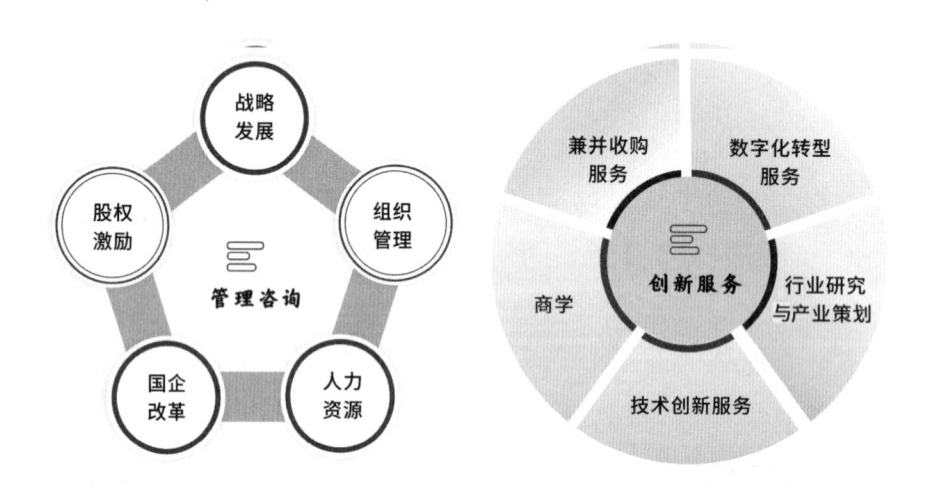

附图1-48　管理咨询+创新服务

二、发展历程

1999—2004年，初创探索聚焦改制。天强开始咨询业务探索，通过为多家企业成功提供改制服务，逐渐树立专业优势。

2005—2013年，专业与行业特色打造。天强树立"1行业+1专业"品牌特色，成功举办第一届思翔院长论坛，受住建部委托开展工程设计行业课题研究，成立天强工程咨询设计行业研究中心。

2014—2018年，平台化战略发展。天强开启平台型专业服务机构转型，构建集成整合服务体系，团组化组织运作体系不断升级。

2019年至今，生态化发展。天强深入推进生态化组织建设。

三、取得的成绩

经过20余年的耕耘和努力，天强得到客户、媒体、行业及社会的认可（见附图1-49）。

附图1-49 成绩展示

△ 上海市咨询业行业协会副会长单位；

△ 中国武汉工程设计产业联盟副理事长单位；

△ 连续十届蝉联"上海市信誉咨询机构"荣誉称号；

△ 入选《全国企业管理咨询机构推荐名录（第五批）》；

△ 2021年中国品牌日·中国名优品牌；

△ 2019年中国经济创新企业100强；

△ 2017年中国管理咨询十大创新力品牌；

△ 上海市咨询业行业协会（2015—2016年度）十佳企业；

△ 2012年中国管理咨询优秀案例二等奖；

△ 2011年中国管理咨询行业公众满意十佳典范品牌；

△ 2005年具有影响力"中国管理咨询机构100家"。

四、优势和主要特点

（1）前瞻性研究。天强成立深度服务研究机构，基于多年持续服务工程勘察设计行业的深厚经验和在行业内外积累的丰富专家资源，于2009年成立天强工程咨询设计行业研究中心，旨在为工程咨询设计行业挖掘持续性、独立性研究成果，通过宏观研究、行业研究、专题研究及标杆研究的方式服务咨询、服务于行业。天强已连续13年受中国勘察设计协会委托编写《工程勘察设计行业年度发展研究报告》，反映行业当年发展现状并展望未来。

（2）资源集聚。天强致力于搭建工程勘察设计行业的生态合作圈。天强倡议发起成立"思翔公社"，秉持着"开放分享、合作共赢"的理念，旨在与工程勘察设计行业内企业共同搭建工程建设与设计资源整合共享平台。天强面向工程勘察设计行业策划组织的思翔品牌系列交流活动，已成为国内外行业企业思想交流、资源对接、探讨合作的重要平台，其中，思翔院长论坛始终聚焦工程勘察设计行业的创新转型与升级发展，已连续举办15届。

（3）服务模式及理念。天强始终秉持"专注、专业、价值"的企业理念，聚焦于变革管理主线，立足"工程勘察设计行业、国资国企改革与管理"的专业特色与服务经验，力求以系统观统筹前瞻视角、创新思考、资源整合与企业实际，通过"以集成整合服务为根本，以管理咨询、创新服务为双核"的"一体双核"业务体系，推动企业对不确定环境的动态适应，助力企业优化完善体制、升级组织效能、激发发展动能、拓宽发展边界，提升企业的可持续发展能力。

五、关键成功因素

（1）领导者。20多年来，天强创始人、总经理祝波善先生带领团队，矢志不渝地投身于本土专业型管理咨询公司发展模式的创新探索。一直坚持立足变革、转型，目标从树立专业优势到聚焦工程勘察设计行业，从提升业务体系到专业服务型平台打造。坚持与客户共同成长，不断锻造和提升自身的能力，以适应客户日益升级的需求。

（2）正确的战略方向。天强以产品化为发展方向，以专业化为价值服务的支撑，以数字化为服务升级的手段，构建面对多元化、集成化的客户需求的多层次业务体系，同时强化外部价值需求视角的产品化导向。

（3）高效的组织能力。天强总部位于上海，并在全国9个主要城市设有办公地点，实行全国一体化，前、中、后台协同运作的管理模式，是国内为数不多真正实现全国资源一体化整合的管理咨询机构，也是具有行业研究、知识数据管理和产业资源集成等特色能力的管理咨询企业。

（4）务实的企业文化。天强始终坚持"价值共创、纳新求变、伙伴共生、成人达己"的核心价值观，崇尚与客户、员工、合作伙伴的共生关系，秉持集成整合服务的理念，以开放平台整合生态链上的专业机构与资源，为客户解决问题，创造可感知的价值，为员工实现可预期的事业发展。

（5）创新精神。天强通过不断创新业务体系，适应市场变化、客户需求，形成了完备的业务体系；重视政策研究、行业研究、产业研究，形成了在专注领域内的良好数据积累、知识积累；服务模式不断创新，引入平台化、生态型理念，并积极推进自身的转变，为客户的资源整合提供了独特的帮助。

六、经验借鉴

综上所述，20余年的行业深耕成就了天强深厚的专业能力和丰富的知识积累。前瞻性研究、资源集聚、自身服务的模式及理念是天强的主要核心优势。天强始终相信：专业成就专业。

第十四节　和君集团有限公司

一、企业概况

和君集团有限公司（简称"和君集团"）创建于2000年春，实缴注册资本1亿元，先后在北京、上海、深圳成立总部，在赣南森林山谷建设了和君小镇。

和君集团本部拥有三大业务"咨询、资本、商学"，形成了以咨询业务为主体，以资本业务和商学教育为两翼的"一体两翼"格局（见附图1-50）。

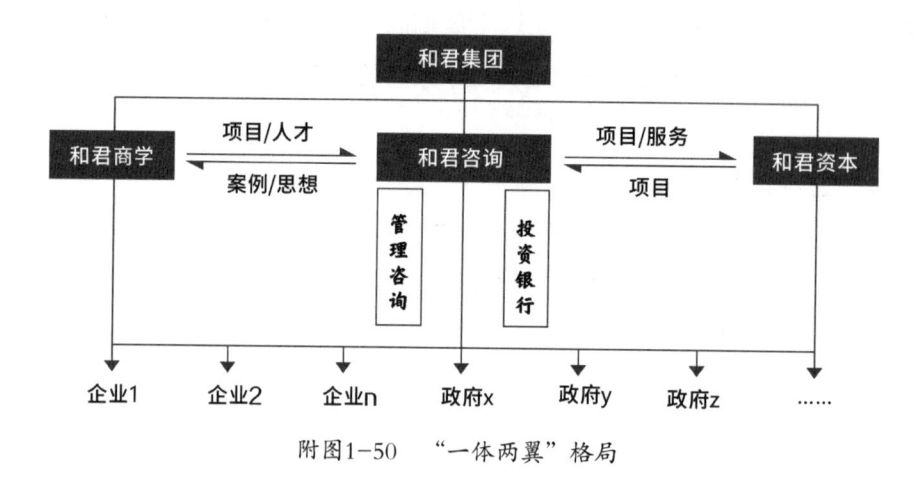

附图1-50　"一体两翼"格局

在苏区振兴、赣商回赣和革命老区高质量发展的政策号召下，和君集团在江西省赣州市会昌县白鹅峡的贡水江湾和森林山谷建设了和君小镇，并兴办了一所非营利性、全日制民办普通高等职业院校——和君职业学院。

二、发展历程

（1）2000年，北京和君咨询有限公司（简称"和君咨询"）在北京友谊宾馆开业，只有两个合伙人和几名员工。

（2）2006年，和君咨询系统提出"三度修炼"文化：态度决定命运，气度决定格局，底蕴的厚度决定事业的高度，态度、气度、厚度，三度修炼，君子务本，日积月累，功到自然成。和君咨询企业文化读本《三度修炼》出版发行后反复重印、畅销不衰，成为中国企业文化一个"现象级"的存在。

（3）和君咨询自购北京北苑路86号院，建成办公总部，成为自有办公室面积最大的中国管理咨询机构之一。自有办公房产奠定了其长期稳定发展的基础。

（4）和君咨询于2011年正式注册成立和君集团，实缴注册资本1亿元，成为中国实缴注册资本最大的管理咨询机构。

（5）和君咨询逐步形成了"一办四部"的管理职能，保障和维持了集团化的管控和顺利运行：综合办公室、品牌和业务管理部、组织和人力资源部、财务部、IT部。

（6）和君咨询形成千人咨询师队伍，成为亚洲最大规模的管理咨询机构之一。

（7）和君咨询荣获中国最佳商业模式奖，荣获国际管理咨询协会理事会颁发的全球第一张CMCFIRM认证证书。

（8）和君咨询原创ECIRM、FLA、产融互动战略模型、SMART产业分析模型、1P+3P营销模型等思维工具。

（9）和君集团形成了"一体两翼"的格局：以咨询业务为主体，以资本业务和商学教育为两翼，两两互哺、相生互动。

（10）2015年，和君咨询成立上海总部。

（11）和君集团资本累计管理的股权投资基金超过150亿元，管理上海市政府、重庆市政府、福建省政府、江苏省政府等政府引导基金，累计参股投资了上市公司和拟上市公司100多家。

（12）和君集团资本形成赋能式投资理念和PIPE投资模式，推动了一批上市公司和拟上市公司实现战略转型、组织更新和能力升级。

（13）和君咨询自办和君商学院，持续办学18年，累计毕业生超过2万人，精英会聚，口碑卓著。

（14）北京和君商学在线科技股份有限公司（简称"和君商学院"）挂牌新三板，收购控股深交所上市公司北京汇冠新技术股份有限公司，是新三板挂牌公司收购控股沪深交易所上市公司的第一案例。

（15）和君咨询收购接管了两家上市公司，此举推动了其实现再造和新生。

（16）和君咨询累计服务客户企业突破8000家，帮助一大批客户企业实现了经营管理改进和知识能力提升，开创了中国企业界的诸多第一。

（17）和君集团在万亩森林竹海里建成和君小镇，成为世界上第一个自建小镇作为总部基地的咨询集团。

（18）和君集团申办了一所大学——和君职业学院，成为中国第一个自办全日制民办普通高等职业院校的咨询集团。

三、取得的成绩

（1）获得"北京市非公有制经济组织先进示范单位"称号、北京市朝阳区"优秀党组织"称号、北京市朝阳区非公工委"先进基层党组织"称号等诸多荣誉。

（2）获得国际管理咨询协会理事会（ICMCI）认证：2013年7月，国际管理咨询协会理事会基于和君咨询在管理咨询领域的深厚积累和探索实践，向其颁发了全球第一张CMCFIRM证书。

（3）和君咨询"一体两翼"商业模式荣获《21世纪商业评论》颁发的中国最佳商业模式奖。

（4）首届中国品牌大会组委会授予和君咨询"中国咨询业第一品牌"称号。

（5）中国企业联合会管理咨询委员会授予和君咨询"具有影响力的中国管理咨询机构"的称号。

（6）中国广告协会授予和君咨询"十大最具影响力市场研究与咨询公司"的称号。

（7）中国商业创新纪录评选委员会授予和君咨询"中国商业创新十强服务商"的称号。

（8）和君集团董事长王明夫被江西省政府授予"江西省回乡投资优秀赣商"的称号。

（9）和君集团董事长王明夫受聘担任安徽省国际商会咨询委员会主任。

（10）和君咨询董事长王丰受聘担任北京市政府合作外脑专家。

四、优势和主要特点

1.价值倍增的综合服务模式——"一体两翼"

和君咨询的"一体两翼"模式形成了两两互哺、相生互动、良性循环的业务生态效应，以"咨询+资本+商学"的综合服务实现客户价值倍增（见附图1-51）。和君咨询业务直面企业的真实问题，感知和研究最鲜活的经济胎动和商业实践，资本为咨询业务强化品牌力道、创新盈利模式，商学业务以理论与实战相结合的课程与方法，为咨询业务和资本业务提供优秀人才、理论工具和创新活力（见附图1-52）。

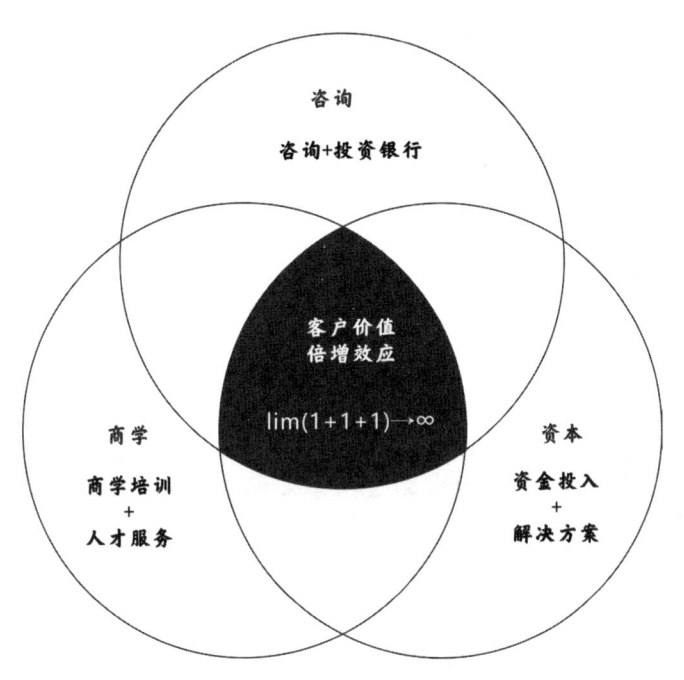

附图1-51 价值倍增的综合服务模式——"一体两翼"

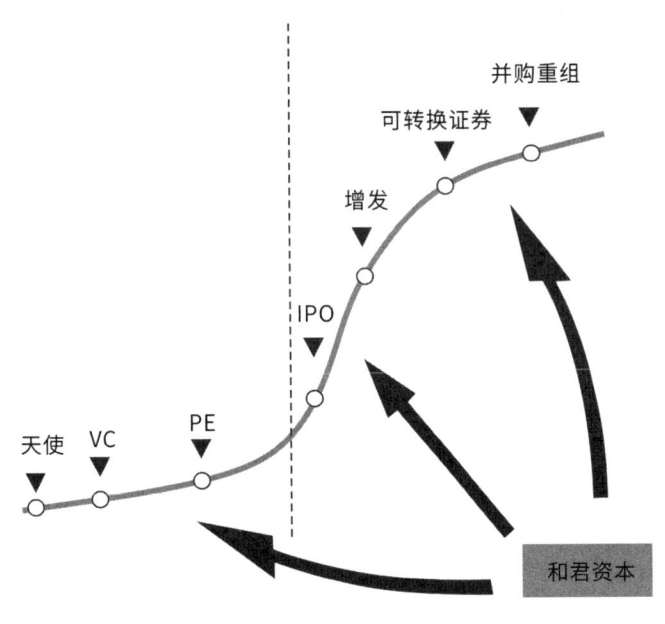

附图1-52 和君资本

2.丰富的客户服务和实战经验

和君咨询累计服务了8000多家企业,覆盖了中国经济的各种"生态"和类型,在主要行业领域里积累了丰富的案例和实战经验。在和君咨询服务的客户群体中,既有国资委、地方政府、中国石油、中粮集团、中国中车、首创集团等政府单位和央国企,也有传化集团、宗申集团、三一集团、TCL、特变电工等民营企业。与此同时,凭借对中国企业成长与商业生态的深刻理解以及客户资源的历史积累,和君咨询成功地为拜耳、世界卫生组织、三星、宝马、米其林等跨国公司和机构的中国战略和策略提供了咨询服务(见附图1-53)。

附图1-53 客户服务和实战经验

和君资本累计管理股权投资基金100多亿元,投资了几十家企业。投资进入后,和君资本充分发挥"一体两翼"业务模式的优势,继续为企业导入经营思想,提供管理提升和资源链接等服务。

和君商学院累计为600余名企业家提供了实战培训,协助企业解决实际的经营管理问题,培养杰出的企业领袖;为2万余名优秀的年轻人(即将毕业的本硕博学生、企业青年员工)提供了"国势+产业+管理+资本"的复合式知识结构学习机会和能力体系培训。此外,和君商学院还在董秘、人力资源、股权激励等多个专业领域形成完善的课程体系,长期开展系列培训课程。

3.千人咨询师队伍

和君咨询的咨询师逾1000人，是在中国商业原生态环境中土生土长的一支咨询服务队伍。他们长年累月地深入商业原生态的第一线，站到市场竞争的最前沿，风里来雨里去，与客户企业同欢喜共患难，为客户提供知识、思路和点子，教会客户手起刀落地解决问题和指挥若定的实战功夫。

4.建设人本、公义和"普世价值"的企业文化

任何人才、技术、产品、机会和商业模式，都只有短暂的生命周期。唯有人本、公义和"普世价值"的企业文化，才能最终造就事业的生生不息、基业长青。

和君咨询"三度修炼"文化的具体内容为：态度决定命运，气度决定格局，底蕴的厚度决定事业的高度。一个人的态度、气度和底蕴的厚度，犹如莲之根本，虽然看不见摸不着，但决定了我们的人生能否最终开出成功的花朵。人生如莲，三度修炼，日积月累，功到自然成。

5.商业实践和思想见地的融合

和君咨询在波诡云谲的商业实践中形成了很多关于中国产业、企业管理和资本市场的真知灼见，致力于提升中国商业文明与产业高度。近年来，和君咨询原创的战略思维、产业认识、产融互动理论、投资银行理论、战略与组织相生互动等原创思想和见地，在企业界和投资界产生了深远而持久的影响（见附图1-54）。

ECIRM战略模型	产业分析SMART模型
E（entrepreneur）企业家	S：产业规模（scale）、竞争结构（structure）
C（capital）资本	M：商业模式/盈利模式（model of business）
I（industry）产业	A：资产（assets）
R（resource）资源	R：监管政策（regulation）
M（management）管理	T：技术（technology）

十六字诀	产融互动	年度大势观澜
产业为本 战略为势 创新为魂 金融为器	持续成功的企业，应该是产业和资本两条曲线的不离不弃、形影相随、相生互动、螺旋上升	对过去一年的关键事件进行总结，传递新一年的趋势判断

附图1-54 和君咨询思想

五、关键成功因素

1. 秉持信念、坚持不懈地造就一种正道正业、催人向善的企业文化

要让项目做得好，首先必须保证项目人员的人品好。拥有什么样的人品，就会做出什么样的事；什么样的文化就造就什么样的人品。对一家管理咨询公司来说，专业能力的培养固然重要，但更重要的还是催人向善的文化。和君咨询必须秉持信念、坚持不懈地造就一种正道正业、催人向善的企业文化。

"我们必须凭借过硬的专业本领来为客户解决问题、开阔视野、提升思想和经营境界。"和君人需要懂得如何为人处世、学会人情练达、讲究礼尚往来和买卖公平，在商言商、和光同尘。但无论如何，不能离开专业本领而以商务应酬和人际周旋为能事。

安守职业道德，练就过硬的专业功夫，应该成为和君人的立身之本。在此过程中，全体和君人都要秉持人生如莲的成功理念，进行持续不断的"三度修炼"。

2. 发展人才战略

从2006年开始，和君咨询便是人才施展才干的公共平台，为人才追逐梦想创造条件。和君咨询的收入分配政策会最大限度地向创造收入的人才倾斜，公司和老板要最大限度地少拿点，为人才提供机会和平台，才是组织的前途所在、资本的收益所在、事业的生生不息所在。

3. 两个满意度与两本手册打天下

和君咨询的文化选择和机制设计，都是围绕两个满意度（员工满意度与客户满意度）来展开的。项目结案必须有客户正式签署的满意函，然后才解除押款；客户不签署满意函，项目不予结案。和君咨询的合伙人必须亲自带团队，按专业化的原则定位自己的业务领域、发展自己团队的专业能力。在这种机制下，谈单人和做单人基本上是同一个团队的人，让合伙人参与到项目的做单过程中，有效地防止了谈单人和做单人"两张皮"的分割现象。和君咨询在员工培训、知识管理、同事关系和谐、企业文化、职业纪律等方面，持续努力着，不遗余力地推动员工专业能力和职业道德的不断进步。

和君咨询是第一家推出完整的《项目管理指南》的本土管理咨询公司，一年一度的修订，确保了这份指南的与时俱进和持续优化。和君咨询拥有企业文化读本《三度修炼》第一部、第二部，并对外发行，受到诸多好评。

第十五节 领航咨询集团（中国）有限公司

一、企业概况：垂直领域深耕、治理全链闭环

领航咨询集团（中国）有限公司（简称"领航咨询集团"），前身为厦门世纪领航管理咨询有限公司，孕育于北京，成立于厦门。自2009年3月9日开始启动，经过多年发展已成为全国化的IPO战略全生命周期陪跑顾问和智囊，2016年集团总部迁至上海，2023年因公司未来15年业务领先计划，集团总部从上海南迁深圳。

公司目前拥有深圳世纪领航管理咨询有限公司和厦门创智数据网络科技有限公司两家全资子公司，一家专注战略陪跑咨询，一家专注以IT为核心的数字闭环。公司自成立之日起，就专注IPO垂直领域进行深度研究；公司的定位是成为上市企业的战略中心、拟上市企业的外包上市办，与券商、会所、律所和PE机构进行协同，从上市前的战略定位到上市过程中的高质量经营和业务过程数字化实现，再到上市后的并购与战略融合，已成为全国上市企业的必选供应商之一，在中国资本市场取得了一定成就，每陪跑两家上市一家，影响的资本市值已累计超万亿元，服务企业数量占IPO企业总数的近5%，创造了IPO陪跑领域的佳绩，在内控和治理的内外归一上也获得了政府、交易所和客户的高度认可。IPO战略全生命周期陪跑顾问见附图1-55。

二、发展历程：自强不息奋斗、组织沉淀成长

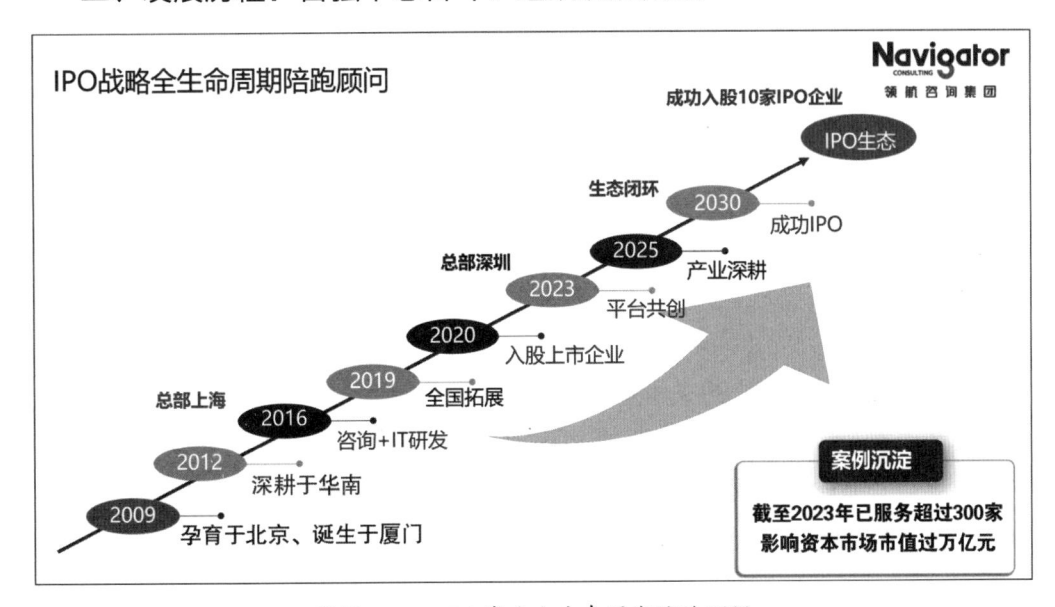

附图1-55 IPO战略全生命周期陪跑顾问

第一阶段：2009—2012年行业定位与启航阶段，从成立起领航咨询集团的定位就是与国际咨询公司进行协同。国际咨询公司做定位，领航咨询集团做落地，专注于客户的续约率和转介率，以此作为经营主导方向。

第二阶段：2013—2016年投入自身的所有资金沉淀，进行咨询和IT闭环研究与技术开发，总部迁到上海，引进国际咨询人才，共创和沉淀战略落地咨询体系。

第三阶段：2016—2018年全国营销布局与投资市场进入，在券商、会所和律所圈层开始协同，逐步建立IPO生态圈合作伙伴体系。

第四阶段：2019—2023年复盘过去15年沉淀、调整自身定位，实施"五个一"战略，专注战略、组织、数智化与资本闭环研究，转战进入上市企业托管与陪跑业务。

第五阶段：2024年及未来，启动事业合伙制，实施平台共创机制；在产业咨询上开始启航，服务于政府，借力政府产业基金孵化IPO产业生态；同步启动太亚业务服务，与客户出海越南、新加坡、印度尼西亚、马来西亚等国家。

三、取得的成绩：十多年艰辛路、品牌沉淀在路上

（1）2009年成为厦门市经济管理咨询协会副会长单位，并持续十年；

（2）2012年获得行业评价成为"中国最具市场潜力的十大咨询机构"；

（3）2016年加入深圳市管理咨询行业协会，成为副会长单位，持续至今；

（4）2018年成为北京青年人力资源服务商会副会长单位，持续至今；

（5）2019年至今，多家客户企业成为国家经信部数字化标杆和国家制造业单项冠军企业；

（6）截至2024年4月，服务的全国上市企业总部超300家，其中占中国IPO企业的近5%；

（7）近20年客户累计市值超万亿元，在并购和战略上对客户的影响正在不断进行中。

四、保证咨询成效的关键因素

关键因素一：重视自身的研究能力建设，成立研发团队，突破行业经验咨询瓶颈，建立一套高质量经营方法论，从理论和实践中找方法论，让上市成为水到渠成的高质量经营结果。

关键因素二：投入数字化研发，专注于数据治理和数字化实现前瞻性研究，让

顾问具备数字化实现辅导能力，创造全国多家数字化标杆企业。

关键因素三：建立一支高度价值归一的咨询团队，重视项目管理，严格实施项目管理标准，迭代升级标准20多次，建立了一套保证咨询成效的内控体系。

关键因素四：整合国内IPO生态合作伙伴，形成了券商、会所和律所渠道合作体系，并推进"3+1"中介机构联席会议模式，让客户在IPO过程中减少中介机构内耗，实现IPO加速。

关键因素五：以对赌合作和成效验收为模式，在全国开创以业绩、利润、人效和市值指标作为客户的验收标准，将传统咨询升级为陪跑和陪伴式咨询，以数据为证见证咨询成效。

关键因素六：导入投行模式，与投行协同，参股客户公司，形成战略合作生态，与实业进行共生，将咨询和资源进行有效跨界融合，为合伙人提供事业发展平台。

五、行业研究与沉淀

在行业沉淀上，自2009年起开始成立领航行业研究院，重视行业数据沉淀和行业发展研究，形成行业发展报告，从咨询技术上重视行业发展基因萃取，通过战略基因学和微笑曲线理论应用，把战略的关键成功因素总结成为一系列咨询模型、工具和表单，借助IT工具，通过流程再造的行业沉淀和数字化实现的研发能力，建立一系列行业过程控制对标指标体系，为客户的高质量经营提供数据决策支持、BI呈现和算法支撑，让客户实现智慧运营。与众不同的核心竞争力沉淀见附图1-56。

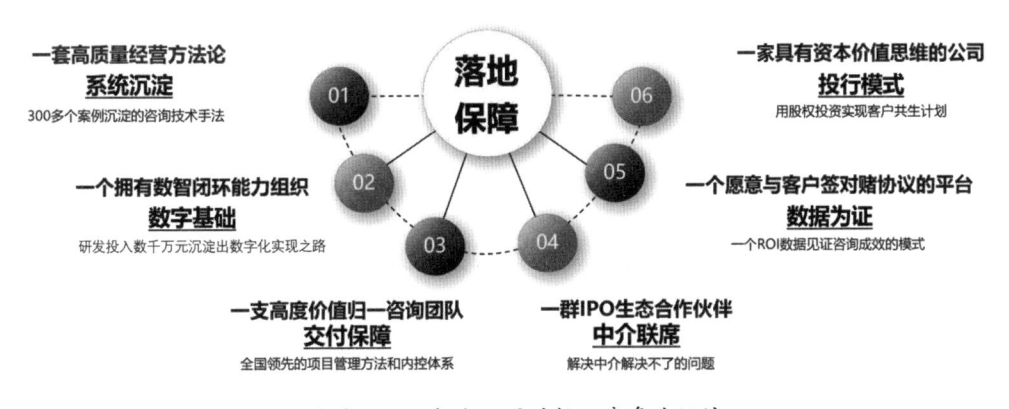

与众不同的核心竞争力沉淀

一套高质量经营方法论
系统沉淀
300多个案例沉淀的咨询技术手法

一个拥有数智闭环能力组织
数字基础
研发投入数千万元沉淀出数字化实现之路

一支高度价值归一咨询团队
交付保障
全国领先的项目管理方法和内控体系

落地保障

一家具有资本价值思维的公司
投行模式
用股权投资实现客户共生计划

一个愿意与客户签对赌协议的平台
数据为证
一个ROI数据见证咨询成效的模式

一群IPO生态合作伙伴
中介联席
解决中介解决不了的问题

附图1-56 与众不同的核心竞争力沉淀

领航行业研究院目前重点研究和突破的行业有:

(1)国央企高质量发展与机制变革项目70多个,以多彩航空项目为标杆;

(2)半导体行业解决"卡脖子"项目30多个,以华清电子项目为标杆;

(3)物流大动脉行业提质增效项目50多个,以林森物流项目为标杆;

(4)信创赛道解决软件国产化行业项目50多个,以博思股份为标杆;

(5)构建美好生活、家居、建材行业项目20多个,以九牧股份为标杆;

(6)构建可持续发展的环保项目20多个,以蓝深环保为标杆;

(7)电商行业后实时代的高质量经营项目10多个,以品创电商为标杆;

(8)衣食住行大消费行业项目70多个,以燕之屋股份为标杆。

在行业研究上,领航咨询集团还在不断围绕目前经济的发展情况进行调整。领航咨询集团正在导入对标华为的管理模式,全面实施组织数字化,构建数字化底层逻辑和咨询逻辑,将行业研究转化成为数字化的行业解决方案。领航咨询集团的数智化管理平台与架构见附图1-57。

领航咨询集团正与用友、金蝶和蓝凌结成战略合作伙伴,利用自身在人力资源和营销端的自主软件开发能力,形成数字生态,通过管理中台和数据中台建设,帮助客户实现智慧运营,借助硬件的物联网应用,实现组织的创新、少人化、去管理化。

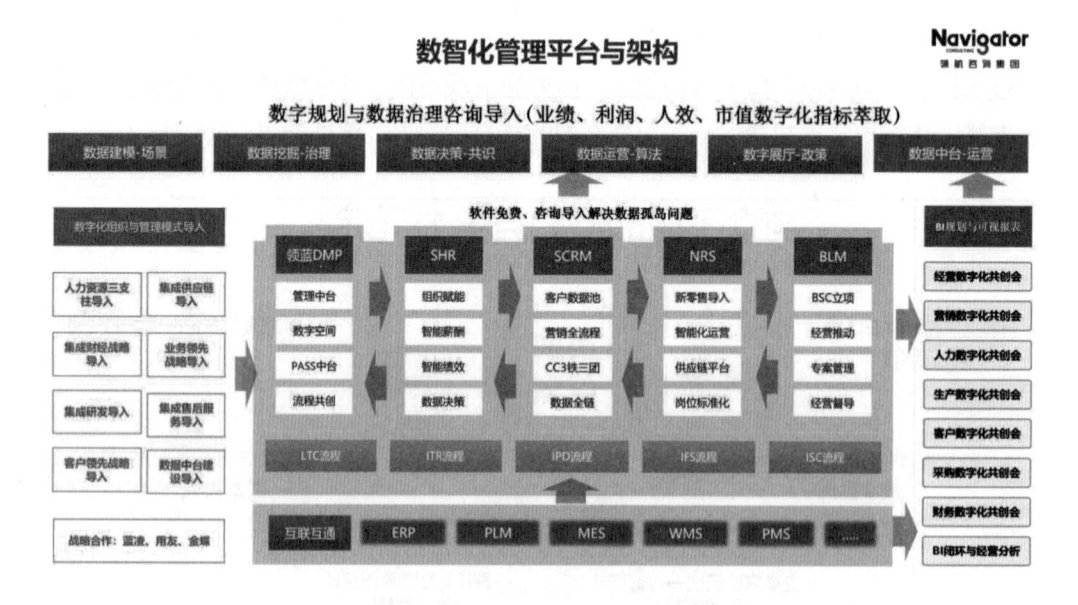

附图1-57 数智化管理平台与架构

附录二　深圳市管理咨询行业六项团体标准[1]

特别说明

2022年，深圳市管理咨询行业协会在全国同行业中首次推出《管理咨询师能力评价准则》（T/SZGL 1—2022）、《管理培训师能力评价准则》（T/SZGL 2—2022）、《管理咨询服务机构能力评价准则》（T/SZGL 3—2022）、《管理培训服务机构能力评价准则》（T/SZGL 4—2022）、《管理咨询服务规范》（T/SZGL 5—2022）、《管理培训服务规范》（T/SZGL 6—2022）六项行业团体标准，并于同年7月9日向社会各界及媒体公开发布（详见：深圳市标准信息平台官网https：//szbz.sist.org.cn；全国团体标准信息平台https：//www.ttbz.org.cn）。

---

[1]　六项团体标准选入时有修改。

一、《管理咨询师能力评价准则》（T/SZGL 1—2022）

ICS 03.080.20
CCS A16

团 体 标 准

T/SZGL 1—2022

管理咨询师能力评价准则

Management Consultants Competence Evaluation Criteria

2022-04-30 发布　　　　　　　　　　2022-06-30 实施

深圳市管理咨询行业协会　　发 布

前　言

本文件按照《标准化工作导则　第1部分：标准化文件的结构和起草规则》（GB/T 1.1—2020）的规定起草。

请注意本文件的某些内容可能涉及专利。本文件的发布机构不承担识别专利的责任。

本文件由深圳市管理咨询行业协会提出并归口。

本文件起草单位：深圳市管理咨询行业协会、深圳市深远企业顾问有限公司、深圳智高点咨询科技有限公司、深圳市七鼎管理咨询有限公司、华谋咨询技术（深圳）有限公司、深圳市逸马科技有限公司、深圳市华一世纪企业管理顾问有限公司、深圳市康达信管理顾问有限公司、东莞市电子计算中心。

本文件主要起草人：杜建君、岳华新、徐春明、李志明、郎鸣镝、杜俊逸、单海洋、李武盛、马瑞光、卿剑、陈奕毅、韩勇。

管理咨询师能力评价准则

1 范围

本文件规定了管理咨询师能力评价原则、评价对象、能力要求、评价标准、考评人员条件、评价程序、评价结果管理的要求。

本文件适用于对管理咨询师的能力评价。

2 规范性引用文件

本文件没有规范性引用文件。

3 术语和定义

下列术语和定义适用于本文件。

3.1

管理咨询　Management consulting

管理咨询人员根据客户的需求，运用科学专业的方法，通过深入的调查分析，找出客户管理中存在的问题及其产生的原因，有针对性地提出科学的、切实可行的咨询建议与解决方案，并能够参与客户讨论、指导方案实施，以提高客户绩效、创造价值和促进变革的智力服务过程。

3.2

管理咨询人员　Management consultants

独立的、有良好素质和知识的人，他们为商务、公众和其他社会机构提供非常专业的服务，这些服务包括调查和甄别客户在战略、管理、政策、营销、生产过程、组织领域中等存在的问题，通过全面分析，提出合适的建议用于商业和管理的应用，在得到客户的认同之后，有必要配合客户的要求协助客户实现这些建议。

3.3

管理咨询师　Management consultant

经相关专业组织对其管理咨询能力进行评价认可，具备专业的独立分析判断能力和解决问题能力，从事管理咨询工作的管理咨询人员。

3.4

职业素养　Professionalism

管理咨询师所应具备的职业道德、积极的心态、正确的职业价值观、职业行为规范、职业操守及工作信念等素养要求。

3.5

客户 Customer

提出并确认管理咨询需求，采购管理咨询服务的组织或个人。

4 评价原则

4.1 自愿性原则

管理咨询师的能力等级评价采用自愿申报的原则。

4.2 公平性原则

评价机构的工作人员应严格按照本文件规定的条款内容作业，实施评价程序应具有公平性，不可妨碍或阻碍管理咨询师的能力评价申请；对任何参评自然人持有公平态度，严格遵循评价机构的评价程序，开展相关的工作。

4.3 规范性原则

评价机构依据本文件的条款规定，审核参评管理咨询师自然人的申报材料，并严格遵守评价程序实施评价行为。

5 评价对象

5.1 评价对象范围

从事和准备从事管理咨询职业的专业人员。

5.2 参评条件

凡具备表1的条件者，均可申报相应等级管理咨询师。

表1 等级管理咨询师资质条件表

等级	专业	学历、学位、专业资格	
高级咨询师	经济学或管理学类专业	专科学历	取得咨询师后，从事管理咨询相关工作满5年
		本科及以上学历	取得咨询师后，从事管理咨询相关工作满3年
		其他	取得高级经济师、高级会计师资格证书或经济类中级职（执）业资格证书，获得CMC国际注册管理咨询师，从事管理咨询及相关业务工作满1年。对在管理咨询行业做出一定贡献，拥有特殊才能和独到见解或见识者可放宽资质条件
咨询师	经济学或管理学类专业	专科学历	从事管理咨询工作满5年
		大学本科学历或学士学位	从事管理咨询工作满4年
		第二学士学位或研究生学历毕业	从事管理咨询工作满2年
		硕士或博士学位	从事管理咨询工作满1年
		其他专业中级职称	已经取得中级职称的，从事管理咨询及相关业务工作满1年

续表

等级	专业	学历、学位、专业资格	
初级咨询师	经济学或管理学类专业	大专及大专以上学历	从事管理咨询工作满1年

注：
  1. 非经济学或管理学类专业，其从事管理咨询及相关业务工作年限相应增加1年。
  2. 因管理咨询属于有组织性的服务行为，参评人需提供推荐单位推荐意见。

5.3 参评人所需的职业素养

管理咨询师所需的职业素养，应符合评价机构发起并颁布的《管理咨询行业道德规范公约》内容的约束。

6 能力要求

6.1 基本素质要求

管理咨询师应具备以下基本素质，具体内容包括但不限于：

a）具备经济学、管理学相关基础知识；

b）具备较强的逻辑思维能力；

c）具备洞察力、表现力、沟通力和持久性的信息分析处理能力；

d）具备一定听、说、读、写能力；

e）具备案例总结归纳的能力。

6.2 业务知识要求

知识（Knowledge，简写为K）评价内容主要包括：基础知识、专业知识和相关知识。各类知识的等级和要求见表2。

表2 知识等级要求

知识等级	等级要求
等级3（K3）	精通经济学、管理学、运筹学、组织行为学等管理咨询师通识，能够开展知识创新
等级2（K2）	理解经济学、管理学、运筹学、组织行为学等管理咨询师通识，掌握管理咨询基本方法论原理和应用
等级1（K1）	了解管理咨询领域概念性和实践性知识和信息

6.3 技能要求

技能（Skill，简写为S）评价内容主要包括：基本技能、专业技能和软技能。各类技能的等级和要求见表3。

表3 技能等级要求

技能等级	等级要求
等级3（S3）	能够给出专业管理咨询意见，能够领导其他人成功完成管理咨询项目，能够独立工作
等级2（S2）	能够独立主持项目工作，可以成功完成大多数项目任务
等级1（S1）	在他人指导的情况下可以完成项目工作任务

6.4 经验要求

经验（Experience，简写为E）应从工作年限、工作履历和工作传承等方面进行评价。评价等级和要求见表4。

表4 经验等级要求

经验等级	等级要求
等级3（E3）	具有全面的、广博的、领导他人成功运作管理咨询项目的经验，有咨询、改进或创新的经验
等级2（E2）	具有有效的、深入的、带领他人运作项目的成功经验
等级1（E1）	有限的工作经验，在指导和协助下可以应用

7 评价标准

管理咨询师的等级能力，按照其实际的咨询能力大小不同，划分为三个等级，见表5。

表5 能力综合评价

职业等级	知识	技能	经验
高级管理咨询师	K3	S3	E3
管理咨询师	K2	S2	E2
初级管理咨询师	K1	—	—

具体要求如下：

a）初级管理咨询师：主要是辅助管理咨询师完成子项目、局部任务或专题工作。不需要参加面试，机考成绩达到60分的，即可成为初级管理咨询师。

b）管理咨询师：应具备主持常规性管理咨询项目的能力。不需要参加面试，机考成绩达到80分的，即可成为管理咨询师。

c）高级管理咨询师：具备培养和指导管理咨询师的全面能力。不需要参加机考，面试答辩评审成绩达到80分的，并符合相关行业评价机构对于从业年限的要求，可以评定为高级管理咨询师。

8 考评人员的条件

8.1 考评人员要求

考评人员由评价机构在其专家库中抽取，具体要求如下：

a）担任高级管理咨询师满1年以上者；

b）具有高级职称，且曾担负过咨询类资格评定工作经验者。

8.2 考评人员要求

评价机构应采用理论问卷、过往咨询案例分析评价与实操技能考察相结合、定量分析与定性分析相结合的评价方式，应符合附录A的规定。

9 评价程序

9.1 评价工作申报

评价机构应定期向社会发布参评管理咨询师的自然人管理咨询等级能力评价工作通知，并受理参评管理咨询师自然人的参评申请。申请表可由评价机构适时发布，其格式应包括但不限于以下内容：

a）报名：填写评价机构发布的报名申请表。

b）推荐单位推荐意见：申请评价人员须提供管理咨询机构的推荐意见。

c）笔试：考试内容为管理咨询通识相关专业知识及案例分析，时间为2小时。

d）高级管理咨询师答辩提交申请材料：参评人提交学历证书、职称证书、咨询从业经历、获奖情况、咨询成果、咨询案例等。

e）面试答辩评审：面试考核要求参评人根据事先提交的管理咨询案例，进行20分钟陈述和25分钟答辩。具体评审内容应符合附录A中表A.2的规定。

9.2 申报材料受理

评价机构可组织有关专家，初审参评管理咨询师的资格。对不符合参评条件的报名者，通知其按期完成补充材料，对补充材料后仍不符合参评条件的，不予受理并注明理由。

9.3 评价机构考评

评价机构工作人员可组织报名者到指定的考场进行通识知识考试或现场答辩，采用机考以及现场答辩的方式，确定各项评价指标分值，形成评价结果。

10 评价结果管理

10.1 评价结果公示及发布

10.1.1 公示：公示期内无争议的，则通知本人管理咨询师等级评价结果。

10.1.2 发布：对符合申请评价等级的参评报名者，在公示期结束后5个工作日内通过相关网站向社会发布并将结果通知报名者本人。

10.2 监督

评价机构应在其官网设置投诉电话和邮箱，接受有关部门、客户单位和社会的监督。

10.3 复评

评价结果从公告颁布之日起生效，有效期为3年。3年过后应进行复评，证书到期前3个月内提交复评资料，复评不通过的，须满1年后方可再次申请。

10.4 升级评价

获得通过的管理咨询师满3年后，方可申请升级评价，升级评价不通过的，须满1年后方可再次申请。

附录A

（规范性）

管理咨询师职业等级能力评价得分细则

等级管理咨询师的考评规则见表A.1。

表A.1 等级管理咨询师的考评规则表

级别	考评方式	编制依据	考评时长	考评形式	备注
初级管理咨询师	机考	表A.2	120分钟	闭卷	60分即为合格
管理咨询师	机考	表A.2	120分钟	闭卷	80分即为合格
高级管理咨询师	案例讲解、现场答辩	表A.3	45分钟	案例讲解、现场答辩	现场须讲解20分钟的咨询案例内容，现场答辩25分钟

为了评价管理咨询师是否达到所申请等级的咨询理论和实践水平，具备相应等级的职业咨询能力，评价机构应依本细则表A.2和表A.3所载的8项内容（涵盖了管理咨询师基本职业素养、管理咨询师通识、咨询师专业能力；学历与职称、获奖情况、咨询成果、咨询案例、咨询能力）进行评价，然后采用机考或现场答辩评审两种方式对评价对象进行能力评价。

表A.2 机考笔试评价指标与权重分布表

一级指标	序号	二级指标	权重/%	考评要点（知识点）
一、管理咨询师基本职业素养10	1	政治思想	10	①掌握我国的基本国策、政治体制、宪法精神；②掌握中国共产党的发展历程、指导思想、重大历史事件；③掌握社会主义核心价值观的内容；④习近平新时代中国特色社会主义思想
	2	道德品质		①掌握公民基本道德规范的内容；②掌握社会公德、职业公德、家庭美德的内容
	3	诚信守法		①了解国家民法典基础知识，正确传播和使用法律知识；②掌握行业公约、行业规范内容；③掌握敬廉崇洁、诚信守法等基本社会准则；④契约精神；⑤保密意识
	4	合作精神		①团队内部学习与分享；②团队合作协同；③客户协作与服务；④推动行业发展
	5	积极进取		①持续学习；②传授知识与方法的意识；③知识、工具创新与推广
	6	商务礼仪		①掌握中国的传统礼仪礼节；②掌握商务礼仪的基本知识和行为准则；③掌握商务活动的各种禁忌、地域与民族风俗；④了解国外的基本礼仪、宗教文化与民族风俗

续表

一级指标	序号	二级指标	权重/%	考评要点（知识点）
二、管理咨询师通识60	7	管理学基础	60	管理学
	8	组织行为学		组织行为学
	9	运筹学		运筹学
	10	形式逻辑		形式逻辑学
	11	工商管理		企业战略与经营决策
				企业治理结构
				品牌管理
				财务管理
				人力资源管理
				技术创新与工程研发管理
				供应链管理
				生产制造管理
				质量管理
				市场营销
				数字化管理
				电子商务运营
				物流管理（PMC）
				合规管理
				风险管理
	12	管理咨询基础		管理咨询的特点及分类
				需求调研常用方法应用
	13	咨询业务洽谈		客户需求整理
				识别和判定不同类型客户的咨询需求与特点
				咨询需求边界管理
				撰写项目建议书的相关知识与方法
				拟定管理咨询合作合同的合理性与合法性分析
	14	调研诊断		调研诊断方法
				专业信息搜集能力
				关键问题梳理能力
				综合调研和专题调研分析
				编写调研诊断报告书
	15	咨询方案输出		方案整体框架及设计逻辑
				改善方案的有效性和可行性分析
				编写咨询报告书
				方案实施指导方法
	16	咨询项目管理		制定咨询项目计划
				项目组织管理
				咨询项目风险与质量的评估
				咨询效果满意度评价方法

续表

一级指标	序号	二级指标	权重/%	考评要点（知识点）
三、咨询师专业能力30	17	战略咨询类	30	战略综合调查
				企业外部环境分析
				企业内部资源与能力分析
				编写战略诊断报告
				战略制定
				战略实施指导
				内部治理制度安排
				集团管控的构成要素分析
				影响集团管控模式的权变因素分析
				集团管控的通用模式选择和设计
				商业模式创新设计
				企业知识产权管理
				产业发展战略与规划
				区域发展与规划咨询理论方法与实践
				对标管理咨询理论方法与实践
	18	组织与人力资源咨询类		组织运行现状梳理分析
				企业组织文化建设
				组织优化方案设计
				人力资源规划
				职业生涯规划
				人力资源管理的工作分析
				人力资源开发与培训
				薪酬与绩效管理
				股权设计与股权激励
	19	运营咨询类		供应链管理调研分析
				供应链管理方案设计
				生产运营管理
				现代生产管理方式的应用
				全面质量管理咨询
				数字化管理咨询理论与实践
				流程管理咨询理论与实践
				项目管理咨询理论与实践
				研发与创新管理咨询理论与实践
				标准化管理咨询理论与实践
				采购管理咨询理论与实践
				物流管理咨询理论与实践
				知识管理咨询理论与实践

续表

一级指标	序号	二级指标	权重/%	考评要点（知识点）
三、咨询师专业能力30	20	营销咨询类	30	营销观念、营销环境、营销能力分析
				目标市场分析
				营销竞争战略的选择
				营销组合策略的选择（产品、品牌、价格、渠道、促销）
				设计客户关系管理系统
				设计营销信息系统
	21	财务咨询类		企业经营与财务状况诊断分析
				成本管理环境、成本水平、成本形成过程分析
				成本管理和核算体系设计
				全面预算管理环境评估
				设计全面预算管理体系
				内控体系建设
				企业风险识别与评估
				全面风险管理体系设计

注：为了客观评价参评人的咨询专业能力，初级咨询师、咨询师参评人根据自身擅长的咨询模块，从17~21任选两个咨询类做咨询师专业能力评价。

表A.3 现场答辩评价指标与权重分布表

一级指标	序号	二级指标	权重/%	评分标准
一、学历与职称	1	根据学历、职称以及咨询时长、咨询经验等进行综合评估	10	专科学历，取得咨询师后，从事管理咨询相关工作满5年，得分8分，每多1年管理咨询经验加1分，本项满分10分
				本科以上学历，取得咨询师后，从事管理咨询相关工作满3年，得分8分，每多1年管理咨询经验加1分，本项满分10分
				取得高级职称的，从事管理咨询及相关业务工作满1年，得分8分，每多1年管理咨询经验加1分，本项满分10分
二、获奖情况	2	近3年的获奖情况	10	国家级获奖（含国际相关奖）1项5分；省级获奖3分；市级获奖1分。本项满分10分
三、咨询成果	3	有著作、论文、知识产权	15	公开出版每部专著5分；国际/国家级期刊公开发表论文每篇3分，省级发表论文1分；专利、著作权每个1分。本项满分15分
四、咨询案例	4	要求近3年实操的管理咨询案例，从咨询需求分析、调研诊断分析过程、关键问题梳理、解决方案开发、方案落地实施辅导、咨询效果、客户满意度等方面进行评价。案例字数不少于2万字	25	专家评分取平均分数。本项满分25分

续表

一级指标	序号	二级指标	权重/%	评分标准
五、咨询能力	5	通过现场管理咨询案例讲解及答辩，评估以下能力： ——需求分析能力； ——项目计划与管理能力； ——关键问题梳理能力； ——解决方案开发能力； ——报告编写能力； ——报告会演能力； ——结构化思维与专业洞察判断能力； ——沟通与客情关系管理能力； ——咨询效果评价能力	40	45分钟案例讲解及答辩。其中现场案例讲解20分钟，专家提问25分钟。评委综合打分取平均分数。本项满分40分

二、《管理培训师能力评价准则》（T/SZGL 2—2022）

ICS 03.180
CCS A18

团 体 标 准

T/SZGL 2—2022

管理培训师能力评价准则

Management Trainer Competence Evaluation Criteria

2022-04-30 发布　　　　　　　　　　　　　　　2022-06-30 实施

深圳市管理咨询行业协会　发 布

前　言

本文件按照《标准化工作导则　第1部分：标准化文件的结构和起草规则》（GB/T 1.1—2020）的规定起草。

请注意本文件的某些内容可能涉及专利。本文件的发布机构不承担识别专利的责任。

本文件由深圳市管理咨询行业协会提出并归口。

本文件起草单位：深圳市管理咨询行业协会、深圳市锦绣前程人才服务集团有限公司、深圳市华一世纪企业管理顾问有限公司、深圳市中旭教育科技有限公司、深圳市七鼎管理咨询有限公司、深圳市逸马科技有限公司、华谋咨询技术（深圳）有限公司、深圳市康达信管理顾问有限公司。

本文件主要起草人：周文皓、单海洋、马瑞光、王笑菲、徐春明、李志明、岳华新、李武盛、姚军、胡向阳、雷志平、郎鸣镝、杜俊逸、邓继进、张浩峰。

管理培训师能力评价准则

1 范围

本文件规定了管理培训师能力的评价原则、评价对象、评价标准、评价内容、评价程序和评价结果的要求。

本文件适用于对管理培训师的能力评价。

2 规范性引用文件

本文件没有规范性引用文件。

3 术语和定义

下列术语和定义适用于本文件。

3.1

管理培训　Management training

根据客户需求，管理培训服务机构组织管理培训师运用专业知识和工具，以提高管理人员的管理能力为目的的培训活动。

3.2

管理培训师　Management trainer

经相关专业组织对其管理培训能力进行评价认可，具备从事管理培训课程和教材的研发，以及管理培训教学实施的专业人员。

3.3

客户　Customer

提出或确认管理培训需求，并采购管理培训服务的组织或个人。

4 评价原则

4.1 自愿性原则

管理培训师的能力等级评价采用自愿申报的原则。

4.2 公平性原则

评价机构的工作人员应严格按照本文件规定的条款内容作业，实施评价程序应具有公平性，不可妨碍或阻碍管理培训师的能力评价申请；对任何参评自然人均持有公平态度，严格遵循评价机构的评价程序开展相关的工作。

4.3 专业性原则

遵循管理科学及其相关学科的概念和原理，运用科学的方法和工具，实施有计划、有系统、有实效的管理培训师能力评价活动。

4.4 规范性原则

评价机构依据本文件的条款规定,审核参评管理培训师自然人的申报材料,并严格遵守评价程序实施评价行为。

5 评价对象

5.1 评价对象的范围

从事和准备从事管理培训师职业的自然人,包括各种管理培训机构聘用的专职人员及自由职业者。

5.2 参评条件

凡具备表1的条件者,均可申报相应等级管理培训师。

表1 等级管理培训师资质条件表

等级	专业	学历、学位、专业资格	
高级管理培训师	经济学或管理学类专业	专科学历	取得管理培训师后,从事管理培训相关工作满5年
		本科及以上学历	取得管理培训师后,从事管理培训相关工作满3年
		其他专业高级职称	取得高级职称的,从事管理培训及相关业务工作满1年。对在管理培训行业做出一定贡献,拥有特殊才能和独到见解或见识者可放宽资质条件
管理培训师	经济学或管理学类专业	专科学历	从事管理培训工作满5年
		大学本科学历或学士学位	从事管理培训工作满4年
		第二学士学位或研究生学历毕业	从事管理培训工作满2年
		硕士或博士学位	从事管理培训工作满1年
		其他专业中级职称	已经取得中级职称的,从事管理培训及相关业务工作满1年
初级管理培训师	经济学或管理学类专业	大专及大专以上学历	从事管理培训工作满1年

注:
1.非经济学或管理学类专业,其从事管理培训及相关业务工作年限相应增加1年。
2.管理培训机构需提供推荐意见。

6 评价标准

管理培训师的等级能力,按照其实际能力高低不同,划分为三个等级,具体如下:

a)初级管理培训师:应了解管理培训的技巧与方法。不需参加面试评审,机考成绩达到60分及以上的参评人即可评定为初级管理培训师。

b)管理培训师:应熟练掌握管理培训的技巧与方法。不需参加面试评审,机考成绩达到80分及以上的参评人即可评定为管理培训师。

c）高级管理培训师：应熟练掌握管理培训的技巧与方法，并对管理培训课程具有创新能力。不需参加机考，面试答辩评审成绩达到80分及以上的参评人，并符合相关行业评价机构对于从业年限的要求，可以评定为高级管理培训师。

7 评价内容

7.1 总要求

管理培训师的能力评价内容包括职业素养、管理通识和专业能力，具体评价标准应符合附录A表A.1对应条目内容的要求。

7.2 职业素养

管理培训师应具备一定的职业素养，包括职业道德、职业守则和行为规范。

7.3 管理通识

7.3.1 知识范围

管理培训服务所需要的管理通识范围包括但不限于：

a）对所擅长培训课程领域内的经典管理理论、方法论和前沿性管理成果，有充分的认知和见地；

b）熟悉和掌握管理培训服务对象期望范围内的管理学知识、工具、方法论或操作技巧等相关知识。

7.3.2 行业知识

提供定制化管理培训时，管理培训师应收集并研究客户所在行业的知识、情报和资料等，并进行行业分析。必要时还应了解客户产品与服务等方面的信息资料。

7.4 专业能力

7.4.1 专业能力种类

专业能力种类包括但不限于：

a）需求分析能力；

b）课程开发能力；

c）课件设计能力；

d）教材编写能力；

e）教学讲演能力；

f）现场培训应变能力；

g）教学效果评价能力。

7.4.2 需求分析能力

管理培训师应具备客户管理培训需求调研方法选择、需求调查与收集，分析培训需求并提炼转化以及撰写需求分析报告的能力。

7.4.3 课程开发能力

管理培训师应掌握管理培训课程开发流程、培训目标设定、管理培训方案策划、课程教学大纲编制、内容整体设计与单元设计、管理培训案例策划、内容阶段性评价与调整优化、演示方法与手段设计、考核方法与作业设计等开发能力。

7.4.4 课程设计能力

管理培训师应具备根据培训课程教学大纲的要求和教学的需要，进行严格的教学设计，并以多种媒介表现方式和超文本结构制作课程讲义的能力。

7.4.5 教材编写能力

管理培训师应能够依据培训课程教学大纲、培训课件等内容，策划、设计和编写培训教材。

7.4.6 教学讲演能力

管理培训师应具备良好的语言表达、教具操作、洞察学员心理状态、现场实践指导、课堂气氛营造与节奏掌控等培训教学实施的能力。

7.4.7 现场培训应变能力

管理培训师应具备妥善处理教学中偶发事件等特殊情形的应变处理能力。

7.4.8 教学效果评价能力

管理培训师应具备运用多种评价方法和工具测评教学效果的能力。

8 评价程序

8.1 评价申报

评价机构应定期向社会发布管理培训师能力评价工作的通知，并受理申报人的参评申请。其内容应包括但不限于：

a）个人身份信息；

b）从业经历；

c）教学案例；

d）申请理由和申请级别；

e）相关学历、职称、获奖、论文、著作、知识产权等证明文件；

f）推荐单位推荐意见。

8.2 申报材料受理

评价机构可组织有关专家,初审申报人的参评条件。对不符合参评条件的,则不予受理并注明理由。

8.3 评价机构考评

按其申报的初、中、高三个等级能力,分别采用机考、试讲和现场答辩的考评方式,形成评价结果。

9 评价结果

9.1 公示

评价结果应在相关主流媒体上予以公示,公示期为15个自然日。在公示期内被举报或提出异议的,经核实后,评价机构应对参评者进行复审或对评价结果进行撤销处理。

9.2 监督

评价机构应在其公示媒体上设置投诉电话和邮箱,接受有关部门、客户单位和社会的监督。

9.3 复评

评价结果从公告颁布之日起生效,有效期为三年,三年过后应进行复评,证书到期前3个月内提交复评资料,复评不通过的,须满一年后方可再次申请。

9.4 升级评价

获得评价认证通过的管理培训师满三年后,方可申请升级评价,升级评价不通过的,须满一年后才可再次申请。

附录A

（规范性）

管理培训师能力评价细则

等级管理培训师的考评规则见表A.1。

表A.1 等级管理培训师的考评规则表

级别	考评方式	编制依据	考评时长	考评形式	备注
初级管理培训师	机考	表A.2	120分钟	闭卷	机考结果60分及以上即为合格
管理培训师	机考	表A.2	120分钟	闭卷	机考结果80分及以上即为合格
高级管理培训师	试讲和现场答辩	表A.3	45分钟	试讲和现场答辩	现场试讲20分钟的培训内容，试讲和现场答辩80分及以上即为合格

为了评价管理培训师是否达到所申请等级的管理理论和实践水平，具备相应等级的管理培训能力，评价机构应依本细则表A.2和表A.3所载的9项内容（涵盖了职业素养、管理通识、需求分析能力、课程开发能力、课件设计能力、教材编写能力、教学讲演能力、现场培训应变能力和教学效果评价能力）编写试卷，然后采用机考和现场答辩两种方式对评价对象进行能力评价。

表A.2 机考笔试评价指标与权重分布表

一级指标	序号	二级指标	权重/%	考评要点
一、职业素养	1	政治思想	20	掌握我国的基本国策、政治体制、宪法精神
				掌握中国共产党的发展历程、指导思想、重大历史事件
				掌握社会主义核心价值观的践行要求
				基本掌握习近平新时代中国特色社会主义思想的主要内容
	2	道德品质		掌握公民基本道德规范的内容
				掌握社会公德、职业公德、家庭美德的内容
	3	诚信守法		了解国家民法典基础知识，正确传播和使用法律知识
				掌握行业公约、行业规范内容
				掌握敬廉崇洁、诚信守法等基本社会准则
	4	商务礼仪		掌握中国的传统礼仪礼节
				掌握商务礼仪的基本知识和行为准则
				掌握商务活动的各种禁忌、地域风俗
				了解国外的基本礼仪和风俗
二、管理通识	5	《工商管理》通识	40	管理学
				战略管理

续表

一级指标	序号	二级指标	权重/%	考评要点
二、管理通识	5	《工商管理》通识	40	组织行为学
				市场营销学
				人力资源管理
				经济学
				财务管理
				管理沟通
				运营管理
				数字化管理
三、专业能力	6	需求分析能力	40	调研方法选择
				分析客户管理培训需求的能力
				撰写教学需求分析报告的相关知识与方法
	7	课程开发能力		管理培训课程开发流程
				培训目标设定
				管理培训方案策划
				课程教学大纲编制
				内容整体设计与单元设计
				管理培训案例策划
				培训考核方法与作业设计等开发能力
	8	课件设计能力		办公软件熟练程度
				课件的整体框架及设计逻辑
				教学效果的设计技巧
				视频、教具、沙盘、游戏等制作能力
				依据教学效果评价，与时俱进、迭代更新培训课程的能力
	9	教材编写能力		培训教材规划
				设计培训教材的基本框架
				内容及案例的组织与优化
				文字表达与写作能力
	10	教学讲演能力		培训语言表达清晰、准确、简练、通俗、生动、逻辑严谨
				具备线上/线下授课的教学讲演技巧
				团队沟通与控场能力
				洞察学员心理状态与调动学员情绪的能力
				教学重点及时间的把握能力
	11	现场培训应变能力		及时响应现场学员提问的能力
				妥善处理教学中偶发事件等特殊情形的应变处理能力
	12	教学效果评价能力		设计教学效果评价工具的能力
				运用多种评价方法和工具测评教学效果的能力

表A.3 现场答辩评价指标与权重分布表

一级指标	序号	二级指标	权重/%	评分标准
一、学历与职称	1	根据学历、职称以及教学时长、教学经验等进行综合评估	10	专科学历，取得中级管理培训师后，从事管理培训相关工作满5年，得分8分，每多1年教学经验加1分，本项满分10分
				本科以上学历，取得中级管理培训师后，从事管理培训相关工作满3年，得分8分，每多1年教学经验加1分，本项满分10分
				取得高级职称的，从事管理培训及相关业务工作满1年，得分8分，每多1年教学经验加1分，本项满分10分
二、获奖情况	2	近3年的获奖情况	10	国家级获奖（含国际相关奖）1项5分；省级获奖3分；市级获奖1分。本项满分10分
三、教学成果	3	有著作、论文、知识产权	15	公开出版每部专著5分；国际/国家级期刊公开发表论文每篇3分，省级发表论文1分；专利、著作权每个1分。本项满分15分
四、教学案例	4	要求提供近3年实操的教学案例说明材料，字数不少于2万字。从课程需求分析、课程开发过程、课程设计、教材、课程PPT、学员作业、课程评价、课程成果、学员类别、学员数量等方面进行评价	25	评估专家评分后取平均分数
五、教学能力	5	通过现场演讲及答辩，综合评估以下能力： ——需求分析能力 ——课程开发能力 ——课件设计能力 ——教材编写能力 ——教学讲演能力 ——现场培训应变能力 ——教学效果评价能力	40	45分钟演讲及答辩。其中现场演讲20分钟，专家提问及答辩25分钟。评估专家综合打分后取平均分数

三、《管理咨询服务机构能力评价准则》（T/SZGL 3—2022）

ICS 03.080
CCS A16

团 体 标 准

T/SZGL 3—2022

管理咨询服务机构能力评价准则

Criteria for the Qualification Assessment of Management

Consulting Service Provider

2022-04-30 发布　　　　　　　　　　　　　　2022-06-30 实施

深圳市管理咨询行业协会　　发 布

前　言

本文件按照《标准化工作导则　第1部分：标准化文件的结构和起草规则》（GB/T 1.1—2020）的规定起草。

请注意本文件的某些内容可能涉及专利。本文件的发布机构不承担识别专利的责任。

本文件由深圳市管理咨询行业协会提出并归口。

本文件起草单位：深圳市管理咨询行业协会、华谋咨询技术（深圳）有限公司、深圳市华一世纪企业管理顾问有限公司、深圳市七鼎管理咨询有限公司、百思特管理咨询有限公司、深圳市深远企业顾问有限公司、深圳市逸马科技有限公司、深圳市康达信管理顾问有限公司。

本文件主要起草人：岳华新、徐春明、李志明、杜建君、张正华、单海洋、马瑞光、李武盛、陈乐天、张卫国、杜俊逸、郎鸣镝。

管理咨询服务机构能力评价准则

1 范围

本文件规定了管理咨询服务机构能力评价对象、评价原则、参评资格、评价等级划分标准、评价指标、评价程序、证书动态管理要求。

本文件适用于对管理咨询服务机构的能力评价。

2 规范性引用文件

本文件没有规范性引用文件。

3 术语和定义

下列术语和定义适用于本文件。

3.1

管理咨询服务　Management consultancy service

根据客户需求，管理咨询人员通过深入调查、分析，找出客户管理中存在的关键问题及其产生的原因，运用现代管理的方法和工具，有针对性地提出科学的、切实可行的解决方案，并指导客户实施方案，帮助客户创造价值或促进变革的过程。

3.2

管理咨询服务机构　Management consultancy service provider

向客户提供有偿管理咨询服务的组织。

注：充当管理咨询服务（3.1）的经纪人或介绍人（推动者）或向管理咨询服务机构提供管理支持（例如发票、薪金支付等）的组织不被视为管理咨询服务机构。

3.3

客户　Customer

提出并确认管理咨询需求，采购管理咨询服务的组织或个人。

4 评价对象

从事管理咨询服务，认可本文件评价内容且自愿申报的管理咨询服务机构。

5 评价原则

5.1 自愿性原则

管理咨询服务机构的能力等级评价采取自愿申报的原则。

5.2 公平性原则

评审机构应严格按照本文件规定的条款内容，秉承公平、公开、公正的原则开展评价工作。

5.3 保密性原则

参与评审的工作人员在评审过程中，对管理咨询服务机构的商业秘密负有保密责任。

5.4 规范性原则

评审机构依据本文件的条款规定，审核参评机构的申报材料，并严格遵守评价程序开展评价工作。

6 参评资格

参评机构必须同时具备以下条件：

a）必须是在中华人民共和国境内依法注册登记、提供管理咨询服务且自主经营、独立核算、自负盈亏、自担风险的法人机构；

b）具有良好的商业信誉，近3年未被市场监督管理部门在全国企业信用信息公示系统中列入严重违法失信企业名单或未被列入经营异常名录；

c）具有良好的纳税记录，近3年未被税务机关处罚；

d）参评机构及其法定代表人近3年未被法院列入失信被执行人名单（查询网站：www.creditchina.gov.cn）；

e）参评机构及其法定代表人近3年未被判决或裁定发生犯罪行为（查询网站：wenshu.court.gov.cn）；

f）无严重违反行业规章和行业公约的行为；

g）申报的材料无弄虚作假。

7 评价等级划分标准

7.1 评价等级划分

管理咨询服务机构能力评价等级划分为AAA、AAAA、AAAAA三个等级。

7.2 评价等级划分具体条件

7.2.1 管理咨询服务机构能力评价等级评分标准：所有指标得分分值的总和=能力等级评分的最终分数。

7.2.2 能力评价等级标准总分为1000分。

7.2.3 能力评价等级划分标准为：

a）850分＜AAAAA级≤1000分；

b）700分＜AAAA级≤850分；

c）550分＜AAA级≤700分。

7.2.4 具体评分细则应符合附录A的要求。

8 评价指标

8.1 党建工作

参评机构拥护中国共产党的领导，重视基层党组织建设和员工政治思想教育，发扬基层党组织的先锋模范带头作用。评价指标包括：党群建设、党建荣誉。

8.2 依法经营

参评机构遵守国家法律法规，合法经营。评价指标包括：依法注册、依法纳税、依法用工。

8.3 综合实力

反映参评机构提供管理咨询服务人员、场地、资金、无形资产等综合能力。评价指标包括：注册资本、人员规模、办公场地、企业荣誉、社会公益。

8.4 经营管理

反映参评机构的经营和管理能力。评价指标包括：公司治理、财务管理、业务管理、信息化管理、咨询数字化管理、风险管理、安全管理、企业文化。

8.5 经营规模

反映参评机构经营效益、经营业绩、经营成果。评价指标包括：客户数量、咨询业绩、纳税规模、单项合同金额。

8.6 咨询能力

反映参评机构咨询、人才、研发等专业服务能力。评价指标包括：擅长领域、专业人才、研发经费、研发成果。

8.7 服务质量

反映参评机构在管理咨询服务项目中的全过程质量管理及控制能力。评价指标包括：流程制度、人才培育、投诉处理、客户纠纷。

9 评价程序

9.1 评价时间

评价工作每年组织两次，上半年一次，下半年一次。

9.2 发布公告

评审机构在官网等相关媒体上公告评价工作具体事项。

9.3 提交申请

9.3.1 申请单位应按照评审机构所提供的《管理咨询服务机构能力等级评价申请书》，填写相应信息。具体内容应符合附录B《管理咨询服务机构能力等级评价申请书》的要求。

9.3.2 申请单位申请时应提供以下材料：

a）等级评价申请书；

b）申请单位营业执照复印件；

c）申请单位法定代表人身份证复印件；

d）申请单位信用等级报告；

e）近3年财务审计报告；

f）纳税申报表；

g）有代表性咨询服务合同与发票复印件；

h）参评单位专业人员情况说明；

i）知识产权相关材料；

j）房屋产权证明或租赁证明；

k）党建工作记录；

l）公益活动记录；

m）其他证明机构实力的有效资料。

9.4 申请受理

9.4.1 申请单位应遵循本文件所制定的申请程序，提交相关的材料，否则评审机构将不予受理。

9.4.2 申请单位应承诺所有提交材料信息真实有效。

9.5 资料审查

9.5.1 评审机构根据审核程序、申请能力等级，依照本文件相关规定，在正式接收申请后15个工作日内，对申请单位所提交的申请文件与材料进行初步审查并保存相关审查记录。

9.5.2 材料审查：申报材料应齐全，符合本文件规定；若申报材料不符合要求，评审机构应及时通知申请单位在规定时间内进行补充和完善；若申报材料经审核仍不合格的，不予以受理，评审机构需说明不予受理的原因。

9.5.3 现场审查：评审机构根据申报单位所申报的等级，进行现场考察并与相关人员访谈，核实材料的真实性。

9.6 综合评审

9.6.1 由评审机构组织评审专家进行综合评审。在评审过程中，评审专家应对评审资料进行客观、严谨、公正的审查并给出评分。

9.6.2 评审结束时，由审查小组成员和评审机构专家所组成的评审委员会签署评审意见。

9.6.3 评审机构应公示评价结果，公示期为10个工作日。如在公示期内提出异议的，评审机构经过核实认为有必要的可以对异议进行复核并重新审定。

9.7 反馈与发布

9.7.1 评审机构应将评价结果反馈给申报单位。

9.7.2 评审机构在公示期结束后，对无异议的申报单位按相关程序向社会公布最终结果并颁发管理咨询机构能力评价等级证书。

10 证书动态管理

10.1 证书有效期

管理咨询机构能力评价等级证书有效期为3年。

10.2 监督

评审机构应设置投诉电话和邮箱，接受有关部门、客户单位和社会的监督。

10.3 复评

评价结果从公告颁布之日起生效，有效期为3年。3年过后应进行复评，证书到期前3个月内提交复评资料。复评不通过的，须满1年后方可再次申请。

10.4 升级评审

获得通过的参评机构满3年后，方可申请升级评审。升级评审不通过的，须满1年后方可再次申请。

10.5 证书监管

管理咨询服务机构在证书有效期内，如果出现客户投诉、恶意竞争、扰乱行业市场秩序等不良行为，评审机构调查核实后，视情节轻重对其进行整改、暂停、降级等处理。

10.6 证书撤销

持证机构发生下列情况时，经评审机构核实，应撤销等级证书：

a）因破产、歇业或其他原因终止咨询服务及相关业务活动；

b）因分立、合并等咨询服务能力的条件发生较大变化，未及时申请变更；

c）因咨询主营业务质量下降，导致客户投诉较多；

d）因自身原因造成所承担的咨询项目出现较大事故，被政府部门通报、处罚；

e）涂改、伪造、出租、出借、转让证书；

f）存在弄虚作假、违法违规、违反合同约定等不诚信行为。

附录A
（规范性）
管理咨询服务机构能力等级评价评分细则

本细则给出了管理咨询服务机构能力等级评价指标权重（见表A.1）及评分细则（见表A.2）。

管理咨询服务机构能力评价标准共分为七大项30小项，涵盖了被评价机构的党建工作、依法经营、综合实力、经营管理、经营规模、咨询能力和服务质量，具体能力评价如表A.2所示。

表A.1 管理咨询服务机构能力等级评价指标权重

序号	一级指标名称	一级指标权重	二级指标名称
一	党建工作	2%	党群建设
			党建荣誉
二	依法经营	10%	依法注册
			依法纳税
			依法用工
三	综合实力	10%	注册资本
			人员规模
			办公场地
			企业荣誉
			社会公益
四	经营管理	18%	公司治理
			财务管理
			业务管理
			信息化管理
			咨询数字化管理
			风险管理
			安全管理
			企业文化
五	经营规模	20%	客户数量
			咨询业绩
			纳税规模
			单项合同金额
六	咨询能力	28%	擅长领域
			专业人才
			研发经费
			研发成果

续表

序号	一级指标名称	一级指标权重	二级指标名称
七	服务质量	12%	流程制度
			人才培育
			投诉处理
			客户纠纷

表A.2 管理咨询服务机构能力评价准则评分细则

一级指标序号	指标名称	分值	二级指标序号	指标名称	分值	评价标准	评分依据
一	党建工作	20	1	党群建设	10	①成立基层党组织且组织健全，得4分；②成立工会组织且组织健全，得2分；③党组织参与企业重大事项的决策，得2分；④党组织生活有序有效开展，得2分	查阅机构提供的上级党组织、工会组织的批复文件，查阅党建记录、工会记录等
			2	党建荣誉	10	①获得街道、区县、市州级别的组织或个人荣誉，每项得5分；②获得省、直辖市级别的组织或个人荣誉，每项得5分；③获得国家级别的组织或个人荣誉，每项得10分	查阅机构提供的荣誉证书、资料等
二	依法经营	100	3	依法注册	20	①咨询服务机构依法设立，合法经营，是能够独立承担民事责任的法人，具有国家法定机构颁发的营业执照、组织机构代码证、税务登记证或三证合一后的营业执照，得5分；②依法年检，得5分；③有注册登记的正式办公地点，得10分。如市场监督管理系统内显示上述任一项异常，该指标（依法注册）得0分	查看相关证明材料、市场监督管理系统
			4	依法纳税	40	①办理纳税人资格，得10分；②纳税信用评级：A级得20分，B级得15分，M级得10分；③无其他纳税信息记录异常，得10分。机构纳税信息完整清晰，发票依法管理，按时申请纳税，按上述条件评分，如不能提供，或税收征管系统内显示异常，该指标（依法纳税）记0分	查看相关证明材料、税务征管系统
			5	依法用工	40	①根据劳动法、劳动合同法，依法与员工签署劳动合同，建立劳动关系，此项满分10分；②根据社保政策，依法为员工缴纳社会保险费用，且标准符合当地规定，此项满分20分；③根据公积金政策，依法为员工缴纳住房公积金，且标准符合当地规定，此项满分10分	查看相关的证明材料、社保查询系统

续表

一级指标			二级指标			评价标准	评分依据
序号	指标名称	分值	序号	指标名称	分值		
三	综合实力	100	6	注册资本	20	注册资本/实缴资金： ①股份制上市公司得20分； ②企业注资本金或实缴资金≥500万元，得18分； ③200万元≤企业注资本金或实缴资金＜500万元，得16分； ④100万元≤企业注资本金或实缴资金＜200万元，得12分； ⑤50万元≤企业注资本金或实缴资金＜100万元，得8分； ⑥企业注资本金或实缴资金＜50万元，得4分； ⑦注册资本=实缴资金，各档得分+2，满分20分	查看市场监督管理部门查询系统，或经审计机构审计的验资报告
三	综合实力	100	7	人员规模	20	①在岗人员≥100人，得20分； ②50人≤在岗人员＜100人，得18分； ③20人≤在岗人员＜50人，得16分； ④10人≤在岗人员＜20人，得14分； ⑤5人≤在岗人员＜10人，得10分； ⑥在岗人员＜5人，得5分。 注：在岗人员即公司参保人员	查看社保查询系统
三	综合实力	100	8	办公场地	20	①有固定办公场地，总办公面积≥1000平方米，得20分； ②有固定办公场地，500平方米≤总办公面积＜1000平方米，得15分； ③有固定办公场地，300平方米≤总办公面积＜500平方米，得10分； ④有固定办公场地，100平方米≤总办公面积＜300平方米，得5分； ⑤有固定办公场地，总办公面积＜100平方米，得2分	核对租赁协议或者房产证信息
三	综合实力	100	9	企业荣誉	20	获得相关机构（党政部门或事业单位、行业协会）颁发的荣誉（且荣誉尚在有效期内）： ①获得国家/国际级荣誉，每项得20分； ②获得省/部/厅级荣誉，每项得15分； ③获得市/局级荣誉，每项得10分； ④获得区/县级荣誉，每项得5分。 注：以上各项累计总分最高为20分，社会机构/行业协会颁发的荣誉参照以上标准	机构提供的获奖荣誉证书或颁奖机构文件
三	综合实力	100	10	社会公益	20	①积极参与社会公益活动，包括公益性质的中小企业管理知识讲座、贫困山区儿童捐助、扶持残障群体、关爱孤寡老人等公益活动，每次得5分； ②社会公益得到省市级、行业表彰的，每次得10分； ③获得区级表彰的，每次得5分。 注：以上各项累计总分最高为20分	查阅相关资料

续表

一级指标			二级指标			评价标准	评分依据
序号	指标名称	分值	序号	指标名称	分值		
四	经营管理	180	11	公司治理	20	①组织架构完整合理，各部门的岗位职责清晰，得10分； ②股东会、董事会、监事会按照公司法要求按时召开会议并有完整的会议记录，得10分	查看组织架构图、岗位职责说明及会议记录
^	^	^	12	财务管理	30	①有符合国家会计准则的会计核算制度、完整的财务管理制度、内控管理制度，得10分； ②有分工明确、职责清晰的财务管理团队、内部审计团队，得10分； ③每年度接受外部审计机构审计并出具了标准意见的审计报告，得10分	查看相关的财务管理规章制度、纳税工资表、组织架构图、外部审计业务合同
^	^	^	13	业务管理	30	①有完整清晰的管理制度和业务流程，得10分； ②使用行业标准统一的咨询服务合同要素，得10分； ③获得ISO 9000质量认证标准资质证书，得10分	查看相关的咨询服务合同要素及抽查20%客户合同文本
^	^	^	14	信息化管理	20	信息化分类管理（咨询服务合同、咨询项目资料、咨询过程记录、咨询验收报告等）资料齐全完备、管理规范，有一项得5分，满分20分	随机抽样不低于20%，查看机构档案资料
^	^	^	15	咨询数字化管理	20	在运营、管理、营销、服务、售后、质量、品牌、文化、研发、创新等方面进行咨询数字化应用，每项得5分，满分20分	现场查看机构各类咨询数字化建设及应用信息
^	^	^	17	风险管理	20	①建立、健全企业内部风险控制管理制度，得10分； ②风险控制管理有详细的管控记录，得10分	查阅相关资料
^	^	^	16	安全管理	20	①有健全的客户资料信息库、公司重要信息保密制度，未发生过泄密事件，得10分； ②有健全的疫情防控管理制度，设施齐备、分工明确，未发生过疫情失控事故，得5分； ③有健全的消防安全管理制度，设备齐全、人员到位，未发生过消防安全事故，得5分	机构提供文件资料，现场抽查、核对
^	^	^	18	企业文化	20	①积极推进行业标准、行业经验分享，举办行业峰会、沙龙、研讨会等，每次得1分，满分5分； ②积极参与咨询行业公益活动，每次得1分，满分5分； ③公司内部咨询项目经验交流与分享活动记录，每次1分，满分5分； ④开展企业文化活动及展示记录，每项记录1分，满分5分	以实际活动记录为准

续表

一级指标 序号	一级指标 指标名称	一级指标 分值	二级指标 序号	二级指标 指标名称	二级指标 分值	评价标准	评分依据
五	经营规模	200	19	客户数量	50	①近3年累计服务的客户数量≥80家或连续服务超3年客户总数≥8家，得50分； ②近3年累计服务的客户数量≥60家或连续服务超3年客户总数≥6家，得40分； ③近3年累计服务的客户数量≥40家或连续服务超3年客户总数≥4家，得30分； ④近3年累计服务的客户数量≥20家或连续服务超3年客户总数≥2家，得10分	查看合同及进账记录（抽查）
五	经营规模	200	20	咨询业绩	50	近3年咨询业务年收入： ①咨询业务年收入≥5000万元，得50分； ②2000万元≤咨询业务年收入＜5000万元，得40分； ③1000万元≤咨询业务年收入＜2000万元，得30分； ④300万元≤咨询业务年收入＜1000万元，得20分； ⑤咨询业务年收入＜300万元，得10分	查看财务报表
五	经营规模	200	21	纳税规模	50	年纳税总额： ①年纳税总额≥1000万元，得50分； ②500万元≤年纳税总额＜1000万元，得45分； ③300万元≤年纳税总额＜500万元，得40分； ④50万元≤年纳税总额＜300万元，得30分； ⑤年纳税总额＜50万元，得25分	查看财务报表及审计报告
五	经营规模	200	22	单项合同金额	50	①单项合同金额≥1000万元，得50分； ②500万元≤单项合同金额＜1000万元，得40分； ③300万元≤单项合同金额＜500万元，得30分； ④200万元≤单项合同金额＜300万元，得20分； ⑤50万元≤单项合同金额＜200万元，得10分	查看咨询合同及进账明细
六	咨询能力	280	23	擅长领域	60	依据《管理咨询服务规范》（T/SZGL 5—2022）中6.2条按照管理功能划分的管理咨询服务类别数量，得分标准： ①服务7个及以上功能模块，得60分； ②服务5个及以上功能模块，得40分； ③服务3个及以上功能模块，得20分； ④服务小于3个功能模块，得10分	结合相应合同和咨询案例

续表

一级指标 序号	指标名称	分值	二级指标 序号	指标名称	分值	评价标准	评分依据
六	咨询能力	280	24	专业人才	100	①每1名高级咨询师，得10分； ②每1名CMC（国际注册管理咨询师），得8分； ③每1名咨询师，得5分； ④每1名初级咨询师，得1分。 满分100分	机构提供的咨询师资格证书或其他证明
			25	研发经费	40	实际发生的研发经费占公司咨询业务收入的比例： ①研发经费≥7%，得40分； ②5%≤研发经费<7%，得30分； ③3%≤研发经费<5%，得20分； ④0<研发经费<3%，得10分； ⑤无研发经费，得0分	查看财务报表及相关资料
			26	研发成果	80	从机构成立至今，获得自主创新性研发成果（包括发明创造、专利、知识产权、软件著作权、创新案例、权威专业论文等）且这些成果在有效期内的数量： ①发明创造并有证书、国际标准、国家标准、国家级驰名商标（每项25分）； ②发明专利、管理著作、行标、地标、省/部级驰名商标（每项15分）； ③权威专业论文（国家级期刊发表）、团标、企标、获选优秀咨询案例（每项10分）； ④软件著作权、论文（省/市期刊）、创新案例（每项5分）； ⑤申请机构原创的管理方法、管理工具、管理模型等作品，并获得知识产权证书（每项5分）。 满分80分	相关证明材料
七	服务质量	120	27	流程制度	30	①有专业委员会负责质量管控，得30分； ②有明确的质量管控制度，得20分； ③有质量评价记录，得10分	查看相关管理文件和制度
			28	人才培育	30	①有培训课程体系，得6分； ②有人才培训制度，得6分； ③有专职培训人员，得6分； ④有培训计划及培训记录，得6分； ⑤有培训效果评估记录，得6分	查看组织架构及相关文件资料
			29	投诉处理	30	①有健全的客户投诉机制，得15分； ②有完整的客户投诉处理记录，得15分	机构提供的文件资料
			30	客户纠纷	30	评价考核期内客户纠纷： ①无诉讼或机构败诉案件，得30分； ②机构败诉案件有1例，得15分； ③机构败诉案件超过1例，得0分	查阅司法系统、商业性查询系统如天眼查、企查查等

附录B
（规范性）
管理咨询服务机构能力等级评价申请书

管理咨询服务机构能力等级
评价申请书

申请机构名称：_____

申请机构所在地：_____

申请日期：_____

评审类别： □初评　　□复评　　□升级　　□其他_____

声明：本申请书上所填写的有关内容和提交的资料均准确真实，合法有效，无涉密信息，本单位愿为此承担法律责任。

法定代表人签名：　　　　　　　　　　　　　　　（单位公章）

填表须知：

1.本表适用于管理咨询服务机构能力等级评价申请；

2.本表要求使用计算机打印，不得涂改；

3.申请机构应如实逐项填写；

4.本表数字均使用阿拉伯数字，除万元、%保留两位小数外，其余均为整数；

5.本表中带□的位置用√选择填写；

6.申请资料如有附件加页，一律使用A4纸；

7.提交复印件的需加盖单位公章；

8.全套申请资料需提供一份电子档文件；

9.提交的全套纸质申请资料需加盖公章及骑缝章，一式两份并提供原件核查。

承 诺 书

1.我单位自愿提交《管理咨询服务机构能力等级评价申请书》；

2.我单位向行业社会组织所提交的本申请书内容真实可靠；

3.申请资料内所涉及的管理咨询服务等相关活动，符合国家的法律、法规及其他相关规定；

4.严格遵循《管理咨询服务机构能力评价准则》的相关规定，保证评价实施时所需要提供的相关材料真实可靠；

5.如获得评价等级，我单位自愿接受本标准动态管理；

6.我单位已阅读并接受《管理咨询服务机构能力等级评价申请书》上所提及和公开的所有信息；

7.本申请材料仅用于管理咨询服务机构能力等级评价申请，并已自行备份备查，不再要求予以退还。

机构名称：

机构法人（签名）：

时间：　　　年　　月　　日

申请机构简介

×××机构简介说明
时间：
备注： 　　内容包括机构成立历程、组织架构概述、经营范围、管理咨询或咨询服务的业务成绩、高层核心高管、研发团队情况与成果、国内或涉外合作情况、内部管理体系与信用体系基本情况，以及提供能体现机构的社会形象、社会影响力和专业水平的材料（不超过3000字）

【一、党建工作】

1. 申请单位党建工作情况表

党建工作情况统计表（近3年）				
序号	时间	项目	具体内容	相关证明材料
1		党组织机构名称		
2		参与企业重大事项决策		
3		党组织生活（次数）		
…				

其他群众组织情况统计表（近3年）				
序号	时间	项目	具体内容	相关证明材料
1		工会机构名称		
2		工会活动（次数）		
3		其他群众活动次数		
…				

党群建设所获荣誉（近3年）				
序号	时间	项目	具体内容	相关证明材料
1				
2				
3				
…				

【二、依法经营】

2. 依法经营统计表

序号	类别	相关资料名称	备注
1	依法注册	证照（三证或三证合一）	
2	依法纳税	纳税信用评级证书	
3		税收征管系统信息记录	
4	依法用工	劳动合同资料	
5		员工社保缴纳清单	
6		员工公积金缴纳清单	

【三、综合实力】

3.1 机构基本情况

机构名称（中文/英文）					
注册地址					
经营地址					
注册资本			注册时间		
注册所在地	省　市　区		注册所在街道		
统一社会信用代码			登记注册类型		
主要业务范围					
主要服务行业					
机构资质			机构网址		
办公场地面积			分支机构数量		
从业人员情况					
法定代表人	姓名		移动电话		
	学历		身份证号		
联系人	姓名		移动电话		
从业人员总数		高级职称人数		CMC证书持有人数	
参加社保人数		中级职称人数		外籍专家人数	
行政管理人数/销售人数/研发人数/咨询人数/其他人数					
博士毕业人数/硕士毕业人数/本科毕业人数/大专毕业人数/其他人数					
公司股权结构					
序号	主要股东名称（前五名）	出资额/万元	出资方式	所占比例/%	备注
1					
2					
3					
4					
5					

3.2 申请机构财务情况(近3年财务数据,不含申请当年)

序号	项目类别	20___年	20___年	20___年
1	营业收入/万元			
2	其中:主营业务收入/万元			
3	其他业务收入/万元			
4	净利润/万元			
5	应交税费总额/万元			
6	其中:企业所得税/万元			
7	个人所得税/万元			
8	增值税/万元			
9	其他税费/万元			
10	汇算清缴实缴税费总额/万元			
11	总资产/万元			
12	固定资产总额/万元			
13	负债总额/万元			
14	资产负债率/%			
15	净资产总额/万元			

3.3 其他综合实力

申请机构荣誉情况表(近3年)			
序号	时间	名称	颁发部门	荣誉级别
1				
2				
3				
…				
社会公益活动情况统计表(近3年)			
序号	时间	活动内容及名称	活动级别	证明资料
1				
2				
3				
…				

【四、经营管理】

4.1 经营管理统计表（1）

公司治理			
序号	类别	相关资料名称	备注
1			
2			
3			
...			
财务管理			
序号	类别	相关资料名称	备注
1			
2			
3			
...			
业务管理			
序号	类别	相关资料名称	备注
1			
2			
3			
...			
信息化管理			
序号	类别	相关资料名称	备注
1			
2			
3			
...			

4.2 经营管理统计表（2）

咨询数字化管理			
序号	类别	相关资料名称	备注
1			
2			
3			
…			

风险管理			
序号	类别	相关资料名称	备注
1			
2			
3			
…			

安全管理			
序号	类别	相关资料名称	备注
1			
2			
3			
…			

企业文化			
序号	类别	相关资料名称	备注
1			
2			
3			
…			

【五、经营规模】

5.1 经营规模统计表（近3年统计数据，不含申请当年）

序号	项目类别	20___年	20___年	20___年	合计
1	客户数量/家				
2	咨询业绩/万元				
3	纳税规模/万元				
4	单项合同金额（≥50万元）				

5.2 近3年咨询项目统计表（单项合同金额≥50万元）（近3年统计数据，不含申请当年）

序号	起止时间	项目名称	项目金额	所属行业	咨询专业	备注

【六、专业能力】

6.1 专业能力统计表（近3年统计数据，不含申请当年）

序号	项目类别	20___年	20___年	20___年
1	咨询服务类别数量			
2	高级咨询师/咨询师/初级咨询师数量			
3	CMC咨询师数量			
4	研发经费/当年咨询收入			

序号	科研成果名称（自机构成立以来有效的科研成果）	各类有效数量
1	发明创造/国际标准/国家标准/国家驰名商标	
2	发明专利/管理著作/行业标准/地区标准/省级驰名商标	
3	权威论文/团体标准/企业标准/优秀咨询案例	
4	软件著作权数/论文/创新案例	
5	申请机构原创的管理方法、管理工具、管理模型等作品，并获得知识产权证书	

6.2 人力资源情况表

（一）总体情况				
总数/人	在岗咨询师	在岗其他人员	外籍人员	兼职/临聘人员

续表

<table>
<tr><td colspan="5" align="center">（二）全体人员结构</td></tr>
<tr><td>学历</td><td>博士</td><td colspan="2">硕士</td><td>本科</td><td>大专及以下</td></tr>
<tr><td>人数/人</td><td></td><td colspan="2"></td><td></td><td></td></tr>
<tr><td>职称</td><td>高级职称</td><td colspan="2">中级职称</td><td>初级职称</td><td>其他</td></tr>
<tr><td>人数/人</td><td></td><td colspan="2"></td><td></td><td></td></tr>
<tr><td>年龄</td><td>29岁及以下</td><td colspan="2">30～39岁</td><td>40～49岁</td><td>50岁及以上</td></tr>
<tr><td>人数/人</td><td></td><td colspan="2"></td><td></td><td></td></tr>
</table>

6.3 核心成员/专业咨询人员统计表

序号	姓名	性别	年龄	学历	专业	职称	在岗时间	专业证书号	社保编号
1									
2									
3									
…									

【七、服务质量】

7.服务质量情况统计表

<table>
<tr><td colspan="4" align="center">流程制度</td></tr>
<tr><td>序号</td><td>类别</td><td>相关资料名称</td><td>备注</td></tr>
<tr><td>1</td><td></td><td></td><td></td></tr>
<tr><td>2</td><td></td><td></td><td></td></tr>
<tr><td>3</td><td></td><td></td><td></td></tr>
<tr><td>…</td><td></td><td></td><td></td></tr>
<tr><td colspan="4" align="center">人才培育</td></tr>
<tr><td>序号</td><td>类别</td><td>相关资料名称</td><td>备注</td></tr>
<tr><td>1</td><td></td><td></td><td></td></tr>
<tr><td>2</td><td></td><td></td><td></td></tr>
<tr><td>3</td><td></td><td></td><td></td></tr>
<tr><td>…</td><td></td><td></td><td></td></tr>
<tr><td colspan="4" align="center">投诉处理</td></tr>
<tr><td>序号</td><td>类别</td><td>相关资料名称</td><td>备注</td></tr>
<tr><td>1</td><td></td><td></td><td></td></tr>
<tr><td>2</td><td></td><td></td><td></td></tr>
<tr><td>3</td><td></td><td></td><td></td></tr>
<tr><td>…</td><td></td><td></td><td></td></tr>
<tr><td colspan="4" align="center">客户纠纷</td></tr>
<tr><td>序号</td><td>类别</td><td>相关资料名称</td><td>备注</td></tr>
<tr><td>1</td><td></td><td></td><td></td></tr>
<tr><td>2</td><td></td><td></td><td></td></tr>
<tr><td>3</td><td></td><td></td><td></td></tr>
<tr><td>…</td><td></td><td></td><td></td></tr>
</table>

四、《管理培训服务机构能力评价准则》（T/SZGL 4—2022）

ICS 03.080
CCS A16

团 体 标 准

T/SZGL 4—2022

管理培训服务机构能力评价准则

Criteria for the Qualification Assessment of Management

Training Service Provider

2022-04-30 发布　　　　　　　　　　2022-06-30 实施

深圳市管理咨询行业协会　　发 布

前　言

本文件按照《标准化工作导则　第1部分：标准化文件的结构和起草规则》（GB/T 1.1—2020）的规定起草。

请注意本文件的某些内容可能涉及专利。本文件的发布机构不承担识别专利的责任。

本文件由深圳市管理咨询行业协会提出并归口。

本文件起草单位：深圳市管理咨询行业协会、深圳市华一世纪企业管理顾问有限公司、深圳市逸马科技有限公司、深圳市锦绣前程人才服务集团有限公司、深圳市中旭教育科技有限公司、深圳市七鼎管理咨询有限公司、华谋咨询技术（深圳）有限公司、深圳市深远企业顾问有限公司、深圳市康达信管理顾问有限公司。

本文件主要起草人：单海洋、马瑞光、王笑菲、徐春明、李志明、岳华新、李武盛、杜建君、胡向阳、雷志平、张浩峰、刘淑玲。

管理培训服务机构能力评价准则

1 范围

本文件规定了管理培训服务机构能力评价对象、评价原则、参评资格、评价等级划分标准、评价指标、评价程序、证书动态管理要求。

本文件适用于对管理培训服务机构的能力评价。

2 规范性引用文件

本文件没有规范性引用文件。

3 术语和定义

下列术语和定义适用于本文件。

3.1

管理培训　Management training

根据客户需求,管理培训服务机构组织管理培训师运用专业知识和工具,以提高管理人员的管理能力为目的的培训活动。

3.2

管理培训服务机构　Management training service provider

提供管理培训服务的组织。

注:充当管理培训服务(3.1)的经纪人或介绍人(推动者)或向管理培训服务机构提供管理支持(例如发票、薪金支付等)的组织不被视为管理培训服务机构。

3.3

客户　Customer

提出或确认管理培训需求,并采购管理培训服务的组织或个人。

4 评价对象

从事管理培训服务,并认可本文件评价内容且自愿申报的管理培训服务机构。

5 评价原则

5.1 自愿性原则

管理培训服务机构的能力等级评审采用自愿申报的原则。

5.2 公平性原则

评审机构应严格按照本文件规定的条款内容,秉承公平、公正、公开的原则开展评价工作。

5.3 保密性原则

参与评审的工作人员在评审过程中,对管理培训服务机构的商业秘密负有保密责任。

5.4 规范性原则

评审机构依据本文件的条款规定,审核参评机构的申报材料,并严格遵守评价程序开展评价工作。

6 参评资格

参评机构必须同时具备以下条件:

a）必须是在中华人民共和国境内依法注册登记、提供管理培训服务且自主经营、独立核算、自负盈亏、自担风险的法人机构；

b）具有良好的商业信誉,近3年未被市场监督管理部门在全国企业信用信息公示系统中列入严重违法失信企业名单或未被列入经营异常名录；

c）具有良好的纳税记录,近3年未被税务机关处罚；

d）参评机构及其法定代表人近3年未被法院列入失信被执行人名单（查询网站：www.creditchina.gov.cn）；

e）参评机构及其法定代表人近3年未被判决或裁定发生犯罪行为（查询网站：wenshu.court.gov.cn）；

f）无严重违反行业规章和行业公约的行为；

g）申报的材料无弄虚作假。

7 评价等级划分标准

7.1 评价等级划分

管理培训服务机构能力评价等级划分为AAA、AAAA、AAAAA三个等级。

7.2 评价等级划分具体条件

7.2.1 管理培训服务机构能力评价等级评分标准：所有指标得分分值的总和=能力等级评分的最终分数。

7.2.2 能力评价等级标准总分为1000分。

7.2.3 能力评价等级划分标准为：

a）850分＜AAAAA级≤1000分；

b）700分＜AAAA级≤850分；

c）550分＜AAA级≤700分。

7.2.4 具体评分细则应符合附录A《管理培训服务机构能力等级评价评分细则》

的要求。

8 评价指标

8.1 党建工作

参评机构拥护中国共产党的领导，重视基层党组织建设和员工政治思想教育，发扬基层党组织的先锋模范带头作用。评价指标包括：党群建设、党建荣誉。

8.2 依法经营

参评机构遵守国家法律法规，合法经营。评价指标包括：依法注册、依法纳税、依法用工。

8.3 综合实力

反映参评机构提供管理培训综合服务的人员、场地、资金、无形资产等综合能力。评价指标包括：注册资本、从业人员、办公场所、营业规模、纳税规模、企业荣誉、行业贡献、社会公益。

8.4 师资实力

反映参评机构提供管理培训授课服务的专业服务能力。评价指标包括：研发团队、研发经费、研发成果、师资结构、师资水平。

8.5 经营管理

反映参评机构在提供管理培训服务方面的综合管理能力。评价指标包括：公司治理、财务管理、业务管理、数字化管理、风险管理、安全管理。

8.6 服务质量

反映参评机构在管理培训服务项目中的全过程质量管理及控制能力。评价指标包括：课前服务质量、课中服务质量、课后服务质量、客户纠纷。

9 评价程序

9.1 评价时间

评价工作每年组织两次，上半年一次，下半年一次。

9.2 发布公告

评审机构在官网等相关媒体上公告评价工作具体事项。

9.3 提交申请

9.3.1 申请单位应按照评审机构所提供的管理培训服务机构能力等级评价申请书，填写相应信息。具体内容应符合附录B的要求。

9.3.2 申请单位申请时应提供以下材料：

a）等级评价申请书；

b）申请单位营业执照复印件；

c）申请单位法定代表人身份证复印件；

d）申请单位信用等级报告；

e）近3年财务审计报告；

f）纳税申报表；

g）有代表性培训服务合同与发票复印件；

h）参评单位专业人员情况说明；

i）知识产权相关材料；

j）房屋产权证明或租赁证明；

k）党建工作记录；

l）公益活动记录；

m）其他证明机构实力的有效资料。

9.4 申请受理

9.4.1 申请单位应遵循本文件所制定的申请程序，提交相关的材料，否则评审机构将不予受理。

9.4.2 申请单位应承诺所有提交材料信息真实有效。

9.5 资料审查

9.5.1 评审机构根据审核程序、申请能力等级，依照本文件相关规定，在正式接收申请后15个工作日内，对申请单位所提交的申请文件与材料进行初步审查并保存相关审查记录。

9.5.2 材料审查：申报材料应齐全，符合本文件规定；若申报材料不符合要求，评审机构应及时通知申请单位在规定时间内进行补充和完善；若申报材料经审核仍不合格的，不予以受理，评审机构需说明不予受理的原因。

9.5.3 现场审查：评审机构根据申报单位所申报的等级，进行现场考察并与相关人员访谈，核实材料的真实性。

9.6 综合评审

9.6.1 由评审机构组织评审专家进行综合评审。在评审过程中，评审专家应对评审资料进行客观、严谨、公正的审查并给出评分。

9.6.2 评审结束时，由审查小组成员和评审机构专家所组成的评审委员会签署评审意见。

9.6.3 评审机构应公示评价结果，公示期为10个工作日。如在公示期内提出异议的，评审机构经过核实认为有必要的可以对异议进行复核并重新审定。

9.7 反馈与发布

9.7.1 评审机构应将评价结果反馈给申报单位。

9.7.2 评审机构在公示期结束后，对无异议的申报单位按相关程序向社会公布最终结果并颁发管理培训机构能力评价等级证书。

10 证书动态管理

10.1 证书有效期

管理培训机构能力评价等级证书有效期为3年。

10.2 监督

评审机构应设置投诉电话和邮箱，接受有关部门、客户单位和社会的监督。

10.3 复评

评价结果从公告颁布之日起生效，有效期为3年。3年过后应进行复评，证书到期前3个月内提交复评资料。复评不通过的，须满1年后方可再次申请。

10.4 升级评审

获得通过的参评机构满3年后，方可申请升级评审。升级评审不通过的，须满1年后方可再次申请。

10.5 证书监管

管理培训服务机构在证书有效期内，如果出现客户投诉、恶意竞争、扰乱行业市场秩序等不良行为，评审机构调查核实后，视情节轻重对其进行整改、暂停、降级等处理。

10.6 证书撤销

持证机构发生下列情况时，经评审机构核实，应撤销等级证书：

a）因破产、歇业或其他原因终止培训服务及相关业务活动；

b）因分立、合并等培训服务能力的条件发生较大变化，未及时申请变更；

c）因培训主营业务质量下降，导致客户投诉较多；

d）因自身原因造成所承担的培训项目出现较大事故，被政府部门通报、处罚；

e）涂改、伪造、出租、出借、转让证书；

f）存在弄虚作假、违法违规、违反合同约定等不诚信行为。

附录A
（规范性）
管理培训服务机构能力等级评价评分细则

本细则给出了管理培训服务机构能力等级评价指标权重（见表A.1）及评分细则（见表A.2）。

管理培训服务机构能力评价标准共分为六大项28小项，涵盖了被评价机构的党建工作、依法经营、综合实力、师资实力、经营管理和服务质量，具体能力评价如表A.2所示。

表A.1 管理培训服务机构能力等级评价指标权重

序号	一级指标名称	一级指标权重	二级指标名称
一	党建工作	5%	党群建设
			党建荣誉
二	依法经营	10%	依法注册
			依法纳税
			依法用工
三	综合实力	25%	注册资本
			从业人员
			办公场所
			营业规模
			纳税规模
			企业荣誉
			行业贡献
			社会公益
四	师资实力	20%	研发团队
			研发经费
			研发成果
			师资结构
			师资水平
五	经营管理	20%	公司治理
			财务管理
			业务管理
			数字化管理
			风险管理
			安全管理
六	服务质量	20%	课前服务质量
			课中服务质量
			课后服务质量
			客户纠纷

表A.2　管理培训服务机构能力评价准则评分细则

一级指标序号	指标名称	分值	二级指标序号	指标名称	分值	评价标准	评分依据
一	党建工作	50	1	党群建设	30	①成立基层党组织且组织健全，得10分；②成立工会组织且组织健全，得5分；③党组织参与企业重大事项的决策，得10分；④党组织生活有序有效开展，得5分	查阅机构提供的上级党组织、工会组织的批复文件；查阅党建记录、工会记录等
			2	党建荣誉	20	①获得街道、区县、市州级别的组织或个人荣誉，每项得10分；②获得省、直辖市级别的组织或个人荣誉，每项得15分；③获得国家级别的组织或个人荣誉，每项得20分	查阅机构提供的荣誉证书、资料等
二	依法经营	100	3	依法注册	20	①培训服务机构依法注册设立，证照齐全，得5分；②依法年检，得5分；③有合法手续的办公地点，得10分。如市场监督管理系统内显示上述任意一项异常，该依法注册指标得0分	查看机构的相关证明材料、市场监督管理信息系统
			4	依法纳税	40	①办理纳税人资格，得10分；②纳税信用评级：A级得20分，B级得15分，M级得10分；③其他纳税信息记录无异常，得10分。如不能提供，或税收征管系统内显示异常，该依法纳税指标得0分	查看机构的相关证明材料、税务征管系统
			5	依法用工	40	①根据劳动政策，依法与员工签署劳动合同，得10分；②根据社保政策，依法为员工缴纳社会保险费用，且标准符合当地规定，得20分；③根据公积金政策，依法为员工缴纳住房公积金，且标准符合当地规定，得10分	查看机构的相关证明材料、社保查询系统
三	综合实力	250	6	注册资本	50	注册资本：①上市公司（北交所、深交所、上交所），得50分；②注册资本≥1000万元，得40分；③300万元≤注册资本<1000万元，得30分；④50万元≤注册资本<300万元，得20分；⑤注册资本<50万元，得10分	查看市场监督管理部门查询系统，或经审计机构审计的验资报告
			7	从业人员	20	在机构领取薪酬的员工人数：①员工人数≥300人，得20分；②100人≤员工人数<300人，得10分；③员工人数<100人，得5分	查看最近半年缴纳个人所得税的工资表或社保名册（取平均值）

续表

一级指标 序号	指标名称	分值	二级指标 序号	指标名称	分值	评价标准	评分依据
三	综合实力	250	8	办公场所	20	有固定的办公场所且： ①面积≥500平方米，得20分； ②100平方米≤面积<500平方米，得10分； ③面积<100平方米，得5分； ④无固定办公场所，得0分	核对租赁协议或者房产证信息
			9	营业规模	50	机构主营业务年营业收入： ①营业收入≥10000万元，得50分； ②5000万元≤营业收入<10000万元，得40分； ③1000万元≤营业收入<5000万元，得30分； ④500万元≤营业收入<1000万元，得20分； ⑤营业收入<500万元，得10分	查看审计后的财务报表或者年度汇算清缴纳税申报表
			10	纳税规模	50	机构年纳税总额（含个人所得税）： ①纳税总额≥1000万元，得50分； ②500万元≤纳税总额<1000万元，得40分； ③100万元≤纳税总额<500万元，得30分； ④50万元≤纳税总额<100万元，得20分； ⑤纳税总额<50万元，得10分	查看年度税务汇算清缴报告或财务审计报告
			11	企业荣誉	20	获得相关机构（党政部门或事业单位、行业协会）颁发的荣誉（且荣誉尚在有效期内）： ①获得国家/国际级荣誉，每项得20分； ②获得省/部/厅级荣誉，每项得15分； ③获得市/局级荣誉，每项得10分； ④获得区/县级荣誉，每项得5分。 注：以上各项累计总分最高为20分，社会机构/行业协会颁发的荣誉参照以上标准	机构提供获的奖荣誉证书或颁奖机构文件
			12	行业贡献	20	①积极推进行业标准、行业经验分享，举办行业峰会、沙龙、研讨会等，每次得2分，满分10分； ②积极参与行业公益活动，每次得2分，满分10分	查看行业协会提供的证明材料
			13	社会公益	20	①积极参与社会公益活动，包括公益性质的中小企业管理知识讲座、贫困山区儿童捐助、扶持残障群体、关爱孤寡老人等公益活动，每次得5分； ②社会公益得到省市级、行业表彰的，每次得10分； ③获得区级表彰的，每次得5分。 注：以上各项累计总分最高为20分	查阅机构提供的公益活动记录

续表

一级指标 序号	指标名称	分值	二级指标 序号	指标名称	分值	评价标准	评分依据
四	师资实力	200	14	研发团队	25	研发人员（含课题研发及信息技术研发）占机构总人数的比例： ①占比≥3%，得25分； ②2%≤占比<3%，得20分； ③1%≤占比<2%，得15分； ④0<占比<1%，得10分； ⑤没有研发人员，不得分	查看组织架构图、纳税工资表、财务报表等资料
			15	研发经费	25	实际发生的研发经费（含课题研发及信息技术研发）占公司营业收入的比例： ①占比≥3%，得25分； ②2%≤占比<3%，得20分； ③1%≤占比<2%，得15分； ④0<占比<1%，得10分； ⑤没有研发经费，不得分	查看组织架构图、纳税工资表、财务报表等资料
			16	研发成果	25	从机构成立至今，获得自主创新性研发成果且尚在生效期的知识产权（包括专利、著作权、软件著作权），并且知识产权数量： ①数量≥20项，得25分； ②15项≤数量<20项，得20分； ③10项≤数量<15项，得15分； ④5项≤数量<10项，得10分； ⑤数量<5项，得5分； ⑥没有知识产权，不得分	创新成果证明材料
			17	师资结构	25	培训师包括签订劳动合同的内部培训师、签订劳务合同的外聘培训师。其中，内部培训师占全部培训师的比例： ①占比≥25%，得25分； ②20%≤占比<25%，得20分； ③15%≤占比<20%，得15分； ④10%≤占比<15%，得10分； ⑤5%≤占比<10%，得5分； ⑥占比<5%，不得分	查看组织架构图、纳税工资表、财务报表
			18	师资水平	100	参评机构拥有高级管理培训师、中级管理培训师数量： ①每增加1名高级管理培训师，得10分； ②每增加1名中级管理培训师，得5分。 本项满分100分	机构提供的培训师名单、所讲授课程及培训师资格证书
五	经营管理	200	19	公司治理	20	①组织架构完整合理，各部门的岗位职责清晰，得10分； ②股东会、董事会、监事会按照公司法要求按时召开会议并有完整的会议记录，得10分	查看组织架构图及各岗位的职责说明、工资表

续表

一级指标 序号	一级指标 指标名称	一级指标 分值	二级指标 序号	二级指标 指标名称	二级指标 分值	评价标准	评分依据
五	经营管理	200	20	财务管理	50	①有符合国家会计准则的会计核算制度、完整的财务管理制度、内部管理制度，得20分；②有分工明确、职责清晰的财务管理团队、内部审计团队，得20分；③每年度安排外部审计机构审计且结果为标准意见的审计报告，得10分	查看相关的财务管理规章制度、纳税工资表、组织架构图、外部审计业务合同
			21	业务管理	50	①有完整清晰的业务管理制度和业务流程，得20分；②参考使用行业标准规范的培训业务合同，得10分；③培训业务合同或者具有法律效力的报名表签署率不低于90%（抽样），得20分	查看相关的培训、咨询服务合同管理规范及抽查20%客户合同文本
			22	数字化管理	40	①有完善的业务管理系统、客户管理系统、财务管理系统、办公自动化系统，得10分；②在综合运营方面有数字化应用，得10分；③纸质档案分类管理（法律合同、业务信息、客户资料、员工信息、财务票据、设施设备使用记录等）档案资料齐全完备、管理规范，得10分	现场查看机构各类信息化系统；抽样20%查看机构的纸质档案资料
			23	风险管理	20	①建立、健全企业内部风险控制管理制度，得10分；②风险控制管理有详细的管控记录，得10分	机构提供文件资料,现场抽查、核对
			24	安全管理	20	①消防安全管理制度健全、设备齐全、人员到位，且未发生消防安全事故，得10分；②疫情防控管理制度健全、设施齐备、分工明确，且未发生疫情失控事故，得5分；③公共治安管理制度健全、设备齐全、岗位清晰，且未发生重大治安事故，得5分	机构提供文件资料,现场抽查、核对
六	服务质量	200	25	课前服务质量	40	①课程信息及时准确地通知到学员，得10分；②针对参课学员进行课前需求调查、问题调研，得10分；③开展课前知识预习辅导服务，得10分；④完善有效的课程班务体系，得10分	机构提供的文件资料

续表

一级指标 序号	指标名称	分值	二级指标 序号	指标名称	分值	评价标准	评分依据
六	服务质量	200	26	课中服务质量	100	（1）课中质量： ①提供学员专用培训教材，得10分； ②提供学员专用培训讲义或PPT，得10分； ③客户满意度评分表填写率高于80%并保存完整，得10分； ④培训师布置作业并批阅解答，得10分。 （2）开展客户满意度调查，且客户满意度： ①满意度≥95%，得60分； ②90%≤满意度＜95%，得50分； ③85%≤满意度＜90%，得40分； ④80%≤满意度＜85%，得30分； ⑤75%≤满意度＜80%，得20分； ⑥70%≤满意度＜75%，得10分； ⑦满意度＜70%，得0分	机构提供的文件资料
			27	课后服务质量	40	①健全的客户投诉处理机制并有执行记录，得10分； ②健全的客户跟踪回访机制并有执行记录，得10分； ③完善的课程课后复习系统并有执行记录，得10分； ④完善的课后交流分享系统并有执行记录，得10分	机构提供的文件资料、抽样、电话测试
			28	客户纠纷	20	近3年内客诉矛盾纠纷（诉讼与仲裁）： ①机构没有诉讼或败诉案件，得20分； ②机构败诉案件低于5件，得10分； ③机构败诉案件高于5件，不得分	查阅司法系统、商业性查询系统如天眼查、企查查

附录B
（规范性）
管理培训服务机构能力等级评价申请书

管理培训服务机构能力等级
评价申请书

申请机构名称：_____

申请机构所在地：_____

申请日期：_____

评审类别：□初评　　□复评　　□升级　　□其他_____

声明：本申请书上所填写的有关内容和提交的资料均准确真实，合法有效，无涉密信息，本单位愿为此承担法律责任。

法定代表人签名：　　　　　　　　　　　　　（单位公章）

填表须知：

1.本表适用于管理培训服务机构能力等级评价申请；

2.本表要求使用计算机打印，不得涂改；

3.申请机构应如实逐项填写；

4.本表数字均使用阿拉伯数字，除万元、%保留两位小数外，其余均为整数；

5.本表中带□的位置用√选择填写；

6.申请资料如有附件加页，一律使用A4纸；

7.提交复印件的需加盖单位公章；

8.全套申请资料需提供一份电子档文件；

9.提交的全套纸质申请资料需加盖公章及骑缝章，一式两份并提供原件核查。

承 诺 书

1.我单位自愿提交《管理培训服务机构能力等级评价申请书》；

2.我单位向行业社会组织所提交的本申请书内容真实可靠；

3.申请资料内所涉及的管理培训服务等相关活动，符合国家的法律、法规及其他相关规定；

4.严格遵循《管理培训服务机构能力评价准则》的相关规定，保证评价实施时所需要提供的相关材料真实可靠；

5.如获得评价等级，我单位自愿接受本标准动态管理；

6.我单位已阅读并接受《管理培训服务机构能力等级评价申请书》上所提及和公开的所有信息；

7.本申请材料仅用于管理培训服务机构能力等级评价申请，并已自行备份备查，不再要求予以退还。

机构名称：

机构法人（签名）：

时间：　　年　　月　　日

附录

申请机构简介

×××机构简介说明

时间：

备注：
　　内容包括机构成立历程、组织架构概述、经营范围、管理培训或培训服务的业务成绩、高层核心高管、研发团队情况与成果、国内或涉外合作情况、内部管理体系与信用体系基本情况，以及提供能体现机构的社会形象、社会影响力和专业水平的材料（不超过3000字）

【一、党建工作】

1.申请单位党建工作情况表

党建工作情况统计表（近3年）

序号	时间	项目	具体内容	相关证明材料
1		党组织机构名称		
2		参与企业重大事项决策		
3		党组织生活（次数）		
…				

其他群众组织情况统计表（近3年）

序号	时间	项目	具体内容	相关证明材料
1		工会机构名称		
2		工会活动（次数）		
3		其他群众活动次数		
…				

党群建设所获荣誉（近3年）

序号	时间	项目	具体内容	相关证明材料
1				
2				
3				
…				

【二、依法经营】

2.依法经营统计表

序号	类别	相关资料名称	备注
1	依法注册	证照（三证或三证合一）	
2	依法纳税	纳税信用评级证书	
3		税收征管系统信息记录	
4	依法用工	劳动合同资料	
5		员工社保缴纳清单	
6		员工公积金缴纳清单	

【三、综合实力】

3.1 机构基本情况

机构名称（中文/英文）					
注册地址					
经营地址					
注册资本			注册时间		
注册所在地	省　　市　　区		注册所在街道		
统一社会信用代码			登记注册类型		
主要业务范围					
主要服务行业					
机构资质			机构网址		
办公场所面积			分支机构数量		
从业人员情况					
法定代表人	姓名		移动电话		
	学历		身份证号		
联系人	姓名		移动电话		
工资表人员总数			签署劳动合同人数		
缴纳社保人数			缴纳公积金人数		
博士生人数			硕士生人数		
本科生人数			大专生及以下人数		
公司股权结构					
序号	主要股东名称（前五名）	出资额/万元	出资方式	所占比例/%	备注
1					
2					
3					
4					
5					

3.2 申请机构财务情况（近3年财务数据，不含申请当年）

序号	项目类别	20__年	20__年	20__年
1	营业收入/万元			
2	其中：主营业务收入/万元			
3	其他业务收入/万元			
4	净利润/万元			
5	应交税费总额/万元			
6	其中：企业所得税/万元			
7	个人所得税/万元			
8	增值税/万元			
9	其他税费/万元			
10	汇算清缴实缴税费总额/万元			
11	总资产/万元			
12	固定资产总额/万元			
13	负债总额/万元			
14	资产负债率/%			
15	净资产总额/万元			

3.3 其他综合实力

申请机构荣誉情况表（近3年）（备注：不含党建工作荣誉）

序号	时间	名称	颁发部门	荣誉级别
1				
2				

行业贡献情况表（近3年）

序号	时间	项目名称	证明单位	备注
1				
2				

社会公益活动情况统计表（近3年）

序号	时间	活动内容及名称	活动级别	证明资料
1				
2				

【四、师资实力】

4.1 师资资源情况表（截至上年度末）

（一）总体情况

项目	数量	备注
工资表员工总人数/人		
培训师总人数/人		含劳动关系的内部培训师、劳务关系的外聘培训师
其中：内部培训师人数/人		
内部培训师占比/%		
其中：外聘培训师人数/人		
外聘培训师占比/%		
研发团队人数/人		含专职的课题研发人员及信息技术研发人员
研发团队人数占总人数/%		
其中：专职课题研发人员/人		
专职信息技术研发人员/人		

（二）培训师水平结构

学历	博士	硕士	本科	大专及以下
人数/人				
职称	高级职称	中级职称	初级职称	其他
人数/人				
年龄	29岁及以下	30～39岁	40～49岁	50岁及以上
人数/人				

4.2 研发经费及研发成果（近3年）

序号	项目类别	20___年	20___年	20___年	平均
1	研发经费/万元				
2	培训业务收入/万元				
3	研发经费占比/%				
4	研发成果总数量/个				
5	专利技术				
6	著作权				
7	软件著作权				
8	其他知识产权				

注：研发经费包括课题研发经费、信息技术研发经费，具体数据摘自会计报表科目"研发经费"（核算标准参考国家会计准则）。

【五、经营管理】

5.经营管理情况表

公司治理			
序号	类别	最近一年会议数量/次	备注
1	股东会会议记录（摘选）		
2	监事会会议记录（摘选）		
3	董事会会议记录（摘选）		
4	其他专业委员会会议记录（摘选）		

备注：以上会议记录基于商业机密考虑，只需提供会议记录的关键要素，无须提供全文

财务管理制度		
序号	主要财务管理/会计核算/内部控制制度名称	备注
1		
2		
3		

财务与审计				
序号	项目	20___年	20___年	20___年
1	财务部门人数/人			
2	审计部门人数/人			
3	是否安排外部审计			
4	外部审计报告类型			

业务管理情况			
序号	项目	相关资料名称	备注
1	业务管理制度		
2	业务管理流程		
3	业务合同文本		
4	课程报名表		
5	业务合同抽样统计表		

备注：内容不够填写时，请附明细清单

数字化管理			
序号	项目	相关资料名称	备注
1	纸质档案明细清单		
2	管理系统明细清单		
3	数字化应用系统清单		

续表

风险管理			
序号	项目	相关资料名称	备注
1	内部控制制度		
2	管控记录表		

安全管理			
序号	项目	相关资料名称	备注
1	消防安全管理制度		
2	疫情防控管理制度		
3	公共治安管理制度		

【六、服务质量】

6.服务质量情况统计表

服务流程制度			
序号	类别	相关资料名称	备注
1	课前服务制度		
2	课中服务制度		
3	课后服务制度		
4	学员开课通知书（邀请函）		
5	学员需求调研表		
6	培训教材		
7	培训讲义/PPT		
8	学员满意度调查表		
9	学员作业及批阅记录		
10			

投诉处理			
序号	投诉时间	投诉理由	处理时间及结果
1			
2			

近3年重大纠纷处理情况			
序号	客户第一次申请诉讼/仲裁时间	申请诉讼/仲裁的理由	判决/裁决的结果
1			
2			
3			
备注：			

五、《管理咨询服务规范》（T/SZGL 5—2022）

ICS 03.080
CCS A16

团 体 标 准

T/SZGL 5—2022

管理咨询服务规范

Specifications for Management Consultancy Service

2022-04-30 发布　　　　　　　　　　　　　　　　2022-06-30 实施

深圳市管理咨询行业协会　发布

前　言

本文件按照《标准化工作导则　第1部分：标准化文件的结构和起草规则》（GB/T 1.1—2020）的规定起草。

请注意本文件的某些内容可能涉及专利。本文件的发布机构不承担识别专利的责任。

本文件由深圳市管理咨询行业协会提出并归口。

本文件起草单位：深圳市管理咨询行业协会、深圳市七鼎管理咨询有限公司、百思特管理咨询有限公司、深圳市深远企业顾问有限公司、华谋咨询技术（深圳）有限公司、深圳市锦绣前程人才服务集团有限公司、深圳市康达信管理顾问有限公司、深圳市逸马科技有限公司、深圳市华一世纪企业管理顾问有限公司、深圳市南方略营销管理咨询有限公司。

本文件主要起草人：徐春明、杜建君、李志明、岳华新、张正华、单海洋、马瑞光、刘祖轲、李武盛、樊小宁、郎鸣镝、韩勇。

管理咨询服务规范

1 范围

本文件规定了管理咨询服务的基本原则、基本要求、服务分类界定方法、服务流程、服务质量管理要求、服务质量监督与投诉处理要求。

本文件适用于管理咨询机构服务于客户的管理咨询活动。

2 规范性引用文件

本文件没有规范性引用文件。

3 术语和定义

下列术语和定义适用于本文件。

3.1

管理咨询服务　Management consultancy service

根据客户需求，管理咨询人员通过深入调查、分析，找出客户管理中存在的关键问题及其产生的原因，运用现代管理的方法和工具，有针对性地提出科学的、切实可行的解决方案，并指导客户实施方案，帮助客户创造价值或促进变革的过程。

3.2

管理咨询师　Management consultant

经相关专业组织对其管理咨询专业能力进行评价，被认定符合规定要求的管理咨询机构从业人员。

3.3

管理咨询服务机构　Management consultancy service provider

向客户提供有偿管理咨询服务的组织。

注：充当管理咨询服务中介（居间人或介绍人）或向管理咨询服务机构提供管理支持（例如发票、薪金支付）的组织不被视为管理咨询服务机构。

3.4

客户　Customer

提出并确认管理咨询需求，采购管理咨询服务的组织或个人。

4 基本原则

4.1 专业性原则

根据客户的管理现状和管理中的关键问题，管理咨询师应综合性地运用专业的管理知识、方法、工具与实践经验，协助解决客户的实际管理问题。

4.2 前瞻性原则

管理咨询服务机构要基于专业的能力去展望及预测未来，所提供的管理咨询建议或方案要符合未来发展趋势。

4.3 创新性原则

管理咨询服务机构应从管理理念、管理机制、管理方法和工具等多层次、多角度提出管理创新策略与方案。

4.4 能力匹配原则

管理咨询服务机构应当根据管理咨询服务标准承接能够凭借其背景、经验、技能和资质以专业方式完成的任务。如果管理咨询服务机构有理由相信任务目标不会实现，则应当将这一情况及时告知客户，并提议重新协商任务目标。

4.5 独立性原则

管理咨询专业人员在看待和思考客户存在的问题等咨询服务过程中应做到客观、公正、独立。

4.6 合作性原则

管理咨询服务机构在为客户服务过程中，需要管理咨询项目组成员（客户、管理咨询服务机构及其他合作方）之间相互尊重与信任，保持密切沟通，并建立良好的合作关系。

4.7 保护性原则

管理咨询服务机构在为客户服务过程中，客户与管理咨询服务机构之间通过合同约定，合同各方相互承诺保护彼此涉及的商业机密和人员从属关系等。

4.8 合法性原则

管理咨询服务机构应遵守国家相关法律法规，不得侵害国家、社会、客户、员工的安全和利益。

4.9 规范性原则

管理咨询服务机构应按照管理咨询服务规范及其相关咨询准则开展管理咨询服务活动。

4.10 责任性原则

管理咨询服务机构应对其提供的人员、技能、信息、技术、工具和工作负责；客户应对决策、结果和对利益相关方的影响负责。

5 基本要求

5.1 机构资质要求

5.1.1 管理咨询服务机构应具备但不限于以下基本条件：

a）在中国境内进行合法登记的机构；

b）有固定的经营场地和必要的设施设备；

c）拥有专职的管理咨询师或相关领域的专家、学者、教授等；

d）具有清晰的业务定位、服务流程及其配套的管理制度。

5.1.2 接受行业社会组织能力评价，依其能力水平进行等级评价。

5.2 管理咨询师从业要求

管理咨询师从业要求包括但不限于以下方面：

a）遵循职业道德规范，具备良好的职业素养；

b）掌握所需的综合管理知识；

c）具备所需的管理咨询专业技能；

d）接受行业社会组织能力评价，依其个人能力进行等级评定。

5.3 咨询服务质量保障机制

管理咨询服务机构应具备必要的咨询服务质量保障能力，包括但不限于以下方面：

a）建立道德和职业行为守则；

b）建立管理咨询服务管理体系，包括相应的制度、流程、服务标准、评价措施等；

c）制定与客户相关人员的联络与沟通规则，保持合同各方有效的沟通；

d）定期组织项目阶段评审；

e）持续开展专业学习与经验分享。

6 服务分类界定

6.1 按照咨询服务方式划分

6.1.1 管理咨询服务按照咨询服务方式可以划分为：

a）调研诊断类咨询；

b）方案交付类咨询；

c）实施辅导类咨询；

d）长期顾问类咨询；

e）计时服务类咨询。

6.1.2 调研诊断类咨询：服务合同中约定以调研诊断后找出问题或提出建议为最终结果。

6.1.3 方案交付类咨询：服务合同中约定以交付管理问题解决方案为最终结果。

6.1.4 实施辅导类咨询：以指导咨询方案的落地实施为合同内容，在一定期限内辅导客户将咨询方案转化成行动计划与实施行为，并在实施辅导过程中进行必要的动态控制与调整。

6.1.5 长期顾问类咨询：在一个相对长的时间（一般不低于一年）内，对合同中约定的事项，适时给客户提供具体建议。

6.1.6 计时服务类咨询：在约定的时间内集中听取客户问题陈述，当场进行问题分析并为客户提出合理建议。提供该类咨询的专业人员通常是高级管理咨询师或相关领域的专家、学者、教授等。

6.2 按照管理功能划分

管理咨询服务按照管理功能可划分为：

a）发展战略咨询；

b）商业模式咨询；

c）组织管理咨询；

d）股权设计咨询；

e）人力资源咨询；

f）品牌管理咨询；

g）市场营销咨询；

h）研发与创新管理咨询；

i）采购与供应链管理咨询；

j）生产运营管理咨询；

k）流程管理咨询；

l）项目管理咨询；

m）财务管理咨询；

n）风险管理咨询；

o）组织文化咨询；

p）知识产权管理咨询；

q）标准化管理咨询；

r）信息化管理咨询；

s）数字化管理咨询等。

注：上述部分管理功能的进一步分类可以参考T/CCPITCSC 024—2019《管理咨询服务产品的分类与代码》。

6.3 按照咨询对象性质划分

管理咨询服务按照咨询对象性质可以分为：

a）企业管理咨询；

b）事业单位管理咨询；

c）社会团体管理咨询；

d）政府机构管理咨询。

7 服务流程

7.1 签约前期

7.1.1 初步了解咨询需求

管理咨询服务机构在接到客户咨询服务的需求信息时，先由管理咨询师以电话、邮件、语音或视频通信等方式，初步了解客户情况和咨询需求，并向其说明包括但不限于以下要点：

a）了解客户公司的基本信息、项目目前状况、客户提出的问题或现状描述，并进行初步判断；

b）简要向客户介绍公司基本状况和专业特点，对客户表示有能力为客户解决问题并提供相关服务，若超出本公司服务范围，应明确告知客户；

c）了解客户咨询项目立项、预算及采购方式等情况。

7.1.2 深度沟通确认咨询需求

7.1.2.1 初步沟通顺利，则继续由资深的管理咨询师就有关咨询内容与客户深度沟通并确认咨询需求。在正式确定咨询项目范围之前，管理咨询服务机构可以与客户协商安排独立调研。

7.1.2.2 如客户愿意支付前期独立调研费用，可签订前期调研合同。客户前期调研费用明确后，管理咨询服务机构可安排前期调研。

7.1.2.3 如客户是以招标方式采购管理咨询服务项目，则须告知客户本机构参与投标且当评标结果进入前三名（或专业技术评分进入前三名）时客户应支付一定的前期调研费用或投标方案设计费用。此费用根据项目前期调研工作费用及相关人员的差旅费用综合核定，或者以客户项目招标预算金额的3%～10%核定。

7.1.2.4 调研过程包括但不限于以下要点：

a）拟定调研计划，并与客户确认调研时间和行程（小型企业所需时间1～3天，中型企业所需时间3～15天，大型企业所需时间7～30天）；

b）采用现场考察、人员访谈、调查表、资料研究与数据分析等方式，对客户经营管理现状进行初步诊断；

c）对客户存在的主要问题进行系统性分析并分类排序，初步确定其管理功能类别与解决方向；

d）调研组进行内部讨论，形成对客户管理咨询需求、目标、内容等的统一认识；

e）与客户方主要负责人交换意见，统一合同各方对于主要问题、客户目标与咨询目标、咨询内容的认识；

f）建立调研过程及结果的沟通记录，为后续咨询工作开展提供客观依据。

7.1.3 拟定与提交咨询项目建议书

7.1.3.1 调研诊断后，根据需要确定是否编制咨询项目建议书。如需要编制咨询项目建议书，其内容包括但不限于以下要点：

a）项目背景；

b）对客户项目需求的理解；

c）客户经营管理中存在的主要问题；

d）对客户经营管理中存在的主要问题的初步判断；

e）解决客户主要问题的咨询方法或路径；

f）界定项目内容及边界；

g）描述项目输出成果；

h）项目时间进程和初步计划；

i）项目组构成与分工；

j）项目报价（可选）；

k）管理咨询服务机构简介。

7.1.3.2 咨询项目建议书编制完成后，提交客户项目负责人，并就以下内容进行沟通与确认：

a）书面提交咨询项目建议书；

b）约定咨询项目建议书沟通时间、地点与参与人员；

c）解答相关问题；

d）必要时，根据沟通情况对咨询项目建议书进行修改，完善后再行提交。

7.2 合同签订

7.2.1 商务合同洽谈

确认咨询项目建议书后，管理咨询服务机构应与客户进一步进行商务合同洽谈。洽谈涉及的主要内容包括咨询服务内容及边界、项目周期、项目费用、付款方式以及客户关心的其他相关内容。

7.2.2 合同内容

管理咨询服务合同应包括以下内容：

a）合同签订各方名称及基本信息；

b）定义；

c）管理咨询服务内容及服务方式；

d）服务期限及投入时间；

e）费用和支付方式；

f）权利义务；

g）保密条款；

h）知识产权约定；

i）违约责任；

j）争议解决；

k）合同变更；

l）不可抗力的处理；

m）合同的生效；

n）后续服务；

o）合同各方签章及签订日期、地点。

7.2.3 签订合同

7.2.3.1 合同应优先采用书面形式，以合同书、信件和数据电文等可以有形地并可被证明地表现所载内容的形式订立，有法律特殊规定的从其规定。

7.2.3.2 管理咨询服务合同还可根据需要增加例外条款、补充条款、合同附件等内容，参见附录A《管理咨询服务合同内容要素及说明》。

7.3 现状诊断

7.3.1 咨询项目的启动准备

合同签订并当管理咨询服务机构收到首期预付款后启动咨询项目，启动准备可包括：

a）成立客户项目领导小组；

b）由合同各方项目负责人挑选并委派合适人员共同组建项目团队；

c）下达项目任务书；

d）制定咨询项目工作计划；

e）准备项目调研访谈提纲；

f）收集与研读客户方所在行业专业资料；

g）召开项目启动会。

7.3.2 深度调研

管理咨询项目深度调研一般过程如下：

a）提交资料清单，收集并研究客户资料；

b）和客户主要领导见面；

c）了解客户主要业务流程；

d）参观客户业务现场；

e）访谈客户相关人员；

f）问卷调查；

g）整理、统计和分析数据；

h）分析和归纳并形成问题列表；

i）研讨管理咨询建议的方向和重点。

7.3.3 提交诊断分析报告

必要时，项目团队撰写诊断分析报告。基本内容框架如下：

a）诊断工作说明；

b）诊断结论；

c）问题解决思路。

诊断分析报告撰写完成后，应召开阶段性项目报告会，充分听取领导小组和有关专家的指导意见，得到客户方认可后进入方案设计阶段，客户方按合同要求支付中期预付款。

7.4 设计方案

7.4.1 方案设计

根据管理诊断分析结论，项目团队应运用管理科学的方法和工具设计管理咨询方案。

7.4.2 方案研讨

方案设计完成后，项目团队内部应充分研讨并依据研讨结果适时完善管理咨询方案，根据需要可邀请客户领导小组参加项目研讨会。研讨要点如下：

a）方案可行性；

b）所需资源；

c）实施成本；

d）知识和技能要求；

e）与客户方企业文化和管理风格的匹配性；

f）客户方变革决心与克服困难的坚定意志；

g）管理创新程度。

7.4.3 方案确认

将经充分研讨并形成共识的管理咨询方案文本和相关资料提交给客户方相关负责人签收。项目团队组织客户领导小组和相关决策人员验收并确认管理咨询方案。

7.4.4 方案宣讲

项目团队应向客户方相关人员宣讲管理咨询方案并进行答疑。方案宣讲后客户方按合同要求支付后续款项。

7.5 方案实施辅导

7.5.1 实施方案编制及培训

7.5.1.1 编制咨询实施方案，实施方案应明确实施目标、实施任务、实施进度、人员安排及分工、关键要点等。

7.5.1.2 开展实施方案培训，培训内容应包括对方案的理解、对方案实施的认识、方案实施的条件、关键点、实施工具、风险与挑战、实施中各部门人员的协调配合要求等。

7.5.2 辅导实施

咨询方案实施期间，对于比较重要且技术性比较强的环节，咨询人员应通过指导、培训、小范围示范、试点或试运行等方式方法辅导实施。

7.5.3 反馈及调整方案

咨询方案实施过程中，项目团队依据实施环境条件变化或新问题对管理咨询方案和咨询实施方案进行反馈，适时对方案进行必要的修改和调整。

7.6 项目评估、验收与总结

7.6.1 项目评估及验收原则

调研诊断类咨询项目采用签收方式，不需要进行项目验收。项目方案类和实施辅导类咨询项目根据合同约定可以进行项目评估及验收。

7.6.2 项目评估与验收

管理咨询服务机构与客户方共同组织管理咨询项目评估与验收。项目评估与验收内容应包括：

a）项目评估计划，包括参加人员、方法、进度、结果确认等内容；

b）评估方案应明确方案实施的过程评估、成效评估的方法、工具、措施和对象；

c）评估重点应是管理咨询项目实施的有效性、计划执行状态及管理咨询项目绩效改进的机会。管理咨询项目实施的计划、任务内容、客户操作环境、项目范围等变化应反映在评估报告中；

d）评估结果应与客户方进行沟通，并获得客户认可，必要时，以量化数据反映管理咨询项目实施所带来的经济效益、组织效能或社会效益；

e）评估结论应反映管理咨询项目目标的实现程度。

7.6.3 项目总结

管理咨询项目结束后，管理咨询服务机构应组织相关人员进行总结。项目总结内容包括：

a）基于管理咨询项目的计划、实施、评估等资料进行综合总结；

b）归档管理管理咨询项目的过程标准和评估报告。

7.7 项目后服务跟踪

管理咨询服务合同履行完成后，管理咨询服务机构应向客户提供后续服务，调查了解客户满意情况，收集反馈资料并分析处理，收集客户新的服务需求，提出新的咨询服务项目建议。

8 服务质量管理

8.1 合同管理

管理咨询服务机构应建立合同管理制度，合同管理制度内容可包括合同归口管理部门、合同标准格式文本、客户资信调查、合同风险评估、合同谈判、合同审查和评审机制、合同审批、合同签订和履行、合同执行监督、合同变更处理机制、合同纠纷处理等。

8.2 过程监测

管理咨询服务机构应建立管理咨询服务过程的监测与改进机制，并确保有效运行，包括：

a）充分宣导以确保管理咨询服务机构相关人员了解监测要求、目的和方法；

b）明确执行过程监测的责任人、方法和要求；

c）建立清晰的数据和信息收集的方法、工具和责任；

d）监测信息包括项目计划的实施、客户反馈、投诉和满意度评价；

e）定期对管理咨询服务过程监测进行评估，确定管理咨询服务过程符合预定目标的程度。

8.3 持续改进

管理咨询服务机构应按规定的方法对管理咨询服务进行持续改进，包括：

a）制定改进措施对项目偏差进行纠正；

b）改进的要求以书面、培训、沟通等方式告知管理咨询服务机构相关人员；

c）持续跟踪管理咨询项目的改进，并将改进措施和期望效果告知客户；

d）定期培训员工及专业人员，持续提升其专业服务能力；

e）管理咨询服务机构主要负责人应参加管理咨询服务的持续改进活动；

f）对管理咨询项目进行成果管理，利用信息系统建立企业的知识库、项目库和案例库。

9 服务质量监督与投诉

9.1 服务质量监督

9.1.1 管理咨询服务机构应接受行业社会组织和客户的监督与检查。

9.1.2 管理咨询服务机构应主动向相关行业社会组织申请审核，纳入管理咨询服务机构白名单公示管理。

9.1.3 属地行业协会规范行业产品和服务质量，引导行业自律，建立社会评价、失信惩戒和行业信用管理制度。以下不良行为属地行业协会调查属实后劝其退会，并公开声明其不是会员：

a）违反国家法律、法规和政策；

b）不守诚信导致客户发生较严重损失；

c）严重损害客户利益的行为；

d）拼凑、包装咨询或培训内容等欺骗客户的行为；

e）传播虚假或具有误导性的信息欺骗客户的行为；

f）传播封建迷信、精神病毒、邪教学说等危害社会的信息；

g）咨询和培训过程中对参与人员的身心健康造成损害的违法或违规行为；

h）利用培训和咨询服务方式实施非法集资或诱导客户投资等违法行为。

9.2 服务质量投诉

9.2.1 管理咨询服务机构应建立反映及时、处理得当的客户投诉处理机制。

9.2.2 对所有有效的投诉进行记录、调查和分析原因，采取措施加以处理，并向客户及时反馈。

附录A
（资料性）
管理咨询服务合同内容要素及说明

本附录给出了管理咨询服务通用合同的内容要素与说明，供管理咨询服务机构编制合同时参考，实际合同签订中的具体内容和结构应符合以下基本框架内容，如果合同各方认为其中的某些内容不适用，可予以裁减或排除，最终以管理咨询服务机构与客户签订的正式合同文本为准。

一、管理咨询服务合同内容要素

1. 合同签订各方名称及基本信息
2. 定义
   - 2.1 草案文本、修订文本、确认文本、正式文本、电子文档。
   - 2.2 关键成果、一般成果。
   - 2.3 决策层人员、非决策层人员。
   - 2.4 签收函、签收、确认函、确认。
   - 2.5 书面修改意见。
3. 管理咨询服务内容
   - 3.1 服务项目名称。
   - 3.2 项目背景信息、假设、范围和限制。
   - 3.3 服务要求和期望的成果。
   - 3.4 成果交付及验收要求。
   - 3.5 签约各方认为有必要约定的其他内容。
4. 管理咨询服务方式
5. 服务期限及投入时间
6. 费用和支付方式
   - 6.1 咨询服务费用。
   - 6.2 支付方式。
7. 权利与义务
   - 7.1 客户方权利与义务。

  7.2 服务提供方权利与义务。

8. 保密条款

  8.1 保密内容约定。

  8.2 保密期限约定。

9. 知识产权约定

  9.1 知识产权的约定。

  9.2 知识产权转移与确认。

  9.3 特殊情况处理。

10. 违约责任

  10.1 违约及应承担的违约责任的约定。

  10.2 违约金的约定、违约损失赔偿额或其计算方法的约定等。

  10.3 违约赔偿的支付。

11. 争议解决

  11.1 争议解决原则。

  11.2 争议解决途径。

  11.3 其他有关说明。

12. 合同变更

  12.1 许可变更的条件。

  12.2 变更程序及要素。

  12.3 变更后的咨询服务费变化约定。

13. 不可抗力的处理

  13.1 不可抗力内容的约定。

  13.2 不可抗力发生后的处理。

14. 合同生效

  14.1 合同及附件说明。

  14.2 合同有效期。

  14.3 合同生效期。

  14.4 合同持有情况说明。

  14.5 合同终止。

15. 后续服务

  16.合同各方签章及签订日期、地点

二、管理咨询服务合同重点要素相关说明

1.管理咨询服务内容

1.1 项目背景信息、假设、范围和限制。

包括项目背景信息、假设条件或所需资源、项目任务的范围和限制。

1.2 服务要求和期望的成果。

客户对管理咨询服务的具体要求和期望实现的成果。

1.3 成果交付及验收要求。

应明确规定可交付的成果，明确规定成果的验收部门或人员、验收标准、验收原则和方法。

项目成果一般包括有形成果和无形成果，按正式签订的咨询服务合同约定对项目咨询成果进行验收。

有形成果验收的内容可包括管理诊断报告、咨询方案报告、咨询建议、过程文档、项目总结报告等。

无形成果验收的内容可包括相关人员在认知与技能方面的变化、管理体系建设的成果和实际的执行效果、管理咨询后成本效益的变化等。

合同中应明确成果交付方式，交付方式包括现场提交签收、电子邮件、验收会等。

2.管理咨询服务方式

2.1 根据管理问题不同性质的诉求及客户的具体要求，应选择及采用不同的管理咨询服务方式或组合，并说明管理咨询服务方式或组合的具体内容。

2.2 管理咨询服务方式包括调研诊断类咨询、方案交付类咨询、实施辅导类咨询、长期顾问类咨询、计时服务类咨询。

3.服务费用标准

3.1 管理咨询服务机构的费用应综合考虑多种因素，包括但不限于同类项目正常的收费标准、项目的实施成本以及客户的价值诉求等。

3.2 管理咨询费用通常有以下几种计价方法。

3.2.1 价值计价法：按照咨询服务所产生的价值来进行计价。价值计价法在方案交付类咨询、实施辅导类咨询中应用较多。

3.2.2 固定单价计价法：属于价值计价法的一种，即将咨询产品或服务以固定价格进行计价。通常在单一功能模块的咨询服务中应用较多。

3.2.3 成本计价法：依据咨询服务的成本决定服务的价格。咨询服务收费通常依据咨询服务投入的咨询师级别、人数、服务时间及其他成本因素计算。成本计价法可以应用于各种咨询服务方式。

3.2.4 时间计价法：属于成本计价法，仅依据咨询服务时间进行计价。通常在长期顾问类咨询、计时服务类咨询中应用较多。

3.2.5 综合计价法：综合应用以上方法及其他相关因素的组合计价方法。如成本加收益定价法、固定加比例分成法、固定加股权计价法、固定加收益加股权计价法等。

4.费用支付方式

4.1 管理咨询服务费用通常采取一次性预付或分期预付的支付方式。

4.2 一次性预付方式：适用于合同标的较小的管理咨询项目。

4.3 分期预付方式：适用于合同标的中型、大型的管理咨询项目。中型管理咨询项目首期预付款通常不低于50%，大型管理咨询项目首期预付款通常不低于40%。

5.保密

5.1 管理咨询服务机构应维持其信誉及客户信任，有责任对从客户处收到的数据和信息进行保密。保密内容包括但不限于客户及其他利益相关方的技术、销售、运营、财务等方面的机密数据、信息以及知识产权等。

5.2 在合同各方约定的保密期内，管理咨询服务机构不应以任何理由擅自使用客户或利益相关方的数据或信息，不得利用客户的商业秘密从事与客户相竞争的业务。

5.3 如有必要，管理咨询服务机构可以单独与客户签订保密协议。

6.知识产权

6.1 管理咨询服务机构对自身专有技术、理论思想、管理模型、管理方法论、数据库、标准、商业模式、工具等相关概念和技术拥有知识产权，客户应予以尊重、承认和保护。

6.2 管理咨询服务机构通常保留其为项目带来的知识产权的所有权。对于因项目成果而产生的知识产权（所有权、使用权或引用权），应在合同中约定所有权。

6.3 合同中约定的相关知识产权在项目结束后也可适用。

7.违约责任

管理咨询服务合同应设置违约责任条款，列举对合同各方违约的认定、采取补救措施及赔偿损失等内容。违约条款为合同各方不履行合同义务或履行合同义务不符合约定的，应当承担继续履行合同义务、采取补救措施或者赔偿损失等违约责任。违约责任条款可包括：

——不符合合同约定、违反职业操守、弄虚作假、投入服务不够等，给客户带来损失等违约行为；

——收集必要证据、核实违约事实、界定违约责任；

——客户因决策、自身内部的人事变动和项目自身管理问题，未按照约定提供必要的资料和工作条件，影响工作进度和质量，不接受或者逾期接受工作成果的，支付的报酬不得追回，未支付的报酬应当支付；

——在合同各方商定范围内，管理咨询服务机构仍未按期提交交付成果或者提交的交付成果严重不符合约定的，应当承担改进成本；

——管理咨询服务机构提供符合约定要求的交付成果，因客户做出决策而造成的损失，由客户承担，但是合同各方当事人另有约定的除外；

——允许任何一方向违约方提出合理的索赔要求，合同可明确索赔程序、索赔费用划分、索赔费用支付方式等内容。

8.争议解决

8.1 管理咨询服务机构应预测、评估、优先考虑和管理与任务相关的风险，应协调和应用所需资源，以减少、监测和控制意外事件的发生概率和影响。

8.2 当合同各方因项目进展、计划执行、费用支付、成效等事项出现争议，且无法保证管理咨询项目的持续进行时，合同各方应依据本规范的规定及合同要求进行沟通协商，确定导致争议的原因和各方责任履行状态，判定争议环节、要点和可能引起的后果。争议判定应包括但不限于：

——以本规范相关规定为基础；

——基于各方签订的管理咨询服务合同；

——尽可能收集和整理事实、数据作为依据；

——客观分析、评价争议，避免主观因素的影响；

——尽可能保持合作，避免冲突和对立。

8.3 出现争议并完成争议判定后，本着互利共赢的理念妥善处置争议，争议解决包括但不限于：

——当争议问题源于管理咨询机构的服务团队时，应考虑调整和优化服务团队人员配置；

——当争议问题源于客户的执行团队或由客户方的相关因素引起时，管理咨询机构应与客户协商，考虑调整推进策略或变更方法；

——当争议出现且合同各方责任难以界定时，应协商考虑变更合同，并依变更后合同履行；

——当争议出现且无法协调时，应考虑终止合同，不涉及经济责任时，出具书面说明终止合同；如涉及经济责任，则再次评价责任归属，以管理咨询服务中存在争议的服务内容对应费用额度作为赔偿限额，确认赔偿责任；

——当合同各方争议无法协调时，应通过第三方调解、仲裁或法律程序进行裁决。

9.变更

管理咨询服务合同应设置变更条款，列举合同可变更的条件、形式和内容等。管理咨询服务合同的变更不得违反国家有关法律的规定。管理咨询服务合同变更条件包括但不限于：

——偏离工作计划；

——更改任务背景；

——管理咨询服务内容或范围发生重大变化；

——客户或接收方的工作环境发生改变；

——客户期望发生改变；

——管理咨询服务机构发生改变等。

10.合同终止

管理咨询服务合同终止的条件包含但不限于：

——管理咨询项目的成果交付完成；

——管理咨询服务合同履行完毕。

附录B
（资料性）

管理咨询服务流程示意图

管理咨询服务流程示意图见图B。

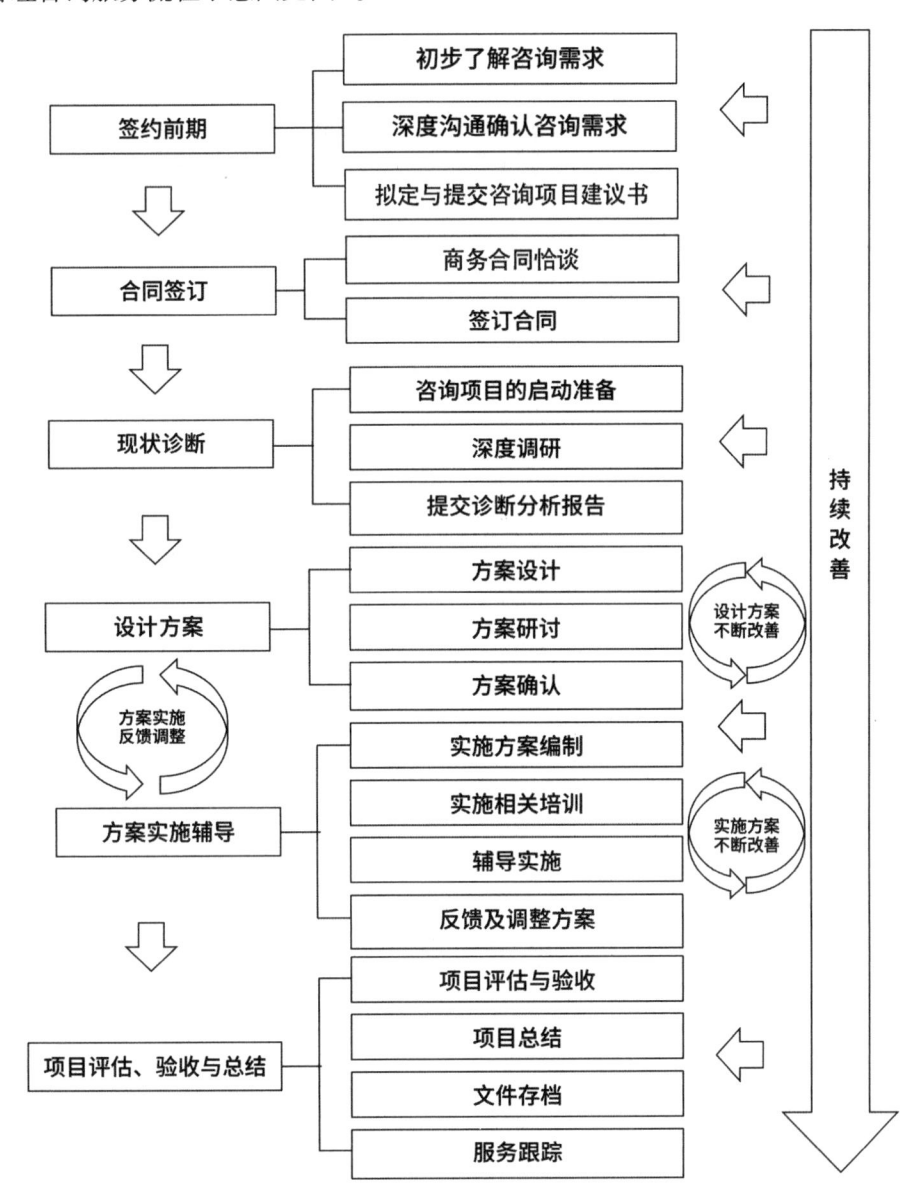

```
签约前期 ──┬── 初步了解咨询需求
          ├── 深度沟通确认咨询需求
          └── 拟定与提交咨询项目建议书
    ↓
合同签订 ──┬── 商务合同恰谈
          └── 签订合同
    ↓
现状诊断 ──┬── 咨询项目的启动准备
          ├── 深度调研
          └── 提交诊断分析报告
    ↓
设计方案 ──┬── 方案设计         （设计方案不断改善）
          ├── 方案研讨
          └── 方案确认
    ↓
（方案实施反馈调整）
方案实施辅导 ──┬── 实施方案编制   （实施方案不断改善）
              ├── 实施相关培训
              ├── 辅导实施
              └── 反馈及调整方案
    ↓
项目评估、验收与总结 ──┬── 项目评估与验收
                    ├── 项目总结
                    ├── 文件存档
                    └── 服务跟踪

持续改善 ↓
```

图B 管理咨询服务流程示意图

注：具体管理咨询服务流程须根据合同内容中约定的管理咨询服务方式进行调整。

六、《管理培训服务规范》（T/SZGL 6—2022）

ICS 03.080
CCS A16

团 体 标 准

T/SZGL 6—2022

管理培训服务规范

Service Standard for Management Training

2022-04-30 发布　　　　　　　　　　　　2022-06-30 实施

深圳市管理咨询行业协会　　发 布

前　言

本文件按照《标准化工作导则　第1部分：标准化文件的结构和起草规则》（GB/T 1.1—2020）的规定起草。

请注意本文件的某些内容可能涉及专利。本文件的发布机构不承担识别专利的责任。

本文件由深圳市管理咨询行业协会提出并归口。

本文件起草单位：深圳市管理咨询行业协会、深圳市逸马科技有限公司、深圳市华一世纪企业管理顾问有限公司、深圳市锦绣前程人才服务集团有限公司、深圳市中旭教育科技有限公司、深圳市七鼎管理咨询有限公司、华谋咨询技术（深圳）有限公司、深圳市康达信管理顾问有限公司。

本文件主要起草人：马瑞光、单海洋、王笑菲、徐春明、李志明、岳华新、杜建君、李武盛、雷志平、赵明强、韩勇、张浩峰、陈洲。

管理培训服务规范

1 范围

本文件规定了管理培训服务的基本原则、服务要求、业务分类、服务流程、服务质量持续改进与投诉处理要求、服务质量监督要求。

本文件适用于管理培训服务活动。

2 规范性引用文件

本文件没有规范性引用文件。

3 术语和定义

下列术语和定义适用于本文件。

3.1

管理培训 Management training

根据客户需求,管理培训服务机构组织管理培训师运用专业知识和工具,以提高管理人员的管理能力为目的的培训活动。

3.2

管理培训服务机构 Management training service provider

提供管理培训服务的组织。

注:充当管理培训服务(3.1)的经纪人或介绍人(推动者)或向管理培训服务机构提供管理支持(例如发票、薪金支付等)的组织不被视为管理培训服务机构。

3.3

客户 Customer

提出或确认管理培训需求,并采购管理培训服务的组织或个人。

4 基本原则

4.1 合法性原则

管理培训服务机构不得侵害国家、社会、客户和其员工的安全和利益。

4.2 专业性原则

遵循管理科学及其相关学科的概念和原理,运用科学的方法和工具,实施有计划、有系统、有实效的培训活动。

4.3 实操性原则

管理培训服务应根据客户的实际情况及共性或个性需求进行规划设计和实施,并产生实效。

4.4 创新性原则

持续更新迭代管理培训理念、培训内容和培训方式，促进客户可持续性发展。

5 服务要求

5.1 机构资质要求

5.1.1 管理培训服务机构应具备但不限于以下基本条件：

a）在中国境内合法登记的机构；

b）拥有满足服务需求的专职管理培训师；

c）具有清晰的业务定位、服务流程及其配套的管理制度；

d）具有自有知识产权或者相关组织授权的培训课程；

e）具有固定的办公场所和必要的办公设备。

5.1.2 接受行业社会组织能力评价，依其能力水平进行等级评价。

5.2 管理培训师从业要求

管理培训师从业要求包括但不限于以下方面：

a）遵循职业道德规范，具备良好的职业素养；

b）掌握所需的综合管理知识；

c）具备所需的管理培训专业技能；

d）资质和履历真实可追溯；

e）接受行业社会组织能力评价，依其个人能力进行等级评定。

5.3 管理培训服务要求

5.3.1 培训方法

常用的培训方法包括课堂演讲法、演示操作法、多媒体教学法、小组讨论法、案例研究法、角色扮演法、咨询式培训法、现场培训法、行动学习法、户外训练法以及游戏训练法等，应针对不同的培训对象，选用不同的培训方法。

5.3.2 培训模式

常见培训模式可以分为线上、线下、线上与线下混合三种类型的培训。

5.3.3 培训内容

培训内容包括但不限于：

a）按照客户需求编制课程大纲、培训课件、培训工具和作业；

b）提供与培训课题相关联的典型性、具体性的案例；

c）根据管理理论与实践的发展趋势与时俱进，并根据客户的持续需求进行优化迭代。

5.3.4 培训评估

应建立培训效果评估体系,评估培训效果的方式包括但不限于:

a)学员满意度调查;

b)学员知识掌握程度评估;

c)知识应用情况的跟踪与反馈;

d)对客户的组织能力改善情况展开全方位、多层次评估。

5.4 服务保障能力

应具备与培训教学目标、服务规模、服务形式和教学内容相适应的服务保障能力,包括但不限于:

a)教室、酒店等实训场地的音响、多媒体投影设备与网络环境、学习平台系统与培训教学内容、人数规模相适应,能满足客户的教学体验要求;

b)办公、培训及其他实训场所,应符合消防安全、公共卫生、疫情防控等国家和地方的相关规定;

c)学习平台数字化系统应符合国家信息技术安全、国家互联网管理规定等有关要求;

d)应有应急场景的意外保护措施。

5.5 培训管理制度

管理培训服务机构应建立完善的管理制度,包括教学管理、师资管理、教学人员管理、学员管理、财务管理、设备使用管理、培训质量管理及安全应急管理等方面建立相应的管理制度。

6 业务分类

6.1 按照行业性质划分

管理培训服务按照行业性质可以划分为:

a)企业管理培训;

b)事业单位管理培训;

c)社会团体管理培训;

d)政府机构管理培训;

e)其他组织管理培训。

6.2 按照培训内容划分

管理培训服务按照培训内容可划分为:

a)政策法规培训;

b）战略管理培训；

c）商业模式培训；

d）人力资源管理培训；

e）财务管理培训；

f）生产管理培训；

g）市场营销管理培训；

h）供应链管理培训；

i）数字化管理培训；

j）股权激励培训；

k）组织文化培训；

l）员工职业化培训；

m）其他管理类培训。

6.3 按照培训需求划分

管理培训服务按照培训需求可以分为：

a）标准型管理培训：依据多个培训对象的共性需求研发设计并提供的管理培训，如管理培训公开课等；

b）定制化管理培训：依据某一特定培训对象的个性化需求研发设计并提供的管理培训，如企业内训等。

7 服务流程

7.1 需求分析

7.1.1 应对培训客户的需求背景进行分析，包括产业发展趋势、行业现状及存在的管理问题等，形成需求分析结论；定制化管理培训还需要对客户的内部运营、受训人员的基本情况和培训目标进行分析并与客户沟通确认。

7.1.2 培训需求沟通阶段，引导与发现客户真实、明确的需求；定制化管理培训需求沟通内容还包括培训目标、受训人员范围、培训内容、培训形式、培训时长和培训师选择偏好、培训效果期望。

7.1.3 就培训活动的组织相关事宜进行沟通，含服务过程、服务成效、培训师安排、场地、教材、相关风险及费用。

7.2 方案设计

7.2.1 应结合管理培训服务机构的专业特长与服务优势，策划设计培训过程、相应师资配置、培训配合要求、培训管理方法、培训成效评价方法及培训成果验收方法等，形成培训方案；定制化管理培训方案设计完成后，还应与客户沟通并确认实施培训服务所需的条件和配合要求。

7.2.2 应围绕确认后的管理培训方案准备培训实施所需的资源、教材和管理培训师安排。

7.3 合同签订

7.3.1 管理培训服务机构应与客户协商后签订管理培训服务合同或协议。

7.3.2 管理培训服务合同或协议应参照附录A《管理培训服务合同要素示例》格式规定签订合同，包括但不限于以下条款：

a）管理培训服务内容、服务期限、服务费用与结算等；

b）可将培训方案、课程大纲、培训师简历与资格证书、课程评价工具等作为合同附件。

7.4 培训准备

培训准备包括但不限于：

a）培训通知包含时间、地点、主题、流程、培训师、交通、住宿安排及注意事项；

b）培训课件包括演示文档、培训教材及服务成效评价工具等；

c）培训场地布置；

d）培训设备与工具；

e）管理培训师和相关服务人员的行程、食宿安排；

f）培训如采用线上学习或线上与线下混合模式，应向客户介绍管理培训平台系统的使用方法；

g）应急预案及其他需准备事项。

7.5 培训实施

培训实施包括但不限于：

a）现场秩序的管理，包括但不限于签到、资料分发等；

b）授课与互动；

c）为教与学双方提供服务；

d）监控培训质量。

7.6 服务评价

7.6.1 服务评价内容包括但不限于：

a）是否实现预期的培训目标；

b）培训项目实施情况的满意度；

c）培训师授课的专业水平；

d）课程设置的合理性；

e）培训内容的针对性；

f）培训方法的有效性；

g）培训设施的安全性；

h）会务管理的体验度；

i）后勤服务的规范性等。

7.6.2 服务评价信息的采集方式包括但不限于纸质问卷、电子问卷、电话访谈或口头沟通等。

7.6.3 培训服务实施后管理培训服务机构应进行内部自我评价与总结。

7.7 资料归档

7.7.1 保存归档的资料应包括：

a）服务前必要的分析资料：

——客户提交或口述的所有资料；

——管理培训需求分析报告；

——课程研发资料；

——管理培训执行方案。

b）服务过程相关资料：

——服务相关的合同或协议文本；

——客户输出的方案成果、论文、考试结果；

——培训课程服务资料；

——培训影音记录。

c）服务评价资料：

——培训服务评价报告；

——内部自我评价与总结报告。

7.7.2 记录可采用任何媒介形式，主要包括纸质文件，电子文件、图片、影视文件等电子媒介。

7.7.3 管理培训服务机构应由专人负责整理、储存和保管资料，所有本文件所要求的记录都应保证真实、有效、完整，且妥善保存、易于查阅。

7.7.4 管理培训服务机构应采取适当措施，对客户的商业信息进行保密。未经客户口头或书面同意，不得将相关信息泄露给第三方。

8 服务质量持续改进与投诉处理

8.1 服务质量自我评价

管理培训服务机构应建立服务自我评价管理机制，定期收集各方的满意度评价与意见反馈信息并加以分析，形成服务质量自我评价报告。

8.2 服务持续改进

管理培训服务机构应依据服务质量自我评价报告制定措施，持续改进，不断提升服务质量。

8.3 客户投诉响应及处理

管理培训服务机构应在服务场所明示客户投诉的渠道，及时响应和妥善处理客户投诉。

9 服务质量监督

9.1 管理培训服务机构应接受行业社会组织和客户的监督与检查。

9.2 管理培训服务机构应主动向相关行业社会组织申请审核，纳入"管理培训服务机构白名单"公示管理。

9.3 属地行业协会规范行业产品和服务质量，引导行业自律。建立社会评价、失信惩戒和行业信用管理制度等。以下不良行为属地行业协会调查属实后劝其退会，并公开声明其不是会员：

a）违反国家法律、法规和政策；

b）不守诚信导致客户发生较严重损失；

c）严重损害客户利益的行为；

d）拼凑培训内容或捏造培训效果等欺骗客户的行为；

e）夸大宣传管理培训师资质、履历或肆意造假等；

f）强制销售行为；

g）传播虚假或具有误导性的信息；

h）传播封建迷信、精神病毒、邪教学说等危害社会的信息；

i）管理培训过程中对参加培训人员的身心健康造成损害的违法或违规行为。

附录A
（资料性）
管理培训服务合同要素示例

本附录给出了管理培训服务合同的基本要素，供管理培训服务机构编制合同时参考，实际合同签订中的具体结构和内容，应以合同签订方协商约定为准。

1. 合同签订各方名称及基本信息
2. 管理培训服务内容

  2.1 培训范围与目标的说明

  2.2 培训服务所涉及的相关要素

  2.3 培训服务履行方式

  2.4 培训成果交付及验收要求

  2.5 其他特殊说明

3. 服务期限
4. 权利义务

  4.1 客户权利义务

  4.2 服务方权利义务

5. 费用和结算

  5.1 费用标准

  5.2 支付方式

  5.3 其他有关说明

6. 保密与知识产权

  6.1 保密内容约定

  6.2 保密期限约定

  6.3 知识产权的约定

  6.4 特殊情况处理

7. 违约责任
8. 争议解决

  8.1 争议解决原则

  8.2 争议解决途径

8.3 其他有关说明

9. 不可抗力的处理

    9.1 不可抗力内容的约定

    9.2 不可抗力发生后的处理

10. 变更

    10.1 许可变更的条件

    10.2 变更程序及要素

11. 合同的生效

    11.1 合同及附件说明

    11.2 合同有效期

    11.3 合同生效期

    11.4 合同持有情况说明

    11.5 合同终止约定

12. 合同各方签章及签订日期、地点

附录B
（资料性）
管理培训服务流程示意图

管理培训服务流程示意图见图B。

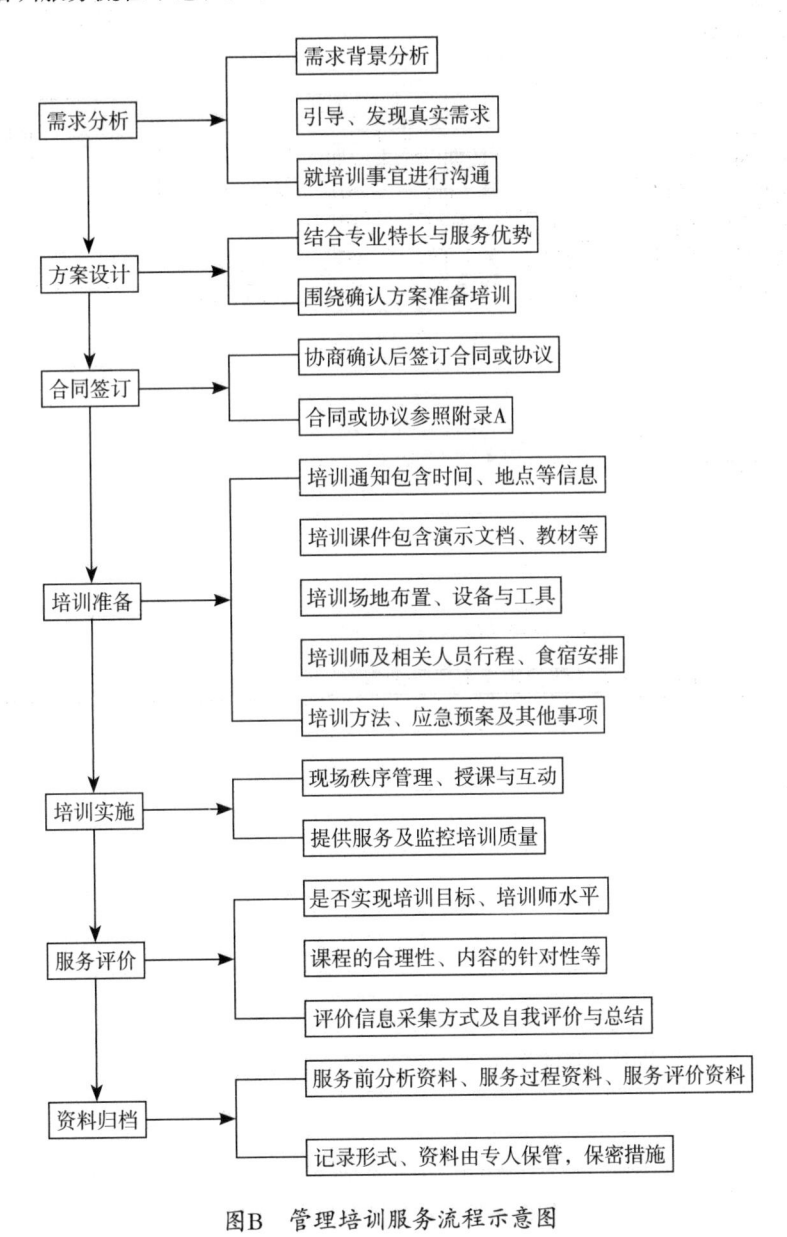

```
需求分析 ──┬── 需求背景分析
          ├── 引导、发现真实需求
          └── 就培训事宜进行沟通
   │
方案设计 ──┬── 结合专业特长与服务优势
          └── 围绕确认方案准备培训
   │
合同签订 ──┬── 协商确认后签订合同或协议
          └── 合同或协议参照附录A
   │
培训准备 ──┬── 培训通知包含时间、地点等信息
          ├── 培训课件包含演示文档、教材等
          ├── 培训场地布置、设备与工具
          ├── 培训师及相关人员行程、食宿安排
          └── 培训方法、应急预案及其他事项
   │
培训实施 ──┬── 现场秩序管理、授课与互动
          └── 提供服务及监控培训质量
   │
服务评价 ──┬── 是否实现培训目标、培训师水平
          ├── 课程的合理性、内容的针对性等
          └── 评价信息采集方式及自我评价与总结
   │
资料归档 ──┬── 服务前分析资料、服务过程资料、服务评价资料
          └── 记录形式、资料由专人保管，保密措施
```

图B 管理培训服务流程示意图

附录C
（资料性）
客户满意度调查表示例

XXX（管理培训服务机构）客户满意度调查表

客户名称（盖章）					联系电话	
填表人					填表日期	
培训项目名称						
起止时间						
参与人员						
内容	评价				说明	
是否按期完成	按期□	未按期□				
培训水平能否符合预期	能□	基本能□	一般□	不能□		
培训服务完成质量	满意□	较满意□	一般□	不满意□		
受训后能否学以致用	能□	基本能□	一般□	不能□		
满意度评价	满意□	较满意□	一般□	不满意□		
意见和建议						

注：
具体培训项目可依据项目特性修改本调查表内容

附录三 《深圳管理咨询行业公约》

第一条：做时代企业，塑造深圳智慧服务品牌

管理咨询行业各成员单位及其从业者，作为中国社会经济和社会发展的一支重要力量，在中国经济进入新常态、互联网深度融合和企业全面转型的大背景下，要把握好发展机会，担当起时代变革责任，承接好国家的"智库"战略，投身智慧城市建设，打造高端智慧服务业，塑造好深圳智慧服务"品牌"，做创新时代的咨询服务提供商。

第二条：遵纪守法，做形象良好的企业公民

遵守国家法律、法规和相关政策，依法执业，依法纳税，诚信经营，自觉接受政府主管部门和行业管理机构的监督管理，在全面依法治国的进程中，始终如一成为遵法、守法、护法的现代企业公民。

第三条：遵守行业规则，维护行业声誉

以质量、服务、信誉进行公平良性的竞争，塑造咨询、培训等全过程科学、规范、专业和实效的良好职业形象。严守职业操守，维护职业尊严，杜绝无序和恶意压价等不正当竞争，杜绝互相贬损，防止有意、无意损害他人名誉和事业的行为。

第四条：砥砺专业能力，满足客户价值需求

遵循"独立、专业、创新、服务"的咨询服务准则，以提升客户价值为己任，不断加强自身专业能力建设，不断提高战略能力、专项能力和系统化咨询的高水平，深入客户的经营管理一线和基层，以关键问题的发现与解决为导向，引入先进的管理理念与方法，提供具体有效的创新解决方案，帮助客户克服企业经营中的瓶颈与难题，以提升客户的核心竞争力。

第五条：遵循契约原则，保障客户利益与自身利益

以职业精神认真履行与客户签订的服务合同各项条款，做好双方合作的过程管理、节点管理和成果确认，既要尊重、欣赏客户的自身价值和企业特色文化，竭诚为客户服务，维护客户合法权益，保守客户秘密，也要保护自身利益和合法权益，更要得到客户对知识服务、咨询服务的足够尊重和守约意识。

第六条：创新服务，实现合作共赢

新技术、互联网和全球化加速社会变革和市场的变化，跨界、迭代和交互等因素极大影响企业的生存与发展，第三方的咨询服务对企业客户有着越来越重要的作用，只有依靠真正的创新咨询服务能力，发挥跨界智慧和资源整合的优势，以满足并引领客户的创新需求，在合作共赢的基础上，结成责任与命运共同体，实现自身的可持续发展。

第七条：尊重知识，人才为本

作为知识服务的工作者和提供商，知识劳动是行业的立身之道，知识人才是自身的发展之本，尊重知识，保护知识产权，爱惜人才，求贤若渴，开明办企，用现代企业的治理规则容纳人才、创业分享，才能吸引人才、发展人才和留住人才，才能与知识经济时代同步，才能始终走在创新潮流的前沿，才能保持知识型公司的可持续发展能力。

第八条：互鉴协作，建立健康向上的行业生态

同业竞合，才能良性发展。尊重咨询同行的专业特色、思想观点、知识成果和案例积累，形成交流互鉴的学风修养，市场优势互补、不拘一格的协同合作，才能共同经营好、维护好知识服务市场，才能建立起良好的行业健康生态，才能共生共荣，做出行业自身价值，做大行业经营规模，做强深圳咨询品牌。

第九条：开放交流，提升深圳咨询国际声誉

身处中国改革开放的特区、自贸区和"一带一路"的前沿，以开放的胸怀与格局，积极推进国际化的交流与合作，"走出去"长见识与"引进来"求合作，通过培训、论坛与互访，吸收和借鉴国际上先进的管理咨询理念、经验和方法，结合国情和客户实际，创新发展与特色经营，提高自身的专业素养和执业标准，树立良好的同业信誉、客户口碑和国际声誉。

第十条：做良知责任组织，热心行业发展和公益事业

支持行业协会工作，踊跃参加协会组织的活动和会议，积极建言献策，共同推进管理咨询事业持续健康发展。立足深圳，服务深圳的"质量兴市"和产业创新升级战略，服务全国，兼济天下，践行公益大爱，尽己所能，发动圈子，投身公益事业，持之以恒，弘扬大善、大爱。

深圳市管理咨询行业协会

2023年7月

附录四　深圳管理咨询行业重要活动记录

深圳市管理咨询行业

2019第三届"咨询+中国创造100年"大会在深圳召开

湘深两地咨询同行在深圳座谈交流

深圳市管理咨询行业协会第四届会员大会第一次会议

深圳市管理咨询行业协会成员走访百思特咨询集团

管理咨询赋能企业未来

产业咨询学社成立

深圳市管理咨询行业协会团标起草组在综合开发研究院（中国·深圳）召开工作会议

深圳市管理咨询行业协会团标起草组在逸马工作后合影

深圳市管理咨询行业协会团标起草组向团标评审专家介绍团标起草流程

中国企业联合会管理咨询委员会、广东省企业管理咨询协会、深圳市管理咨询行业协会三方会聚深圳

附录

▲ 深圳市管理咨询行业协会六个行业团标向社会及媒体发布

▲ 深圳市管理咨询行业协会公益基金成立

▲ 首届"党建+咨询+公益"交流会在深圳观澜格兰云天国际酒店举行

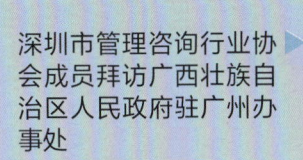

▶ 深圳市管理咨询行业协会成员拜访广西壮族自治区人民政府驻广州办事处

▲ 深圳市管理咨询行业协会理事会成员在华一世纪合影

▲ 深圳市管理咨询行业协会执行会长李志明、法定代表人杜建君等走访七鼎管理咨询公司

457

管理咨询赋能企业未来

深圳市管理咨询行业协会代表与广西壮族自治区总商会领导在座谈会后合影

在华一世纪召开2022年第四届理事会

媒体报道

深圳市商务服务类行业协会党建考察团与广西壮族自治区国资委领导在座谈会后合影

深圳市管理咨询行业协会获批的两个地方标准启动制修订工作

深圳市管理咨询行业协会秘书处与协会会员拜访广西壮族自治区人民政府相关部门

《管理咨询赋能企业未来》主创团队合影

附录

▲ 出席第六届中国（深圳）国际时装节 　　　　▲ 参加中国科学院主办的论坛

▲ 2020年深圳市管理咨询行业协会理事会 　　▲ 深圳市管理咨询行业协会秘书处与华景咨询、深圳市锦绣前程人才服务集团有限公司考察广西柳州钢铁集团有限公司

▲ 深圳市商务服务类行业协会联合党委组织各党支部书记考察汉中市 　　▲ 去新疆乌鲁木齐市考察

459

管理咨询赋能企业未来

◀ 第106期（深圳）国际注册管理咨询师考核认证班在深圳结业

浙江省管理咨询与培训协会赴深圳市管理咨询行业协会交流学习 ▶

▲ 为5A企业颁牌 　　▲ 深圳市商务服务类行业协会联合党委考察福建龙岩

▲ 为第一批获奖企业颁牌 　　▲ 深圳市商务服务类行业协会联合党委考察福建龙岩

附录

▲ 双区商协战略联盟签约仪式　　▲ 浙江省同行到深圳市管理咨询行业协会座谈交流

▲ 上海市咨询业行业协会成员到深圳技术大学参观学习　　▲ 发布两个团标

◀ 第七届企业咨询节在深圳皇冠假日酒店举办

华谋咨询中高层在江西瑞金 ▶

管理咨询赋能企业未来

▲ 团结迎未来　　　　▲ 深圳市商务服务类行业协会联合党委迎"七一"表彰总结会

▲ 深圳市锦绣前程人才服务集团有限公司携广西民营服务业商会到深圳总部学习交流　　　　▲ 去新疆乌鲁木齐市考察

▲ 深圳市商务服务类行业协会联合党委一行到深圳市行膳餐饮研究院调研

▲ 浙江省管理咨询与培训协会到华一世纪学习交流

深圳市管理咨询行业协会
第五届会员大会第一次会议掠影

▲ 深圳市管理咨询行业协会第五届会员大会第一会议闭幕

▲ 深圳市社会组织管理局副局长白凌讲话

▲ 单海洋当选第五届理事会会长发表感言

▲ 深圳市商务服务类行业协会联合党委第一书记张占恒在会场

▲ 白凌副局长与4个团体会员会长祝贺单海洋当选新一届理事会会长

▲ 白凌副局长为单海洋颁发会长聘书

▲ 李志明做第四届理事会工作报告

杨思卓教授向获得3A的企业颁牌

白凌副局长向深圳市深远企业顾问有限公司董事长杜建君颁发行业卓越功勋奖

会前，联合党委第一书记张占恒与杨思卓、杜建君、岳华新交谈

深圳市管理咨询行业协会与深圳市人力资源管理协会、深圳市IT服务商协会、深圳市职业经理人发展研究会、深圳市现代服务外包产业促进会签订战略合作协议

马瑜彬秘书长做第五届理事会首年工作计划

联合党委第一书记张占恒向获得4A的企业颁牌

附录

白凌副局长向首批获得5A的企业颁牌

联合党委第一书记张占恒向新当选的马瑜彬秘书长颁发聘书

华一世纪董事长单海洋当选新一届理事会会长

深圳市管理咨询行业协会监事会监事郑志宏女士

深圳市商务服务类行业协会联合党委成员集体祝贺马瑜彬秘书长

深圳市管理咨询行业协会法定代表人、粤港澳大湾区管理智库首席专家杜建君

深圳市管理咨询行业协会常务副会长周文皓、副会长岳华新

465

管理咨询赋能企业未来

白凌副局长的讲话博得与会人员的热烈掌声

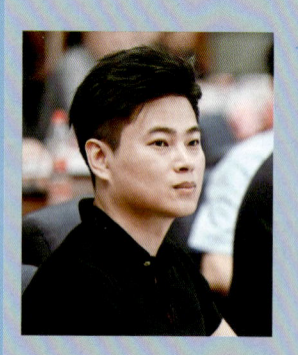

深圳市商务服务类行业协会联合党委委员闻化先生

白凌副局长在换届大会上讲话

深圳市管理咨询行业协会副会长、深圳市防雷协会会长徐春明

深圳市管理咨询行业协会新当选的执行会长和秘书长与5位卓越功勋奖获得者合影

深圳市管理咨询行业协会第五届理事会第一次会议召开

深圳市管理咨询行业协会
2024年大事记

▲ 2024年3月9日，单海洋会长向深圳市逸马商业科技有限公司董事长马瑞光颁发联席会长聘书

▲ 协会第五届理事会第二次会议后合影

◂ 2024年4月25日和6月12日，马瑞光联席会长携秘书处一行先后走访了康达信公司、深圳世纪领航公司、杰成合力科技公司、汉捷管理咨询公司

2024年3月22—24日，DAMA认证首席数据官（CCDO）首届深圳高研班在深圳市南山区软件园顺利开班，执行会长李志明向首期开班致辞 ▸

467

管理咨询赋能企业未来

▲ 2024年5月16日，在深圳市前海，由南方周末报社主办，深圳市管理咨询行业协会联合承办的以"共建新生态，创建新价值"为主题的ESG论坛如期举办

▲ 2024年6月，深咨协与上海市咨询业行业协会、浙江省咨询与培训行业协会在杭州合影

▲ 2024年7月5日，深圳市管理咨询行业协会秘书处走访深圳市跨境电子商务协会

▲ 2024年8月，汉捷管理咨询公司董事长胡红卫的新作——《DSTE：从战略到执行》正式出版上市

▲ 2024年7月22—23日，在深圳机场希尔顿酒店，协会秘书处与部分会员参加了夏晋宇老师的大片课学习，感受到了新形势下培训和咨询行业要重塑行业新形象，换脑换思路谋求新发展

▲ 协会联席会长马瑞光携秘书处一行走访吉方工控集团，并与深圳市新兴战略产业类行业联合党委第一书记陈元致、党委书记李洪明等一起座谈交流

附录

2024年10月31日，协会秘书处一行受邀到访和君咨询集团深圳总部。党委书记田毅与李志明书记就党建工作进行了深入交流，为咨询行业在粤港澳大湾区如何发展，提出了一些新思路和建议

2024年11月13日，由协会牵头制定的深圳市地方标准《管理咨询机构等级评定规范》《管理咨询服务操作指南》专家评审会议在市商务局召开。评审会专家评审和通过了两个地方标准的报批稿。

2024年11月26日，协会成员受邀出席"2024数字中国低空飞行高峰论坛"

2024年12月9日，协会秘书处受邀参加由深圳市科协主办、市信息行业协会承办的以"数字化与工业科技社团的发展"为主题的沙龙活动。工业总会、市智能穿戴协会、质量协会、管理咨询协会、服装协会、钟表协会、物联网协会的相关人员及部分企业代表参加了会议

2024年12月23日，深圳市市场监督管理局发布公告（总第173号），由我会华一世纪和七鼎咨询牵头制定的两个地方标准《管理咨询机构等级评定规范》（DB4403/T559-2024）、《管理咨询服务操作指南》（DB4403/T560-2024）正式发布，并于2025年1月1日开始实施

469

参考资料

［1］美国湾区经济发展分析 | 纽约湾区［EB/OL］.（2019-05-29）［2023-03-20］. https://www-new.gwng.edu.cn/airport_economy/2019/0529/c766a23565/page.htm.

［2］对标世界三大著名湾区 粤港澳大湾区成新经济增长极？［EB/OL］.（2018-03-29）［2023-03-22］.http://www.ce.cn/xwzx/gnsz/zixun/201803/29/t20180329_28660150.shtml.

［3］粤港澳湾区来了，细数全球三大湾区［EB/OL］.（2019-06-16）［2023-05-13］.https://www.163.com/dy/article/E8CLJJN70519APDQ.html.

［4］数据图说比较世界5大湾区经济［EB/OL］.（2019-02-22）［2023-05-25］. https://www.cinn.cn/p/207046.html.

［5］世界三大湾区悄然发生四大变化，对深圳有何启示？［EB/OL］.（2021-04-08）［2023-06-12］.https://www.163.com/dy/article/G719QU1D05158BFB.html.